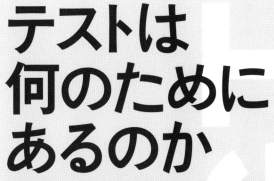

テストは
何のために
あるのか

項目反応理論から入試制度を考える

光永悠彦 編著　**西田亜希子** 著
Haruhiko Mitsunaga　Akiko Nishida

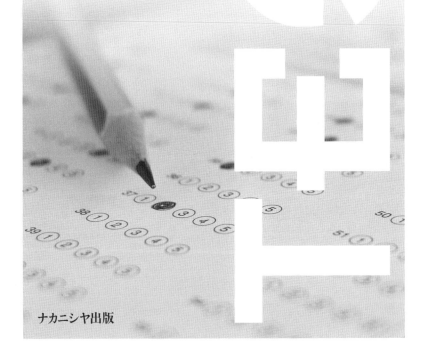

ナカニシヤ出版

はじめに

　この本は，テストについて研究をしてきた者と，社会と教育との関わりについて研究してきた者の両方の立場から，入試制度を題材に「現代はどうしてテストの結果に一喜一憂するような世の中なのか」「どうしてテストが存在するのか」といった点について考え，「より公平で世の中の役に立つテストを実現するためには，それ相応の，かなり大掛かりな工夫をしなければならない」ことを示す本です。

　2020年度に導入が予定されていた，新しい高大接続の枠組みの一環である民間英語4技能テストの大学入試への導入が，多くの批判にさらされ，中止されるに至りました。導入予定だった新しいテストの枠組みは，それまでの大学入試センター試験（以下「センター試験」と表記，現在の「大学入学共通テスト」の前身）の枠組みに代わるものとして，新しい時代の中等教育に沿った内容として企画されていたはずでした。しかしそれは当初の予定通りには導入されなかったのです。センター試験は1990年より，多くの改良を重ねながら続いてきた大学入学のための共通テストで，大きな運営上のトラブルもなく機能してきました。そのように「うまくいっている」テストの枠組みをあえて捨て，新しいテストの枠組みを導入しようとしましたが，失敗に終わったのです。

　大学入試は，規模の小さな大学が個別にテストを行っている限り，一つひとつのテストが社会的に大きな影響力をもつことはないようにみえます。しかし，大学入試を一つの制度ととらえると，大学に入学するために必ず受験しなければならない「共通テスト」を新しくする事業は，公教育の礎となる社会の仕組みを創り上げることに相当します。共通テスト制度を変えれば，そのことで大学ごとのテスト制度も変わることになるでしょう。その意味で共通テストの更新は，いわば一つの公共事業を立ち上げるようなものといえるのでしょう。それが失敗に終わったということは，ちょうどセンター試験という「古くからあるが，安全性が保たれるように常にメンテナンスされた峠道」の真下に「新しい共通テスト」というトンネルを掘ろうとして，予想外の難工事になってしまい，やむなく中断した，という事態を連想させます。峠道につながる道路の改良＝個別大学の入試制度の改変にも影響が及ぶ事態です。

　トンネル工事の場合，難工事となるかどうかは事前に予想できない場合があり，工事の中断がやむを得ないこととととらえられることもしばしばです。しかし，共通テストを新規に導入するという事業の中断は，果たして予想できない事態だったのでしょうか。多くのテスト事業の実施や立ち上げに関わった経験のある編者からすれば，計画の困難さの見通しに甘さがあったことは十分予見できたと考えます。十分な技術力の進歩が見込めないまま計画を進めてしまい，断層や破砕帯に当たってトンネル工事が中断するように，テスト制度が安定して実施できる十分な見込みがないまま導入を進めようとするあまり，無理な要求をテストに負わせようとしてしまった結果，実現可能性のないテスト実施計画を進めることになってしまったように，編者にはみえるのです。

テスト制度を設計するために必要な視点

　では，どのような手法なら，うまく導入できたのでしょうか。このような大規模公共事業を成功させたいのであれば，テストに何ができるのか，質の高いテストとは何か，テストの質を高めれば具体的に何ができるようになるか，テストの質を高めるためにどの程度のコストがかかるか，といったような「テストの技術的な性質」について，その限界を含めて熟知し，万人

が納得するようなテスト制度を導入するという姿勢で事業を進めればよかったのではないでしょうか。

　たとえば，あれも，これも，テストで一度に全部問うという姿勢でテスト制度を設計すると，結局，何を問うているのか，焦点がぼやけ，解釈もあやふやにならざるを得ず，何のためのテストかがわからなくなるでしょう。また受験者からすれば「どうやってテスト対策をすればいいの……？」と，置き去りにされたような印象を与えてしまいます。測りたいことの焦点を絞り，的をとらえた問題を用いてテストを行うという姿勢が求められているといえます。

　本書で取り上げる大きなテーマは，「大学受験における共通テストを年複数回行う制度を実現することは可能か，またその社会的意義は何か」です。

　年に複数回行われる新しい大学入試のための共通テスト（以下「複数回共通入試」と表記）を導入することで，受験者が1年に一度きりのセンター試験に合わせて受験対策するという常識が変わり，より受験者のためになるテストとなるでしょう。英語のテスト，たとえば TOEFL や TOEIC などは，年に1回だけではなく，数回行われ，とったスコアの意味（＝英語の到達度，熟達度）が受験回によって変わるということはありません。出題される問題が異なるにもかかわらず，ある回でとった80点と，別の回でとった80点は同じ英語レベルを表すものとして扱われ，どちらも一定期間有効です。これは受験生にとってメリットとなりうるでしょうが，同時にテストが公平であるという意味で，より質の高いテストということができます。

　しかしながら，現在の教育制度のなかに複数回共通入試をそのまま導入すると，高校の教員からは「今だって受験対策で大変なのに，生徒に年がら年中テスト対策をさせるなんて，あんまりだ」という声が上がることでしょう。そこで複数回共通入試の目的を，単に能力の高低に序列をつけるためではなく，高校までの学びがどこまで達成されたかを測るためであるとすれば，単なる受験対策とは異なるテストのあり方がみえてきます。ただし，達成度を測るテストをきちんと機能させるためには，生徒が高校で何を学ぶのか，その内容とリンクしたテストでなければならないでしょう。

　複数回共通入試は，大学入試制度を改革する目的で導入されるのではなく，大学入試制度の背後にある，教育制度の見直しとセットで行う必要があるといえます。そもそもテストは人間の特性の一部分だけを測る性能しかないのですから，その程度の性能しかないテストを教育制度全体のなかで活用していくためには，長期的に，この国の教育制度についても見直しが行われる必要があるでしょう。「テストを変えれば教育が変わる」というのは，教育全体を俯瞰したビジョンに基づかない発想です。より教育のためになるテストとしたければ，教育のあり方に立ち戻って，検討しなければならないでしょう。ちょうど，トンネル工事にとりかかる際に大切な作業として，事前に現場がどうなっているのかを子細に調査するのと同じように。

「テストでは，なにも測ることができない」と主張する人へ

　編者は，多くのテストの開発・維持に関わってきました。その過程で，編者は多くの教育関係者から，「テストでは何もわからない」「テストでわかることはすごく少ない。だから，テストは意味がない」といった言葉を聞かされてきました。これらの発言にはさまざまなバリエーションがあり，「「○○テスト」は本当に受験者の○○力を測っているのか疑わしい」のように特定のテストについて言及するものから，「多枝選択式テストは学力の測定の決め手にならない」というような特定のテスト形式への批判まで，さまざまです。大まかにみていくと，これらの発言の背景は違えども，「テストの結果は何となくうさんくさいのではないか」というように，いささか懐疑的な視点でテストをとらえているという印象を強く受けます。

　しかしながら，テストでわかることがまったくないというのであれば，私たちが英語を勉強していく過程で一度は受験するであろう，英検などの英語テストの結果に一喜一憂することも無意味ということになります。所詮は英語テストだって何もわからないのだ，と考える人にとっては，英語テスト以外の方法で自分の英語力の目安を見つけ出すしかありません。しかしそのことが英語を学習するうえで遠回りになるのではないかと考えるのは，編者だけではないでしょう。

＊

　私たちが何気なく搭乗している航空機を操縦し，運航している乗務員は，全員，多くの段階からなるテストを受験し，合格したうえで，「定期運送用操縦士」の資格を得た人たちです。航空機だけではなく，電車の運転士も全員，「動力車操縦者運転免許」を取るために所定のテストを受験し，合格しています。資格を取るためのテストであっても「その結果からは，何もわからない」というのであれば，これらの資格制度が意味をなさないことになってしまいます。

　「資格のためのテストは，資格の内容に特化したテストであり，測る範囲が狭いから，大学入試とは異なるのではないか」という意見もあるでしょう。確かにその通りです。しかし，たとえば英語のテストのように，語学テストの多くは「語学力」という幅広い概念を測ろうとしています。このように，テストで扱う「測るべき内容」が多岐にわたるテストは多く存在します。たとえば発達障がいや精神障がいを判断するためのテストとして知能検査が用いられていますが，ここで測ろうとしているのは「知能」という，人間の知的活動全般に関連するような幅広い概念です。

　知能検査の多くは紙と鉛筆を用いた一斉形式のテストではなく，一定の知見を有する専門家（臨床心理士や公認心理師などの有資格者）が検査対象者に問いかけをするという形をとります。正確な知能を推定するためにはテストの実施が厳密に行われることが重要ですが，だれに対してもスコアの意味が同じになるように「標準化テスト」としてテストが設計されていることも必要で，一般的に知能検査は標準化テストとなっています。だれに対しても知能を的確に測るテストを実現することは，テストの実施のみならず，開発の過程を含め，多くの手間がかかることなのです。

＊

　測りたいことを的確に測ることができるテストを開発することは，測りたいことの範囲を限定し，その構造を明確化することができれば，決して不可能なことではありません。

　「テストで何もわからない」という主張をする裏には，「せめて時間と手間をかけて，きちんとしたテストで測ってほしい。そうでなければテストは必要ないのではないか」という隠れたメッセージがあるようにみえます。テストで測るべきことがらをはっきりさせるだけではなく，公平なテストとするべく標準化するという過程も含まれるのでしょう。年に複数回行われるテストで，ある回のテストだけがやさしい問題ばかりで，他の回に比べて高い点数を取りやすいことが発覚したら，そのテストは公平ではありませんし，「テストでは結局，何もわからない」という人を増やすことになってしまいかねません。

　「多枝選択式」に対する批判も根強くありますが，工夫次第で意味のあるスコアを得ることが可能です。多枝選択式はまぐれ当たりする可能性があるから，欠陥のあるテスト形式だ，という素朴な意見がありますが，問題の内容を「本質をきちんと理解している人が正答する」もの

にし，「まぐれ当たりしない」よう工夫するだけでも，質の高いテスト問題になるでしょう。ただ，そのような工夫のノウハウは，問題作成時に公表されることがほとんどないため，広く知られていないだけです。

　私たちに必要なのは，「所詮，テストでわかることはない」と諦めるのではなく，「テストで何が測れるか」のみならず「テストで何がわからないか」を見極め，より良い測定につなげるための研鑽を積むという態度ではないでしょうか。問題作成者だけではなくテスト制度を設計する人にとっても，より質の高いテストを作るために，この態度は重要になってきます。また受験者やその関係者として，より良いテスト制度に向けて改良していくためにテストの制度に対して意見する際にも，この考え方は大事です。

＊

　テストで多くのことがらを一度に測ろうとするのは，止められない欲求なのかもしれません。しかし，それは難しいことです。

　たとえば「日本史」のテストを作ろうとしたとき，江戸時代の出来事ばかり出題したのでは，日本史全体ではなく，江戸時代の歴史のテストにすぎなくなってしまいます。何をもって日本史の素養があるといえるのか，日本史の専門家でも多くの意見があるというのに，一つのテストで測ろうとすれば，幅広い範囲からバランスよく出題し，また日本史の素養がある人ほど正解するような問題内容・形式にするといった工夫が必要になってきます。そしてなにより，幅広い日本史のあらゆる側面を問うために，受験者の精神的疲労の限界に近い数の問題を出題する必要があるでしょう。

　これらの困難をクリアして，測りたいものを測れるテストを作れたと思ったら，新しい要求がまた降ってきます。このたび「新しい「学力」観」を考えたから，これを測るようなテストを新しく作ってくれ，という要求です。詳細を検討すればするほど，既存のテストのほうがずっと測りたいものをきちんと測れそうなのに，新しいものを導入したがるのはなぜなのでしょうか。

　私たちが生きている現代社会は，「業績」が万人に共通の価値をもつような「メリトクラシー」の体制下であるといわれています。困ったことに，どうやらメリトクラシー体制の下では，これまでにない「新しい「学力」観」や「新しい「能力」観」を常に更新し，新しいテスト制度を作りたがる構造が埋め込まれているようなのです。このことは教育社会学の領域でおおむね受け入れられており，本書の第1部で「メリトクラシーの再帰性」として詳述します。

　日本ではたびたび，どこからともなく「これまでの「学力」では見出すことができない，新しい「学力」がこれから重要になるだろう。新しい「学力」とはこれこれしかじかのことであり，これからの教育はこの「学力」を高めるように努力しなければならなくなるだろう」というメッセージが流れ，教育制度もそれを意識した形に変更されていきます。しかし「新しい「学力」」とは具体的・本質的に何なのかについて，定量的・定性的な指標に基づいて研究した結果として語られているわけではないため，その詳細についてだれも責任ある形で答えられません。そして肝心の点がうやむやのまま，明確性に乏しい「新しい「学力」観」が提唱されるたびに多くのテストが作られ，大した意味のない教育の営みに時間や労力が費やされていくのです。

　そのような労力の浪費は，本来求められる教育のあり方に関する議論を阻害する要因としかいいようがありません。本質的な議論をするためには，テストに求められている過大な機能的負担を減らすことが必要なのです。

本書の内容と構成

　本書では，大学入試とは何かを考えるために，まず大学入試が日本のみならず多くの国において実施されている背景を述べます（第1部1章）。次に，大学入試が日本社会でどのように機能してきたのか，その歴史を含めて紹介したうえで，大学入試に求められる機能という観点から述べます（第1部2章から4章）。そのうえで，解いた問題にかかわらず常に一定の意味をもつスコアを返すテストを「標準化テスト」として紹介し，大学入試のための共通テストを年複数回実施する手法を中心に，テストと教育のあるべき関係について述べていきます（第2部・第3部）。テストの公平性とは何かについて述べ，標準化テストを公平で公正なテストとして継続的に続けていくための一般的事項について解説するのが第2部で，これらの事項がどのように複数回共通入試の実践に応用されるか——あるいは限界があるか——を示したのが第3部です。第2部と第3部の一部は『テストは何を測るのか』（ナカニシヤ出版）を補完する位置づけでもあるため，必要であれば同書もあわせて参照してください。

　本書は，入試の制度について議論がかまびすしい時期に，世に出ることとなりました。その議論の内容は，何のためのテストなのかという，時代や国を超えて議論されるべきトピックを含んでいます。これまでの大学入試の仕組みとは異なる複数回共通入試はどのような考え方に基づいているのかについて，詳細に述べたつもりです。これまでの入試改革の議論に疑問を抱いてきた方，大学入試なんかいらないと漠然と思っている方，教育のあり方に不満を抱いている方，あるいは大学入試に大きな期待をもっている方は，この本から何らかのヒントを得られるかもしれません。テストに関する議論にはどうしても抽象的な概念が多く出てくるため，どうしても内容が難しく感じられるかもしれませんが，姉妹編である『テストは何を測るのか』を参考にしながら，読み進めていただければ幸いです。

　※「共通テスト」「複数回共通入試」という表記について

　本書において「共通テスト」という用語は，現在日本で行われている「大学入学共通テスト」の略語ではなく，主に大学入学者選抜のために複数の大学・教育機関をまたいで行われる，大規模なテストを表しています。一方で「大学入学共通テスト」は，2020年度まで行われていた「大学入試センター試験」の後継として行われる，現行の大学入学のための共通テストを表します。「大学入学共通テスト」を「共通テスト」と略記した箇所はありません。

　また「複数回共通入試」は，大学入学のために行われる共通テストを，年に複数回行う形のテストを指します。複数回共通入試は，2022年現在，日本においては導入されていません。

目　　次

第1部

共通入試のあるべき姿：これからの入試の仕組み，教育の仕組み

　毎年 1 月になると，新聞やテレビで「大学入学共通テストが行われた」というニュースが流れ，また新聞には大学入学共通テストで出題された問題や解答が掲載されます。一方で，日本の大学に入るためには，必ずこの大学入学共通テストを受験しなければならないというわけではなく，大学個別に行っている入試のみを受験すればよいという場合もあります。また「学校推薦型選抜」や「総合型選抜」（2020 年以前は「AO 入試」といっていたもの）のように，異なる選抜方法により合格者を決める道もあります。

　ちまたでは多くの有識者が，大学入試のあり方について持論を展開しています。また大学入試とはどのようなものであるべきかを多角的に議論し，今後の入試制度をどのようにしていくべきかについて考えるシンポジウムも多く行われています。

　しかし，大学入試は日本の公教育の充実に対し，どのように貢献しているといえるのでしょうか？　そもそも大学入試という，日本の高校生の一生を決める乾坤一擲の大一番が，なぜ日本に存在し続けるのでしょうか？　毎年，大学入試を行うために膨大な準備と手間がかけられていますが，それでも入試を行う必要があるのでしょうか？　必要があるとしたら，どのようにすれば「やる価値のある」大学入試になるのでしょうか？

　多くの入試改革の議論では，大学入試を年複数回実施できるようにすべきではないかという意見が出されています。しかし大学入試を年複数回にすると，具体的に何がメリットとして挙げられるのでしょうか？　受験者に年複数回の受験機会が与えられると，受験者への負担が減る，という説明がなされることが多いのですが，それ以外にもメリットがあるのではないでしょうか。わざわざ手間のかかる年複数回入試を提案するくらいですから，それ相応の理由があるに違いありません。

　「はじめに」でも触れましたが，受験した問題の内容に依存しない形で，受験者の能力の大小を反映したスコアを返すことができるテストは「標準化テスト」とよばれます。公平な年複数回の共通入試を実現するためには，複数回共通入試を標準化テストとする必要があります。標準化テストを実現するには項目反応理論（IRT）の理解が不可欠ですが，IRT について説明する前に，標準化した複数回共通入試が本当に教育のために役立つのか，役立つとすればどのように複数回共通入試を設計すべきかについて，テスト制度の理想と現実をふまえて説明していきます。

　これらのことについて十分納得がいく説明をするためには，教育社会学の立場からの検討が助けになるでしょう。教育社会学では，教育に関連する問題について，一歩引いた視点から構造をとらえ直し，問題を取り巻くさまざまな背景について検討し，その検討の過程から問題の解決への道を探るというアプローチをとります。このアプローチに従い，第 1 部では大学入試を取り巻くさまざまな問題について，まず触れることとします。特に重要なのは，第 1 章で述べる，メリトクラシーと入試の関係性です。

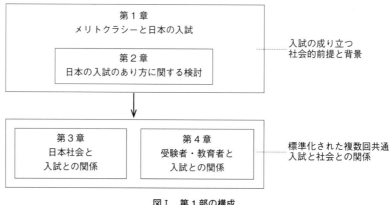

図 I　第 1 部の構成

第1章

メリトクラシーと日本の入試 [1]

　2020年度からの入試改革が失敗した理由の一つに、「なぜわざわざうまくいっている日本の入試制度を「改革」するのか」をうまく説明できなかったことが挙げられるでしょう。日本人が現状の入試制度に不満を抱いていて、その不満を解消したいがために新しい入試制度を導入するという、わかりやすいストーリーがみえないのに、新しい入試制度の導入で教育が変わる、といったようなあいまいな説明が繰り返され、あれよあれよという間に新テストの目玉として「英語における民間テストの導入」や「記述式の導入」といった、実現性に疑問符がつく新機軸が打ち出され、結局、新しいテスト制度の導入が頓挫したのです。

　大学入試という、日本の教育制度の一部として重要な機能を担っている要素を変革しようとするなら、そもそもなぜ「日本では大学に入るために入試という関門をクリアすることが必要なのか」という観点からの問い直しが必要だったのです。大学入試制度を改革しようとする者の間で大学入試というものの本質について一定の合意がなされ、そのうえで改革に向けての方向性を検討するという順序で議論が進めば、より社会に受け入れられやすい入試制度が実現できたことでしょう。しかし、現実にはそのような動きはなく、記述式の導入や1点刻みからの脱却といった、入試制度の表面的な部分のあり方についての議論に終始したことは否定できません。

　本章では、日本社会のなかで入試制度がどのように機能しているのかについて、メリトクラシーというキーワードを核に、述べていきます。

1-1　みんなが受験する入試

1-1-1　大学入試の大前提：メリトクラシー

　日本に限らず、世界中の大学においては、入学を志望するすべての人に門戸を開くわけにはいかないため、大学入試によって入学を許可する者を絞り込むのが一般的です。日本においては、入学者のほとんどは定められた年限（多くは4年）で卒業していくことが多いのですが、諸外国のなかには、入学を志望する生徒に厳しい大学入試を課さず、卒業する段階で厳しく判断するという大学制度をとるところもあります。

　このような国ごとの違いは、大学制度を取り巻く状況が国によって異なることから起こっています。しかしながら、エリート大学を卒業した者が国の中枢を担うエリートとなる、といった図式は、だいたいどの国においても共通しているといえましょう。すなわち、一見すると国の間で制度が違うようにみえても、実は国の間で共通の社会的原理があるのではないか、ということができます。

　その共通の社会的原理とは、「能力が高いとされた者が選抜され、組織のなかで上位に位置づ

1) 本章は以下の文献の第5章を再構成のうえ、大幅に加筆したものです。
　西田亜希子・光永悠彦（2017）．新しいテストの枠組みとしての「標準化テスト」——メリトクラシーの再考を通じた「公平」についての一考察　年報『教育の境界』，14，1-44.

けられる」というものではないでしょうか。この考え方は「メリトクラシー」とよばれています。メリトクラシーはヤング（1965）による造語で，「メリット」すなわち「業績」による支配，という意味です[2]。貴族による支配をアリストクラシーとよぶように，メリットの大きな者が支配者であるという考え方です。

　業績の大小がテストの結果によって測られるという意味において，社会のなかでテストが大きな役割を演じることとなります。テストの存在が前提となった支配体制ということで，メリトクラシーの体制下では，テストのあり方が特に重要になっているといえます。

　実際，メリトクラシー体制下では，多くの人がたくさんの種類のテストに挑むことを余儀なくされています。そのなかでも特に重要になってくるテストの一つとして，大学をはじめとする高等教育機関にだれが入れるのかを決める「入試」という仕組みが挙げられます。とりわけ「国家的エリート養成校」と位置づけられる一部の大学に入れるかどうかで，その国の支配層に加われるかが決まるのなら，そのような大学に入るためのテストに合格する意味は一層重大なものとなるに違いありません。

　現代の日本においては「学歴がそこそこの王侯貴族が国家の要職につき，国を動かす主体であり続ける」という体制はなじみがありません。いわゆる「エリート」とよばれる人びとは，一様に皆，高学歴です。高卒で総理大臣や高級官僚になるという人はほとんどイメージできないでしょう。以前はそのような人もいたのかもしれませんが，最近になればなるほど「エリート＝大卒以上」という固定された図式が社会に定着しているようにみえます。日本以外の国においても同様の傾向がみられ，社会の高度化がメリトクラシーの進展をもたらすという主張が，多くの社会学者によってなされてきています。

1-1-2　メリトクラシー体制下の日本における大学入試

　国を支配するエリートだけではなく，官僚組織や大企業といった大きな組織のなかでは，そのなかで重要な意思決定を下す立場の人が，一部のエリート養成校を出ているかどうかで決まるという傾向もまた，メリトクラシー体制の特徴です。このような体制の下では，大学受験に臨む高校生が考える「良い大学」が固定化し，多くの高級官僚や企業幹部を輩出してきた名門とされる大学が人気の的となりがちです。またそこまで知名度のある大学ではなくても，少しでも「名門」に近い大学に入り，その後の人生をより有利に進めたい受験者が多くなります。したがって，日本における大学受験は一部のエリート志望の受験生だけではなく，広範にわたる受験生が参加する一大イベントという様相を呈します。

　日本における大学入試の権威や影響力が，どのようなものなのかについて，受験者数という観点からその様相を探ってみましょう。日本の高校卒業から大学入学への流れをみてみると，毎年高校を卒業する者がおよそ100万人で，大学入学共通テスト（2020年度までは「大学入試センター試験」）の受験者総数がおよそ55万人です。2018年時点で，大学・短大への進学率は54.7％である（第2章2節参照）ことを考えると，おおむね納得できる数字のようにみえます。

2）「メリトクラシー」の訳語としては，これまで「能力主義」という日本語があてられてきましたが，「能力」という語には，人間に内在する，「業績」を生み出すための原因というニュアンスがあり，結果としての「業績」と混同される場面が多いという指摘があります。本田（2020：32-55）では「能力主義＝メリトクラシー」という，これまで日本で語られてきた言説の正当性にメスを入れ，「能力」という言葉のもつ多義性により序列化が正当化される傾向があることを指摘しています。「能力主義」を「メリトクラシー」の訳語とすると「能力＝属人的な性質をもつものによる専制」という意味にもとらえられ，メリトクラシーという語の原義がもともともっている「業績主義」というニュアンスを超えた多義性をもってしまうため，ここでは「メリトクラシー＝業績主義」という表現を用いています。

しかし，大学に入学するために大学入学共通テストの受験は必須ではありません。

　後の章で詳述しますが，日本の大学入試には多くのルートがあります。大きく「一般選抜」「学校推薦型選抜」「総合型選抜」に分類されますが，たとえば一般選抜のなかにも「大学入学共通テスト方式」や「独自入試方式」があり，独自入試方式のなかにも「3教科型」「2教科型」「得意科目選択型」といったように，さらに細かく細分化されます。この構造の複雑さがあるため，大学入学共通テストに参加した人数だけで，日本社会における「大学入試の影響力の大きさ」を直接表せるわけではありません。

　入試のルートの違いでいえば，2019年度に大学へ入学した者の内訳をみると，国立大学で83.2%，公立大学で71.7%が一般選抜により入学しているのに対し，私立大学では45.6%にすぎません（文部科学省，2020を参考に求めた数値）。私立大学の学校推薦型選抜や総合型選抜で大学入学共通テストを課すことは稀で，この点を考慮すると大学入学共通テストの受験者のうち一定数はスコアを大学入学に利用していない傾向があることがわかります（荒井，2020c：266-267）。

　大学入学共通テストを受験したが，スコアを利用しないという受験者は，なぜわざわざ受験したのでしょうか。2019年度のセンター試験の受験を申し込んだ人のうち，実際に受験した人の割合は94.69%，全教科を欠席した受験者はおよそ3万人でした（大学入試センター，2019）。この3万人は，受験制度の仕組みから考えると，国公立大学と，大学入学共通テストの受験を要しない大学・学部を併願するつもりであったが，早い段階で前者の受験をあきらめ，後者の受験に絞ったことが大きな要因といえるでしょう。また，センター試験の受験動向を年度別にまとめた鈴木（2020）によると，センター試験を受験したが，センター試験を利用した入試にスコアを用いなかった者が，センター試験の制度が始まって以降，毎年10万人以上の規模で存在しています。

　受験者の心理として，大学入試の対策の一環としてスコアを利用しなくても大学入学共通テストを受験する，という姿勢があるのかもしれません。受験者本人に大学入学共通テストのスコアを利用する意思がないにもかかわらず，高校の進路指導によってそのように推奨された場合（鈴木，2020：134）もあるでしょう。いずれにせよ，大学に入学するための共通テストは，多くの受験者にとってその存在が認識され，受験生にとって「入りたい第一志望の大学に入学するための関門であり，対策すべき対象」であるようにとらえられているようです。

　メリトクラシー体制下の日本においては，これほどまでに大学入試が注目され，高校生がその対策に駆り出されているのです。しかしその真の重要さを浮き彫りにするには，受験勉強を経て具体的に何がメリットとして得られるのかについても，考えなければなりません。

1-1-3　大学入試に合格し大学を卒業すると得られるもの：学歴の意味

　毎年1月，大学入学共通テストが実施されたというニュースが流れるたびに「大学入試の第一関門」というキーワードを耳にすることが多いでしょう。大学入試に合格することによって大学に入れるというメリットを享受するために，受験生は多くの努力を重ねます。

　なぜ，そこまでして「第一志望」の大学に入りたいのかは，受験生それぞれの意見があることでしょう。しかし，「入るべき大学の名前や学部などはさておき，なぜ大学に入りたいのか」という問いに対する答えとしては，「大学を卒業すれば，その後，就職したのちに良い待遇が待っており，人生においてもプラスになることが多いから」というようなものが一般的ではないでしょうか。

　大学を卒業することで「大卒」という経歴が履歴書に残り，世間からも「この人は一定の知

第1部　第2部　第3部

的レベルがあるだろう」と思われるようになり，高卒や中卒に比べて「格上」にみられる，といった傾向が日本にあることは，首肯するところが多いでしょう。実は，世界的にみても同様に「大学を卒業した」ということに特別な意味を見出す傾向は強く，これらをもって「学歴社会」とよばれるようになって久しいことが，多くの研究で明らかになっています。

　同じことは，中卒と高卒という二つの学歴の間にもいえます。中卒である人は，それだけで「高卒以上」を要求する職場から門前払いされるのです。職に就くために多くの場合「高卒以上」の学歴が必要である現在，高校を卒業するということは，若者にとって大きな意味をもつものとなっています。

　ある人が高校を卒業したということは，その人が高校で教えられる課程を経て一定の教育を受けたということを意味しています。日本社会は，そのことに実質的意味を見出しており，それゆえ企業・団体は就職の判断において学歴を参考にする意義があると考えているのです。同じことは「大卒」にもいえます。「より高度な知的作業を誤りなく行うためには大学卒業という学歴が必須である」と考える企業・団体にとってみれば，採用候補者が大学を卒業したかどうかは採用のための重要な判断基準に値します。

1-1-4　学歴社会がなくならない原因を探る

　現実には，高卒や大卒というくくり（タテの学歴）だけではなく，大卒のなかでも「どの学校を出たか」といった，より細分化された要素（ヨコの学歴）で就職が決まる傾向もあります。就職活動にいそしむ大学生から「結局，どこの大学を出たのかによって内定が出るかが決まってしまう」「いくら勉強できても，大学の名前で落とされるのか」「企業は「コミュニケーション能力を重視する」「人物重視の選考」とことあるごとに言うけれど，それって意味があるの？」といった声が上がります。これらは近年に特有の声のようにみえますが，実は企業の間で「人物重視」というのは 100 年近く前にすでにいわれていたのです（中村，2018：31-33）。

　テストで何かを測り，その結果を用いて就職先が決まるということは，現在では当たり前のように行われますが，そのような風潮の「源流」はどこにあるのでしょうか。社会学者の M. ウェーバーは，その起源を「官僚制」の議論のなかに見出しました。

　ウェーバーによる研究の一つに，近代社会に特徴的な合理的支配システムとして「近代官僚制」に着目し，その性質を詳細にみたものがあります。より優秀な官僚を選ぶために，その職業に応じた知識をもっているかについて，専門的な素養を測るテストをするようになります。そうしたテストが制度化して発展していくと，テストによる選抜が社会に広がっていきます。そのことを通じて，ある教育課程を終えたことで得られる「教育資格」のもつ社会的威信や経済的効用を通してテスト制度がさらに発達するようになると，ウェーバーは述べています（ウェーバー，1958）。学校の履歴である学歴が，そうした教育資格に準ずるとみなされるようになると，学歴主義が社会のなかで幅を利かせるようになるのです。

　さらにウェーバーは，官僚制的組織のなかで特権的な地位を占めている人たちが，入職要件としての教育資格の社会的「格」を吊り上げて候補者の数を減らし，競争から自分たちの地位を守ろうとすることを指摘しています（近藤，2010：16）。たとえば近年，医療系職種では教育年限が長くなる傾向にあります。歯科衛生士養成課程は専門学校で 2 年制だったのが 2010 年から 3 年制になりました。また薬剤師養成課程は大学の薬学部での教育が 2006 年よりそれまでの 4 年から 6 年になり，医師養成課程並みの長さになりました。これらはそれぞれの分野で必要とされる知識・技術が高度化したことが原因の一つであるでしょう。しかしこれらの流れの背景については，テスト制度により有資格者の絶対数をコントロールすることにより，資格

のもつ社会的な権威や経済的効用を高めたいとする動機も含まれているようにみえます。有資格者からすれば，自らが社会的上位に位置づけられることにより，「薬剤師も6年制に移行したことで，「医師と同じだけの期間をかけて養成したスペシャリスト」という社会的位置づけに到達できた」「自分たちは専門的な使命を負った，類似の他業種とは異なる存在なのだ」と思われたいという側面もあるのではないでしょうか。

　同じことが「大学の質保証」においてもみられます。戦後すぐ，1950年代の日本において，大学を卒業する人はごく限られていました。それがこんにちでは「大学全入時代」とよばれるほどになっています。これほどまでに大卒者が増大するようになると，既存の大卒者の間で「大学卒」という「格」を「実質化」する必要性が叫ばれるようになります。その一環として，コア・カリキュラムの設定や単位の実質化といったさまざまな要素が新機軸として取り入れられるようになったのです。

1-1-5　葛藤理論：集団の構造的対立による学歴社会の固定化

　一方で，社会の基本構造が「社会集団の構造的な対立」のうえにある，とする立場から，学歴社会がなくならない理由を説明する立場もあります。「葛藤理論」とよばれる考え方が，それにあたります。

　ここで対立しているとされる「社会集団」は，マルクスが提唱する「階級」の違いであったり，ウェーバーのいう「身分集団」であったりとさまざまです。葛藤理論は，人種や階級，性別など，社会を構成する人びとが集団で分けられ，それらの対立がはげしくなってきた1960年代に提唱され，多くの研究者によってそのありようが論じられてきました。

　葛藤理論の一部をなす概念として，教育の現場になじみのある形で表現されたのが，ボウルズとギンタス（1986）の「対応理論」とよばれるものです。いわゆる「エリート養成学校」や「進学校」とよばれる学校（特に高校）においては，自主性を重んじる傾向がみられます。それに対して「その他大勢」の通う学校においては，生徒を管理し，教育というよりも「調教」することに熱心ではないかと思われる学校すらあります。後者における「調教」は，大勢が一度に働く労働集約型の企業活動，主に生産の現場における「統率が取れた，協調性の高い人材」を育成するシステムとして有効に機能するでしょうが，前者における「自由闊達な校風」は，国の指導者層を養成するために都合がよさそうなことがみてとれます。同じ「学校」というシステムでありながら，明確に対立構造がみられ，それが産業社会の実践と結びついているありさまを，ボウルズらは「対応理論」とよびました。

　教育社会学者のコリンズは，学校が生徒に身につけさせるものが「知識」だけではないことを指摘しています。生徒は，学校固有の「文化」もそこで学び取っていくのです。そこで獲得された文化的素養や価値観は，生徒がその後就職する際，採用の決め手となる可能性があります。すなわち，「似たような文化的背景を持っているから」採用したい，という採用者側の動機があるのです（コリンズ，1980：121）。同じように，TOEICの点数や資格の有無といった形でも，同質性の高い者が採用されやすいという構図が指摘できますが，学校に入れるかどうかを含め，これらはいずれも「テスト」によって「雇用者が「同質性が高い」と判断するか＝採用したいと思うようになるか」が左右されるということを表します。

　この考え方をつきつめると，「高学歴」の人びとが増えた原因を「現代社会が高度化したから」とする見方が，皮相的であるという見解に行き着きます（竹内，1992）。その裏には集団の利害が対立する現実があります。「能力主義」といった概念は人びとを納得させるための「建前」にすぎないのです。そしてその利害対立のなかでは，すでに社会で枢要な地位を占めてい

る集団が，自分たちに有利となるような「能力」の定義をし，仲間うちで地位を独占し，再生産していくための正当化のプロセスが進行しているといえるのです。「能力主義」は，それらのプロセスを覆い隠し，正当化するための社会統制装置であるということです。

　葛藤理論の考え方は，個人に求められる資質とは関係なく，制度的な利益・不利益だけに注目したものであるということができます。とりわけ，学校で身につけさせるものは知識だけではなく，文化的素養や価値観をも含み，それらのバックグラウンドのもとに「何が正統か」が決まるという考え方が重要なのです。

　これまで私たちは，学校で習う外国語として「英語」が重視される社会に生きてきました。一方で，国際的に重視されるのは「英語」というよりも「多言語主義」であるという考えに立つと，特定の言語だけをとりわけ重視する教育のあり方が，必ずしも「正統」ではないことになるでしょう。しかし，教育のあり方を決める立場が，現在の教育制度のうえでのエリートで占められる現状においては，現在の教育制度のうえで「勝った」者により「正統」とされている「英語教育重視」という方針が貫かれてしまうのです。こうして「英語だけではなく，東アジアのなかで近い位置にある，標準中国語を必修化しよう」という声は，ナショナリズムや排外主義を持ち出すまでもなく，あえなく潰えていくのです。

1-2　学歴社会が普及し，変質しやすい日本

1-2-1　入試改革の話題が問題視されない背景

　2020 年度から導入予定だった大学入試改革の実質的な議論は，2015 年から 2016 年にかけて行われた「高大接続システム改革会議」や，それに続く有識者会議において進められてきました。その過程は断片的に，ニュース等の報道で私たちに周知されてきてはいたものの，そのあり方について批判的な視点から指摘されることは少なく，いざ制度が具体的に現出するという段になって初めて批判が噴出した印象があります。

　大学改革に携わる大学関係者だけではなく，大学入試制度に注目している者まで範囲を拡大したとしても，社会の構成員に占める絶対数が少ないため，社会的に注目されることが少なかったのではないか，と考えられるかもしれません。2019 年における「児童のいる世帯」が21.7％（厚生労働省「国民生活基礎調査」による）で，さらにそのうち大学に進学を希望する者は限られている（大学への進学率はおよそ 5 割）ことから，日本社会の構成員全体からすれば，大学入試の直接の当事者となる者は少ないのかもしれません。しかし，学歴が就職に影響し，その後の人生を左右するとなれば，入試制度の変更が社会全体に与えるインパクトは，十分大きいはずです。

　それにもかかわらず，社会の関心が低いままだった理由には，さまざまなものが考えられるでしょう。複雑なテスト制度になじみがない者からすれば，テストに関する話題を報じたところで，ニュースバリューという観点からすれば，劣っていると判断されたのかもしれません。しかしそれ以上にありうるのは，葛藤理論，特に対応理論による説明です。

　前述の通り，対応理論においては，学校における教育制度の社会的な関係性が，実際の産業界の社会的関係性と対応しているという主張がなされています。大学入試の制度設計に携わる者は，それらを報じるマスコミ関係者を含め，すべて大卒者で占められており，彼ら彼女らの価値観のもとでニュースの価値も測られ，報道されるにふさわしいかが判断されます。大学入試の話題であればなおさら，社会階層が高い者を中心にそのあり方に関する議論が進み，社会階層が高い層に有利なテスト制度が構築されたとしても，それに疑義を呈する者が——入試の

当事者であったとしても——少ないことが予想されます。

　この点から考えると，大学入試のあり方の背後にある，学歴信仰というべき現況を変えることは，きわめて難しいのかもしれません。いまや社会のエリート層のほとんどは大卒以上であり，彼ら彼女らは自分たちの周りが「大卒以上」であることを当然のごとく受け入れて生活しています。それらの人生経験や日々の生活での体験がベースになって意思決定が行われるともなれば，学歴社会が深化することこそあれ，後退することはないものとも思えます。

1-2-2　学歴社会化はなぜ進んだのか

　第1節で紹介した学歴主義の系譜をみると，日本では，大学入試に共通テストが導入されたのが戦後すぐであり，そのころにはすでに「大卒は特別である」という共通理解が社会に浸透していたことがうかがわれます。学歴社会の到来は，大学入試の影響力を増大させ，より多くの人びとの目を大学入試に向けさせることにつながります。そしていくつかの共通テストが導入されては消えることを繰り返した末に，1979年の「共通一次試験」の導入に至り，学歴社会化が注目されるようになったのです。

　それでは，日本の戦後において，なぜ学歴社会化が進んできたのでしょうか。ドーア（2008）は，西欧的な近代化が遅い国や文化圏ほど，先進国に追いつくために，国レベルの主導により近代化のための方策がとられる傾向があり，この傾向が日本の学歴社会化を定着させたと指摘しています。明治時代であれば国のための人材を育成する帝国大学が法律の専門家を養成し，そこで学んだ学生は卒業後，中央官庁の中枢で日本の法制度を構築・維持していきます。また銀行員は高等商業学校で学び，商船員は高等商船学校で学び，小学校の教員は師範学校で学ぶといったように，それぞれの目的にかなった学校制度を外国の制度を手本として国が主導して立ち上げておき，それらの過程で学んだ者がそれぞれの専門性を生かした職に就くという流れが，明治時代には日本社会の随所にみられました。

　ところで，先に述べた学校と職業の組み合わせは，就学すべき年数の長い順に記しています。その序列はそのまま，就職後における国のトップエリートから中堅エリートの地位に対応しているのではないでしょうか。このように，近代的な職業と学歴は，もともと強い結びつきがみられ，そのありようが明らかなため，学歴社会は近代化が遅い国ほどその傾向が強い，とドーア（2008）は指摘し，そのような学歴社会に至りやすい要因を「後発効果」とよんでいます。

　しかしながら，現代は専門性がきわめて細分化・多様化しています。前述のような大まかなくくりであっても，たとえば教員には大学教員，高校教員，中学校教員，小学校教員，幼稚園教員などの下位分類に加え，科目や教科の専門性や司書教諭，栄養教諭，養護教諭などの区分があります。また終戦直後に比べてみれば，ITスキルや性教育，道徳教育の知識など，教員に求められる素養は膨大なものとなっています。そのため，現代においては学歴と職業の結びつきが希薄になり，大学院などで長く勉強したからといって，その人がエリートコースにあるとはいえなくなってきています。あくまで国家の近代化においてそのような傾向がみられる，ということです。

1-2-3　学校が学歴社会でどのような機能をもつのか

　現代の学歴社会がどのような構造をもっているかは，学校が日本社会でどのように位置づけられているかをみていくことで，明らかになるでしょう。苅谷（1998）は，学校が現代の日本社会で「社会化」「選抜・配分」「正当化」といった機能を担っている，と述べています。

　これら三つの機能のうち「選抜・配分」の機能は，直感的にわかりやすいものでしょう。学

校が担っている，学歴社会のなかで生徒を選別し，次の段階の学校や就職先に配分する機能のことです。それでは，他の二つの機能，「社会化」と「正当化」は，具体的にどのような機能なのでしょうか。

「社会化」の機能とは，日本の社会において生徒に学んでほしいという内容が，教科・科目や日々の学びの場において，教育活動を通じて（時には教員から無自覚に）生徒へ伝達される，ということです。社会化の機能は，教える内容がカリキュラムとして一つのまとまりをもって体系化されていることが前提ですが，内容が生徒や教員に明示されているカリキュラムと，生徒が学校に適応するために学びとっている暗黙的なカリキュラムがあることもまた重要でしょう（バーンステイン，1980）。例を挙げると，歴史や地理をあるカリキュラムのもとに学ぶ（明示的なカリキュラム）とき，そのカリキュラムのなかで学んだ生徒は国民としての物語を共有し，国家アイデンティティを伝えられることになります（暗黙的なカリキュラム）。日本の教育のなかでカリキュラムを編成していくうえでは，後者のような，時としてイデオロギーの伝達が行われていく要素があることも，テストを設計するうえでは重要となるでしょう。

この社会化の機能には，もう一つ重要な側面があります。それは授業の一環で行われるテストを返却する際に行われるやりとりで現れます。先生はスコアが高かった生徒に，黙って答案を返却するのではなく，「がんばったね」「つぎはもっとがんばろうね」などと声を掛けます。生徒はこのやりとりを通じて，テストはがんばればスコアが高まるもの，という価値観を学んでいきます。すなわち，テストはがんばるものであり，努力を重ねることにより高いスコアを得ることができ，高いスコアが得られればより高いレベルの大学に入れる，ということを「正当化」する機能をあわせもつ，ということです。

苅谷（1998）では，学校が担う社会的機能ゆえ，学校は不平等を生み出すことに加担していると指摘しています。テストが「努力次第でスコアが高くなるはずのもの」と教えられた生徒が直面するテストは「選抜・配分」の社会的機能も担っているためです。すなわち，社会が学校（のテスト）に期待する機能がきちんと果たされた結果，高いスコアが得られ，高いレベルの大学に進み，給与が高く休暇も保障され他人から尊敬される職に就ける人がいる一方で，低いスコアにとどまり，低いレベルの学校にしか進めず（あるいは進学できず），相対的に低位な労働条件の職にしかつけない人を生みます。さらに苅谷（2001）では，生徒の努力する傾向は生徒の置かれた環境（家庭環境など）によって異なることを指摘し，階層差を生むことが否定できないと述べています。

学歴社会が日本においてこれまで続いている原因の一つとして，学校が選抜や配分の機能を担っていることが挙げられます。現在の学校で行われているテストのうち選抜的要素を含むものは，選抜・配分の機能に関わる部分であり，達成度を個別診断する学びのためのテストや学力調査は社会化の機能に関わる部分であるといえるでしょう。後者は日々の学びのなかでどの程度勉強した内容が身についているかをチェックし，生徒に自覚させる機能をもつためです。

これまでの学歴社会においては，学校で行われるテストのうち，どうしても選抜的要素を含むものがクローズアップされがちでしたが，学習の成果や授業の質の観点から教育を改善しようとするとき，メリトクラシーと直接関わりがない達成度テストについても，その機能が強化されることが求められるでしょう。そのような場合に，生徒に対する先生のコメントとしては，以前のように「テストでいい点を取ればより高いレベルの大学に行ける」というものに限らず，「テストでいい点を取ったということは，勉強した内容がきちんと身についているから，次のステップに向けてがんばろう」というものが一般的になるでしょう。

1-2-4　メリトクラシーの意味：日本における変遷

　日本のメリトクラシー体制の様相は，いくつかの論考によって明らかになっています。苅谷（1995）は日本の高等教育が急速に大衆化（マス化）していく 1960 年代後半から 1970 年代の状況を分析し，日本の学歴社会は能力主義と平等主義が結びついたエートスをもって達成された「大衆教育社会」に至ったという分析をしています。大衆教育社会における日本では，「成績や成果に比例して地位や社会的威信を配分することを肯定するメリトクラシーの意識が社会に遍く行き渡った」社会となり，この考え方により学歴社会化が肯定されてきた，ということです。

　一方，メリトクラシーは時代の流れとともに変質してきた，という指摘もなされています。特に高校や大学が多く設立され，教育に接する機会が拡大するにつれ，学校制度に隣接する他の社会制度（資格制度など）も細分化・高度化される傾向となり，このことが新しい「能力」を要求するきっかけとなり，メリトクラシーの社会的影響力が大きくなっていく，ということです。本田（2005）はこのような拡大を続けるメリトクラシーを「ハイパー・メリトクラシー」と表現しています。

　また松下（2010）では，こうしたハイパー・メリトクラシーの進展に伴い，それまで「学力」の範疇に入らなかった概念が育成されるべき学力として提唱され，さまざまな呼称で言及されている点を指摘したうえで，具体的にどのような点を育成しようとしているのかについて，国際的な比較分析を行っています。その結果，多くの国や文化圏で認知的能力以外に，対人関係能力や人格，態度といった点を「能力」ととらえる傾向がみられた，ということです。

1-2-5　入試制度は更新され続ける

　これらの指摘は，現在の日本がなぜ新しい入試を導入しようとしているかに関して，一つの説明となっているのではないでしょうか。すなわち，日本がハイパー・メリトクラシーの傾向を強め，多くの能力観に基づく多面的・多角的な評価を，それぞれの教育段階において下していこうとすると，既存の教科教育で行われている評価軸とは別に，新しい「能力」観を導入しようということになるのです。国語や算数の「能力」以外に，「生きる力」や「学ぶ態度」といった評価軸が導入されるのは，メリトクラシーの大衆化や，それに続くハイパー・メリトクラシーの傾向で説明できる要素が大きいのではないでしょうか。

　問題は，ハイパー・メリトクラシー体制下の日本では，多面的な評価が行われることが強調されるあまり，測りたい能力を適切に測るための手段が提供できていないとされる場合であっても，そのスコアを拡大解釈して，活用していこうとする傾向が強い点です。たとえば，日本では国公立大学を中心に，入試では 5 教科 7 科目が課されますが，多くの私立大学では 3 教科や 2 教科のみで選抜が行われています [3]。入試で 5 教科を課さないということは，課さなかった教科のスコアは観測されず，他の観測された教科のスコアから推測するしかない，ということになります。しかし，本来，大学入試では高校で履修した内容を「全般的に」問うはずだったのが，大学によってはスコアとして観測された教科しか合否判定の材料として使わないという現実があるのです。こうした「入試の軽量化 [4]」は，多面的な評価を行う動きとは真逆のものですが，観測された教科のスコアを拡大解釈して，その人の高校での学び「全般」を評価するのは，テストで測りたいことがらと実際に測っていることがらが異なるという意味で，問題があるといえるでしょう。

3）共通一次試験時代は 5 教科 7 科目が必須であったのが，センター試験が受験者に必要な科目だけを選んで受験できるようになったところ，従来 5 教科を課していた大学が 3 教科型に移行する傾向がみられたことが指摘されています（荒井, 1998）。

1-3　テストスコアが価値をもつ背景：国の違いによる比較 ─────────

　「大学入試をやめて，抽選により入学者を決めればよい」という意見が，しばしば聞かれます。多くの場合，この意見は荒唐無稽であるということで却下されることが多いのでしょうが，抽選ではなく，大学入試のような「能力の大小を序列化する」仕掛けが必要とされる理由は何でしょうか。この点を明らかにするためには，大学入試が社会的にどのような機能をもっているのかを明らかにする必要があります。言い換えれば，学力や能力が優れている人を序列化することが，私たちにとって意味があることだと考えられている理由を探る必要があります。

1-3-1　学歴社会と社会の階層化

　メリトクラシー体制下では，どの学校段階を卒業したかによってその後の人生が決まる，いわゆる「学歴社会」の様相が濃くなることは，すでに述べました。学歴は私たちの人生の行く末を左右する大きな要素となるのですが，すべての人にとってより高い学歴を得るチャンスが公平に存在するわけではないことが問題視されて久しくなっています。

　このような「格差社会」について，吉川（2018）は，日本においてそれらの分断をもたらしている要素として「ジェンダー（男／女）」，「年代（若年／壮年）」，「学歴（大卒／非大卒）」をとりあげ，それらの間で就いている職種や年収，社会活動への参加といった様相が大きく異なることを示しています。また松岡（2019）は，膨大な社会調査の結果から，子どもがどのような家庭に生まれ，どのような地域に住んでいるかによっても格差が生じていることを指摘していますが，これについては後述します。

　ジェンダーや年代は，個人が努力によって操作することができない要因であるのに対し，学歴は個人の努力で向上させられる可能性が残る要素であることと，だれが上位の学歴に入れるかを決定するのは大学入試であることをあわせて考えると，大学入試制度をコントロールすることで，学歴社会の様相を変容させることができるかもしれない，という期待があります。その意味でテスト制度を考えることは，学歴社会のあり方を見直すだけではなく，日本社会の「分断」（吉川，2018）に対処する方法につながるようにみえます。

　ただし同書では，若年の非大卒者には依然として努力主義の傾向がみられる（吉川，2018：253）ことを紹介し，若者が努力によって何とかなる，という思いをもち続けているのであれば，日本の分断は決定的なものではないだろう，とも述べています。このことは，テスト制度を設計するのみならず，高大接続のあり方を考えるうえでもきわめて示唆的な結果であるといえるでしょう。

　とはいえ，個人の努力の大きさがスコアとして反映されるようなテストを実現することは，テストを設計する者からみれば難しい要求です。努力の度合いを的確に表すスコアとするためには，「努力」が向けられる「勉強」の内容やプロセスの吟味をしたうえで，その内容がどれだけ身についているかを測る必要があります。すなわち，スコアが努力の度合いを反映するか否かは，そのテストが測る能力を育成するカリキュラムや教科の内容とも関連する事項であるといえます。結局，テストだけを単独で変えようとするのではなく，その背後にある教育の枠組みを含めて再考することが求められているといえましょう。

───────────────────────────────────

4）入試の軽量化は，入学者を募集するうえで厳しい入試を課してしまうと，そのことにより志願者数が減少するため，やむなく入試に用いる教科・科目数を減らすことにより起こるといえます。したがって，本当は多面的な学力を用いて入試をしたいが，志願者数が減少する現実と折り合いをつけるために，やむなく軽量化している，という場合もあるでしょう。

1-3-2　日本的メリトクラシー：日本における「メリットによる選抜」の意味

　メリトクラシーは，イギリスで生まれた概念です。少数の特権階級による支配＝貴族制（アリストクラシー）に対し，出身階層や親の属性，家庭環境ではなくその人の「何か他の人より優れた点」が，その人の地位を規定する社会として「メリトクラシー」の概念が提唱されました。そのような「優れた点＝メリット」をもつ者による統治体制が，メリトクラシーに他なりません。

　イギリスにおける階級差は貴族社会という歴史的背景をもっているのに対し，日本の格差はそのような歴史的な差ではなく，明治時代の近代化の過程で生まれたものであるというのが定説になっています。そこで「優れた点＝メリット」の指し示すものが，国や地域，文化によって異なるのではないか，という主張が，社会学者の間で議論になってきました。日本には日本のメリトクラシーがあり，アメリカにはアメリカの，中国には中国の「優れた点」のとらえ方があり，それぞれに異なっている，ということです。

　本田（2020：44-47）は，日本的なメリトクラシーはイギリスのそれとは本質的に異なると指摘しています。特に，①生得的な要素と後天的な要素を区別しないこと，②個人に内在している性質を意味していること，③抽象度の高い「能力」について言及する際，人間の総合的な性質を表していると解釈され，一元的な高低について連想されやすいこと，の3点を指摘し，日本的メリトクラシーにおいてはこれらの要素を含む序列化が前提であることを指摘しています。

　日本的メリトクラシーのもつ性格によって，日本では大学入試の制度に対して，抽象度の高い「能力」をテストで測り，その結果を序列化することが期待されているという構図が浮かび上がります。そこにはテストが何を測っているのかを実質化し，構成概念（第2部5章3節を参照）の上位・下位関係を積み重ねていくという手順を精緻化するような発想は，ほとんどありません。極端にいえば，何でもいいからとにかくテストを課して，そのスコアの大小をみて合格者を決めればいいだろう，という態度ですら，許されてしまうのかもしれません。その結果，入試で測りたい性質の高低に基づく選抜ではなく，よくわからない性質が基準となって合格者が決まってしまうのでは，いくらテストを公平にしたところで，実質的にテストの意味がなくなってしまうでしょう。

1-3-3　海外の大学入試では何が評価されるのか

　日本的メリトクラシーが，序列化と画一化を前提とした体制であるとするなら，他の国の大学入学者選抜や共通テストはどのように位置づけられているのでしょうか。いくつかの国・地域について，その概略を紹介します[5]。

中国の大学入試（石井, 2017）

　大学入学のための共通テストである「全国統一入試」のスコアにより，各大学が選抜する方式が圧倒的多数を占めています。全国統一入試は年1回行われ，省単位で競争的な選抜が行われます。他に，厳しい資格要件を満たした受験者（全国で5000名程度）を選抜し，個別大学が筆記試験や面接などにより選抜を行う推薦入試方式と，書類審査と大学個別入試で選抜する独自事前選抜方式がありますが，いずれも対象者が少ないのが現状です。

　全国統一入試は長文の記述式問題と客観式テストを併用した内容で行われてきましたが，近年，能力と資質を重視するテストとして，科目の内容にとらわれず，科目横断の内容となって

5）ヨーロッパ諸国の入試の現状については，伊藤（2020）も参考になります。

いる「総合試験」の導入が検討されてきました。関連する知識・方法を応用し，問題を分析し，解決する総合的な能力を測定するためのテストを全国統一入試に導入しようとしたのです。しかし，2004年から一部の省で始められたこの試みは，2016年時点で北京市のみで出題されるまでに縮小され，今後廃止予定であるということです。

韓国の大学入試（田中, 2017；南部, 2016）

　韓国における大学入試制度は政権が変わるごとに変更されることが多く，1945年以降でみると13回も大きな変更が行われています。現在は1995年以降に主流となった，入試制度の多様性を重視した路線にのっとった入試が導入されています。これは「随時募集」という日程で行われる「特別選考」とよばれ，年1回行われる修学能力試験（共通テスト）で一定水準のスコアをマークした受験生に対し，学校生活記録簿（高校での学び）や口述試験などを用いて総合的に判断して合否を決定します。ただし学力による選抜（定時募集日程）はなお行われており，修学能力試験と学校生活記録簿が主要な根拠として用いられ，修学能力試験がハイ・ステークスなテスト（受験者にとって結果が人生を左右するテスト）となる構図は変わりません[6]。

　1995年に，それまで教科ごとのテストの点数のみを根拠に行われてきた選抜を改め，受験者のさまざまな特性や素養を選抜基準に盛り込むことを意図して，特別選考を導入することになりました。2008年に導入された改革では，全体的に修学能力試験のウエイトを下げ，高校での学びを重視するように変更されましたが，選抜のために学力をテストする場合は修学能力試験のスコアに限るという方針により，大学個別に要求する選抜資料が膨大な種類となり，入試が複雑化するという問題が生じました。多い時では3000種類もの大学入試の形式があったとされています。

　そのため，2013年からは大学入試の「簡素化」が目指されるようになりました。大学入試に用いられる根拠資料の整理・標準化，募集時期の簡素化，また学校における生活記録簿の改善などといった施策が取り入れられ，あわせて，2008年からの修学能力試験の比率を下げる方針も維持されました。これらの施策は，中高生における受験競争を緩和するために，修学能力試験のウエイトを低下させることを目的としていましたが，特別選考の導入によっても，中高生の私教育費が軽減しなかった（すなわち，修学能力試験対策がなお盛んであった）という指摘もあり，入試制度の再検討が必要とされています。

台湾の大学入試（石井, 2019）

　台湾では1990年代に入試制度の多様化が目指され，1994年から共通テストである「学科能力試験」と学校推薦による推薦入試制度がスタートしました。さらに1998年からは総合型選抜に相当する「個人申請入学」とよばれる選抜が導入されました。入学者選抜は個人申請入学の他，高校ごとに上位1名を推薦する「繁星推薦入学」，大学の学部学科が求める能力を測る「指定科目試験」を用いて合否を決める「試験配分入学」のルートがあり[7]，それぞれ学科能力試験を課すこともあります。また個人申請入学では高校までの調査書が選抜の参考にされるものの，大学によってはされない場合もあります。

　この入試制度は，多様な学生を多様な大学に入学させる目的で導入されましたが，2022年を

---

6) 修学能力試験を用いずに，大学が独自に設けた選抜方法により，認知的特性や情意的特性，潜在力・成長可能性・学科適応可能性といった多様な観点から選抜を行う「入学査定官制」も導入されています。
7) これ以外に帰国子女などを対象にした「特別選抜」がありますが，主流ではありません。

めどに，生徒の主体性の評価結果を入試に反映させる目的で，個人申請入学の際に調査書を必須とし，高校内外における学習履歴（学習ポートフォリオ）という形で統一化しようとする動きがあります。生徒の学習履歴は履修記録や学習活動成果などを含むもので，個人申請入学における審査方法を最適化し，選抜を簡素化する目的で導入され，大学が求める学生像にマッチした受験者をより的確に選抜できる方法として検討が重ねられてきました。しかし，個人申請入学の場合に学習履歴の審査が必須となることで，評価の客観性や公平性の確保，高校における事務負担の増加，個別大学の選抜における学習履歴の審査方法の検討といった問題点が解決される必要があります。

アメリカの大学入試（樫田ほか, 2018）

　多面的・総合的評価を目指す流れとして，アメリカにおいては Holistic Review とよばれる，学業成績だけにとどまらない，生徒の経験や属性を含めた人物全体を評価する考え方が主流です。当初は難関大学において，個性を尊重する入試という位置づけで導入された考え方ですが，人種・宗教の多様性に配慮した入試のあり方として，多くのアメリカの大学で導入されるようになってきました。

　アメリカの大学入試制度は大学個別に設けられていますが，多くの大学では SAT や ACT といった共通学力テストのスコアや推薦状，小論文などを用いて合否が判定されます。大学入試制度は開放型・一定基準以上選抜型・競争型の 3 種類に大別されますが，2 年制の大学では開放型，4 年制では一定基準以上選抜型が多くを占めており，いずれの場合も大学に設置されたアドミッション・オフィスが（学部組織とは独立に）合否を判定するところに特徴があります。

　SAT や ACT などの学力テストだけで選抜を行う大学は皆無で，多少なりとも高校までの学習やボランティア等の活動履歴や小論文の内容が選抜の根拠資料として使われています。これらの根拠資料は，アドミッション・オフィサーにより個別に審査されていますが，出願時点の学力の大きさではなく，主に大学での学びでどれだけ伸びる余地があるかといった観点から評価され，合否に反映されています。

オランダの共通テスト（奥村, 2016；2020）

　オランダにおいては大学入試として共通テストが行われるわけではありませんが，教育課程のなかで共通テストが重要な役割を果たすことから，ここで取り上げることとします。

　オランダの場合，初等教育修了時に Cito テストとよばれる統一テストを受験する仕組みでした。2011 年までは，オランダの中等教育機関の 85％が Cito テストを参考に児童の進路を決定していました。2012 年になって，Cito テストを義務化し「中央試験」に変更する計画が議会で承認され，2015 年から実施されました。旧来の Cito テストは中等教育への進学に際し，進路選択のための参考資料として用いられてきましたが，新しい中央試験は達成度を測るテストと位置づけられ，成果志向の促進が目指されたのです。

　しかし，オランダで一般的な，イエナプランやダルトン・プランといったオルタナティブ教育に携わる者は，Cito テストなどが学校間の比較などに用いられやすい点や，国語・算数のみを必須科目としており，カリキュラムが矮小化される点や，テスト対策により教育のリソースが浪費されている点などを批判しています。ただし，達成度を測るテストそのものに対する批判はあまりありません。

1-3-4 何を「メリット」とみなすか：多様性と画一性の間

これまで取り上げた五つの事例からは，多様な入試制度を用意し，多面的な観点から評価する流れがみてとれます。しかしそれに対して，特に韓国や中国においては，共通テストがハイ・ステークスとなり，受験生の間で共通テスト対策が過熱する傾向もみてとれます。これは，従来の日本と同じ傾向です。

また，多様な入試という考え方自体は同じであっても，その背景は一つではありません。オランダでは憲法に「教育の自由」がうたわれているように，教育制度に対して多様性が認められており，教育の自由とテストとの関連性が議論の対象となることが多くあります。それに対し，韓国では共通テストがハイ・ステークスであることを緩和するために入試制度を多様化するといったように，入試制度を多様化する動機はさまざまです。もちろん，入試制度の背景には，その国が目指す教育の理想像があり，それを実現するために「あるべき入試制度」が模索されているということもあるでしょう。

どの国・地域の大学も，多様な背景をもつ学生を求める傾向は，変わらないのでしょう。しかし，多様な学生を集める要求が早くから上がっていたアメリカでは，多様性を確保するための標準的な大学入試のあり方，スタンダードが確立されており，その流れが大きく変わることはないのかもしれません。一方で，中国の大学入試は共通テストの比重が非常に大きいものの，多枝選択式だけではなく記述式テストを含む形式がとられており，また多くの教科を用いて共通テストを行っている点に特徴があるといえそうです。

1-4 テストに対する過剰な期待：日本的メリトクラシー下の教育の形 ─────

1-4-1 日本的メリトクラシーの様相

日本的メリトクラシーの状況下で，序列化の道具と教育指導のための道具がいびつな形で融合したとき，何が起こるのでしょうか。その端的な例は，公立高校入試における調査書の扱いに表れているでしょう。

中学生が高校に入るためには，高校入試を受験しなければなりませんが，公立高校の入試においては図1-1に示すように，3月に行われる高校の入試（学力検査・面接）だけではなく，中学における学びのなかで学級の担任による評価を反映した「調査書」やそれを点数化した「内申点」を用いて[8]，だれが高校に入学できるかが決まります。内申点は中学校における評価によって決まるのですが，生徒が学校で学習したり他の活動（部活動，生徒会活動など）をしたりするなかで，教員の目に触れる範囲でどのような活動をしているかが反映された値であるといえます。

しかしながら，内申点とは具体的に生徒の「何」を反映した値なのでしょうか。生徒が教員から見えない部分において，独自に活動した内容は内申点に反映されませんが，それで正確な内申点といえるのでしょうか。教員の価値観によって，より好ましい学習姿勢が細かい点で異なるかもしれませんし，それらが調査書や内申点の内容を左右することは本当にないのでしょうか。また，公平性の観点からみると，内申点をつける教員がクラスによって異なるにもかかわらず，異なるクラスの生徒が同じ公立高校を受験することで，合格のしやすさは本当に変わ

---

8) 日本の公立高校の入試制度は，都道府県単位で異なります。内申点をどの程度合否に反映させるかについては，都道府県の公立高校入試制度ごとに方針が定められています。内申点に反映される調査書の内容は，都道府県によっては中3だけのこともあれば，中1から中3までのすべての活動が評価の対象にされる場合もあります。

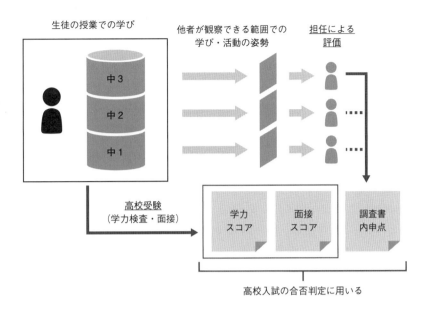

生徒の授業での学び　　他者が観察できる範囲での　　担任による
　　　　　　　　　　　　　学び・活動の姿勢　　　　　評価

中 3

中 2

中 1

高校受験
（学力検査・面接）

学力
スコア

面接
スコア

調査書
内申点

高校入試の合否判定に用いる

図 1-1　中学での学びと高校入試の関係

らないのでしょうか。内申点を決める教員のうち，一部の教員がわざと評価をやさしめにして
いたとしたら，不公平ではないのでしょうか。

　中学校までの評価は公立高校の入試に使われるべきものなのでしょうか。本来はそうではな
く，教える側が期待するような学習をさせるための仕掛けとして用意された，一つの指標にす
ぎないのでしょう。しかしながら，さまざまな紆余曲折を経て，現在の日本社会はこのような
内申書を用いた入試制度を受け入れてしまっています。それどころか，中学校の評価を e-ポー
トフォリオ[9]で電子化し，これを高校入試や大学入試に取り入れようとする動きまでありまし
た（2022 年現在，計画は頓挫していますが）。e-ポートフォリオが生徒の学びの達成度指標を
与え，生徒の学習のためだけに使われるのであれば教育的意義はあるでしょう。しかし，十分
な議論をせず入試にも活用するというのは，中学の授業活動のうち「測りやすい観点」のみを
反映した達成度指標を，あいまいさが残る形で指標化したものだけで選抜を行おうとしている
といえ，決して望ましいことではありません。このことは高校と大学の間でも起こりうること
で，高校での学びが e-ポートフォリオで管理されることにより，e-ポートフォリオの内容以外
の要素が高校での学びとして顧みられなくなるおそれがあるでしょう。日本的メリトクラシー
下の，スコアの意味を拡大解釈した形での序列化が行われる現状では，危うい試みであるとい
わざるを得ません。

　本来，テストは「測られる対象となる能力」を定義したうえで，その能力を測ることができ
るテスト問題を複数出題することで，能力の測定の道具として機能します。スコア（内申点）
が何を反映した値なのかに関する本質的議論もないまま，内申点を内包した教育システムだけ

9）高校における学習や活動の記録を管理するための電子データベースを指します。日々の授業における小テスト，提
　出物や定期テストといった学修成果物の記録などを一元的に管理できる仕組みです。また，高校の教員が授業をス
　ムーズに行うための機能として，生徒からの提出物を電子的にやりとりしたり，採点した結果を電子的に返したり
　といった機能を併せもつものもあります。さらに，生徒がとった資格やボランティアの履歴，部活動の記録なども
　統合的に管理することができ，生徒の学習支援や教員の授業支援のためのツールとしてだけではなく，生徒の主体
　性を評価するための仕組みとして大学入試に活用する動きが進んでいます。一方で，そのような学習履歴を収集・
　管理すること自体が，高校での学びをゆがめるという指摘もあります（大塚，2020）。

が進んでいくことは避けなければなりません。逆に，テストで測るべき概念を構造化したうえで内容に関して細目リストを作り，一問一問の問題の内容について，この問題は求められる能力のこのような側面を測っている，という証拠を重ねていき，それらの問題を用いてテストを行えば，測りたいことがらとテストで測っていることがらが一致しやすくなり，より望ましいでしょう。このようなテストの作り方は「細目積み上げ方式」とよばれています。

　しかし，日本的メリトクラシーのもとでは，テストを運用していくにあたって，テストで測る概念を細目化し，積み上げていくテストの手法をとることは，むしろ評価を「ややこしくしている」ととられかねないのかもしれません。第3部15章2節で触れますが，日本のテストは「日本的テスト文化」の影響を色濃く受けたものになりやすい，という指摘があります。その一つの特徴として「大問形式の多用」という点が挙げられており，これにより一問一問が受験者のどのような性質を測っているのかがあいまいになるという問題点が指摘されています[10]。日本的メリトクラシーの特徴が色濃く表れている現状は，日本的テスト文化とは親和性が高いといえるでしょう。

　テストの問題一問一問が何を測っているのかについても十分な説明があることで，テストの質が高いことを証明でき，テストで見出したい「メリット」と「テストで測っていることがら」が一致しているような，質の高いテストを実現することができます。このようなテストは「（尺度の）妥当性が高いテスト」とよばれますが，尺度の妥当性を維持し，測定したい構成概念を的確に測れているというあるレベルの確証が得られ続けるようなテストが，共通テストにも求められているといえます。

1-4-2　複数回共通入試に対する期待の大きさ：大学と受験者の立場から

　大学入試はこれまで，大学の側，すなわち共通テストのスコアを使い，選抜を行う側において，年複数回実施への要望が提起されてきました。昨今の教育改革の大まかな方向性を議論した「高大接続システム改革会議」においても，その「最終報告」（文部科学省，2016a）で，複数回共通入試は実施可能であるという前提のもと，導入の可能性の是非を判断する，という形で盛り込まれていました。

　複数回共通入試の制度が導入されると，受験者に対し，年に複数の受験機会が与えられることになります。教科・科目単位でみたときに，複数のテストスコアのうちもっとも良い値を用いて受験ができるということで，たとえば国語は第1回テストのスコアを，英語は第2回テストのスコアを使うというような，スコア選択の自由が受験者に与えられることを意味します。

　しかしながら，受験者の側から年複数回実施すべきだという声は聞こえてきません。その大きな理由としては，大学入試のために準備がとられ，高校生活の最後の1年間が丸ごと受験対策に割かれるようになってしまうのではないか，という不安が挙げられるでしょう。その不安は受験生本人に限らず，保護者や高校の教員にも募ることでしょう。

　このことを，複数回共通入試の導入にどの程度「効用」があるのかという観点から考えてみると，大学の側が考える複数回共通入試の効用の大きさと，受験者の側からみた効用の大きさは，大学側のほうが主観的に大きいと判断されている可能性はないでしょうか。特に，受験者が考える，複数回共通入試導入に伴う効用の増加が少ないうちは，大学入試制度のなかに年複数回テストが根付く可能性も少ないといえます。

---

10)　ただし，大問形式のテストには小問集合形式のテストにはないメリットも指摘されています。第3部15章2節注3も参照してください。

　その一方で，大学関係者の側からすれば，受験者の意向とは関係なく，複数回共通入試を導入することがなんとなく「受験生のためになる」のではないか，と考えているのかもしれません。しかし，日本的メリトクラシーのもとでスコアの意味を際限なく拡大解釈したのと同じように，明確なメリットを提示することなく，受験者の意向を十分に考えずに導入した入試制度は，さまざまな観点から批判の対象となり，見直さざるを得なくなるに違いありません。

　複数回共通入試の仕組みを導入するのであれば，日本的メリトクラシーのもつあいまいさに対して一線を画すような，はっきりとした導入の根拠立てと，受験者や高校，大学などの関係者における合意形成が必須といえるでしょう。次章からは，大学入試を複数回共通入試の形にするメリットや課題について述べていきます。

【第 1 章のまとめ】

◉メリトクラシーは「業績による支配」，すなわち社会が「業績が高い者」によって支配される体制を意味する。メリトクラシーの程度は，社会が高度化し，複雑化するにつれて強化される傾向にあり，その背景としてテストで測る能力の多様化が指摘できる。

◉日本では，戦後一貫して，大学に入学する人の割合が増加し続けている。大学入学のための共通テストは戦後すぐから実施されてきたが，これが定着するのは共通一次試験が導入された 1979 年ころからである。

◉日本の学歴社会化は，学校の社会的機能において，学校が選抜・配分の機能を担ってきたことと関連している。このことにより，日本の大学入試は選抜の機能をもつに至ったが，学校が社会化や正当化の機能をもっていることにより，達成度テストを教育のために導入する道が開かれる。

第1部

第2部

第3部

第2章

共通テストのあり方：その模索の方向性

　大学入試を行う目的は，大学に入学できる定員に限りがあるなかで，優秀な学生から順に入学させるために，成績に序列をつける点にあるでしょう。定員というやむを得ない事情がある状況で，多くの受験生のなかからだれが成績優秀であるかを見出すために，入試が制度化されているということです。

　しかしながら，日本の大学は大きく様変わりしています。日本中に数多くの大学ができ，定員割れをしている大学も珍しくありません。また学部や学科も1990年代に入って多様化してきました。これらの点については本章の後半で詳述しますが，大学入学のための共通テストも，大学の増加や定員に満たない大学の出現に伴って，大学に入るだけの学力があるかどうかを受験者ごとに検討する必要性が指摘されたのです。すなわち，これまでの大学入学共通テスト（センター試験）の実施目的を見直すことが必要とされたのです。

　本章ではまず，日本の大学入試の歴史を振り返りながら，共通テストに求められる役割について述べます。そのうえで，日本の大学受験制度にマッチした共通テストのあり方について，述べていきます。

2-1　日本の大学入試はどのように変遷したか：日本的背景と大学入試制度———————

2-1-1　戦後の大学入試：共通一次試験導入までの経緯

　序列化としてのテストを高校段階から課し，その結果で今後の一生が決まるという教育制度の下で，日本はこれまで進んできました。そのような序列化を生んだのは，テストのせいではなく，もともと選抜志向の入試を行うことを前提とした高大接続の仕組みによるところが大きいと指摘されています（佐々木，2012：212-223）。

　1960年代より前は，大学に進学する者は全体からみれば少数でした。しかしながら，1960年代から1970年代に「大衆化」が進み，大学進学率が急上昇したのです（図2-1）[1]。それに伴い，大学入試は「受験地獄」などと形容されるような，苛烈な競争的性格を帯びるようになりました。1978年までは，センター試験も共通一次試験も存在せず，各大学が個別入試をそれぞれ行って合格者を決めていましたが，それ以前にも「進学適性検査」（1947-1954年）及び「能研テスト」（1963-1968年）の二つの共通テストが大学入試に用いられていました。しかし，終戦後早い時期に始まった「進学適性検査」は，受験者への負担が大きいことや，大学でスコアが積極的に利用されていないこと（合否決定のためのウエイトが低いこと），「努力」の度合いが

---

1) 進学率が上昇する要因は，必ずしも「高校生がみんな大学に行きたがったから」というような，単一の原因だけでは説明できません。進学率を決める要素としては日本全体における大学の入学定員や大学の数などがあり，国の大学政策によってコントロールされてきた要因もあります。すなわち，日本の大学政策全体を俯瞰して原因を考える必要があります。吉本（1996）は，人口の変遷，進学率の経年変化，大学学部の増設や定員増加の傾向などを分析した結果として，1970年代前半にはすでに大学数の増加により進学率の上昇がみられたものの，1980年代に入って18歳人口の増加や水増し合格者数の減少により進学率の拡大にいったん停滞がみられ，1990年になってさらに大学増設や定員増の影響により進学率が上昇したことを指摘しています。

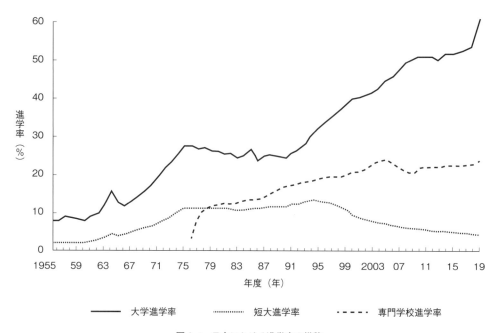

図 2-1　日本における進学率の推移
出所：文部科学省「学校基本調査」総括表

測れないのではという世評が高まったことを理由に廃止されました（中野，1990；腰越，1993）。また「能研テスト」も，大学でのスコア利用が定着しないまま廃止されました。

　このような状況下で，新しい大学入試の枠組みに関する議論がなされ，1971 年に「今後における学校教育の総合的な拡充整備のための基本的施策について」と題された答申が中央教育審議会からなされました（通称「46 答申」とよばれています）。このなかで，「公平性の確保」「適切な能力の測定」「下級学校への悪影響の排除」という「ルール」が明記されました。木村（2010）はこれらを「日本型大学入学者選抜の三原則」であると指摘し，1979 年に導入された共通一次試験の導入の議論ではこれらの原則が反映されているとしています。すなわち，公平性を最大限に確保し，適切な能力を現実的に評価し，下級学校への悪影響をなるべく排除しうるテスト制度として，共通一次試験が設計されたということです[2]。

　日本型大学入学者選抜がひたすら公平性を目指し，能力を適切に測定したがり，高校入試とは異なり調査書（内申点）の内容を一般入試で重視しないのは，このあたりに根拠がありそうです。そして，能力を適切に測定したがるという点については，先述の「日本的メリトクラシー」の考え方とも合致しています。また「日本的テスト文化」（第 3 部 15 章 2 節を参照）では「年に 1 度，同一問題での試験の斉一実施」や「新作問題のみでの試験の実施」，「試験問題の公開」が指摘されていますが，これらの点は「公平なテスト」が「適切に測れているか」を外部からより検証しやすいように制度設計されたことと関連があるのではないでしょうか。

2-1-2　学校推薦型選抜の系譜

　大学入試は，センター試験や個別入試を用いて行われる，競争的な性格を帯びた一般入試だ

2）木村（2010）では，日本型大学入学者選抜の三原則が，終戦直後に GHQ から導入を求められていた「調査書重視」「進学適性検査」「学力検査」に基づいて選抜する方針（エドミストンの三原則）が日本に根付かなかったことの反省として提示されたことを指摘しています。46 答申では，明治以降の入学者選抜の方法を参照しながら，日本型大学入学者選抜の三原則に言及しています。

けではありません。大学入試が学力偏重となっており，生徒の高校での学習内容や学ぶ意欲を考慮していないのではないか，という批判に応える形で，1970年代前半から私立大学を中心に推薦入試を採用する大学が増え始めました。しかし推薦入試の導入は，前述までの公平性を重んじた唯一の尺度による序列化の流れとは異なり，いわばもう一つ，序列化の評価軸を認める形で成立していることになります。なぜでしょうか。

　この点について，中村（2010）は，トロウ（M. Trow）が提唱する「高等教育システムの段階移行」に関するモデル[3]に沿った形で，教育が拡大するという社会情勢の世界的流れが背景にある，と指摘しています。1970年代の初めから中ごろにかけて，ベビーブームにより高卒者が増え，教育の拡大が圧力となって，激烈な受験競争の緩和策として推薦入試が社会に定着する過程で，推薦入試と従来の競争型一般入試が両立する形で決着したといえるでしょう。大衆化した大学入試，いわゆるマス選抜においてテストの不公平性に対する批判が背景に退き，推薦入試が実効性をもって大学入試制度に溶け込んだ一方で，共通一次試験を用いた一般入試はエリート選抜の役割をもたせることで入試制度の分岐を図ったという実態を，中村（2010）は示しています。

　戦後の大学・短大進学率をみると，1950年代中ごろには20%を切っていたのが，1998年には40%を超え，2007年以降では50%を超えています（文部科学省，2019：29）。現在はユニバーサル・アクセス型になっていますが，進学適性検査が行われていた1950年代当時はエリート型の選抜が行われていたということで，大学入試は大衆化していなかったことが，この数値からみてとれます。このように，大学への進学率や選抜の類型（エリート選抜かマス選抜か）が変われば，求められる入試制度も変わってくることがわかるでしょう。

　エリート選抜とマス選抜という，二つの選抜層が存在し，前者は一般型の競争的な選抜で，後者は学校推薦型で多面的な評価軸による選抜を行っているのではないか，という指摘は，ある程度の説得力をもって入試の現状をとらえているといえるかもしれません[4]。テスト制度に新機軸が導入されるときは，エリート選抜とマス選抜というように，入試制度の背後にある類型の構造を考慮に入れた選抜手法を考えることが求められるでしょう。なぜなら，現在の入試制度がおかれた状況を検討したうえで，現実として社会のニーズにマッチし，受験者や高校，大学が納得するような入試制度を提供することが求められているからです。

2-2　ユニバーサル・アクセス型の高等教育システムと多様性重視の大学入試

2-2-1　日本の大学入試：現在の状況

　現実の日本社会において，どれだけの人が大学入試に挑んでいるのでしょうか。まずその現

---

3)　高等教育システムの段階として「エリート段階」「マス段階」「ユニバーサル・アクセス段階」があり，高等教育に適した人口のうちエリート段階では15%，マス段階では15%〜50%，ユニバーサル・アクセス段階では50%以上が高等教育機関（大学など）に進学する，というモデルです。ただしこれは一つの仮説であり，必ずしもこれに当てはまらない国・地域の存在も指摘されています。またあくまで経験則に基づく分類であり，量的指標に基づく精緻な検討を経ていないため，多く引用されてはいるものの，その妥当性には疑問もあります。また根拠として数値的なものが示されていますが，これも経験則に基づく目安にすぎないといえます。トロウ・モデルの詳細や批判的検討については喜多村（2010）を参照してください。

4)　東京大学や京都大学では，推薦入試制度自体，最近（2016年）になってから設けるようになった（導入の経緯については読売新聞教育部（2016：202-226）に詳述されています）という点に象徴されるように，エリート選抜で推薦入試が導入されたのはごく最近のことです。ただし，推薦入試においても学力が一定水準以下の者をふるい落とすテストを設けていることが多く，このテストの存在を高校の教員が気にしているという結果も報告されています（中村，2010）。推薦入試であったとしても，学力が「不問」となるわけではないということです。

状を確認してみます。

　日本における 2007 年以降の大学・短大への進学率は一貫して 50%以上で，高校卒業者の半数以上が大学や短大に進学しているという現状があります（数値は文部科学省（2019）より引用）。これをトロウ・モデルでみると，日本の現状はエリート段階やマス段階よりもさらに大衆化が進んだ，ユニバーサル・アクセス段階の高等教育システムに相当します。これに伴い，現代の大学入試を取り巻く環境は，センター試験が導入された 1990 年代と比べて，大きく変化しました。学校推薦型選抜（旧・推薦入試）だけではなく総合型選抜（旧・AO 入試）が導入され，生徒が高校までで何を学んできたか，大学に入って何を学ぶのかについて，より大きなウエイトをもって評価されるようになってきました。

　また，高校への進学率が 98.8%（2018 年，通信制を含む）で，以前（1963 年度実施の学習指導要領下）は高校普通科で卒業に必要とされる 85 単位のうち 68 単位（80.0%）が必修であったのに対し，現在（2013 年度実施）は 74 単位中 38 単位（51.4%，総合的学習の時間を含む）に減少している傾向がみられます。また 2018 年の大学・短大への進学率が 50%を超えるという現状からすると，高校から大学へのルートも，1970 年代初めのように一般入試のみというわけにはいかなくなり，大学入試の多様化が進んでいくことにつながります。

　一方，大学の数が増加することに伴い，定員を満たすことができない大学がみられます。日本私立学校振興・共済事業団（2021）によると，私立大学において「入学定員充足率」（入学者÷入学定員）が 100%に達しない大学は 597 校中 277 校で，全体の 46.4%であったことが報告されています。日本の大学の約半数は定員を満たすことができていないというのが実情です。

2-2-2　学校推薦型選抜・総合型選抜の問題点と改革の方向性

　そんななか，中央教育審議会の 2008 年度の答申「学士課程教育の構築に向けて」ではすでに，学校推薦型選抜や総合型選抜が，外形的・客観的な基準に乏しく，事実上の学力不問の入試になっている可能性が指摘されました。また多くの大学で 1〜2 科目の個別入試のみを課すといった「入試の軽量化」が進んできています[5]。それらの現状をふまえ，川嶋（2012）は個別入試をやめ，大学間で統一された共通テストと，大学ごとにアドミッション・オフィス（AO）が学生一人ひとりの特性を評価する方法で選抜すべきであると述べています。大学を教育組織として考えたとき，個別入試を大学ごとにばらばらに設けるためにはそれぞれの大学において一定の労力が必要で，大学をまたいで共通の尺度で学力を測る仕組みを用意することでこれらの労力を軽減でき，またそれぞれの大学がもつ「入学させたい生徒」の像に照らしてアドミッション・オフィスが個別入試を担えばよい，ということです。

　ただし川嶋（2012）では同時に，共通の尺度をどのように設けるべきかについては，大学間で大きな隔たりがあることが予想されるため，慎重に検討しなければならないとも述べています。実はここで測られる「共通した能力」にどの程度一般性・普遍性があるかが，共通テストの仕様を決めるうえで重要な検討事項であるといえます。第 2 部 5 章 4 節で詳述しますが，一般にテストで抽象的な構成概念を測定しようとすれば，そのことにより尺度の一次元性が低くなり，質が良くないテストであると判断される可能性が高まります。標準化テストの仕組みの

5）AO 入試（現・総合型選抜）を早期に導入した慶應義塾大学総合政策学部・環境情報学部のように，学力を重視した入学者選抜を行っている事例も数多くあります。競争が成り立たない大学入試を中心に入試の軽量化が進んできている，ということです。

なかで，わざわざテスト問題の質の評価を盛り込んだのは，測定の道具としてのテストが，拡大解釈された抽象的な構成概念を無理やり測定しようとする事態を防ぐためにほかなりません。

2-2-3　レベル別の共通テストの必要性

　大学ごとに個別入試を設けると，受験者ごとの学習の達成度を測るために個別の大学ごとにテストを作らなければならず，そのような手間を省くために，「共通」したテストが必要である，という考え方があります。その前提として，そもそも達成度を測る性格の大学入試が必要である，ということが必要です。さらに，達成度を測る背景として，カリキュラムと学習方法が必要になってきます。すなわち，共通の尺度をどう定義するかについて，慎重な検討が必要であるということです。

　これまでは「大学入学共通テスト」を日本における唯一の共通テストとして，大学入試が行われてきました。しかしながら，大学入試の方法が多様であることや，大学に入学を希望する者の学力分布を考えると，唯一の共通テストを設定するのではなく，達成度のレベル別に複数種類の共通テストを用意し，大学がそのいずれかを指定して受験させるといった方法をとることも考えられるでしょう。これまで説明してきたように，幅広い学力層の受験者全員に対して，たった一つの共通テストですべての受験者の学力を的確に測ることは，難しいのです。

　民間で行われている英語テストにおいても，英検（実用英語技能検定）のように，級別に異なるテスト問題が用いられている場合があります。初級から上級までの幅広い範囲をたった一つのテストだけで測ろうとするのではなく，それぞれの級に対応するテストを用意し，受験者の学習レベルにあったテストを用いてスコアを出すことが必要でしょう。

2-3　教育格差と受験機会の保障：より公平な大学入試のために ───────

2-3-1　教育格差の指摘と複数回共通入試

　ここからは，ユニバーサル・アクセス型の高等教育システムを前提として，日本の大学入試が今後，どのような制度となることが望ましいかについて，述べていきます。

　日本がユニバーサル・アクセス型の高等教育システムとなったのにもかかわらず，すべての生徒が教育に等しくアクセスできない現状が指摘されています。いわゆる「教育格差」の問題です。どんなにテストの質を高め，能力値を精度よく推定できるようにしたとしても，教育格差の問題は解消できないといえます。

　複数回共通入試のスコアを選抜に用いる大学は，そのスコアが他の選抜要件，たとえば高校までの学習履歴や志望動機などの資料と合わせて選抜要件として用いられる場合，他の選抜要件よりも公平な選抜要件であると認識しているのかもしれません。しかしながら，それはあくまでテスト制度として想定された範囲での公平性が満たされているというだけである，という批判もあるでしょう。とりわけ大きいのは，家庭の社会経済的地位（SES：socioeconomic status）による「格差」，すなわち受験者の保護者の学歴や職業的地位，世帯年収，嗜好といった，社会的・経済的・文化的な地位が影響した「格差」ではないでしょうか。

　保護者の社会経済的地位が高い環境下に置かれた受験者は，低い環境下の受験者に比べて受験を志すタイミングもより早く，その豊富な資金力で塾や習い事でテスト対策をすることができます。また豊富な社会経験，たとえば留学や海外旅行，演劇・映画，美術館，博物館などの鑑賞の機会も多くなり，それらの経験を動員することによって，受験者個人の経験を問う内容が多い学校推薦型選抜や総合型選抜において有利なスコアを得る確率が高まります。松岡（2019）

は社会調査データを用いた分析を通じ，日本には教育格差が存在しているが，それらを含んだ教育制度の議論が行われていないことを指摘しています[6]。

　複数回共通入試の受験料を「1回受験するたびに1万円」のように課したのでは，明らかに世帯年収の低い家庭の受験者に不利になるでしょう。したがって，たとえば「1年間に何度受験しても1万円」というように受験料を設定するか，そもそも受験料を公的機関が負担し，受験者は無料で何度でも受験できるという仕組みを検討すべきでしょう。また，都市部の受験者であれば，至近のテスト会場に通うのも難しくないでしょうが，最寄りの会場まで自動車で片道2時間や3時間かかるという地域や，離島に住む受験者の場合，朝早くからテストをするのであれば泊まりがけが必須で，そのための宿泊費をだれが負担するのかという問題もあります。

　問題文をパソコンやタブレットPC，スマートフォン端末上に表示するCBT（Computer Based Testing）の仕組みを導入すれば，地域のパソコン教室などを受験会場として実施できます。また，遠隔試験監督システム（オンライン・プロクタリングシステム）を用いることで，受験者の自宅で受験することも可能となるでしょう。ただし，前者の場合は試験監督者の人件費や会場借り上げ費が大きなコストとなり，後者の場合はシステムの開発費用や遠隔監視のための監視員の人件費・管理費が膨大にかかることは間違いないでしょう。

　それでも，教育格差を考慮したテスト制度とすることは，現実的な共通テストを実施するうえで必須であるといえます[7]。しかし問題はそれだけではありません。そもそも受験のための準備をふんだんに行える環境下に置かれた受験者と，そうではない受験者が，複数回共通入試で同じ尺度上に乗せられ，スコアを比較されるという構図は，これまでの制度の枠組みでテストを実施していく限り，変えることはできません。大学がこのような教育格差を重大な問題ととらえているのであれば，複数回共通入試のウエイトを減らし，教育格差の影響が少なくなるようなテスト制度を独自に考案して選抜すればよいのです[8]。そのためには，複数回共通入試のスコアと教育格差がどのような関係にあるかについて，教育社会学の見地からみた研究が必要になることは，いうまでもありません[9]。

2-3-2　教育格差と合理的配慮

　教育格差を考慮したテスト制度の設計は，社会的に合意形成を得るのが難しい性格をもっているのかもしれません。なぜなら，貧困や格差といったトピックに関する議論は社会化されにくい性質があるためです。すなわち，社会のなかでその問題意識が共有されにくく，意識しないとみえにくい構図となりやすいということです。そのようなみえづらさが障壁となり，課題の解決に向かいにくい性質があるでしょう。

---

6) 教育格差の発生要因に関する研究として，親戚や非親族を含めたパーソナルネットワークの学歴や学歴志向が，親の学歴志向を媒介して教育格差に影響している傾向を示した研究（荒牧，2019）や，世帯所得・親の学歴の影響を一つのモデルで検証した研究（平沢，2018）などがあります。

7) 民間英語4技能テストの導入が失敗に終わった要因として，テストを実施している地域が都市部に偏っており，また受験費用の負担が多額に及ぶため，これらを救済するための制度が（考慮されていたとはいえ）不十分であったという点が挙げられます（ただし，まったく考慮されなかったわけではありません。注10も参照してください）。

8) 木村（2020：256-258）では，早稲田大学，慶應義塾大学，東京大学における，地域性を重視した新たな入試制度の導入について述べています。ただし導入に当たっては，そのような策を講じる教育的効果を，教育制度全体の枠組みのなかで検証することや，この入試枠で入学した人がその後どのような社会経済的地位になるのか，量的指標による縦断的追跡調査を行うことも必要でしょう。

9) 大学のみならず高校入学の段階においても，社会経済的地位といった「社会的階層」の違いによって，進学できそうと考える学校段階や学力が決まる傾向がみられます（多喜，2020：151）。したがって，教育格差に対処するためには大学入試制度だけではなく，高校入試制度を含めた教育の仕組み全体を考慮しなければなりません。

　一方で，心身に障がいがある受験者に対して「合理的配慮」をするための取り組みは，すでに大学入学共通テスト（や，その前身のセンター試験及び共通一次試験）においても行われてきました。たとえば視覚障がいをもつ受験者に点字のテスト版を用いてテストを行う，といった方法で，公平に学力を測る取り組みが行われてきたのです（詳細については立脇（2014）や近藤（2020）を参照）。複数回共通入試でも，そのような合理的配慮が求められることに異論はないはずです。

　合理的配慮はなぜ必要なのでしょうか。それは，心身に障がいがあるというだけで，教育の機会を奪われるようなことがあってはならないためです。その人の学力とは関係のないはずの，心身の機能に支障があるという要素で，テストが受験できず，大学に入りたくても入れない，ということがないようにするための制度上の配慮が必要なのです。合理的配慮による措置を受けた受験者とそうではない受験者との間で公平なテストとするために，多くの検討が行われています。

　教育格差があるという現状は，是正されなければなりません。その人の学力とは関係ないはずの，経済的理由やその人が置かれた環境の理由でテストが受験できないというのは，公教育としてあってはならないといえるでしょう。そのように考えるなら，複数回共通入試の導入にあたっては，テストの公平性を確保した形で，教育格差に対応するテスト制度上の配慮も検討されてしかるべきであるといえるでしょう[10]。

2-4　複数回共通入試制度導入の議論のあり方

2-4-1　これまでの大学入試の機能

　前節で述べた教育格差の問題の他に，新しい大学入試の枠組みとして考慮しなければならないのは，大学入試が社会的にどのような機能を果たすかを明確化することでしょう。そのなかには，大学入試で何を測るのかという議論も含まれます。

　これまで行われてきた共通テストとしてのセンター試験は，個別試験の前段階として，多くの受験者が一斉に，同じテストを受験しているという点に特徴がありました。このことが，現行の入試制度のなかで受験者を序列化し，選抜の根拠を与える仕組みとして機能している（大塚，2017：18）と指摘されています。個別試験と組み合わされたり，一般選抜以外の入試で学力を知るために用いられたりといった用途もあるなかで，多くの大学においては事実上，センター試験の成績により成績が序列化され，入学者が決定される根拠になっている，ということです。

　入試制度のあり方だけではなく，高大接続のあり方を一体的に見直す機運は，こうしたセンター試験の役割自体にもメスを入れようとするものでした。2013 年に出された，教育再生実行会議による第 4 次提言において，2 種類の達成度テストを用いて大学入試を行うプランが提案されていたのです。一方は「発展レベル」，もう一方は「基礎レベル」と仮称され，発展レベルは大学教育が求める学力について，基礎レベルは高校の基礎的・共通的な学力について，それぞれ「達成度」を測る，という提案でした。

　この提言をもとにした中央教育審議会の議論の結果，発展レベルのテストが「大学入学希望者学力評価テスト」，基礎レベルのテストが「高等学校基礎学力テスト」と仮称され，それぞ

10）民間英語 4 技能テストを必須化する方針が打ち出された際も，英語テストの会場が大都市に偏重している傾向が指摘されました。そのため，英語テストの会場から遠く離れた市町村に居住する受験者について，CEFR B2 レベル相当以上の英語能力が認められた場合，英語テストの受験を免除するという特例が設けられました。CEFR B2 レベルのハードルが高すぎるのではないかという指摘はありましたが，一方で，遠隔地に居住している受験者を救済する措置が設けられたという点は画期的であったといえます。

れのテストの性格が先の教育再生実行会議の通り方向づけられましたが，2018年に文部科学省が新しい共通テストの内容を公表したなかには，「学習の達成度」という直接的な表現がどちらからも消え去ったのです。新しい共通テストは「大学入学共通テスト」と「高校生のための学びの基礎診断」と名前が変わり，前者は高校段階における基礎的な学習の程度を判定すること，後者は高校生に求められる基礎学力の習得状況を測り，それによって高校生の学習意欲を喚起することが目的とされました[11]。

2-4-2　達成度を測る共通テストの必要性

　一度は「達成度テストを目指す」とされた方針が撤回され，学力の判定に重きが置かれるようになったということは，「大学入学共通テスト」と「高校生のための学びの基礎診断」がこれまでのセンター試験と同様，学力の序列化を目的とした競争的試験を目指すという位置づけとされたということになります。このうち，大学入学共通テストについては，大学入試に使われることから，社会における注目度も高まり，その仕組みについて多くの議論がなされています。それに対して，後者の高校生向けのテストについては，どういうわけかその内容に関する議論がほとんど聞こえてきません。

　大学入試には直接関係しないこともあり，世間の注目度が低い分，高校生向けテストのあり方に関する議論が盛んにならないのは致し方ないかもしれませんが，教育制度全体でみたときには大事な役割を果たすでしょう。特に高校生向けテストで目指している，高校までの学習の達成度を測る方法については，高校までのカリキュラムで何をどの程度まで身につけるかということとセットで議論されるべきでしょう[12]。すなわち，大学入学共通テストに達成度を測るという役割をもたせることの是非もまた，大学入試で評価の対象とすべき内容とセットで議論の対象となるに違いありません。

　高校入試における内申点の取り扱いについて，公平性が欠けているのではないかという批判が第1章4節で述べられていますが，中学校のカリキュラム上で達成度を測る共通テストを中学生向けに実施すれば，内申点をつける評価者（教員）の主観による評価ではなく，教科ごとのカリキュラム上での達成度という形で内申点を示すことが可能となります。これと同じように，高校においても達成度を測る共通テストにより，教員の主観によらない「高校生のための学びの基礎診断」が実現できそうです。ただし，あくまでカリキュラム上での達成度が測られるというだけであり，生徒の学びに対する姿勢が全般的に測られるというわけではないことに注意しなければなりません。

2-4-3　経過措置を設ける

　ここまで，複数回共通入試の仕組みを考えるために，さまざまな角度から検討すべきであるということを述べてきました。それらの一部分は標準化テストとすることや，多額のコストをかけてCBT化することで達成できるでしょう。しかしながら，テスト制度を含め，既存の仕組みを大きく変える動きは，既存の制度を守る動きと拮抗し，絶えずせめぎあっている状態で

11）高大接続改革の一連の流れについては荒井（2020a）を参考にしました。
12）具体例として，「高校生のための学びの基礎診断」の上に高校卒業認定試験のようなテストを作るという案が提唱されています（山地，2018）。このプランの背景には，高校・大学の教育の仕組み全体を一つの構造としてとらえ，その構造のなかに大学入試を含めた各種テストを位置づける考え方があります。高校卒業認定の仕組みが必要だからテストを作るというだけでなく，高校教育で目指されている内容を反映したテストのあり方を探るという考え方です。

あるといえそうです。たとえば，かつて一般選抜のみが入試制度のすべてであった時代に学校推薦型選抜や総合型選抜（旧・推薦入試や AO 入試）が導入された際，一般選抜の制度が改変されたわけではなく，入試制度の増設で対応することとなり，既存の制度が壊されることはありませんでした。このように，入試制度を一からリセットするようなやり方をとらずに，複数の方法を並立させるやり方は，これまでの制度を生かすという観点からも重要でしょう。

　既存のテスト制度を廃止し，新しい制度に置き換える必要が生じた場合は，経過措置が重要になってきます。公平性を確保しながら，旧制度と新制度をスムーズにつなぐような経過措置をきちんと設計することが必要です。経過措置は一時的なものなので，手間やコストをかけられない事情もあるかもしれませんが，経過措置の期間に当たった受験者が不利にならないように制度を設計する必要があります。

2-4-4　事務的負担を考慮する

　テストの制度が複雑多岐にわたり，運用のために多くのルールが設けられるようになればなるほど，受験者や高校の教員にとって混乱を招くもとになるでしょう。そのようにして入試制度が複雑になったとき，いっそのこと複数回共通入試を私立大学を含めた全受験者に対して必須としよう，というような発想が出るかもしれません。しかし，現在（2022 年）行われている年 1 度の大学入学共通テストですら，日本で大学への入学を希望する全受験者が受験を義務付けられているわけではありません。あるいは，あらゆる大学入試で高校での調査書を必須にしようという意見もあるかもしれませんが，日本で大学に進学を希望する者が高校を卒業したばかりの者であるとも限りませんし，卒業した高校が統廃合でなくなってしまったというような場合でも，調査書の記録を（各都道府県の教育委員会が）厳格に管理しなければならないことになり，事務手続きも膨大になるでしょう。

　前述した e-ポートフォリオの導入についても，そのメリットとして高校までの学習活動を効率的に管理できるという点が強調されがちです。しかし実際には生徒の学習に関するデータを高校の教員が e-ポートフォリオに登録しなければならず，教員への事務的負担を考慮したシステムを構築することは難しいといえます。システムを作ったからこれでよい，というわけにはいかないのです。

　大事なのは，入試の実施に際して受験者に何かを課すとき，どの程度の事務的負担やコストがかかるのかを，十分に検討すべきであるということです。複数の入試方法を並立させる決断をすれば，そのためにかかるコストも増えます。既存のテストを廃止し，テストを抜本的に見直すというのであれば，廃止するテストよりも新規に始まるテストが明確なメリットをもち，かつ，実現可能性や公平性が保たれるということを，根拠立てて説明する必要があるでしょう。

2-4-5　スコアの推定精度向上には限度がある：複数レベルのテストを用意する

　テストが完全に公平であるということを前提として大学入試制度を考えることは大切なことです。しかしながら，競争的な入試で複数回共通入試のスコアを用いる際には，そのスコアの推定精度（能力値の信頼区間の狭さ，第 2 部 7 章 9 節を参照）を考慮に入れることが必要かもしれません。

　スコアの推定精度が十分に高いテストであれば，受験者の能力をより的確に推定できるテストということで，その結果も信用できるといえるでしょう。一方，スコアの推定精度が低い場合，そのスコアを用いて合否を判定したとき，ひょっとしたらスコアが下位である者の能力がより高い可能性も否定できなくなります。

　より正確な推定結果を用いて入試を行うためには，能力値の推定精度を高める（能力値の信頼区間を小さくする）ような問題により入試を行うことが必要ですが，そのためにはテスト情報量曲線がどの能力値の範囲においても十分高いことが求められます（第2部8章3節を参照）。どの受験者に対してもより大きなテスト情報量を得たいのであれば，幅広い困難度の問題がまんべんなく出題され，かつ，それらの問題の識別力が高いことが必要です。

　合否判定の分かれ目になる能力値の範囲がある程度わかっているなら，その能力値に対応する困難度をもつ問題を相対的に多く出題すれば，その範囲における能力値の信頼区間が狭まり，より精度の高い能力値で合否判定ができるでしょう。しかし，共通テストのように幅広い学力層のすべてをカバーする必要のあるテストの場合，このような対応を取ることができません。そこで，本章第2節3項で述べた通り，複数種類のテストを用意するのです。共通テストを基礎編と応用編に分け，対象とする受験者の学力層によって使い分けるといった対策が必要であるということです。ちょうど運転免許制度においても原付免許と普通免許，自動二輪免許といったような，運転できる範囲の異なる複数のテストが用意され，受験者は運転したい乗り物の種類に応じた免許のテストを受けるように，大学がどの程度の基礎知識を要求するのかに応じて受験者が複数のレベルのテストから選択して受験する，といった制度設計が必要でしょう[13]。

【第2章のまとめ】

◉ 日本において入試制度を検討していく過程では，日本型メリトクラシーや日本固有の特徴をもつ大学制度を背景に制度設計が進んできた。しかしその裏で，テストがもつ測定の道具としての性能を度外視したようなスコアの意味の拡大解釈が行われてきた。

◉ 大学入試制度は近年多様化してきているが，テストに対する過度な期待のもとで改善が行われてきており，ユニバーサル・アクセス型の高等教育段階を迎えた現在，当初期待していた新入試導入の機能が十分発揮されない傾向が顕在化してきている。

◉ 従来の高大接続改革の議論においては欠けている視点も数多く指摘されている。特に，教育格差の問題は避けて通れないであろう。テスト制度を変える場合には，テストの公平性に配慮した形で，実現可能なテスト制度とすることが重視されなければならない。

---

13)「基礎編」「応用編」に分かれたテストの実例は第4章注6を参照してください。

第3章

社会とテストのあるべき関係性：社会はテストで何をしたいのか

　前章では，大学入試の制度を改変する際の注意点について述べてきましたが，テストで何を測るかについては触れませんでした。メリトクラシー体制下のテストでは，テストのスコアが受験者の「どのような能力」を表しているのかが重要視されます。本章では，大学入試の俎上に載せる「能力観」について，議論していきます。

　大学入試で測られる「能力」が何を代表したものなのかについて，きちんとした説明がなければ，受験者が大学入試対策をとることもできません。また，大学入試で測られる「能力」は教育で教えられる内容，日本においては高校までの学習指導要領と密接にリンクしています。この関係性を考慮すると，大学入試で何を測るかについては，その国の教育政策と密接に結びついて語られることになるでしょう。

　日本では「教育改革」が熱心に行われています。「学力の三要素」や「深い学び」など，さまざまなキーワードが教育現場にもたらされ，これらに即した「新しい「学力」観」が提唱されています。しかし，それらは既存のカリキュラムで目指されてきた「旧来の学力観」とは本質的に何が違うのでしょうか？　学力の全体像があいまいなまま教育施策が進められ，その結果，テストに期待される「概念の測定範囲」が拡大する一方となったとき，何が問題になるのでしょうか？

　本章では，新しく大学入試制度を改変しようとするときに注意しなければならない「メリトクラシーの再帰性」について述べ，これに対処するためにどのような心構えが必要なのかについて，測定の専門家の立場から述べます。

3-1　暴走する能力主義：メリトクラシーの再帰性のわなとその対策 ─────

3-1-1　学力，リテラシー，コンピテンシー……どのように測られ，育成されるのか

　現代社会で求められる「能力」観は，近年，さまざまな立場から多くの種類のものが提示されている一方で，それらを育成し，伸ばすための教育のあり方に，それらの「能力」観が色濃く反映される傾向があります。教育のあり方を議論する背景として，求められる「能力」観がセットで語られるということです。

　たとえば，OECD（経済協力開発機構）が行っている生徒の学習到達度調査（PISA）では，PISAで想定している「能力」観をまず提示し，これを国際的に測ることで，テストスコアに意味付けをしようとしています。この場合，PISAに参加している国の教育政策は，PISAが想定している「能力」観を高めるためのカリキュラム内容を充実させることに偏りがちになるおそれがあります。

　学力や能力，リテラシーやコンピテンシーといった用語は，いずれもその背後に，それらがどのように育成されるかに関する考え方の背景があり，それを前提にして意味が説明されます。たとえば初等・中等教育では「生きる力」（文部科学省），「リテラシー」（OECD PISA）や「人間力」（経済財政諮問会議），高等教育においては「就職基礎能力」（厚生労働省），「社会人基礎力」（経済産業省）や「学士力」（文部科学省）といった概念が提示され（松下，2010：3），ときに育成の対象とされてきました。

　一見，ばらばらに提案されているようにみえる「能力」観ですが，実はその背後に統一され

た大枠があり，個別の「能力」観はそれらのなかの部分的要素になっているという構造である場合もあります。たとえば OECD の PISA が測っているであろう「PISA 型学力」（読解リテラシー，数学的リテラシー，科学的リテラシー）という考え方は，その背後に OECD-DeSeCo（Definition and Selection of Competencies）とよばれる「キー・コンピテンシー」という大枠があることが知られています[1]。DeSeCo におけるキー・コンピテンシーとは「道具を介して対象世界と対話し，異質な他者とかかわりあい，自分をより大きな時空間の中に定位しながら人生の物語を編む能力」（松下，2010：22）とされる，教育上の基本となるべき考え方です。

　重要なのは，DeSeCo の考え方で提示された能力を測ろうとしたり，教育を通じてそのような能力を直接高めようとしたりするのではなく，測れない部分を受け入れながら教育の方針を決めていかなければ，DeSeCo のキー・コンピテンシーは高まらない，ということです。それは，キー・コンピテンシーの表現の高い抽象度を考えても，納得できるでしょう。

3-1-2　メリトクラシーの再帰性とスコアの拡大解釈

　DeSeCo のような，新しい「能力」観が提示され，それがあたかも簡単に観測可能であるかのように扱われ，将来の教育において伸ばすべき能力であると喧伝されると，教育に携わる者としては，そのような声を無視することができず，なんとなくではあれ「新しい「能力」観を測っておいた方がいいのかも」と感じるのかもしれません。しかし，一つのテストで測れる構成概念の範囲には，限りがあります。

　第2部5章4節で述べますが，たとえば英語のテストと国語のテストをまとめて出題し，「一般言語能力テスト」と称して大学入試に導入しようとすれば，個別の言語のテストをそれぞれ出題したときに比べて，そのスコアの意味があいまいになります。また，ある年度の入試では一般言語能力テストの内容として英語と日本語が半々の問題数であったのに対し，別の年度では英語の問題のほうが多くなったとしたら，年をまたいで共通の「一般言語能力テスト」となっているか，疑問が生じることでしょう。このことは公平な大学入試という原則をおびやかすものです。

　一方で，メリトクラシーの深化が，テストに大きな機能的負担をかけ，とりわけテストスコアの意味の拡大解釈が問題になりやすいことは，すでに述べました。大学入試制度が改革されるというなら，新しいテストで何が測られるかについて議論があり，「新しい学力像」のような形で社会一般に提示されます。受験者はそこで示された「新しい学力」を向上させるべく，これまでの勉強のやり方を変えることでしょう。すなわち，学力像の提示は，テストにとどまらず，教育の多くの分野に影響を及ぼすのです。

　テスト制度を変えてほしいという要求は，複雑化する社会背景のもと，社会が共通テストに対して期待することの現れであるといえます。しかしながら，社会は特に「新しい「能力」観を絶えず反省的に測りたがる」傾向をそなえている，という指摘があります。中村（2018）はこの傾向を「メリトクラシーの再帰性」とよんで，テスト制度とセットで語られがちな「テストで何を測るか」の議論の高まりに一石を投じています。

　中村（2018）では，メリトクラシーの再帰性が，高大接続改革のみならず，大学入試や就職試験など，広範囲にみられることを指摘しています。たとえば高校入試における調査書重視の傾向や，一般入試全盛の状況から推薦入試が定着した傾向，就職試験における指定校制の廃止という動きは，すべて既存のテスト制度がもつ流れ（高校の学力検査，大学の一般入試，就職にお

---

1) DeSeCo のキー・コンピテンシーと PISA におけるリテラシーとの関係については松下（2011）を参照してください。

ける学歴重視）を見直した結果導入されたものであり，これらはいずれも，これまでのテスト制度ではみられなかった新しい選抜の基準を導入することを意図していたことを指摘しています。

　しかしながら，新しく導入されたテスト制度が，選抜のあり方を根本的に解決していないことを中村（2018）では同時に指摘しています。調査書の選抜への利用は内申点によって高校への進学が決められることに対する批判を巻き起こし，推薦入試の導入はその選考基準の不明確さに対する批判をよびました。また指定校制の廃止は，結局のところ潜在的に学歴選抜を行う傾向にシフトさせただけであって，本質的には「学歴フィルター」という形で，学歴による選抜が温存されているという批判につながりました。選抜のあり方を変えた気になってなんとなく満足している一方で，多くの批判がもとで混乱が巻き起こるだけに終わっているのです。

　世間一般からみると，大学入試の制度を「改革」する議論が起これば，これまでにない新しい能力が測れるようになるような気分にさせられるところはあるでしょう。しかし，その動きにつきあわされる受験生はたまったものではないでしょう。「どんな能力でも測れる」という発想が拡大すると，ただただ能力観を問い直すだけで，本質的・具体的に何が新しく測れるかはさておかれるという，不毛な問い直しが行われるのです。これが繰り返されるのが「メリトクラシーの再帰性」とよばれる現象です。

3-1-3　メリトクラシーの再帰性のわなにはまらないためには

　テストの制度を設計する側として，このメリトクラシーの再帰性という「わな」にはまらないためには，テストを新しく立ち上げる際，最低限，以下の点について明らかにしておく必要があると考えます。以下に掲げる例は大学入試を中心としますが，他の目的で行われるテストにおいても同様です。「構成概念」という考え方は第2部5章3節で触れますが，ここでは「テストで測る内容」のことを指します。

> **テストを新しく実施しようとする者に求められる要件**
> ●既存のテストではなく，なぜ新しいテストを行うのかを明文化すること。
> ●テストで測られる構成概念について過度に拡大解釈されないように，その上位・下位関係を明確にし，あわせてテストで測れないことを明確にしようと努めること。
> ●テスト制度を見直す必要が出てくる条件を，できる限り明らかにしておくこと。

　1点目は，テストを行う目的と，その範囲について定めるものです。複数回共通入試に用いるスコアは，大学入試の目的のみに用いる，といったように，テストの目的をはっきりさせることで，テストスコアの拡大解釈を防ぐ役目を果たしています。

　2点目は「能力」「学力」「素養」「資質」などの言葉が示していることがらについて，拡大解釈を防ぐことで，能力観の問い直しに規制をかける仕掛けです。自動車の運転免許を取るためのテストは運転技能と関連法規への理解度，視力などの身体的機能の検査から構成され，それぞれが自動車の運転技能とどう関連しているかを明らかにしているからこそ，「あれもこれも測ろう」とはならないというわけです。運転免許試験に英語のテストを必須にしようという意見はナンセンスですが，それは英語能力が自動車の運転と無関係であることが自明であり，無関係なことは測らなくてもよいからです。

　このような細目積み上げ方式のテストでは，テストの細目ごとに何を測るのか，その目的を明らかにすることも容易です。細目積み上げ方式と親和性の高いテストは，大問形式ではなく，問題ごとに測りたい構成概念のどの側面を測るのかが明確になりやすい，小問を集積させるや

り方で編集されたものであるといえます。すなわち，後で説明する，項目反応理論（IRT）の適用や一次元性の検討といった考え方とも親和性が高いといえます。

　入試で英語能力を用いた選抜を行う場合にも，大学・学部は英語能力のどのような側面を測るのかを明確にし，テストごとに何を測るのかを受験者に対して明確に示したほうが，テストを受験する側も対策を立てやすいでしょうし，スコアを使う側もテストのスコアの意味を（限定された意味であるとはいえ）より解釈しやすくなるでしょう。たとえばある大学の学部でビジネス英語を多く取り上げるカリキュラムを組んでおり，学ぶべき内容の多くがビジネスに関することである場合に，入試で英語テストのスコアを要求するなら，ビジネス英語の能力を測るテストを用いて入試選抜を行う，というようにすればよいということです。

　3点目は，テスト制度をつくった団体が，測定されるべき概念の拡大解釈をはじめることがないようにするための歯止めです。個別入試の制度を大学が設計する場合で，大学がテスト制度を設計した当初の理念と現実がかけ離れた場合は，テストの仕組みとともに，測定されるべき構成概念などを見直す必要が出てきます。その際，概念の拡大解釈をするのではなく，新たに測定される構成概念が既存の構成概念とどう異なるかを明文化する必要があるということです。たとえば，学習指導要領の改訂に伴って，新旧のカリキュラムがどのように異なるかが検討され，テストで測られる構成概念についても同様にその違いが検討されます。その検討過程において，大学は受験者に対してはっきりとその違いを説明できるように準備しておく必要があるといえます。もしここで十分な説明ができないということであれば，構成概念の再検討が必要であるということです。

3-1-4 「本当に測るべき内容」と「テストで測れている内容」の乖離

　PISA型学力の教育について語られる際，DeSeCoの考え方をほとんど顧みず，あたかもPISAそれ自体が独立して「あるべき能力」観を提供しているように考え，PISA型学力を直接的に伸ばすための方針だけを提供する風潮が，日本にはびこっていることは否定できません。PISA型学力を意識した日本の授業のなかでは常に学習の成果を測ろうとしているようですが，DeSeCoの精神に立ち返って「測れないことに教育の意味がある」という姿勢はほとんどみられません。

　これまで幾度も行われてきた全国学力・学習状況調査では，PISAで出題される問題を意識した「新しい学力」を測る問題が導入され，多くの学校で「PISA型学力」の重要性が語られてきました。しかし，教員や教育委員会などの間でPISAという言葉になじみがあったとしても，DeSeCoやキー・コンピテンシーとなると正確な理解をしている者は限られることが，この風潮の根強さを表しているといえます。

　PISA型学力を高める教育を推進する動機が，キー・コンピテンシーを高めたいという要求ではなく，私たちを取り巻く社会がメリトクラシーの再帰性のわなにはまっているがゆえに，常に新しい学力観でテストをしたいためであるとするなら，そのようなテストの実施は意味がないといえるでしょう。大事なのは，なぜテストをするのかについて，「能力」観のバックグラウンドを常に見据え，その原点に立ち返る姿勢なのではないでしょうか。

3-1-5 テストの機能を過大評価せず，測れる範囲を明確化する

　DeSeCoに限らず，新しい「能力」観は次々と提唱され，人間の「能力」観は更新されていきます。この「能力」観の問い直しのたびに，改めて新しいテストを作ろうと考えるのであれば，結局，メリトクラシーの再帰性のわなから逃れられないことになってしまいます。

　新しい「能力」観が提唱されたとしても，それまで提唱されていた古い「能力」観との関連

性は，何らかの形で示されているでしょう。新しい「能力」観に基づく構成概念の尺度は，古い「能力」観に基づく構成概念の尺度と相関が高いということも，多いのでしょう。テストで測れる構成概念の範囲が狭いことを考えると，新しい構成概念をわざわざ測る必要はなく，古い構成概念の尺度で代用しても差し支えないかもしれません。古い構成概念の測定結果のほうが，測定の質が高い場合もおおいにあり得ます。

　テストを設計する立場やテスト開発責任者からすれば，測る方法に疑義がある，あるいは測ることに意味があるか疑問が呈されているにもかかわらずテストが行われ，その結果が拡大解釈されたり曲解されたりして「適切に測った」ことにされ，次から次へと「測りたい概念」が増えていくというのはあまり良い状況ではないでしょう。テストを実施することの利益（ベネフィット）としてテストで測れる部分と測れない部分について一定の合意が形成され，得られたスコアについて解釈上の限界があるということを合意したうえで，テストを活用することが望まれます。

　また，測定できる範囲を広く取り，多くの構成概念を一度に測ろうとすれば，多くの教科・科目のテストを一度に用意しなければならず，莫大な人的リソースと金銭的コストがかかります。リソースやコストに限りがあるなら，測る範囲を狭くし，テストの測定上の限界が大きなことを受け入れたうえで，テストの質を保証するために，不適切なテストスコアの利用をしないように努力すべきでしょう。

　「新しいテストをわざわざ導入するほどではない可能性」や「テストでできないこと，測れないこと」に目を向けたうえでテストの利用方法について考えていけば，メリトクラシーの再帰性のわなから脱出できる道がみえてくるのではないでしょうか。そして「テストで測れることはなく，どんなテストも恣意的な測定にすぎないのではないか」という批判に対して，「このテストは○○について測るものであり，利用目的は明確である」と，きちんと反論できるだけの明文化された根拠をそろえようとする動機づけにつながり，テストの「実質化」に向けた建設的な議論が進むのです。

3-2　垂直的序列化の現状にどう対処するか

3-2-1　垂直的序列化の考え方

　これまで，多くの「能力」観が提案され，それらが教育に影響を及ぼすことについて述べてきました。そのうえで，日本において大学入試に限らず，選抜のための基準としての「望ましさ」が定められた経緯が，垂直的序列化と水平的画一化という二つの要素の影響を受けているという本田（2020）の議論は，大学入試のあり方を考えるうえで重要であるといえるでしょう。

　垂直的序列化とは本田（2020：20）によると「相対的で一元的な「能力」に基づく選抜・選別・格づけを意味して」いるとされ，同時に，学校教育の世界では主に学校的な能力としての「学力」と，近年特に提唱されてきている「生きる力」「人間力」のような要素もまた，それらの「能力」に含まれるようになってきた，という点を指摘しています。また水平的画一化とは，「特定のふるまい方や考え方を全体に要請する圧力を意味して」おり，それらは主に「資質」や「態度」を評価するという姿勢に表れていると指摘しています。そのうえで，具体的な調査事例や統計データを用いて，これらの傾向が日本社会に広くみられる現状や，そこに至る歴史的経緯を指摘しています。

　複数回共通入試で測られる学力をどのように定めるかを決めるプロセスは，それ自体が教育界に甚大な影響力を及ぼすことになります。とりわけ垂直的序列化や水平的画一化の傾向が強い現状では，大学に入学を希望する者に対して共通のテストを行うこと自体が，垂直的序列化

の考え方をさらに強めることにつながりかねません。

　しかも，垂直的序列化の帰結として教育制度の硬直化がもたらされたとしても，垂直的に「どのような構成概念について」序列化したのかが不明確なままであれば，垂直的序列化によって見出される「メリット」もまた，依然として不明確なままであり，教育的な意義も乏しいといえるでしょう。一つひとつの評価観点において一面的な垂直的序列化がみられたとしても，複数の評価観点によって同時並行的な評価が行われれば，多様な観点からの測定が併存することを意味し，悪影響を緩和できる可能性がありますが，テストで測られる構成概念があいまいなままである限り，そうはならないのです。

3-2-2　垂直的序列化を許す要因：構成概念のあいまい性とその克服

　垂直的序列化を許している原因の一つは，テストで測られる構成概念の拡大解釈と関連するところが大きいといえます。本田（2020）では，「能力」という言葉に込められた意味が「学力」「生きる力」「人間力」などのように歴史的に膨張していくさまを浮き彫りにしています。能力観を問い直す試みが再帰的に行われている点は，まさにメリトクラシーの再帰性のわなにはまっているさまをみせつけられているようです。

　第2部5章4節で触れますが，英語と日本語の語彙テストのデータを混在させて分析すると，「語彙テスト」という共通点がありながら，充分な一因子性がみられないというのが現実です。この結果は，一つのテストで測定できる構成概念が狭いものにならざるを得ないことを示しています。

　このようなテストの特性は，受験者はもちろんのこと，ほとんどの人には知られることがないはずです。理由として，テストで収集されたデータが再分析され，一因子性が確認される過程が，日本のテストにおいてほとんど公表されないことが挙げられます。このようなプロセスは妥当性の検証の一部であり，テスト制度の外部の専門家により行われ，結果が公表されるべき内容ですが，ほとんど結果は注目されないままに終わっているのが現実ではないでしょうか。しかし，それではいつまでたっても，テストで測れる能力の拡大解釈を許してしまうことにつながりかねないと危惧します。

　だからといって，テストで測れる範囲をあまりにも狭い範囲に限定し，皮相的な能力観でテストを行うわけにはいかないでしょう。光永（2017：178）で示した看護適性テスト（図3-1）の事例をみれば，「看護師の適性」のように一見するとあいまいさが残りそうな構成概念であっても，それを測定するために適切な下位概念を定め，それぞれの下位概念を的確に測るテスト[2]と，その能力を高めるカリキュラムを用意することで，一般性をもったテストスコアの意味づけができ，教育のためにテストを活用できることがわかります。

　このような下位概念を定めるプロセスを精緻化することで，一つひとつのテストでは垂直的序列化が顕著でも，多くの下位尺度における結果を一人の受験者に並列して見せることで，受験者ごとの「学習すべきポイント」「弱点」が明らかになり，教育のためのテストとして洗練されたものになることが期待できます。またこのような細分化されたテスト結果を選抜に用いるうえでは，大学に対し，下位尺度のどの点を重視するかを適切に選択する必要を迫ります。すなわち，大学が入学させたい学生像を，重視する下位尺度が何かを明らかにすることで，示すことができるということです。

　「あいまいな一次元尺度」による垂直的序列化は，スコアの拡大解釈という，テストを行う側に都合のよいテスト利用法によって支えられているといえるでしょう。垂直的序列化の傾向

2）光永ほか（2014）では，看護適性テストの正誤データを IRT により分析した結果が紹介されています。

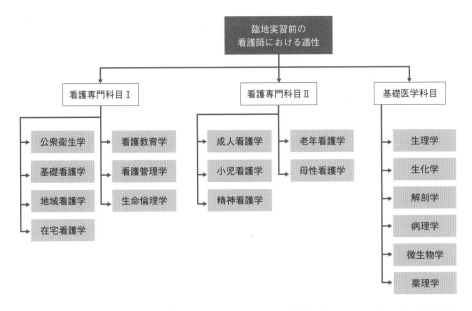

図 3-1　柳井（2012）における看護系大学適性試験の構成概念の関係図（光永, 2017：図 5.2 を一部改変）

を緩和するためには，適切に下位概念を定め，その範囲の能力特性だけを測るテストを多数並立させ，上位概念との関係性を具体化することが必要といえます。測定される概念が多様となり，それらが明確に人間の異なる能力を測っているという状況を創り出すことができれば，生徒の「学力」の尺度が多数並立し，かつそれらが同等の価値をもつ状況をもたらすことが期待され，たった一つの「学力」といったあいまいな概念による選抜という，垂直的序列化の傾向を是正することにつながるでしょう。

3-2-3　「5 教科 7 科目」という構成概念群

　一つひとつのテストで測れる構成概念の範囲に限りがあることを考えると，教科教育の枠内でこれまで語られてきた大学入試についても，見直しが必要なのかもしれません。一つの科目単位でみても，科目で測ろうとしている構成概念があまりに広いため，単一のテストだけで測ることが難しい場合もあるでしょう。たとえば「日本史」という科目でカバーする範囲があまりに広いとなれば，果たして単一のテストで測れるのか，という議論になるでしょう。

　これまで日本で行われてきた大学入試の大部分では，一般入試で測られる能力の構成概念が，いわゆる 5 教科 7 科目に限定されてきました。このことの是非は多くの観点から検討されるべきでしょうが，もし 5 教科 7 科目の内容を複数回共通入試で問いたいのであれば，構成概念が本来測りたいものと一致しているかを検証することが必要でしょう。そして，ある科目のテストで正誤データの一因子性が著しく低いということであれば，下位概念が膨大になりすぎて一度のテストで測れないほど内容が肥大化していることを意味していますから，テストを単元の単位に細分化するなどの工夫が必要でしょう。

　また，新しい内容を測るテストを追加する場合は，新しいテストで測ろうとする構成概念と，既存のテストで測っている構成概念の関係について，考えておかなければなりません。2022 年現在，「情報」という新しい教科が大学入試に導入されるべく，新しいテストのあり方について検討が重ねられています。新しい教科で扱われる内容が既存の教科，特に数学とどのような関係にあるのかについて，詳細な検討が必要であることはいうまでもありません。

3-3　教育制度の構築にあたって考えるべき視点

3-3-1　テスト制度を変えることの意味

　テスト制度がきちんと成り立つためには，その背景に，教育制度の支えがあってこそ，という点については，これまでも述べてきました。さしたる根拠なく，なんとなく新しいテストの仕組みを導入したら，何か新しいことがわかるのではないか，あるいは受験者にも役に立ちそうで，簡単に導入できそうだから年複数回実施したほうがいいのではないか，といった浅薄な考えで複数回共通入試を導入すれば，教育のために役立つテストとはならないどころか，受験者からすれば勉強の成果ではない要因でスコアが決まるようなテストで能力を測ったことにされ，大きな不幸を生むことにつながりかねません。

　テストを改める，という，一見すると簡単そうなことがらは，実は，

- テストの目的に照らして，今までのテストでどのような構成概念が明らかになっていなかったのかを明確にする。
- その点をどのようにして明らかにするのかについて，綿密な計画を立てる。
- 構成概念で明らかにされる学力，能力について，どのようにすれば向上するのか，具体的な教育の方法を見出す。
- その教育の方法が，現在の教育制度のなかでどのように位置づけられるのかを明らかにする。
- その教育制度が実効性をもっているかを，多くの質的・量的指標に基づいて批判的に検討していく。

という，壮大な計画の一部分にすぎないといえます。しかも，この計画の各過程で，得られた結論は妥当かどうか，熟慮が求められているのです。たとえば，一つ目の構成概念の明確化の過程では，既存のテスト制度で出題した問題について妥当性を検討することが求められていますし，二つ目以降の点についても，教育的意義や実際にそのような制度が成り立つのかについて，それぞれの段階で妥当性，実現可能性，あるいは教育的意義を検討することが求められます。

3-3-2　教育制度とテストの関連性：教育の現実を見据えたテスト制度を設計する

　教育制度の見直しとテスト制度の見直しの関係性は，センター試験におけるリスニング導入の例にみることができます。リスニングテストを共通テストに導入すべきであるという議論は1970年代から行われていましたが，1994年になって高校にオーラルコミュニケーションの科目が課されるようになり，これを受けて大学入試センターにおいても制度の本格導入が検討されました（内田・大津, 2013）。

　その一環として，1996年にフィールドテスト（受験者にスコアを返すことを目的としない，試行目的のテスト）を実施する計画が立てられました。しかし，作問上の問題や機材の準備，監督者の給与の問題や，英語以外の外国語科目でもリスニングを行うのかといった問題がクリアできずに，実施計画が頓挫したのです。それでも，英語リスニング能力を重視する意見が主に経済団体から強く打ち出され，大学審議会が2000年に「リスニングテストの導入を求める」という答申を出すに及んで，再びリスニングテストの導入が本格的に検討されるようになりました[3)]。一方，2003年に学習指導要領が改訂され，高校英語についてはコミュニケーションを重視する方針が打ち出されました。同時に，リスニング能力を測る前提となるカリキュラムも整備されたのですが，そのような機運が盛り上がったのは，社会の国際化に伴い，英語能力にリ

スニングが必要ではないかという意見が広がったことがきっかけだったのではないでしょうか。

　このような議論を経て，2006 年 1 月に行われたセンター試験から，英語リスニングテストが行われるようになりました。その結果をふまえ，リスニング能力を英語に導入することにより，どのような波及効果がみられるかを検討した研究も行われるようになりました（内田・大津，2013）。またセンター試験の英語リスニング導入に伴い，個別大学の入試で独自に課していた英語リスニングテストを廃止し，センター試験の英語リスニングテストのスコアを用いる例が多くみられました[4]。共通テストの制度が改まると，個別大学の入試の仕組みも変わるのです。

　ところで荒井（2020b）は，センター試験のリスニングが導入されるまでに，4 回ほど見送りになっているはずだと指摘しています。問題の音声を校内放送のスピーカーから流す案が，学校の築年数の違いや校舎の配置によって公平なテストが行えないおそれがあるため不可となり，受験者一人ひとりに IC プレーヤーを配布することでクリアできた，という経緯を紹介しつつ，「大学入試は「パーフェクトからスタートする」仕事である」（荒井，2020b：37）と述べています。実際に英語のリスニング能力を測ってみるべきだという提案は以前からなされていましたが，技術の進歩がなければ達成できなかったことです。たった一つの構成概念を測るだけでも，公平なテストとして成立させるにはこれだけの困難さがあるのです。

　それでも，センター試験のリスニングは導入されました。センター試験でリスニング能力を測ることに，日本の教育制度全体からみてメリットがあり，それにかなう受験制度が必要だから，ということでしょう。日本の教育に英語リスニングが必要だという議論を起点とし，その議論の成果を盛り込む形で学習指導要領が改訂され，実際にテスト制度が導入されるまでの間に，高校の英語のカリキュラムもリスニングに対応するものになりました。このように，教育方法やカリキュラムを含めた形で新しいテストを導入するという考え方が，重要なのです。

3-3-3　テストが差別のための道具とならないために

　大学入試制度を競争的テストとして行わざるを得ない場合は，公平性に十分配慮する必要があることは，本書でも述べてきたとおりです。公平性に疑念がもたれる入試制度は，受験者からの信頼を損なうだけでなく，大学の社会的価値をも毀損することにつながります。それは，2018 年に発覚した，医学部医学科の入試における不公正な入試制度をみてもわかるでしょう。多くの大学で，受験者に公表していない基準（受験者の性別や現役生か過年度卒生か，など）により，秘密裡にスコアを操作していたのです。これは受験者を差別する意図があったとみられてもおかしくない操作であり，あってはならないことです。

　医学部医学科の不公正な入試制度が明らかになったことで，当該医学科にとってみれば，自らが行う教育において（少なくとも 2018 年までは）特定の属性をもった受験者を「是」としてきたということになるでしょう。女性は男性よりも，過年度卒生は現役生よりも，それぞれスコアが低く扱われたということは，それまで医学科の入試では男性や現役生を優先的に合格させたいという「合意」が，その学科のなかにあったといえるでしょう。しかし，そのような合意が，受験者に明らかになることはありませんでした。

　大学・学部・学科としてどのような受験者が合格するかを社会に向けて表明することは，大学入試が公平であるために必要なことです。そのためには，自分たちの目指す教育方針と，入

3）この文は，ベネッセ教育総合研究所発行の「VIEW21」（高校版）2003 年度 2 月号「リスニングテスト導入の意図を読み解く」記事に掲載された，文部科学省初等中等教育局国際教育課・河野浩専門官のコメントを要約したものです。

4）具体的な事例は杉澤ほか（2008）を参照してください。

試で測ろうとしている内容との関係性が，社会的公正にのっとったものである必要があります。

　教育制度は可能な限り，万人に対して開かれているべきものです。入試で測る構成概念をきちんと説明したうえで，公平なテストを実施しようとする姿勢は，教育から理不尽な差別を排するうえで大変重要であるといえます。第2部8章4節で述べる「DIF分析」の手法を活用し，特定の属性をもつ受験者だけが有利とならないような問題を用いてテストを実施することが，多くのテスト実施機関で行われています。

3-3-4　テストにどのような社会的機能をもたせるか

　テストスコアの意味について考えてみると，一つひとつのテストで測定できる範囲は狭いものです。メリトクラシーの再帰性のわなにかからないように，スコアの解釈については慎重に行い，テストで測れている部分と測れていない部分を意識しながらテストを運用していく方法を模索する必要があるでしょう。その前提として，社会のなか，特に教育制度のなかでどのようにテスト制度が位置づけられるかを，明確に定めておかなければならないでしょう。

　アメリカでは2001年に「落ちこぼれゼロ法」（No Child Left Behind Act，NCLB法）が施行され，それまで州ごとでばらばらだった教育標準を全米で統一化し，幼稚園から高校生までを対象に，生徒の学力をテストで見出したうえで学校制度の改善に反映させるという施策が進められてきました。しかし，テストの結果を「学習の質の指標」と拡大解釈して施策が進められた結果，テストの結果が良くない学校の教員がより低い給与に抑えられたり，学校がチャータースクール（公設民営校）に置き換えられたりといった，本来想定していなかった方向に制度が進んでいってしまったという経緯があります（ミュラー，2019：92-102）。

　全米統一テストとして取り上げられた教科が数学と国語（英語）のみであったため，他の教科の学習がおろそかになり，テスト対策に追われて生徒や教員が疲弊するという事態が多くの学校でみられるようになったという指摘は，特に重要であるといえます。教育改革のためにテストを導入したにもかかわらず，教育格差の是正や学力の向上といった点にあまり寄与がみられないという指摘は，日本の入試制度を議論するうえでも他山の石としなければなりません。

【第3章のまとめ】

●現代の日本社会においては，能力観がたった一つの軸上で序列化される傾向が強まっている。この傾向を避けるためには，入試制度上で構成概念の精緻化をしつつ，測定可能とされる構成概念の範囲を明確化することが重要である。

●公平なテストを実施するという原則は，教育の課程において，入学者を差別しないことにつながる。大学が社会に対して，自らがなす教育のあり方を提示し，入試で測る内容とのつながりを示すことは，公平な入試や差別のない教育のために重要である。

●テストスコアの意味を拡大解釈することは，何でも完全に測れるという前提で社会の制度が組み立てられ，テストの結果が不適切に用いられることにつながりかねない。テストのもつ性能をきちんと把握し適切に使用する前提で，社会制度が構築されなければならない。

第4章

「標準化テスト」を導入する：教育者・受験者からみたメリットと課題

　新しい教育の形が生まれるとき，その大きな核となるのは，教育者の存在です。教育者は，自らが理想とする教育制度を推進しようとする情熱と，現実を見極める理性とを備え，新しい教育の可能性を探っていきます。

　しかし，その探索の過程で，到底受け入れられないほど多くの機能をテストに負わせる危険性はないのでしょうか。テストで何でも測れると思って，新しい教育の形を提案しようとしていないでしょうか。理想を高く掲げるあまり，非現実的なテストの仕組みを導入しようとすれば，公平ではない選抜や，偏った能力観に基づくテストとなってしまうおそれがあるでしょう。これを避けるためには，標準化テストが受け入れられる前提を確かめておく必要があるでしょう。

　一方，大学入試を受験する側からすれば，もし自らが受験する機会がテスト制度の更新の時期に当たってしまったら，少なからず不安になるでしょう。万一，何の予行演習もなく新しいテスト制度が導入されようとした場合，そのようなテスト制度はそもそも不安定であり，うまくいかない危険性をはらんでいるといえるのかもしれません。そうならないためにも，教育に携わる者全体でテスト制度を検討しておくことは重要であるといえるでしょう。

4-1　標準化テストが成り立つ前提：教育のなかにテストを位置づける

4-1-1　標準化テストと大学入試

　大学入試改革において，民間英語4技能テスト[1]を入試に導入し，そのスコアを用いて入学者を選抜しようというプランが頓挫したことは本書の「はじめに」でも述べました。この計画では，複数種類の民間英語テストを入試に用いることになっていましたが，そのすべてが年に複数回行われています。受験者はそのうちの任意のテストの任意の回を受験し，得られたスコアを「CEFR対照表」に照らしてCEFRレベルに変換するという作業を行い，入試に用いるという流れが想定されていました（第3部16章で詳述します）。

　入試のスコアが有効なのは，その年の入試限りであることがほとんどですが，民間英語テストは，複数年にわたってスコアが有効であるのが一般的です。またTOEFLやTOEICなど，多くの英語テストは年複数回行われており，世界中に多くの受験会場がありますが，受験会場や受験機会によってスコアの意味が変わるということはありません。このように，どの受験地で，いつ受験したとしても，とったスコアのもつ価値，意味が同じになるようなテストのことを「標準化テスト」とよびます。

　民間英語テストや資格試験の一部は，標準化テストとすることで，受験機会が複数にまたがっていても，表示されるスコアの意味は同じとなっています。また知能検査のように，検査を受検する機会をまたいで共通の意味をもつようなテストもあり，これらも標準化テストの範疇

---

1) 英語の能力について，読解，聴解，作文，発話の4技能の程度を測る目的で行われているテストで，民間で行われている（大学入試センターのような大学入試に関わる公的機関が行うのではない）ものを指します。詳細については第3部16章を参考にしてください。

に含めることができるでしょう。しかしながら日本では，なぜか入試で標準化テストを導入するプランがありませんでした[2]。

4-1-2　大学入試を標準化することのメリット 1：公平性を保った受験機会の複数化

　大学入試において共通テストを標準化テストとするメリットとしては，受験が「1 年に 1 回限りのイベント」ではなくなる，ということが挙げられます。たまたま受験の際に風邪をひいてしまい，1 年の努力を棒に振ってしまった，などということがなくなるでしょう。

　あるいは，年に複数回の受験機会のうち，どの回のテストを受験してとったスコアも同じ意味をもつのですから，もっとも大きな値をとったスコアを大学に提出するということが許されます。また，受験機会が違っていても，スコアのもつ意味が教科ごとに共通であるなら，教科や科目単位でみたときに，たとえば国語は 2021 年第 2 回のテストのスコアが最高だったが，数学は 2022 年の第 1 回が最高だったから，これらの最高点を報告することにしよう，ということも許されます。さらに，年度をまたいでもスコアが有効なテストとすることで，過年度卒（浪人）の受験者が，昨年度に受験してとったスコアを用いて大学受験できるというメリットもあるでしょう。

　標準化テストの枠組みで年複数回実施されるテストは，どのテストを受験してもスコアの意味が同一であるということで，公平な選抜に役立つといえるでしょう。大学入試の公平性については多方面で検討されており，西郡（2021）のようにそれらの研究成果がまとめられた文献もあります。標準化テストの導入により，公平性を保った大学入試のあり方に新しい道を開く可能性もあるでしょう。ただし公平性を保った形での標準化テストの実施にあたっては，テスト制度や測定手法について留意しなければならない点があります。たとえば，受験するたびに受験料がその都度かかるのであれば，経済的に家計が厳しい世帯の受験者にとって，「何度も受験したいが受験できない」ということになってしまいます。そのため，何度受験しても受験料は一定額（または無料）とすれば，公平な受験機会を提供できるでしょう。また測定方法に関する点についての詳細は第 2 部 5 章 1 節を参照してください。

4-1-3　大学入試を標準化することのメリット 2：達成度指標の導入

　標準化テストとすることのメリットは，これだけではありません。スコアの意味を相互に比較可能であるということは，そのスコアの意味が統一された基準に基づいて示されることになります。その基準のつけ方を工夫すれば，受験者の学力がどの程度の達成度であるかを示すことも可能となります。たとえば高校数学のテストについて，1 学年で教えられる内容を 3 段階に分け，3 学年全体で 9 段階の学力レベルを考え，テストのスコアが○点であったなら△△の段階である可能性がもっとも高い，という意味をもたせることが可能であるということです。

　標準化テストによるスコアに，学力レベルごとの達成度指標としての意味をもたせることにより，高校における勉強の到達度を知ることも可能となります。受験機会が増えることにより，入試のための対策を一年中行わなければならなくなるという批判がありますが，とったスコアが高校における学びの段階を表すような複数回共通入試の仕組みを整備することで，単なる対策の必要な入試ではなく，達成度の目安を与えるテストとして高校での学習に役立つテストとなる可能性があります。まさに「高校生のための学びの基礎診断」が実現できる可能性があるのです。

---

2)　この問題については「日本的テスト文化」との関係性や，日本における大学入試制度の現状を考える必要があります。詳細は第 3 部 15 章 2 節で述べます。

　これまでの入試では「偏差値があと５だけ足りない」という形で学習目標を与えられていましたが，達成度指標を加味した標準化テストとすることで，国語は第３段階，数学は第２段階，……，英語は第４段階までの学びをクリアすることが大学入学のために必要，という形で学習目標が与えられることになります。そして，教科ごとに，段階別の到達レベルの目安（数学の第２段階としては，○○と△△が理解できている，等）が与えられているというイメージです。したがって，達成度を加味したスコアを表示する標準化テストを実現するには，評価段階の目安が「評価基準＝ルーブリック」として教科・科目ごとに明文化されていることが必要です。ルーブリックについては第２部10章１節を参照してください。

　これまでの入試は，競争的な選抜要素を有するテストを用いて，受験者同士の競争を強いてきたという側面がありました。それに対して達成度テストの考え方を導入することで，受験者個人の学習達成度を個人内で比較することに意味がある一方，競争的側面が後背に退き，従来の入試と異なる印象を受験関係者に与えることになるでしょう。達成度検証テストと競争的テストの比較については第２部10章１節も参照してください。

4-1-4　大学入試制度のあり方に関する議論の前提

　第３章まで，大学入試の制度を構築するためにどのような点に留意すべきかについて，メリトクラシーの再帰性や垂直的序列化・水平的画一化といった考え方をもとに述べてきました。これらの議論をふまえ，今後のテスト制度を検討するために必要な前提として，以下の点が挙げられるのではないでしょうか。

- 「テスト制度をこのように変えたら，教育はこうなるはず」という議論をやめ，「理想の教育制度を実現するため，テスト制度はこのように変える」という考え方で議論を進める。ただし，一度のテストで測れる構成概念の範囲は限られているため，その限界を意識したうえで，テスト制度を教育の一環として組み込むよう，社会全体で知恵を絞る。
- テストがうまく機能しているかどうかを，常にモニターする制度を構築する。その指標については，数値に基づく客観的なものを中心とする。制度のモニターはテスト実施者によるものに限らず，外部からの声も参考にする。さらに，必要に応じてデータを公開し，だれでも検証可能な形で参照できるように整備する。
- 教育制度のあるべき姿に関する議論は，これらのデータを参考にしつつ，社会情勢や教育を取り巻く変化を加味しながら進める。特に教育格差については，入試制度を設計するうえで重点的に考慮する。また，教育の目的を達成できるような教科の構成とし，教科ごとのテストで測られる構成概念が教育目標とリンクしているようにする。
- テスト制度を設計するうえでは，受験者に応じた合理的配慮の必要性を考慮する。公平なテスト制度となるように，すべての受験希望者が受験できる環境を整え，受験者にとって役に立つテスト制度となるようにする。また，テストのあり方について，教育制度上でテストが期待通りに位置づけられているかを中心に，社会的な議論を重ねる。

　上記の４点は，テストを年複数回化するにはどうすればよいかといったテストの技術的な検討事項や，テストで○○力を測るにはどうすればよいかといった内容的検討よりも一歩引いた視点からみた「テストが意味をもつための前提」であり，そもそもテスト制度をどうしたいのかを検討する過程で必要な観点が述べられています。またこれらは教育制度のあるべき理想像を検討する段階のことを述べていることにも注意が必要です。社会的理想をかなえるために標

準化テストを導入すべきだという方向性になった場合は，そもそも技術的に可能か，あるいは測りたい内容を測るにはどうすればよいかといった根源的トピックについて検討し，それらが解決できた場合に，標準化テストの構築法を模索するという二段構えでテスト制度を考えていきましょう，ということです。

4-1-5　標準化テストを共通テストに活用する四つの方向性

　本書の内容をふまえて，具体的に標準化テストを大学入試制度や教育制度に導入する場合，テストのもつ性格と，共通テストなのか個別入試なのかの違いにより，以下の4通りの方向性を考えることができます。

【標準化された複数回共通入試】（プランA）

　今後あるべき教育制度を検討した結果，競争的な性格をもつ共通テスト制度を受験者50万人といった大きな規模で行う必要があり，さらにその大規模入試が年複数回実施を前提とすべきであるという結論に至ったのであれば，項目反応理論（IRT，第2部で詳述）を用いた標準化テストの導入が必要です。その際，テスト制度の実施可能性を考慮し，CBTの導入についても検討されなければならないでしょう。また，学習指導要領に基づくルーブリック（評価基準）との対応よりも，公平な競争的選抜のためのテストとして成立することを優先した制度設計とすることが一般的です。

【高校生のための学びの基礎診断】（プランB）

　一方，大規模な複数回共通入試を，受験者の達成度を測る目的のテストとしたいなら，学習指導要領などに基づいたルーブリックがきちんと対応していることが必要です。さらに，受験者の達成度がスコアとして返されますから，競争的な入試制度のように，受験者の間で差がつかない可能性があります。達成度を測るテストだけでは，大学がある一定の達成度があると認めた受験者全員を合格させることにつながり，入学できる定員が決まっているという現実にそぐわないことになります。この場合，達成度を測るテストは，競争的選抜の機能をもつ別の個別試験と組み合わせて使うことが求められます。この場合でも，CBTを用いることでスコアを即時に返す仕組みが可能です。

【個別大学入試のための標準化テスト】（プランC）

　あるいは，個別大学入試を標準化テストとし，同じ大学の学部・学科を複数年にわたって受験する場合は，その大学の学部・学科を以前受験したことのある受験者に対しては過去に取ったどのスコアも有効とする，という入試を導入するということもあるでしょう。学部や学科単位で細分化するとテスト1回あたりの受験者が減るため，IRTによる分析は難しい場合があります。そのような場合には学部や学科を併合して合同で個別入試を行う可能性を模索する必要があるかもしれません。この方法により，受験者の学力を示すスコアの尺度が受験年度（受験回）ごとにそろうことになり，入試のスコアが学生の学力レベルの目安となり[3]，大学教育に貢献することになるでしょう。

3）個別入試が標準化されていない場合，それぞれの入試のスコアは，受験者の学力以外に，毎回の個別入試で出題された問題の難易度にも依存して決まります。よって，異なる回に行われた個別入試のスコアを直接比較できません。

表 4-1　年複数回実施の標準化テストを大学入試や教育に活用する方法

	大規模（全国規模）	中〜小規模（都道府県以下の規模）
競争的入試テスト	【標準化された複数回共通入試】（プラン A） 全国の大学に入学するための学力の測定に用いるテスト スコアの使用目的：大学入学者選抜 ルーブリック：学習指導要領などをベースにして大学が主導して定義した評価基準	【個別大学入試のための標準化テスト】（プラン C） 個別の大学・学部・学科に入学するために必要な学力を測定するためのテスト スコアの使用目的：大学入学者選抜 ルーブリック：大学が個別に定義した評価基準
達成度検証テスト	【高校生のための学びの基礎診断】（プラン B） 全国的なレベルで統一された達成度を測る目的のテスト スコアの使用目的：生徒一人ひとりの学習の改善，複数回共通入試としても利用可能 ルーブリック：学習指導要領など，複数の地域をまたいで共通のカリキュラムにのっとった評価基準	【都道府県・市町村単位での学力調査】（プラン D） 地域単位でみたときに，よりきめ細かい学力構造を把握するための調査 スコアの使用目的：調査対象地域の学力の全体像を明らかにする調査 ルーブリック：調査対象地域の特性に合わせた評価基準

第3部

【都道府県・市町村単位での学力調査】（プラン D）

　さらに，都道府県や市町村の教育委員会レベルで，児童生徒の学習の達成度を測るために調査目的のテストを実施したいという場合もあるでしょう。地域における学力の全体像をとらえるための調査として，テストを行うのです。その場合は，先に述べた達成度を測るテストの考え方を導入しますが，測りたい学力像によっては，学習指導要領の制約にとらわれず，教育委員会独自に設定したルーブリックを基準とするアプローチもあり得ます。スコアの使用目的は複数回共通入試とは異なり，その教育委員会が担当する学校ごとの教育実践を改善する目的や，生徒の学力の伸びを測るといったように，調査的意味合いが強いテストとして設計します。

　以上に述べた標準化テストの活用アプローチをまとめたのが，表 4-1 です。これらのテストを実施する場合には，IRT に基づくテストの考え方に対する理解が必要不可欠です[4]。なお，これらのアプローチには大学入試の枠を超え，学力調査という目的に用いる場合を含んでいます。学力調査の目的には「合格者の選抜」を含まず，テストの設計手法も大学入試とは異なりますが，標準化テストとして機能するものを作るために知っておくべき知識は，大学入試と変わりません。

4-1-6　そのテストは実施可能か，何のためなのかを考えるために

　これまで，競争的入試と達成度検証テストを区別して説明してきましたが，これらを一つの入試制度のなかで混在させることも可能でしょう。一次試験で達成度検証テスト，二次試験で競争的入試といったような組み合わせで入試を行うこともできます（詳細は第 2 部 10 章 1 節を参照）。しかし，単一の標準化テストを入試や学力調査に活用するうえでは，実現可能なテストとするために，さまざまなハードルを乗り越えなければなりません。

　たとえば毎年行われるテストの回数が増えれば増えるほど，互いに等質な多数のテスト冊子を用意する必要があります。また全国規模のテストであれば，会場ごとに問題内容の異なる別の種類のテスト冊子を用意したいということもあるでしょう。このような場合も，事前に用意すべきテスト冊子の数は増えます。一つの教科で項目バンク（第 8 章 1 節を参照）を作るだけ

4）大学入試として達成度を測る目的で複数回共通入試を導入する際，検討すべき事項が何であるのかについて，佐々木（2012：115-130）は，どの科目を測るべきか，高校の学習指導要領との関係をどうするか，年何回のテストをいつ行うのか，テストが測れる学力の範囲をどうするかといった点について，十分な検討が必要であると述べています。より望ましい高大接続の形をとるために必要な議論の前提として，これらの検討は必須であると考えます。

でも，かなりの手間とコストがかかります。

　大学入試センター（2021：89-100）には，このような大規模項目バンクを作るための詳細な手続きが述べられていますが，項目バンク構築のための課題として「試験問題の大量作成と問題の質の維持」「問題作成の人材を含めた体制の構築」「フィールドテスト実施に時間と経費を要することをふまえた検討」「古い題材の問題を引退させ新しい問題を入れる，新学習指導要領に対応させるなどの，項目バンクの維持体制の構築」が挙げられています。項目バンクが構築できたというだけではだめで，将来の長期にわたって，質の高い問題群が含まれていなければならないのです。

　また前項では，中〜小規模の達成度検証テストを計画した場合，そのテストは学力調査のような性格のテストとなることについて述べました。しかしこの場合は，学力調査の目的を明確化し，教育のなかで学力調査がどのように用いられるのかについて，きちんとした合意がなされていなければなりません。

　川口（2020：97-121）は，2007年から日本の小学6年生と中学3年生全員を対象に行われてきた「全国学力・学習状況調査」について，児童生徒それぞれにスコアを返し，学習のあり方を考えることを目的とした「指導のためのテスト」と，児童生徒の学力の全体像を明らかにし，日本の教育政策のあり方を検討することを目的とした「政策のためのテスト」という二つの側面があることを指摘しています。そのうえで，指導のためのテストは「学習の効果が出て，児童生徒のスコアが高ければ高いほどよろしい」となりがちであり，政策のためのテストがもつ「学力の現状がより正確に明らかになればよろしい」という性格と矛盾した目的となるため，これまでの全国学力・学習状況調査はうまく機能してこなかったという実情について述べています。

　その意味で，前項で述べた都道府県・市町村単位に行われる達成度検証テストの計画（プランD）は正確には「テスト」ではなく「調査」であるというべきでしょう。4種のプランのうちプランDだけは，入試や指導改善などの目的で生徒個人にスコアを返すのではなく，学力のあらましを明らかにするという目的のみで行うのです。川口（2020）でも指摘されていますが，学力調査を充実させ，より多くの知見を引き出すためには，受験者の家庭環境や親の社会経済的地位といった多くの変数を同時に観測する必要があります。これらの変数と学力との関係性を探ることで，教育格差の問題を多角的な観点から考察することが可能となります。川口（2022）では，ある市町村で継続して行われてきた学力調査のデータを統合して再分析し，学力の関連要因や学力の「伸び」の検討をしていますが，プランDに基づく調査を企画・実施することで，より実態に即した調査結果を得ることが期待できます。

　あるいは，達成度検証的なテストにおいて，全国一律の基準で同一のルーブリックを適用してよいのかという疑問や批判は根強いのかもしれません。その場合は，「高校生のための学びの基礎診断」の計画（プランB）についても，選抜目的のテストに応用するのをやめ，一人ひとりに対する個別の学習改善ではなく，全国における学力のあらましを明らかにする「学力調査」とし，個別にスコアを返さない，という立場もあり得ます。これを【高校生における全国学力調査】（プランB′）とすれば，その目的は教育政策の検討ということになるでしょう。調査目的のテストを実施する場合，サンプルをどのように抽出するかといった要素に留意する必要が出てきます。

　いずれにしても，全国規模の統一されたテスト（調査）を継続して実施するためには，多くの困難を乗り越えなければならないでしょう。それは本当に長い道のりで，しかも多くの人の協力を得ながら，地道に取り組んでいかなければならない，厳しいものに違いありません。それだけのコストをかけてでも，本当に全国一律の共通化された尺度が必要なのか，立ち止まって考え直す時期に来ているのかもしれません。表4-1はある種の理想を述べたものですが，それが実現可能であるかどうかについて，テストや調査の目的に照らしてきちんとした判断がな

されることは，制度設計上，絶対に避けて通れないのです。そしてその過程で，実はこれらの理想がかなえられないことが，明らかになるのかもしれないのです。

4-2　教育関係者がすべきこと：教育の理想にかなったテスト制度を提案する ──────

4-2-1　テストに関連した知見を増やす：テストで測れない限界を知る

　前節では標準化テストと大学入試などの関係について検討してきました。しかし現実には，テスト制度の理想を実現するために必要なリソースが不足していることもまた，指摘しなければなりません。

　テスト制度を具現化するために必要不可欠である，テスト実践事例の開拓や新しい測定手法の開発といった研究は，これまでの日本において研究対象として注目されず，教育関連の学問体系においても周縁部での議論になってきたというのが実際のところです。木村（2006）は，これまで日本で行われてきた学力調査などの計画を立案する段階で，心理学や教育測定学を専門とする者が参画できなくなっていった過程を，資料に基づき示しています。本来，学力調査は調査の計画を立てる部分が大切であるはずなのですが，その部分に専門家の知見が反映されていないままであるなら，不十分な計画のまま調査が行われるおそれがあります。

　テストの制度を設計するためには，教育測定学，心理統計学といった，心理学に根差した研究領域の知見が必要不可欠です。さらに，これらの領域の基盤となる統計学やコンピュータサイエンス，認知心理学の基礎的研究での成果も必要になってくるでしょう。テストの実践的応用研究は，多方面にわたる複合的な研究領域に支えられて発展してきています。しかし，これらが有機的につながりをもつ形でまとめられ，研究事例が体系化される試みが，日本ではほとんど行われてきませんでした。

　大学入試の改善に必要なのはテストの実践研究だけではありません。大学制度論や高等教育学，教育社会学といった幅広い分野の研究も参考になります。これらの関連分野における知見は，これから実施されようとしている大学入試が本当に機能するかを検証することや，これからの大学入試を改善する方向性に関し，多くの示唆を与えるでしょう。その意味で，テストに関連する研究分野は驚くほど広いのです。倉元（2020a, 2020b）や宮本（2020），西郡（2021），宮本・久保（2021）は，大学入試のあり方を論じるうえで必須となるトピックを整理し，これまで行われてきた大学入試研究を俯瞰するために役立つでしょう。そこで語られている研究分野は，テスト理論や教育測定学にとどまりません。このような広範囲の研究知見が総合されて，テスト制度が構築されていくのです。

　しかし逆説的ではありますが，これらの研究の成果によって，「何でも測れる理想の」テストを完全に実現することは不可能であることが知られていくことになるのでしょう。なぜなら繰り返し指摘しているように，テストで測れる人間の能力はごく限られており，スコアの解釈も一元的なものにならざるを得ないためです。テストで何でもかんでも測れるわけではなく，ましてテストのスコアが受験者の全人格的な属性を予測するものではないことは，直感的に理解できるでしょう。それでも，スコアの意味を適切に解釈することで，語学テストや運転免許などの資格試験のように，社会でテストをという道具をうまく使いこなすことができるようになるはずです。テストの研究は，テストで測れないことを意識したものでなければならず，現実に即したテストの活用法は，多くの制約のなかで提案されることになるでしょう。

4-2-2　受験者の負担を考慮したテスト制度を目指す

　教育の枠組みをドラスティックに変えるのではなく，現在の教育の仕組みを受け入れたうえで，複数回共通入試の仕組みが受験者や高校，大学により受け入れられるように設計するとしたら，複数回共通入試はどのような制度になるのでしょうか。そのためには，受験者に負担をかけないテスト制度としなければ，民間英語4技能テストの導入失敗の轍を踏みかねません。

　民間英語4技能テストを導入できなかった経緯においては，受験者の負担が大きいという指摘がありました。従来のセンター試験に加えて民間英語テストを受験することが必須となれば，民間英語テストの対策が必要になり，しかもそのなかにこれまで高校生が取り組んだことが少ないであろう「英語による発話」が含まれているとなれば，特に負担が重くなったと感じることでしょう。

　宮本（2018：33）は，新しく複数回共通入試が導入された場合に，高校における受験対策が長期化し，高校においても負担が増えることを指摘しています。高校はただでさえ忙しいのに，共通テストが複数回行われるとなったら，その前に補習などのテスト対策をしなければならなくなる，ということです。この点への対処は，簡単にはいかないでしょう。

　数少ない対処法の一つとしては，複数回共通入試を高校の授業の達成度を測るテストとなるように設計し，普段の高校における生徒の学びにおいてはその学習達成度を返すテストと位置づけ，その達成度が最大となった回の共通テストスコアを個別入試のスコアとともに大学入試に用いる，という方法があるでしょう。大学入試の対策として高校の授業があるというわけではなく，あくまで高校の授業の達成度を大学入試の参考にする，という考え方です。

　このような設計思想に基づくテストを導入するためには，高校や大学が協働して，複数回共通入試で測られる内容を検討する必要があります。また大学は複数回共通入試のスコアだけを用いて入学者を選抜するのではなく，大学独自に設定した個別入試を合わせて課し，それらを総合して選抜を行います。複数回共通入試はあくまで受験者の高校までの学びにおける達成度を示すものであり，選抜的な用途に用いられるわけではないためです。テスト制度を工夫することにより，高等学校卒業程度認定試験とリンクさせることもできるかもしれません。

　また高校には，「テストで測られる達成度」を向上させるための学習の取り組みが求められます。たとえば高校のカリキュラムに英語のスピーキング能力の向上が盛り込まれているのであれば，達成度テストにも英語スピーキング能力の項目があるはずですから，授業を通じてどのように英語のスピーキング能力を高めるかについて，一定のカリキュラムに基づく授業が求められます。ただし高校が単独でカリキュラムや授業法を開発するのではなく，大学と協働して開発することになるでしょう。

　巨額の費用と手間をかけてテストの仕組みを構築した以上，それが単なる選抜のためのテストとして用いられるのではなく，高校においては生徒の達成度診断，大学においては選抜のための一要件という複数の機能を兼ね備え，高校や大学により受け入れられやすくなるようなテストの仕組みを目指すことが望ましいと考えます。受験者からしても，単なる受験対策としてテストを受けさせられるわけではなく，勉強の達成度を示してくれるテストがあったほうが，日々の勉強を重ねるうえでも役に立つに違いありません。その理想を実現するためには，テストの技法だけではなく，カリキュラムや教授法（学習法）についての研究を推進することが望まれます。

4-2-3　「理想の教育像」に寄り添った現実的なテスト制度の提案

　これまで多くの教育関係者が，今後目指すべき理想の教育制度について述べてきました。そ

のなかでは，テストを活用する大まかな方針について触れているものがいくつかあります。ここからは，教育関係者が提唱する教育の理想を実現するために，標準化テストの考え方がどのように貢献できるのかについて，考えていきます。ここで取り上げるのは，以下の 2 論考です。

- ●本田（2020）における，垂直的序列化・水平的画一化を是正するための教育の枠組み
- ●山口（2017）における，大学としてあるべき教育機能に関する論考

それに加えて，生徒の達成度を検証するための，標準化テスト実施制度のあり方の一つを示します。

本田（2020）の場合

　本田（2020）は高校教育や大学教育の現状について，垂直的序列化が進んでいる現状を指摘したうえで，高校や大学において（普通科ではない）専門学科の種別と定員を拡充し，どのような専門学科からであっても上位の学校段階へ進学することが可能な仕組みを提案しています。そのうえで，テストの方法については以下のように提言しています。

> 【2】多様化した高校学科への入学者選抜において，中学校までの「学力」は基礎的要件として確認するに留め，高校学科の専門を学ぶために求められる具体的な知識・スキルおよび志望の明確さに即して選抜を行う。（以下略）
> 【3】高校から大学等への進学に関しても，【2】と同様の方法で入学者選抜を実施する。社会人を含め，多様な対象に可能な限り門戸を開く。大学の入学者選抜では，高校の専門学科の達成度を普通教科と同等に尊重する。（以下略）（本田, 2020：218）

　上記の方針は，本書で触れた「達成度検証型」の複数回共通入試を，多くの専門学科についても課すことで達成できるといえます。専門学科ごとにルーブリックの達成度目標を明確化し，それらを問う問題を多数用意すればよいのです。

　ただし，このようなテストの仕組みを構築するための道のりは，長いといわざるを得ません。まず，カリキュラムやルーブリックを検討する時間を十分とり，テストで測られる構成概念を高校・大学の共通理解として定める必要があります[5]。その過程で，異なる専門学科の間で共通して現れる構成概念（たとえば基礎的数学，物理学基礎など）をまとめ，共通科目とする必要があるでしょう。さらに共通科目・専門学科科目（専門学科に特有の構成概念）の学科テストのスコアや志望動機をみるための面接の評点及び志望動機書などの評定結果をどのように統合し，合否の決定に用いるかを検討する必要があります（膨大に存在する高校・大学の専門学科ごとに行う必要があります）。その後，共通科目・専門教科科目のフィールドテストを行い，ルーブリックと対応した形で達成度をスコア化するように尺度化します。

---

5) 現在の日本では，学習指導要領で定められたカリキュラムと並んで，アクティブラーニングに代表される新しい形の学びが推進されようとしています。しかしながら，アクティブラーニングの導入ありきで，またカリキュラムを絶対的に固定化したうえで，新しいテストを導入しようとすることは避けなければなりません。小針（2018）は，これからの日本ではアクティブラーニングが必要であり，アクティブラーニングを通じて生徒が主体的・能動的に学ぶことができ，アクティブラーニングをめざした授業実践で「生きる力」が高まることが期待され，教員が研修や指導を通じてアクティブラーニングを実践することができる，といったことがらが，妥当な議論の前提を欠いた「幻想」であると述べていますが，そのような「幻想」を教育現場の共通理解としたうえでテストを導入しようとする態度は，厳に慎まなければならないでしょう。

　専門学科からの要求があれば，それぞれのテストについて，初級向けと上級向けのように複数のレベルからなる問題を用意する必要があるかもしれません。大学入学共通テストのように大学入学を志望する全受験者に同一のテスト版を用いるのではなく，複数回共通入試も「基礎段階」「応用段階」のような，受験者の学習レベルと大学入学後に求められる能力水準に合わせた二本立てにすべきなのかもしれません[6]。

　この仕組みが導入された場合，毎年行われる専門学科ごとの達成度テストは，いずれも測定されるべき構成概念の範囲が明確に示されるようになります。言い換えれば，学科単位のテストで「学力」を測るが，その内容に関して際限のない拡大解釈が重ねられることがなくなります[7]。また，高校の生徒が○○学科を卒業したということが，○○学の定める達成度基準を満たしていることを意味するようになり，大学にとっても選抜が実質化するというメリットがあります。受験者からみても，あやふやな「学力」に基づく選抜ではなく，学習の目標がより立てやすい専門学科の達成度を高めることで大学合格に近づくことになり，スコアの意味もこれまでの偏差値のような目安ではなく，ルーブリックに沿った達成度を含むことになります。これらのことは高校の生徒にとって，学びの形を変えることにつながるでしょう。さらに，達成度確認のためのテストが学校教育の一環として行われるため，受験料の負担を軽減することにもつながります。

　しかしこの教育制度の導入という「総合的な変革」は，「明確な決断と強い政策的要請をもって臨む必要がある」（本田, 2020：225-226）と述べられている通り，導入に際してはかなり多くの地道な努力が求められるでしょう。その努力のなかには，テスト実施のための財源を確保することやテスト実施体制の確立に加え，達成度テストの制度設計をどのようにするかに関する，詳細な検討も含まれているといえます。たとえば，過年度卒（浪人）生向けの受験機会をどう確保するのか，スコアの管理体制をどうするのかといった点です。しかしその検討は，「テストを変える」ことそのものを目的としているのではなく，「テストの背景にある教育の考え方を変える必要があるために，それに従属してテストのあり方も変更される」一環として計画されるべきです。決して「テストを変えることで，教育を変える」わけではないことに注意しなければなりません。

山口（2017）の場合

　次に取り上げるのは，山口（2017：152-193）で語られている新たな大学入試の制度についてです。同書ではこれまでの大学入試のあり方について，OECD による PISA や大学ランキングの結果を引用しながら，これまでの入試には高い教育効果があることを指摘しています。そのうえで，エリートを選抜する難関大学における一般選抜と，それ以外の大学における学校推薦

6）日本の大学に私費留学を志望する（外国人の）受験者が受験する「日本留学試験」という共通テストがあります。いわばセンター試験の留学生版という位置づけです。このテストには文系向けの「数学コース 1」と理系向けの「数学コース 2」の二つのコースがあります。大学・学部はいずれかのコースを受験するように指定し，受験者は指定されたコースを受験します。このようなレベル別の受験制度を成立させるには，それぞれのレベルに対する意味付け（文系向け・理系向け，基礎的内容・応用的内容など）をある程度明確にする必要があるでしょう。

7）本田（2009：193-195）は，「特定の専門分野に関する教育は，過度に狭い範囲に固定的に限定されたものであってはならない」とし，「柔軟な専門性」を教育課程の編成時に重視すべきであると述べています。専門分野の教育における導入部として入試を行う際は，その専門分野に関する構成概念のみを問い，入学後，生徒は該当する専門分野の教育課程のなかで探索的要素を加味しながら勉強していく過程で，専門分野間にまたがる一般性をもった共通的・普遍的知識を習得していく，というイメージが示されています。このように，構成概念を絞った入試を行うことと幅広い分野を学ぶことは，教育システムを工夫することにより両立できるといえます。

型・総合型選抜に二極化している[8]ことを指摘し，大学入試改革によってもたらされる新しい入試制度が，大学入試改革以前のセンター試験と個別入試とで行われる体制と大差ない構造であることを論証しています。

　そのうえで，山口（2017：190）は「「論文と口頭試問」を課す」大学入試を提唱しています。高校教育の波及効果や大学で学ぶべき素養から考えると，知識を問うようなものではなく，高校生が自らの言葉で論述するタイプのテストが望ましいということです。大学ごとに出願の1年ほど前から論文テーマを公表し，受験者はそのテーマに合致した大学に出願し，1年かけて論文を書く，というイメージが書かれています。その理由として，大学は「「さまざまな問題について，その背景を知り，前提を疑い，合理的な解決を考察し，他人と意見のすり合わせや共有を行う」という技能を教育すること」（山口，2017：190）ことが求められているため，とされています。

　このような入試制度を成立させるためには，大学入試で失敗し，大学に入学できなかった者が人生の落伍者にならないよう，大学と企業との関係や大学における職業教育の位置づけ，ひいては社会保障制度の見直しなどを通じて，「どんな職業に就いても（あるいは就けなくても）生きていける社会を」（山口，2017：228）構築すべきであると述べています。そして，そのような社会においては，競争的な入試を志す者は「勉強が好きな者や学歴を武器に社会的に成功したい者だけになるだろう」（山口，2017：229）とも述べています。

　本書でも指摘しているように，テストのあり方を変えるうえでは，まずその前提として理想の教育制度を提言し，その教育制度のなかでテストのあり方を位置づけるという手順が大切です。山口（2017）では，大学とはどのようなもので，社会のなかで何を期待されているのかについて，企業や行政との関係性を含めて問い直しが行われており，そこで再定義された大学の役割にかなった入試の形として，論文と口頭試問による入試が提唱されているのです。また学歴の社会における役割の見直しの過程で，有名大学卒業というラベルの価値を見直し，競争的な入試が日本の大学の一部でしか行われなくなるような社会の将来像を示しています。

　では，論文と口頭試問による入試制度の実現可能性は，どの程度のものなのでしょうか。山口（2017）のテストの性格が競争的かどうかに関する言及は明示的にはありませんが，現在，大学院で行われている入試を大学に拡張した形（山口，2017：190）とあることから，定員が決まっている大学院の入試制度を援用するということであれば，大学入試の論文と口頭試問も競争的要素があるでしょう。すると，論文や口頭試問のパフォーマンス評価は，ある程度の公平性が求められることが避けられません。大学入試が一部の者だけに対して行われるようになったにせよ，「学歴を武器に社会的に成功したい人」が大学入試に殺到し，そのなかで公平性を保ったテストを行う必要があるなら，ルーブリックをきちんと整備したうえで，パフォーマンステストの標準化手法（第2部9章を参照）を応用することを考えたほうがよいかもしれません。

　論文と口頭試問を評価する観点は，テストの目的から考えて，単一の尺度に基づく一度のテストで行われることはなく，いくつかのテストを組み合わせて測ることになるでしょう。「さまざまな問題について，その背景を知り，前提を疑い，合理的な解決を考察し，他人と意見のすり合わせや共有を行う能力」という構成概念は，その意味が広範囲に及び，およそ一次元の評価軸で収まるものではないためです。そのような多次元的能力観においては，どのような論文が高い評価になるのでしょうか。それを大学教員が明示的に文章化し，受験者やその親，高校の教員に説明できるのでしょうか。公平な入試とするのであれば，これらの点について説明が求められます。

8）吉川・中村（2012：102）でも言及されています。

　そもそも，「論文や口頭試問」によらずとも，前述のようなことがらが測れる可能性はないのでしょうか。「さまざまな問題について背景を知」っているかを検証するには，さまざまな問題について知識を問えばいいのではないでしょうか。「前提を疑」ったり，「合理的な解決を考察」したりする能力は，それらの能力があるかどうかを客観式テストで問うことが可能かもしれませんし，実は高校までの学力，ひいては大学入学共通テスト（センター試験）のスコアと相関が高いのかもしれません。また従来の大学入試で行われている面接でも「他人と意見のすり合わせや共有」がどれだけできるかを，ある程度測ってきたといえるのかもしれません。

　ここで提案されているテストは，あくまで大学の個別入試の範囲に入るものにとどまっています。既存の「高い教育効果を生んでいる」共通テストを用いた選抜の仕組みを残すべきなのか，高い教育効果をあきらめたとしても，共通テストは廃止すべきなのか，これらについて明確な方針が述べられていないのです[9]。あるいは，高い教育効果を生むような他の方法を考える，ということなのかもしれませんが，現実のテスト制度設計にあたっては共通テスト導入の是非や入試制度内の位置づけについて十分な議論が求められます。

4-2-4　達成度を検証するテストと学力調査

　現状の大学入試は，本田（2020）のいう「垂直的序列化」による，単一の尺度に基づく競争的な性格を帯びたものです。それに対し，達成度検証型の入試を導入することについては，現在の入試制度から競争的性格を奪い，大学入試の考え方自体を大きく変える必要があるため，どうしても導入へのハードルが高いととらえられがちです。特に IRT のような新機軸を導入するのであれば，なおさらです。

　達成度検証型テストの導入が難しいということであれば，「達成度を測る」という点でテストの目的が類似している「学力調査」を導入することから始めてみることが有効かもしれません。そこで，IRT を用いて，異なる学年向けの問題の難易度を垂直尺度化の考え方により統合し，児童生徒の学力について，その「伸び」を測る調査を行っている事例があります（たとえば，山口ほか（2019）など）。またこれからの教育のあり方について，IRT に類似した「潜在ランク理論」（植野・荘島（2010）を参照）とよばれる標準化の手法を用いた学力テストを自前で開発し，独自の教育施策を展開するために活用している事例もあります（東京都杉並区の事例，苫野（2019：79–84）や山口（2021：298–304）を参照）。IRT に基づいた達成度検証テストの考え方は，垂直的序列化からの脱却を目指すためだけではなく，これからの教育において学習の成果をどのように表すかを考えるうえで，重要な示唆を与えることでしょう。

　達成度テストをクラスルームで活用するアイディアについて，苫野（2019：181–182）では，児童生徒の学習進度に沿った達成度テストの利用を紹介しています。単純に考えると，たとえば小学4年生の児童であるAさんが達成度テストで「小学2年生レベル」などといわれたときに，Aさんはやる気をなくしてしまうかもしれません。しかし，そのような学年で紐づけられた形でのルーブリック（評価基準）ではなく，CEFR（第3部16章参照）のように，文言を工夫した形でまったく違う形の学習熟達度レベルを与えれば，学習のための動機づけに用いることもできるでしょう[10]。

9）山口（2017：216）は，「大学入試ランキングをもとにした〔企業の〕採用は〔中略〕，入試についての「努力・公正・客観性」という幻想に寄りかかって行われ」たと指摘しています。もし入試における「努力・公正・客観性」が「幻想」であるなら，共通テスト導入にも否定的であるでしょう。また「選抜は，明らかに不適切な人を排除できれば，あるいは少なくともその大部分を排除できれば十分である」（山口，2017：212）と考えるなら，達成度に基づく個別入試を導入すべきであると主張しているようにみえます。

複数回共通入試のスコアについても，このような達成度を表す段階表示にしたほうが，生徒の学習により役立つかもしれません。しかし選抜のためのテストという性格を残すのであれば，1点刻みのスコアとすべきでしょう。テストの目的だけではなく，どのような学びのスタイルを提供するのかによっても，スコアの表示の仕方を工夫することが求められます。

4-2-5　達成度検証型テストの非競争的な大学入試への活用

　第2章2節で紹介した通り，現在，多くの大学・学部において，志願者数が入学定員を下回る状態になっています。競争的な入試が成り立たない大学・学部における大学入試は，高校までの学びの達成度だけで合否を決めることとすればよいでしょう。その際，大学ごとに個別の達成度検証型テストを作成して実施するのは，非効率であるといえます。そこで，複数回共通入試として達成度検証型テストを実施し，そのスコアを用いて入試を行えばよいのです。

　大学や学部によっては，高校までの学びの達成度を多少満たしていない受験者であっても，合格させなければならないほど定員を満たせず，困ってしまう場合もあるかもしれません。その場合は，高校3年生に9月の段階で合格通知を出し，10月から半年間，大学が入学前教育として，独自のカリキュラムによる学習をさせ，学力の向上を図ることを考えなければならないでしょう。このように，個別大学における入試制度の設計もまた，カリキュラムや教育方針と一体でなされることが必要といえるでしょう。

4-2-6　海外の事例を参考にしつつ，独自の道を模索する

　理想の教育を追い求めるあまり，現実に測ることが難しい概念を「測れたこと」にしてしまうことの弊害は，本書でも述べてきました。それと同じく，諸外国の事例を絶対視し，第1章3節で述べたような例を引用しながら，理想の教育を外国の教育制度に求めたとしても，抜本的解決の決め手にはなりません。たとえば，ドイツのアビトゥアやフランスのバカロレアは大学入学のための資格試験的要素をもっており，日本の入試もそれにならって競争的要素を薄め，資格試験とすべきだ，という主張がしばしばなされますが，その主張には限界があるのです。

　海外の教育制度が構築されてきたのは，その国や地域の教育に対する考え方が裏付けとなっているがゆえです。日本とヨーロッパ諸国の大学入試制度について比較してみると，日本では定められた課程を定められた年齢段階で履修する「履修主義」であるのに対し，ヨーロッパでは年齢段階に関係なく定められた課程を学修する「課程主義」が一般的であり，「進級できない」という形で大学入試相当の「選抜」が行われているとみることもできるでしょう（伊藤，2020：8）。したがって，ヨーロッパ流の入試制度だけを模倣しても，日本においてはあまり意味がないことになります。

　その一方で，テストで何が測れ，何が測れそうにないのかといった点については，諸外国のテスト制度を参考にしつつ，それらの事例を研究し，日本の大学入試に取り入れることが必要であるといえます。よく，フィンランドの教育がもてはやされ，先進的であるという言説が語られることがありますが，そのまま新テスト制度にフィンランド流を反映させようとしても，うまくいかないでしょう。

　実際のフィンランドにおける初等中等教育では7種類のコンピテンシーを基盤とするコンピテンス基盤型教育が行われており，それらを反映した大学入試が行われています。そして，コ

10）杉並区の事例では「R1」（学び残しが多い）から「R5」（発展的な力が身についている）までの5段階で，「R3」（おおむね定着がみられる）を最低限の到達目標としています（杉並区教育委員会，2019）。

ンピテンス基盤型教育のもとになる考え方は，OECD が提唱する DeSeCo に基づいています。これらは教育をつかさどる機関があらかじめ育成すべき資質・能力を提示し，それを育成するための教育を生徒に行い，結果を評価し，学習指導に活かすという一連の流れが共通になっており，欧州のスタンダードになりつつあります（鈴木，2018）。このように，多くの教育制度は決して単独で決定されているわけではなく，さまざまな教育のための考え方を取り入れながら，組み立てられていくのです。

　鈴木（2018）はフィンランドの大学入試「生物」科目の問題例と 7 種類のコンピテンシーを対応させながら，「フィンランドの 7 つのコンピテンシーや DeSeCo プロジェクトのキー・コンピテンシーには，日本にそのまま当てはめることが難しい内容が散見される」（鈴木，2018：223）と指摘しています。確かに，これまで日本で行われてきた「生物」という教科にはコンピテンシーの考え方とそぐわない点が多くあるでしょうし，日本の教育が大事にしてきた点を無視して，新たな評価観点を導入するわけにはいかないでしょう。なにより，高校の先生が新しいコンピテンシーを理解し定着させるためには，大きな手間と工夫，そして導入に向けた根拠づけが必要です。海外の事例をそのまま導入するのではなく，日本でこれまで行われてきた教科教育の内容を考慮しつつ，新しい入試制度を考えていく必要があるといえます。

4-2-7　競争的入試「だけ」でよいのか：入試に機能を追加する

　従来，大学入試は「選抜のためのテスト」であり，大学が測りたい特性を測るという目的の下，大学が考える公平性の枠内で競争的なテストとすることが目指されてきました。しかし，そのような入試制度が機能するためには，競争的な大学入試が行われるという前提がありました。競争的な入試が成り立たない状況が生じて，かなりの時間がたちます。それでも大学入試の方法が変わらないとすれば，そのことがテスト制度を見直す契機としてふさわしいといえます。

　大学入試に達成度測定機能をもたせようという発想は，日本の大学の位置づけが，エリート型選抜よりもマス型選抜の傾向を呈してきたという指摘から始まっているのです。達成度測定機能を導入するうえで重要なポイントは，このテストを受験する者の間でスコアを比較し，競わせるという受験上の波及効果はあまり想定されず，むしろ個人内でどのような学力の変化がみられるかに注目するという点です。達成度を早期に高めた者が受験で有利になるというわけではなく，一定の基準に達しているかどうかを見極めるためのテストとするという考え方が重要なのです。

　大学入試による過度な競争が好ましくないと考える者にとっては，達成度確認テストであっても，本来の用いられ方とは異なるテストスコアの利用が行われることを恐れるかもしれません。このことを回避するためには，テストでわかることがらはここまで，という合意形成をあわせて行うことが重要です。そしてそのことが，教育制度全般にわたる合意形成という意味で，本当の「教育改革」に値することではないでしょうか。

4-2-8　テストで測れないことを明確化する：過剰な機能を負わせないために

　テストが社会的にその機能を発揮するためには，テストが社会に受け入れられるという前提があります。テスト受験者や教員が，結果やテストのあり方そのものに疑問を抱くようなテストを実施することは，テストの意義を損なうことにつながります。しかし，このテストは無駄だから，廃止すればよいという主張を安易に受け入れるわけにもいかないでしょう。大学入試であれば，より学力のある受験者を入学させるという目的で行われるテストを廃止すると，教

育的な意義を損なうことが予想されます。また調査目的のテストでも同様で，指導法の改善や教育政策の見直しといった目的で学力調査を行うこともなく「学力が低下しているか否か」を議論するわけにはいかないでしょう。

　一方で，テストを実施する意義や目的に照らし，適切なスコアの利用をこころがけることと，テストが及ぼす波及効果を検討したうえで，テストの限界を意識した利用をすることも重要です。テストの利活用を提言する人は，とかくテストスコアの意味を拡大解釈し，受験者の能力のあらゆる側面について代表するような数値であるかのように思いたがる傾向があります。現実には，一つのテストで測れる能力の範囲は狭い範囲にとどまるのですが，この点を認識するのは抽象的な思考を伴うことであり，直感的には理解できないかもしれません。

　アメリカで 2001 年から始まった NCLB 法の体制下では，テストスコアにより児童生徒の学力を評価するのみならず，児童生徒を指導した教員や学校組織の指導力をも評価の対象としていくことに批判がありました（第 3 章 3 節を参照）。スコアは児童生徒の「能力全般」を代表しているわけではなく，限られた教科のスコアのみをごく狭い範囲で測定した結果にすぎないのに，そのスコアの値だけが注目され，あたかも大きな価値をもつかのように扱われたのです。

　本書でも繰り返し指摘していますが，テストのスコアが示す能力の違いの意味は，素朴に考えるよりも狭い範囲にとどまるのです。スコアの意味のまとまりがどの程度一般性をもっているかは「テストの一次元性指標」として数値化できますが，その数値が示す尺度の意味範囲の狭さについては第 2 部 5 章 4 節を参考にしてください。大事なポイントは，大学入試にしろ学力調査にしろ，テストで測る概念の拡大解釈や目的外のスコアの利用をしないように，教育に携わる者全体が意識しなければならない，という点です。「教育に携わる者全体」とは，児童生徒の保護者を含むという意味で，広く社会一般と言い換えてもよいのかもしれません。荒井（2020b）が「大学入試は「パーフェクトからスタートする」仕事である」と述べた「仕事」のなかには，実際のテストの仕組みづくりだけではなく，テストで何を測るかに関する合意形成というプロセスも含まれていると解釈すべきでしょう。

　だからといって，テストはどんな「狭い目的」を設定してもよいというわけではありません。たとえば，学力調査の結果をもとにして，学力が低迷している学校の教員の評価を下げるといったように，学力調査の結果と教員の評価をリンクさせることは教育の意義を損なうことであり，厳に慎まなければなりません。調査の結果はあくまで学力の現況を知り，今後の政策決定のための参考資料として役立てられるべきです。その際に重要なのは，調査で何を「測れていない」のかを意識することです。学力の現況のうち，調査で明らかにならなかった部分をあわせて報告することで，学力調査の改良にもつながり，より現実的な政策提言に資することになるでしょう。

　このことは，大学入試の仕組みについても同様です。もし大学入試に達成度確認の要素を取り入れ，競争的な要素を相対的に少なくするとした場合，スコアの意味は「達成度を確認できているかどうか」を表すことになります。したがって，学習者＝受験者に意識させるスコアの意味も「他の人よりも高いスコアになることを目指そう」ではなく，「達成度基準をクリアできるようにがんばろう」というメッセージがメインになることでしょう。またスコアの数値は，ある特定のルーブリックの範囲で達成度を表しているにすぎないということで，学習者＝受験者の限られた学習の側面における達成度指標「以外」の指標を用いて選抜したいのであれば，別途その指標を測るためのテストを課す必要があることを意味します。テストで「測れない」部分を意識することで，テストスコアが有効な範囲を限定し，入試に本当に必要な要素とは何かについて議論をし，真に必要な入試制度の検討につなげるという流れが重要であるといえます。

4-3　受験者がすべきこと：あるべきテストになるように，声を上げる ─────

4-3-1　使いやすいテスト＝より教育のためになるテストを求める

　民間英語 4 技能テスト導入の前においては，受験者からも反対の声が上がりました。制度導入前に多くの反対の声に押され中止になったのは，日本の入試制度の議論で初めてのことではなかったのでしょうか。たとえば 1979 年開始の共通一次試験を導入する過程を追った木村（2012）をみても，高校生が入試制度に異議を唱えたためテストの仕組みが見直された，ということはありませんでした。入試制度の導入は大学の責任において行う，という考え方があれば，大学はあらゆる可能性を考慮し，公平なテストを実施すべく，知恵を絞ってきたというわけです。

　木村（2012）は，1979 年の第 1 回共通一次試験に向けて 1973 年から 1976 年まで試行試験や実地調査が 4 回行われ，国立大学向けのアンケート，高校からの意見聴取も行われたことを指摘しています[11]。センター試験の前身である共通一次試験が，いかに慎重な検討のもとに行われたかがわかります。

　共通一次試験の制度設計で行ったように，大学間で合意形成の機会を重ね，高校の意見も聴取したうえで，フィールドテストを複数回にわたって行い，十分な時間をかけてテストの仕様を詳細に詰めることができれば，無理のない受験制度を構築することにつながったのでしょう。しかしながら，昨今の高大接続改革の議論は，公平性に関する議論が十分深まらず，テスト制度も受験者に受け入れられることはありませんでした。

　受験者からみれば，多くの疑義が示される入試制度によって，自分たちの人生が決まるということは，絶対に避けたいと感じるでしょう。その思いは，受験者だけではなく，受験者の保護者，高校の教員なども一緒でしょう。そんななかで，第 2 部の冒頭で述べるような，共通テストに求められる条件を可能な限り実現しようとする努力が，大学入試を設計する側に求められているのです。そのような努力を促す力の一つとして，大学入試のあり方に関する意見を表明し，このままでいいのかという意思表示をすることは，重要なことでしょう。

　そのような声を上げるときに大切なのは，根拠に基づいた議論と，テスト理論に対する理解なのではないでしょうか。これらに裏付けられた声は，より一般性の高い，より切実な声となって，テストの制度設計をした人に響くに違いありません。単なる一個人の，身の回りの経験だけに基づく声は，一般性がなく，広範に支持されることもないでしょう。そうではなく，当事者の調査や研究に基づく声，テスト理論に照らして質の良くない測定ではないかという声，あるいは公平性に疑義があるということを具体的な事例を示しつつ論証する声が集まれば，テスト制度がより質の高いものとして再構築されるきっかけになるのです。

　また，仮に入試で用いられる学力テストの構成概念があやふやで，拡大解釈ができないことが明らかになったとしても，入試として成立させなければならない，という事情もあるでしょう。それでも，受験者をはじめとする外部の者が，妥当性の検証の結果を要求することは大切だといえます。特に，フィールドテストを行うなどして，妥当性をデータから検証しようとする姿勢は，根拠に基づいた議論のために必須です。その結果，現行のテスト制度に十分な妥当性がないと判断された場合は，問題を作るプロセスを再考することが求められます。

　そして，入試制度の根幹をなすのは，何を測っているのかに関して謙虚に，批判的にとらえ

11）これだけ入念な調査を重ねた要因の一つとして，1963 年 1 月の中央教育審議会答申からわずか 10 か月後に始まり，定着せずに終わった「能研テスト」の失敗を反省したことが指摘されています（木村，2012）。「能研テスト」とは大学入試のための共通テストとして財団法人能力開発研究所が設計した「能研学力テスト」を指していますが，大学入試にほとんど用いられることなく 1968 年度をもって打ち切られました（佐々木，1989）。

なおす態度ではないでしょうか。より良い入試制度を構築するのにあたり，より実効性のあるテストにするための努力は，IRT により公平性を期すだけでは不十分でしょう。それに加えて，何のためにテストをするのか，テストで測れていることと測れていないことは何か，スコアをどのように利用すべきで，どのように利用すべきでないかを，十分な議論のもとに決め，絶えず見直す不断の努力が，私たちに求められているといえるのです。

4-3-2　テスト制度に異議を唱えることの難しさ：熟議の場はどこにあるのか

　2020 年度から導入が予定されていた，新しい共通テストを用いた大学入試の制度は，民間英語 4 技能テストでも記述式でも，導入の段階において実現性が疑問視され，結局，2020 年度には予定通りの導入ができませんでした。このような結果になる前に，研究者，大学関係者，多くの受験生やその保護者，高校の教員が，2020 年度からの制度実施に疑問の声を上げ，その声に押される形で制度の導入が止まりました。

　しかしながら，制度導入見直しの声が高まったのは，テストが始まる直前の，2019 年の 11 月以降のことでした。それ以前の，テスト制度を構築していく議論が進む途中，導入計画の初期の段階においては，これらの新しいテスト制度に対する疑義の声が上がり，テスト制度改革の方向性が見直されることはありませんでした。2018 年 11 月の段階，すなわち新しい入試制度をスタートさせる予定から 1 年あまり前の段階になってもなお，改革は推進され，新しい入試制度の流れを加速させる意見がメディアで取り上げられることはあっても，テスト制度に対する批判的意見が語られ，その意見にテスト制度を構築した側が反論するといったやりとりが，テレビや新聞等のマスメディア上ではほとんどみられなかったのです。

　大学入試の方法が変わるという大きな流れを批判的にとらえ，全体としてより良い方向へ進むように世論を形成する役割がマスメディアには求められているはずですが，今回の入試改革の報道はそのような期待に十分応えられなかったものとして記憶されるに違いありません。その原因として大きなものは，テストが具体的にどのようなものであるのかについて，マスメディアの側ですら漠然とした印象しかもっておらず，より良いテストのあり方を教育の現実に即して語る術をもたなかったことではないかと考えます。

　マスメディアが社会問題を取り上げる際，問題の所在をわかりやすく示すために，その社会問題の背景を詳しく探ったうえで，問題点を明確化し，解決のための提言を促します。しかしながら，テストの制度設計や関連するテスト理論，テストを実施するための実施体制といった具体的なことがらについて明るいマスメディア関係者が，日本にはほぼ皆無であったことは否定できません。

　たとえば学校でのいじめ問題が報道される際には，学校に関する基礎的な事項に加えて，いじめが起こるメカニズムや過去のいじめ事件，再発防止策といったような「いじめに関する背景」を熟知した記者が，当事者からの意見を取材し，過去に起きた事件との整合性を考えつつ，自分の言葉で解釈した内容をニュースとして報じる，という一連のプロセスが重視されます。このとき，いじめの背景に関する知識は，新たに起こったいじめ事件を他者に説明する際，事件を相対化するための「参照点」を構築するために活かされます。今回の事件は過去に起きた○○事件と同じような背景がある，と説明するためには，○○事件についての知識や，その事件と関連させて説明してよいか判断するための知見が必要でしょう。

　しかし，大学入試改革の報道においては，テスト制度が非現実的ではないかという問題を記者が報道しようにも，メディアが有効な参照点を見出せなかったために，有効な論評ができなかったのではないでしょうか。参照点の構築には，テスト理論の知識や，テストがどのような

メカニズムによって成り立っているのかについての知識，あるいはこれまでに起こった大学入試での制度上の問題に関する知識の蓄積と適切な統合が不可欠です。しかしメディアにこれらの知識がほとんどなかったため，問題の参照点を見出すことができず，素朴な印象に基づくテストの論評や感情的・表層的な批判しかできなかったのではないでしょうか。

　日本では教育関係のテスト制度を決めるにあたって，教育測定学者がほとんど参画してきていないという点が指摘されていることは，すでに述べました。この問題は「高大接続システム改革会議」最終報告の概要（文部科学省，2016b）に記載されている27人のメンバーのなかで，教育測定学を専門とする者が1名しかいないという点にも表れているでしょう[12]。その背景としては，教育測定学や心理統計学を専門とする者を教育する環境が日本に少ない（たとえば宇佐美（2016）を参照）という点を見逃すわけにはいかないでしょう。この点は，マスメディア関係者にテスト制度の理解が乏しい原因とも関係しているのではないでしょうか。

　また，日本においては多くのマスメディア，特に新聞社や経済関係の雑誌を出版する会社が，大学入試に関する記事を自社の発行する雑誌に書くことが常態化しています[13]。毎年入試シーズンが終わるころ，多くの週刊誌には高校別大学合格者数の一覧表が掲載されます。地方新聞社はその地域の公立高校入試問題を紙面に掲載します。マスメディアは収益をあげるため，入試を「イベント」として消費し，特に難関校への競争をあおる主体としてふるまいます。これらのことがらが入試改革の議論にどのような影響を及ぼしたか，検証が必要といえます。

　今後も入試改革の議論が盛んになっていくことが予想されますが，これからのマスメディアには，入試制度に関して冷静な議論の場を提供することが強く求められているといえます。

【第4章のまとめ】

● テストを変えれば教育が変わる，というのは誤りであり，教育の制度を改善する一部分としてテストを変える，という考え方で議論すべきである。その際，テストが競争的性格を含むのか，達成度テストの性格を帯びているのかによって，テストの主な仕様が決定され，テストの具体的実施に必要な要件が決まっていく。

● 教育に携わる者は，テストに過剰な性能を求めるのではなく，自分たちが理想と考える教育のなかでテストにどのような機能をもたせるのかを考えるべきである。その際，テストの仕組みやテスト理論などへの理解は，テストが発揮する性能の限界を把握するうえで重要である。

● 受験者は，自分たちが受験するテストの制度がどのように構築されるかについて，きちんとモニターしていくべきである。テストに関わるすべての人は，より良いテスト制度を構築していくために，またあるべき教育の姿を考えていくために，ともに考えていく主体となることが必要である。

---

12) 高大接続システム改革会議では「新テストワーキンググループ」とよばれる，審議事項をテストの仕組みに絞った下位の部会が開かれました。しかし，テストの制度設計に特化した議論をするはずのワーキンググループの委員19名中，教育測定学を専門とする者は3名にすぎませんでした。

13) 小林（2009：382-399）は，東京大学が公表した合格者の実名や出身高校について，1950年代から新聞に，1964年から週刊誌に掲載されていたことや，合格者の実名が東京大学から公表されなくなった2000年以降においても合格者人数ランキングの記事が週刊誌を中心に掲載されていることを紹介しています。

第 2 部

標準化テストを実現するために：IRT ができること

　　第 2 部では，大学入試としてのテストが求められる要件についてその概要と詳細を述べ，その実現のためには何が必要なのかについて述べていきます。大学入試を標準化テストの枠組みのもとで行うために必要な一般的知識として，まず標準化テストに求められるテストの仕様を紹介し，次に項目反応理論（IRT）や等化の考え方について説明します。

＊

　　2020 年度の大学入試に向けて導入が予定されていた新しい共通テストの制度は，導入が頓挫し，そのあり方について再考を余儀なくされました。近い将来，共通テストの制度を改めなければならないという要求が教育界から巻き起こり，新しいテストを入試に導入する必要性が相次いで指摘されたとしたら，どのようなテスト制度を構築すれば，その要求を満たすことができるでしょうか。

　　どんなに立派なテスト制度を構築したところで，一度のテストではおよそ解くことのできないほど大量の問題を解答させるようなテストを導入したら，受験者にそっぽを向かれるのは必至です。また公平ではないテストとなってしまったなら，受験者だけではなく，保護者や高校教員から猛烈な拒否反応があるのも当然のことでしょう。このように，大学入試には最低限，満たされなければならない仕様があります。しかも，受験者や保護者，高校教員などに対して，テストがうまく機能していることを何らかの根拠をもって示す必要があるのです。その根拠は，明確である必要があります。

　　共通テストで重視されるのは，公平性だけではありません。テスト制度として新しい共通テストは何が求められているのかについて，南風原（2017）は以下の 7 点を挙げています。

1. 高品質の評価を実現すること
2. コストを全体として抑えること
3. 何に向けて努力してほしいかのメッセージが明確であること
4. 難度の高い項目から低い項目まで満遍なく揃えること
5. 十分な数の項目を用意すること
6. 多様な大学のニーズに最大公約数的に応えるものであること
7. 採点基準が明確で，迅速な採点が可能であること

　　上記の 7 点では「項目」という語が出てきますが，これらはテストで出題される一問一問の問題を指しています。以下，本書では「問題」と表記することにします。

　　これらのリストをみると，2. や 5.，あるいは 7. において，共通テストにかかる具体的なコストや用意すべき問題の数，採点の迅速さといった，簡単に数値化しやすい評価指標からなる要件がある一方で，3.，6.，及び 7. の「採点基準の明確さ」の部分においては，数字で表すのが難しい要素であるといえます。

　　それでは，4. についてはどうでしょうか。問題の難易度を数値で表し，それらが適当にばらついていれば，4. は達成できるでしょう。しかし，問題の難易度とはいったいどのようにして見出せばよいのでしょうか。第 2 部で説明しますが，単純に正解が多い問題はやさしい，正解が少ない問題は難しい，というだけでは，問題の難易度を記述するうえで不足があります。単純に数量化できそうだ，というだけでは，本質をとらえることはできません。

　　中学生向けの問題を小学生が解いたらほとんど正解できずに正答率が下がって「難しい問

題」と判断されますが，高校生向けの問題を中学生が解いても同様に正答率が低くなり「難しい問題」とされてしまいます。問題の「本当の難しさ」は，中学生向けの問題よりも高校生向けの問題のほうが明らかに難しいはずなのに，だれが解いたかという情報に目をつぶって正答率だけみると「どちらも同じくらい難しい」という結論になってしまいます。すなわち，正答率だけをみていても，問題の本当の難しさはわからないということです。解答した人がどの程度の学力層だったのかを考慮しなければ，本当のところはわからないのです。

　ところで，1.で挙げられているテストの「質」について，直感的に考えると数値的な評価指標などありえない，と思うかもしれません。しかしながら，テスト理論とよばれる，心理学を中心とした測定の枠組みに関する研究領域においては，テストが人間の学力をどの程度識別できるのかについて，定量的な指標により，数値でその性能を表す試みが行われてきました。テストは人間の能力，学力を測ろうとする試みである以上，その道具としてのテストがどれだけ学力を精度よく測れているのかをもって，測定の質を議論するという考え方も納得できるところがあるでしょう。

　第2部では，新しい共通テストを入試に用いる場合の前提となる，テスト理論を中心としたさまざまな考え方について，述べていきます。これらはいずれも入試に特有のことではなく，テスト一般に当てはまることがらです。テストを行おうとする者は，これらのテスト理論の枠組みの範囲内で，測定の道具としてのテストを構築するという考え方が求められます。第2部で中心になるのは項目反応理論（IRT）の考え方ですが，その考え方を理解するために必要な因子分析や標準化テストの考え方について最初に触れ，次いでIRTの考え方を紹介したのち，標準化テストやより役に立つテスト実施のために必要な概念について述べていきます（図II）。

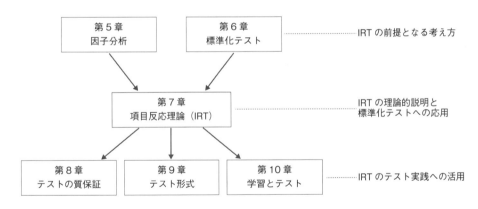

図II　第2部の構成

第5章

テストとは何か：測定の道具としてのテスト

　大学入学共通テストに代表される大学入試のためのテストは，複雑な入試制度のうえに成り立っています。受験者は，志望する大学が課す入試を受験し，合格しなければ，大学に入学できません。その入試の様態は，驚くほど複雑です。

　大学入試においては，大学入学共通テストを受験することが必須の場合と，そうではない場合に大別されます。後者の場合は，大学個別に課される学力テストのスコアに基づき，合否が決まります。それとは別に，受験者の自己アピールや志望動機等を合否の判断に含む選抜方式や，大学が求める合格者像に合致した受験者を合格させるような受験の仕組みがあります。学力スコアだけで合否が決まる方式は「一般選抜」，受験者の志望動機等を加味した方式は「学校推薦型選抜」，大学のアドミッションオフィス（AO）が独自に行う入試方式は「総合型選抜」とよばれています[1]。詳しい制度の内容は第3部11章1節を参照してください。

　これらの複雑な入試制度に共通しているのは，学力や「大学でどれだけ勉強できるか」といったあいまいな要素を含む概念を測定するためにテストが実施される，ということです。テストの制度や形式が複雑なのは，受験者のさまざまな能力を多角的に測ることで，多様な受験者を合格させるという意図を反映しているといえます。しかしながら，どの入試方式であっても，テストは人間の「限られた一側面の能力」について測るための道具である，ということは変わりません。

　本章では，テストの測定具としての側面について詳述し，テストで何かを測るうえで必要な前提と注意点について，述べていきます。

5-1　何かを測る「仕掛け」のためのテスト

5-1-1　テストは「ものさし」である

　大学入試という社会に大きな影響が及ぶ制度を考えたとき，それはあたかも「人生における一大関門」であるような印象を受けます。しかし，大学入試といえども，本質的には「テスト」の一種であることに変わりはありません。

　一般的に，テストは人のもっている性質や素養に関して，何らかの特性を測るための道具であるといえます。すなわち，大学に入学するにふさわしい人かどうかを測る「ものさし」のようなものです。

　長さを測るためのものさしにも，目盛りが不正確だったり，まっすぐになっていなかったりして，出来の良くないものがあるように，人の能力の大きさを測るためのものさしにも，出来の良いものと良くないものがあります。能力の高い受験者は大きなスコアとなり，能力の低い受験者は小さなスコアとなるような，だれに対しても常に受験者の能力を反映したスコアを返

---

1) 文部科学省は高大接続改革の一環として，2021年度の入試より，入試区分の名称について，従来の「一般入試」を「一般選抜」，「推薦入試」を「学校推薦型選抜」，「AO入試」を「総合型選抜」と変更しました。本書では以降，2020年度入試以降の呼称で統一することにします。

すテストもあれば，受験する人の能力の高低をあまり反映しないテストもあるでしょう。スコアの精度，確からしさが高いテストを「信頼性が高いテスト」とよびます。

　また，測りたいことがらを的確に測れているかどうかについても，テストの質の良し悪しが分かれます。テスト出題者が問いたいと思っている内容をきちんと反映した問題によって構成されているテストは，質の高いテストです。このような，測りたいものを測っているテストは「妥当性が高いテスト」とよばれます。

　信頼性が高いテストや，妥当性が高いテストは，いずれも質の高い「ものさし」であるといえます。ものさしは，何かを測るための「尺度」を構成するためのものです。したがって，信頼性・妥当性の高いテストは，信頼性・妥当性の高い尺度を構成することができる，ともいえます。テストは，人間の能力の一側面に関して，何らかの尺度を構成するための道具です。たとえば英語のテストは，人間の「英語能力」という一側面についての尺度を構成し，そのスコアは「英語能力の大小」を反映した値を意味するように設計されます。

　以下，本書では「スコア」と表記した場合，「テストの解答を点数化した結果を用いて，人間のある性質（能力）の程度の大きさを表すように変換した値」を指すこととします。テスト理論においては「尺度値」や「尺度得点」とよばれるものに相当しますが，直観的にわかりやすい「スコア」という表記を用います。テストの採点プロセスとスコアについては光永（2017：30-32）も参考にしてください。

5-1-2　テストに求められる「有用性」

　テストの「質の高さ」は，信頼性や妥当性だけではなく，テスト制度が万人にとって「役に立つかどうか」によっても，左右されます。大学入試ではありませんが，人間のパフォーマンスを測るテスト，特に言語テストの設計においては，「有用性（usefulness）」が重要であるという考え方が一般的です。

　有用性とは，そのテストがどの程度の妥当性・信頼性をもつかだけではなく，実用的で，実現可能であるかといった点を含む，広い意味での「役に立つ度合い」を意味します。英語テストで，いかに立派な性能をもち，妥当性や信頼性が高くても，受験者を2，3日にわたって拘束したり，大きな認知的負荷を伴う作業をさせたりといったテストでは，受験者の支持を得られません。また妥当性や信頼性に欠けるテストは，有用であるとはいえません。言語テストにおける有用性については野口・大隅（2014：11-13）が参考になります。

　大学入試においても，有用性が高いテストが求められているといえます。たとえば，年1回だけ行われる大学入学のための共通テストを，年複数回実施すれば，受験者にとってメリットとなることでしょう。

　さらに一歩進んで，すべての大学の個別試験を廃止し，共通テストのスコアだけで選抜するという制度とすれば，受験者にとって一度のテストですべてが完結することとなり，より有用性が高いといえるでしょう。しかし，そのような入試制度を導入すれば「自分たちの大学でとりたい受験生像があり，それに沿ったテストを独自に作りたい」という大学の要求には応えられないことになってしまいます。テストの有用性は受験者にとってだけではなく，多くの立場に立って検討されるべきものです。

5-1-3　「公平な入試」とは何か：テストの公平性を考える

　テストの実施に際しては有用性も大切ですが，大学入試においてとりわけ重視されるのは，テストが公平かどうか，ではないでしょうか。人生を左右する度合いが大きいテストにおいて

は，公平性の確保は大変重要な課題です。「○○大学の入試で，試験監督者の手違いがあり試験時間を規定よりも短く終了させてしまった」ということがニュースになることもありますが，社会が大学入試に高い公平性を期待していることを反映しているためであるかもしれません。

　一般に，テストは受験者を一つの部屋に集め，同じ時間帯に同じ問題に対して解答させる形式をとります。これは，受験者がおかれた環境の違いにより，スコアに影響してしまうということがないようにするためです。ある一つの受験会場で，突然照明が消え，部屋が暗くなってしまったとしましょう。他の受験会場では部屋が明るいままですから，一部の受験者群だけが暗い環境下におかれたという原因により，本来であれば正解できたはずの受験者が，問題に正解できなくなってしまったという結果が生じる可能性があります。

　ところで，スコアの数値を決める要素は，その受験者がもつ学力，能力の高低「だけ」が唯一の要因であるべきでしょう。テストの問題に正答できたという結果が得られる唯一の原因が，受験者のもつ能力が高かったためというのであれば，スコアの解釈もしやすいといえるでしょう。同様に，正答がほとんどなかったのは，受験者の能力が低かったためであるといえれば，スコアの解釈として「能力の高低に比例した値である」と，より自信をもっていえるでしょう。

　しかし，部屋が暗かったせいで問題が読めなかったため，時間切れとなって正答できなかった，というような原因で「正答に至らず」という結果となってしまったら，テストの前提である「能力の高低だけが唯一の原因」であることが満たされなくなってしまいます。現実には他にも多くの「能力の高低以外」の原因により，正解・不正解が分かれることがありうるでしょう。そして，たまたま部屋の照明が消えてしまった部屋にいた受験者は，公平ではないテストを受験したことになってしまうのです。このような不公平をなくすために，テスト実施者は受験者を同じ環境下に置こうと努めるのです。

　一般に，公平なテストというためには，一部の受験者だけが不当に有利になったり，不利になったりしないようなテスト制度が必要不可欠です。本書でこれから取り上げる，受験者に複数回，テストの受験機会を提供し，それらのうち好きな回でとったスコアを入試に使うようなテスト制度の場合は，複数の回で出題されるテストが，どれも同じ概念を測るテストであることと，どの回を受験してもスコアの意味が同じになるようなテストであることが同時に求められます。これまでのセンター試験・大学入学共通テストは年 1 回，一斉に実施されるため，複数回のテストを考慮に入れずに，年 1 回の大学入学共通テストの中だけで公平さを確保すればよかったのですが，年複数回にわたって実施される入試の場合，回をまたいだ公平さも考慮に入れなければなりません。そのため，公平さに関する検討は慎重に行われる必要があります。

5-1-4　テストでできることには限界がある：より役に立つテストを行う工夫

　入試に限らず，テストは私たちの生きる社会のあちこちで活用されています。入社試験や語学テスト，資格試験など，私たちの日常にテストは深く入り込んでいます。

　ある大学の学部が，入学生を 100 名募集したところ，1000 名の応募があったとしましょう。この 1000 名の志願者から，入学するにふさわしい 100 名を選抜しなければなりません。大学からみれば，100 名という「定員」を大きく増やすことは，増やした定員分の学生が授業を受けられるように教員を増やしたり，教室などの設備を充実させたりしなければならないため，難しい場合が多いのです。

　もし，その学部組織に時間と手間をかける十分な余裕があるなら，志願者全員を大学に呼び，6 か月程度，その学部のカリキュラムに沿った形で授業を受けてもらい，どれだけ身についたかをレポートのような方法で報告させるというように，志願者と密にコミュニケーションを取

りながら，志願者ごとの学びたいことと学部で学べることをマッチングさせるような過程を設けることができるかもしれません。しかし，このようなマッチングを経てもなお，候補者が150名程度残った場合はどうでしょう。150名について，何らかの方法で序列化し，上から100名を「合格」とすればよい，という選抜的発想がでてきます。

　序列化の方法としてもっとも普及している方法は，それまで学んできたことがどれだけ身についているかを，さまざまな教科・科目について検討するというものです。これがいわゆる「大学入試」とよばれているものに相当します。受験者が大学入試で合格するためには，他の受験者よりも多く勉強し，序列化された順位が相対的に上位になるように努力することが求められます。その際に問題になるのが，序列化のための道具である「テスト」の性能です。

　受験者の能力を序列化するためのテストは，教科ごとに，教科で育成しようとする能力の大小を測るための「問題冊子」を用いて行われます。それらの問題冊子に盛り込むことのできる問題数には，限りがあります。人間の集中力は長い時間にわたって持続しません。一つのテストが休憩なしで5時間も6時間もかかるというのであれば，テスト時間の後半において受験者の思考能力が疲労により低下するため，本来の受験者のパフォーマンスが発揮できないに違いありません。受験者の精神的疲労を考慮すると，一つの教科につき2時間程度で終わるようにしなければなりませんが，そうすると出題可能な問題数が限られるのです。

　このように限られた数の問題を出題し，正解したか不正解だったかを「正誤データ」として収集します。その結果を分析して，受験者ごとにスコアを算出し，大きいほうから合格とするのです。しかし出題できる問題の数も限られているなかで，短いテスト時間で効率よく受験者の能力を的確に判別するようなテストとするには，多くの工夫が必要になってきます。

　さらに，受験者の能力を的確に判断するためのテストの仕組みを精緻に組み立てたとしても，テストがどのような内容を測っているのかについて検討する必要性は依然として残ります。国語のテストのスコアを用いて入試をするつもりが，受験者がもつ国語の能力ではなく，注意力の大小で正誤が分かれるようなテストを用いてしまったら，本来意図しない能力により入試を行うことにつながります。このようなことが起こらないようにするために，テストで何を測っているのかについても，常に検証する必要があるといえます。

5-1-5　測定の手段としての「テストの改善」とは

　テストが尺度構成のための道具であるという考え方に基づくと，テストの制度を改良する（改革する）ことは，具体的にどのような観点から行われるのでしょうか。たとえば，共通テストを1年に複数回実施し，どのテストを受験してもスコアが有効であるようにすれば，受験機会が複数回提供されるということで，テスト制度の改良といえるでしょう。

　しかし，年に複数回の共通テストを用いて入試制度を構築するためには，公平なテストとするために，年に複数回行われるどの回のテストを受験してもスコアの意味が同じになることが確認されていなければなりません。年に複数回のテストを行い，事後的にたまたま同じ程度の難しさの問題がそろっていたから，これらのテストのスコアは同質であるとみなせる，したがって公平なテストだった，というのでは不十分です。年複数回のテストが同じ程度の難しさの問題であり，どのテストを受けても難しさの間に差がないことが，テストを実施する前に保証されていてはじめて，年に複数回のテストを共通テストとして受験制度のなかに組み込むことができるのです。

　共通テストの「改革」に関していうと，年複数回実施以外にも，たとえばコンピュータを用いたテスト（Computer Based Testing，CBT）を導入することや，英語4技能テストの導入，

記述式の導入，高校の調査書などの多様な評価観点を用いて選抜するといった提案がなされていますが，これらは「測るための手段の拡張」と「評価観点の見直し」が混ぜこぜになった議論です。テストは何かを測るための道具であるという考え方に立つと，【測るための手段の拡張】は重要なテーマになってきます。

　一方，テストを変えれば教育の内容が「改革」されるのではないかという主張が，主に入試制度改革の推進側からなされることがあります。「入試で測る教科や科目の内容を変える→受験者（高校の生徒）が入試対策を変える→学校全体が教育を変えるようになる」という連鎖が期待できるということです。その是非は後述するとして，最終的には教育全体への波及効果を期待しているにせよ，この主張はテストで測る内容の見直し，すなわち【評価観点の見直し】というテーマをたて，そのうえでテストを変えようとしているといえます。

　以上をまとめると，前述の共通テストにおける「改革」の論点は，以下のように分離することが可能でしょう。

> 【測るための手段の拡張】
> 年複数回実施化，CBT の導入，（学力の測定手段としての）パフォーマンステストの導入，（学力の測定手段としての）記述式の導入
> 【評価観点の見直し】
> 英語 4 技能テストの導入，（学力の評価観点としての）記述式の導入，高校の調査書などの評価観点の多様化

　【測るための手段の拡張】でみると，年複数回実施化や CBT の導入は，私たちにテストで測るための新しい仕掛けを提供します（ここでいう「仕掛け」とは制度的なものではなく，測定のための手段として用いられる「仕掛け」であると考えてください）。それに対して【評価観点の見直し】でみると，英語 4 技能テストや調査書などの導入は，大学入試で選抜の要件とされる測定内容を変えることを目指した改革であるといえます。重要なのは，これらの点に関する議論は，それぞれ別の次元で議論される必要がある，ということです。図 5-1 で示すように，これらは別個にそのあり方が議論され，それぞれの観点から拡張や最適化が図られる必要があります。この際，「記述式の導入」という単一のトピックについては，記述式を導入することに

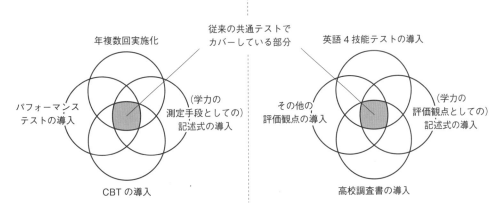

図 5-1　テストのあり方を改善するための二つの観点

より「測定手段の拡張」と「評価観点の見直し」の双方の影響を，それぞれ検討しなければならないことに注意が必要です。同じトピックでも，異なる側面からの検討が求められるということです。

　ただし，この二つの観点からの拡張が，何の関連性もなく行われるわけではありません。英語 4 技能テストの導入が大事だということであれば，【評価観点の見直し】ではセンター試験「英語」で測られる技能（「読解」と「聴解」）に比べてさらに技能が二つ（「発話」と「作文」）追加されるという点が改善されるポイントとなり，それを受けて二つの技能を測るためにパフォーマンステストの手法，すなわち【測るための手段の拡張】の議論が必要となる，というように，それぞれの観点が連関した形で議論が進んでいきます。

　これら二つの観点からテスト制度を見直す過程においては，「公平性の確保」という大前提があります。【測るための手段の拡張】においては，公平なテストの仕掛けが必要なことは論をまたないでしょうが，【評価観点の見直し】においても，公平性の確保は大切です。たとえば調査書を選抜の必須要件とすると決めたなら，調査書の文言が高校教員間で統一された基準にのっとって書かれているかどうかを検証することが，（実現可能性はともかくとして）公平な大学入試のために必須となるでしょう。英語 4 技能テストの導入や記述式の導入も同様です。

　本書では第 2 部と第 3 部にわたり，「より良い測定を目指すための方法を提示する」という考え方にたって，【測るための手段の拡張】を中心に，その方法について述べていくことにします。【評価観点の見直し】については，大学入試に何を期待するのかや，その前提となる教育制度全体の見直しにつながることがらであり，テスト制度を設計する立場の専門家以外の，特に教科教育法や教育行政学，教育社会学などの領域にまたがる広範な議論が必要ですが，第 1 部でその表層に触れるに留めています。

5-2　能力の「ものさし」をつくる

5-2-1　何かを「測る」ための仕組み

　本節では，公平なテストの「仕組み」を作るための手法について触れていくことにします。公平なテストとは具体的に何なのかを考えるために，テストが果たす役割について，検討することとします。

　突然ですが，ここで視力検査の話をします。

　学校や健康診断で行われる視力検査では，図 5-2 左に示す図形を受検者に提示し，輪の切れ端がどちらを向いているかを報告させます。視力が低い人は，網膜上に目の焦点を合わせることができず，図 5-2 右のようにぼんやりとした知覚像となり，輪の切れ端がどちらを向いているかを，正しく報告できなくなります。

　視力検査で提示される刺激は，図 5-2 左のような「ランドルト環」とよばれる図形ですが，その図形のサイズは厳密に決まっています。具体的には，視角（図 5-2 下参照）の角度が 1 分（1 度の 60 分の 1）であるような刺激の切れ目が弁別できる場合，その人の視力は 1.0 であると表します。視力は，弁別できる最小の視角の逆数で表します。視角が 2 分の刺激を弁別できれば，視力は 1/2 = 0.5，10 分なら 1/10 = 0.1 などというように表します。すなわち，物理的な量として，視力を定義することができるということです。その意味で，視力検査は一種の「ものさし」を構成することができます。

　もし受検者が正直者ばかりで，彼ら彼女らの視力に応じて正しい輪の切れ目を回答し，かつ，輪の切れ目がどちらを向いているかわからないという人があてずっぽうで答えずに「わかりま

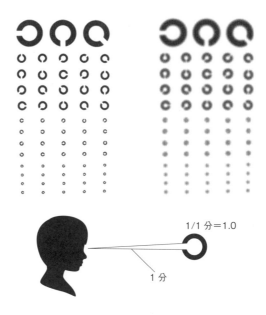

図 5-2　視力検査で用いられる刺激（ランドルト環）（左），ぼけた知覚像（右），視力の定義を示す図（下）

せん」と回答するとしたら，その回答状況から全受検者の視力を正確に特定することができるでしょう[2]。しかしながら，私たちはしばしばあてずっぽうで回答します。そして，たまたまその回答が正解だった場合，本来の視力よりも高い視力であるとされてしまいます。すなわち，受検者の「真の視力」ではない数値が測定結果になり，誤差を含んだ結果であるということになってしまいます。

　このように，視力検査という測定場面における，1 個のランドルト環という測定の道具は，誤差を含んだ結果を返す可能性がある測定器であるといえます。測定の精度を高めたいのであれば，同じ大きさのランドルト環を何度か受検者に提示し，正解する確率が変わらないか調べるといった工夫が必要になります。視力検査表に，同じ大きさで切れ目の向きが異なる輪が複数あるのはそのためです。

5-2-2　物理的な「量」と心理的な「量」

　体重は，人間の体の重さという，物理的な量の大小を反映した値です。物体の質量の定義は，物理学上の理論的枠組みにおいてなされています。以前は「国際キログラム原器」とよばれる分銅の重さが 1 キログラムであるという，人工物に依存した定義でしたが，現在ではプランク定数とよばれる物理定数に基づく定義に更新されています[3]。

　視力についても同様に，物理学の世界で定義される「長さ」「角度」という物理量で定義されるといえそうです。ただし，視力を明らかにするうえでは「ランドルト環に対する正解・不正

---

2) 視力検査による視力のものさし作り（＝尺度化）にあたっては「ガットマンスケール」という考え方が役に立ちます。詳細は光永（2017：81-83）を参照してください。
3) 臼田（2018）は，1 キログラムの定義が現在のプランク定数によるものになった経緯について詳述するとともに，物理学上の単位がどのように決められるのかについて，背景を解説しています。人工物に依存した定義に比べ，物理学上の定数を精密に測ることによって決められた定義のほうが，より精度よく，物理学的な意味付けが厳密にできるだけではなく，長さや時間といった他の単位と質量の単位の関係性を，物理学の法則によって説明できるということで，大きなメリットがあります。

解」という，人間の心理的要因に左右されるような指標しか手掛かりがありません。人間の網膜に映った像がぼやけているかどうかということが，外部の人間からは直接観測できない以上，このような手掛かりに頼らざるを得ないのです。したがって，このような間接的手法によるデータから，その人の「真の」視力を推測する手続きを，視力検査に導入しなければなりません。

それに対して，テストで測る能力，たとえば「論理的思考能力」というのは，いったいどのような形で定義すればよいのでしょうか。一見すると簡単なように思えるかもしれませんが，人間の知的活動の一部に関して，その程度の大きさを「能力の大きさ」として測る場合，テストで測られる「能力」という概念は，体重や視力に比べればあまりに抽象的な概念であるといえるでしょう。しかしその反面，能力が高いか低いかについて，私たちは漠然とした形で他人に序列をつけることを，しばしば行っているでしょう。あなたの友人・知人を 5 人挙げ，そのなかで英語能力が高い人から順番に並べなさい，と言われたら，おぼろげながら順番をつけることができなくはないと思います。そしてその序列化の結果は，おそらくあなた以外の他の人が評価した結果と，さほど大きな差が生じないのではないでしょうか。このように，人間の能力は抽象的な尺度でありながら，なんとなく一般性をもった尺度を構成できる部分があるのです。その意味で，英語能力のような人間のある限られた側面に関する能力は，心理的な量として定義されるといえるのです。ただし，序列化の結果に異議を唱える人が多いかもしれず，物理的な重さの序列化のように，厳密性をもった形で行われない部分もあることは否定できません。

先の例で取り上げた論理的思考能力と関連する能力として，知能検査を思い浮かべる方も多いでしょう。知能検査は確かに，人間の知能の程度を測るために開発されており，論理的思考能力と知能は高い相関があることが予想されます。しかし，知能検査は 1 種類だけではなく，実に数多くの種類が提案され，実用に供されています。それも，幼児向け，児童向け，青年向け，成人向けなどというように，年齢によって知能の中身も変わりうる，というスタンスで開発されています。知能検査は「知能」という心理量を反映した「知能指数」をスコアとして表示しているのですが，その適用範囲は特定の年齢層に限定されるのが普通です。

5-3 構成概念を定める

5-3-1 「構成概念」という考え方

これまでの説明で，テストは「測りたい内容，概念」が先にあり，それを測るための道具として問題を作成する，ということを述べました。能力の大小を測るための道具としてふさわしい問題を作成するためには，測りたい概念と，問題で測っている内容が一致している必要があります。

英語の読解テストと銘打っているのに，問題文がすべて日本語で，解答もすべて日本語で書かせるのでは，英語の読解テストとはいえないでしょう。当然，英文を読ませることが必須となってきます。英語の読解力を測るのにふさわしい形式で，英語の読解力の大小によってのみ正解・不正解が分かれるような問いを多数用意することが必要なのです。

問題一問一問の内容は異なっていたとしても，共通の「英語読解能力の大小」という原因によって正解・不正解が左右される背景をもった問いであれば，そのような問いを集積させ，問題冊子として受験者に出題することで，よりふさわしい英語の読解テストとすることができるでしょう。このように，テストで測る概念はそれ自体が英語読解能力のように抽象的であっても，問題に対する具体的な解答行動の違い，ひいては正解・不正解の違いという形で観測でき

るならば，その違いを生み出した原因を「英語読解能力の程度の違いによる」と説明することで，測定結果として示すことが可能なのです。このような，直接観測できないものの，テストを行う側が「構成」することで人間の能力を説明する道具となるような「概念」のことを「構成概念」とよびます。

5-3-2　心理的な「量」を定義する構成概念

　構成概念の考え方は，人の行動を説明する学問である，心理学の研究においてはなくてはならない考え方です。人間の知能や向社会性といったようなものも，構成概念にあたります。たとえば知能を測定しようとするなら，まず「知能の大小」という構成概念の存在を仮定します。次に，知能という構成概念によって正解・不正解が分かれるような問題項目を多数作成します。それらを多くの人間に提示して，解答を収集します。その正解・不正解の状況が観測された背景としてはさまざまな要因が考えられるでしょう。知能の大小によって分かれる要素もあれば，他の要因，たとえば単なる偶然により正解してしまったという要因や，知能とは関係ない要因で正解・不正解が分かれる可能性も考えられます。そんななかで，共通の単一要因で正解・不正解が分かれている度合いが大きいのであれば，知能の大小で正誤が分かれた，という仮説が確からしいのではないかと解釈するのです。

　大切なのは，知能の大小が原因で正解・不正解が分かれた度合いを，多数の受験者の正解・不正解データから推定する必要がある，ということです。英語読解能力を測るテストの例でいうと，英語読解能力の大小が原因で正誤が分かれた度合いを検証するために，受験者に多数の問題を出題し，正解・不正解のデータを収集して，それらの問題の正誤が確かに単一の要因によってばらついているという結果を得ることに相当します。このような，問題をまたいで共通した変動要因の影響力の大きさは「因子分析」とよばれる分析手法によって見出され，その結果求められた「因子負荷量」という量的指標に基づき検証されます。

5-4　因子分析の考え方とテストの一次元性

5-4-1　構成概念の程度を尺度化する：因子分析

　英語読解能力を問う問題を 10 問出題する場合を考えてみます。図5-3 上 [4] のように，10 問の正誤が単一の「能力の大小」で説明でき，それぞれの問題固有の要因（独自因子1から10）で正解・不正解がばらついたのではないならば，単一の原因で正誤がばらついたということで，それを「英語読解能力」と名付けることにするのです。因子分析によって，正誤反応の相関係数をデータとして，共通因子と独自因子のうち，どちらの因子の影響力が大きいかを問題ごとに推定することができます。すなわち，図5-3 上に記された矢印の影響力の大きさについて，数値の指標，すなわち「因子負荷量」で示すことができるのです。

　正誤反応を共通因子で説明する図式としては，図5-3 下のように，問1と問2の2問だけに特有の要因で正解・不正解が分かれた傾向がみられる場合もあります。たとえば，英語読解能力を問う10問のうち，問1と問2だけが，数学の素養を必要とするといった場合です。この場合，図5-3 上よりも，図5-3 下のような影響力の説明関係のほうが，よりデータの相関関係を

---

4) このような図は「パス図」とよばれ，観測される変数（各問題の正誤）と仮定される構成概念（因子）とがどのような関係にあるのかを示すために描かれます。因子分析におけるパス図の詳細については光永（2017：105）を参照してください。

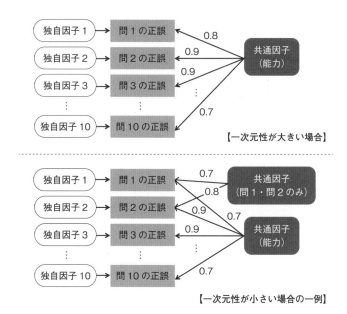

図5-3 10問のテスト問題に仮定される因子パタン

矢印に添えられた数値は因子負荷量。「共通因子（問1・問2のみ）」から「問3の正誤」のように，
因子から矢印が引かれていない場合は，因子負荷が0に近いことを示す。

言い当てているといえるでしょう。この場合，問題の正解・不正解は，局所的にではありますが，英語読解能力ではない他の共通要因で説明がつくこととなり，当初の「正誤を説明する単一の要因＝英語読解能力によって正誤がばらついた」という仮説が支持されなくなるでしょう。

　因子分析に限らず，心理学で行われる研究の多くは，この例で示したように，データ（この場合は正解・不正解の状況）を固定し，仮定されるモデルを変えながら，どのモデルがもっとも当てはまるかという検討を行います。その意味で，ここで示した因子構造の検討は，心理学の研究方法論を援用したものであるといえます。

5-4-2 一つのテストで測る構成概念を一つに限る

　問題の正誤が単一の構成概念のみによって左右されるかは「尺度の一次元性」や「一因子性」とよばれ，あいまいな構成概念を測るために必要不可欠な性質です。しかしながら，これまでの日本におけるテストでは，本試験として受験者に出題する前に，一因子性をデータに基づき検討するのではなく，問題の内容を専門家が吟味する質的な検討しか行われてきませんでした。心理学の方法論にのっとった測定としてテストを行う立場からすれば，この現状は問題を抱えているといわざるを得ません。

　一因子性が保証されない場合の例としては，先に挙げたような「問1と問2だけに共通の，正誤を左右する因子が仮定できる」という構造の問題が出題された場合が該当しますが，「問1と問2が，同じ大問のなかに入っている」という場合もあり得ます。英語や国語のテストでよくあるパターンとしては，「問題1」としてある文章を提示し，これを読み解いたうえで問1と問2に解答するという場合です。この場合も，提示された文章が問1と問2で共通しているため，部分的に一因子構造が仮定できない可能性があります。

　正解・不正解を説明するような共通因子として，全体をまたいで仮定される共通因子以外に，「問1・問2が正解できたかどうか」という別の共通因子が局所的にみられるということです。このような状態となっている問題群を「局所依存である問題群」あるいは「局所独立ではない

問題群」とよびます。第7章で詳述する「項目反応モデル」を考えるうえで，局所依存である問題はなるべく排除される必要があります[5]。

　ここまで説明した以外にも，局所依存の問題群となる場合があります。それは，問2に正解するためには，問1への正解が必須であるという場合です（第7章4節に問題の具体例を挙げました）。問1が不正解の場合，自動的に問2への正誤は「誤」と決まってしまうため，問1と問2に局所依存の関係が生じます。このような構造をもつ局所依存関係を「項目連鎖」とよぶことがあります。一方で，先に述べた問題の内容に依存して生じる局所依存関係を「文脈依存」とよんで区別する場合があります（加藤ほか, 2014：148）。

5-4-3　一因子性を検討する

　テストの一因子性を検討するためには，正誤データ（正解を「1」，不正解を「0」と数値化したデータ）に対して因子分析を行い，固有値がどのようになるのかをプロットする方法がとられます。因子分析の詳細については光永（2017：99-108）を参考にしていただきたいのですが，因子分析を行うと，それぞれの因子の影響力がどの程度の大きさなのかを示す指標として「固有値」[6]が求められます。通常，因子分析を行うと，もとの問題数と同じ数だけ因子が抽出されますが，固有値のもっとも大きな因子を第1因子，その次に大きな因子を第2因子……というように，正誤データのばらつきの共通成分として影響力が大きい順に因子が抽出されるのです。図5-3上の場合であれば，1因子目の固有値が大きな値となり，それ以外の因子は固有値がほとんど0に近い値として推定されます。一方，図5-3下の場合は，第1因子がもっとも大きな値ですが，第2因子の固有値も無視できない値として推定されるのです。

　また，すべての問題に第1因子と第2因子の両方が関連している場合もあります（図5-4）。この場合は，問題群が一つの構成概念を測定していない可能性が高いことを示しています。ただし，図5-4の場合には，（ここでは省略されていますが）矢印の脇に添えられている因子負荷が，第1因子のみならず，第2因子についても大きな値となって推定されているはずです。もし第1因子の因子負荷が大きく，第2因子の負荷がどの問題に対しても0に近いなら，図5-3上と同じ図となり，一因子性が高いと判断できます。このことから，因子が問題群に対してどの程度影響力があるか，すなわち因子ごとの固有値を第1因子，第2因子……について推定し，第1因子とそれ以外の因子の値を比較することで，一因子性を判断できる，ということがわかります。第1因子だけが突出して大きければ，そのテストは一因子性が高いと判断できます。

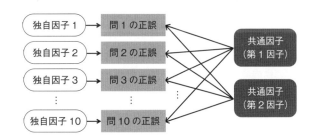

図5-4　すべての問題に対して二つの因子からの影響力が仮定される場合

　具体的に一次元性の程度を知るために，因子分析を行い，第 1 因子，第 2 因子……の影響力の大きさを推定しますが，因子分析を行うためには，問題ごとの正誤がどの程度伴って変わるかを指標化した結果を計算する必要があります。そのために，まず正誤データから「四分相関係数」（テトラコリック相関係数）[7] を算出します。これは正誤データのような「二値データ」に対する相関係数で，伴って変わる程度の大きさを相関係数[8] として求める場合は，通常はアナログ的に値が変わるような「連続量データ」に対する相関係数の定義が用いられていますが，二値データから相関関係の強さを求める場合は，四分相関係数のような指標を別に用いる必要があります。

　四分相関係数は-1 から 1 の値をとり，問題のペアごとに算出します。各々のペアに含まれる正解・不正解のパターンについて，一方が正解の場合に他方も正解しているというように，伴って変化している度合いが大きければ大きな値を，そうでなければ 0 に近い値を取ります。逆に，一方の問題に正解していれば他方の問題に不正解である傾向がみられれば負の値をとります。正誤反応のペア（10 問の場合は問 1 と問 2，問 1 と問 3，……問 1 と問 10，問 2 と問 3，問 2 と問 4，……問 2 と問 10，……問 9 と問 10 までの 45 ペア）ごとに四分相関係数を求め，行列形式で表したものを「四分相関行列」とよびます。

　次に，この四分相関行列をデータとして，因子分析を行います。その過程で固有値が計算され，因子ごとの影響力の大きさが推定されます。固有値の値と，それに対応する因子の番号（第○因子，というときの番号）をプロットした図を「スクリープロット」とよびます。第 1 因子の固有値だけが突出して大きく，第 2 因子以降の固有値についてより小さい値が並んであるのであれば，一因子性が高いと判断します[9]。

　具体的な例として，NHK エデュケーショナル監修「IRT 診断テスト」のデータの一部を用いて分析を行った結果を示します。このテストでは大学生に対して「英語」「日本語」の 2 科目を受験させています。264 名の受験者が英語と日本語の語彙テストを 30 問ずつ解いたデータを用いて分析した例です。

　ここでは 2 通りの分析結果について示します。一つは図 5-5 左のように，それぞれの科目の問題ごとに一因子を仮定した分析です。この分析はそれぞれの科目ごとに行うことができます。図 5-6 に英語テストの，図 5-7 に国語テストのスクリープロットをそれぞれ示しました。スクリープロットによると，いずれも第 1 因子の固有値が突出して大きいため，1 因子構造であることが確認できます。

　一方，英語テストと国語テストのデータを受験者ごとにまとめ，全体として 60 問からなるテストを受験したとみなした分析（図 5-5 右）を行うこともできます。これら 60 問のデータからスクリープロットを描くと，図 5-8 のようになります。第 1 因子以降の因子（第 2 因子など）も大きな固有値となっており，1 因子構造ではない可能性が高いといえます[10]。この結果は，異なる二つの構成概念を測定するテストを混在させたため，テスト全体で 1 因子構造とはみなせなくなったということを意味しています。

7）四分相関係数の算出にあたっては，観測された二値データの背後に，連続量の変数 a と b があり，二変量正規分布に従うと仮定します。さらに，データとして観測された「1」や「0」の数値が観測された背景として，変数ごとに閾値を考え，閾値を超えたかどうかの結果として二値データが観測されていると考えます。すなわち，連続量の a や b の変数で個別に設定された閾値において，分布上の特定の閾値を超えた場合に「1」，超えなかった場合に「0」が観測されている，と仮定した場合の，連続量の変数 a と b の相関係数が四分相関係数です。

8）相関係数の説明は光永（2017：75-77）を参照してください。

9）統計ソフトウエア R を用いた一次元性の検証方法については，加藤ほか（2014：138-142）を参照してください。

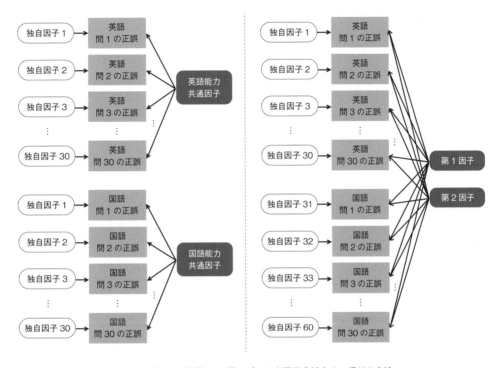

図 5-5　英語と日本語の 30 問のデータを因子分析する 2 通りの方法
左は科目ごとに 1 因子を仮定したモデル，右はすべての問題を混在させて複数の因子数を仮定したモデルを示す
（図中では第 2 因子までが描かれている）。

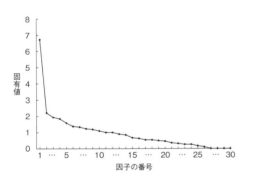

図 5-6　英語テストにおけるスクリープロット

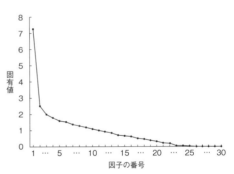

図 5-7　国語テストにおけるスクリープロット

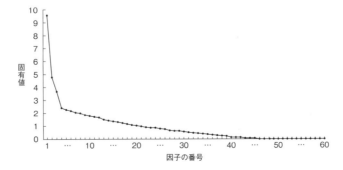

**図 5-8　英語と国語のテストをひとまとめにして，
60 問からなるテストとみなした場合のスクリープロット**
第 2 因子・第 3 因子の固有値が，第 4 因子以降の固有値よりも
顕著に大きいことに注意。

5-4-4　テストの一次元性が大切な理由

　この例のように，異なる構成概念を測る複数のテストを混ぜて実施することは，テストが何を測っているのかについて焦点がぼやけ，テストの質が悪くなる原因となります。あらかじめ異なる構成概念を測っているとわかっている場合は，それらを分離して分析すればよいのですが，複数の構成概念が混在していて，この例のように「英語」や「日本語」といった特徴がある分かれ方をしていない場合は，分析するのが難しくなります。一つのテストで測定すべき構成概念は一つだけにする，というのは，スコアの解釈をしやすくするうえでも，あるいはスコアの意味を理解するうえでも，大変に重要なことであるといえます。テストはその意味で「あれもこれも，一度には測れない」のです。

　第 7 章で述べる項目反応理論（IRT）は，テストの一次元性（または局所独立の仮定）が前提となっているテスト理論です。したがって，テストの一次元性をあらかじめ確かめておく必要があります。テストが一次元ではない場合に項目反応理論を用いた分析を行うと，IRT が前提とする条件に合わないデータに対して分析を行うこととなり，理論通りの結果が得られない可能性があります。後の章でも説明しますが，IRT は「正誤」というカテゴリに分かれたさまを表現した「二値データ」を用いて，一因子を仮定した因子分析を行うことに相当します。IRTは正誤データの背後に一因子構造があることを「前提」にしているため，IRT の分析を行う「前」に，IRT 分析とは別の手続きを用いて，一因子性を確認することが必須なのです。

【第 5 章のまとめ】

● テストは，人間の何らかの特性（能力）について，その程度の大小を測定するための道具であるという側面をもつ。これまでなされてきた新しいテストを導入する議論では，測定の仕掛けに関する議論と，測るべき内容の議論とを分離することが求められている。

● 物理的な性質，たとえば長さや重さを測るためには，それらの性質を反映する尺度を定義し，適切な測定方法を用意する必要がある。同様に，抽象的な要素を含む能力を測るためには，測りたい能力に関する構成概念を定義したうえで，その大小を表す尺度を定め，適切な測定方法としてテストの問題を用意する必要がある。

● 一つのテストで測れる構成概念は一つだけとすることが一般的である。一つのテストに含まれる多数の問題が一つの構成概念を測っているか検討するためには，因子分析の手法により検討する。

---

10) 因子分析で共通因子の数を特定するための手掛かりとしても，スクリープロットが使われることがあります。一般に，スクリープロットで「急激に固有値が低下する」因子の番号よりも大きな因子の番号が共通因子である，とみなすことが多いです（スクリープロット基準）。図 5-6 及び図 5-7 では第 2 因子以降の固有値が第 1 因子の固有値よりも明らかに小さいため，1 因子構造であると推測されます。一方，図 5-8 では第 4 因子以降で固有値が急激に低下しているため，3 因子構造と考えます。英語と国語という 2 因子ではなく，3 因子になったのは，特定の言語に依存しない「言語運用能力」といった因子が抽出された可能性があるかもしれません。詳細を検討するためには，推定された因子負荷量などによるさらなる因子分析結果の検討が必要ですが，紙幅の都合で割愛します。

第6章

標準化テストによる公平なテストを実現する要件：共通尺度化

　競争的な性格をもつテストであっても，ルーブリックに準拠した達成度検証型テストであって
も，年複数回のテストを行うためには，公平かつ意味のある選抜や達成度検証のために必須の要
件があります。それは，複数回行われるテストのスコアを共通の尺度上で表すということです。
　標準化テストのもっている特徴，すなわち年に複数回行われるテストで，どの回のテストを
受験してもスコアが同じ意味をもつということは，意外と実現するのが難しい要件です。複数
回のテストで出題される問題はすべて異なるものであるにもかかわらず，どの回のスコアの意
味も同じであるというためには，出題されている問題の性質，特に難易度の違いを考慮するこ
とが必要です。
　本章では，標準化テストを行うために必要な「共通尺度化」の考え方を紹介するとともに，素
点（正答数）を用いて共通尺度を得る手法として「等パーセンタイル法」について説明します。

6-1　共通の尺度でスコアを表示するための方法 ─────────────

6-1-1　標準化テストを実現するための予備的テスト：フィールドテスト

　テストに限らず，あらゆる公共事業を計画する段階では，その実現可能性が厳しく問われま
す。特に，事業を遂行するために必要な手段が整備されているかが重要です。入試において行
われる複数回共通入試を，公平な標準化テストとして実施するために必要な技術的前提とは何
でしょうか。そのためには，以下の要件が満たされている必要があります。

- テストで測る構成概念が，実施回をまたいで同じであること
- スコアの尺度が，実施回をまたいで同じであること

　では，これら二つの点を確かめるために，具体的には何が必要なのでしょうか。
　前者の点を確かめるためには，テスト問題の解答状況の背後に仮定される一因子の影響力が，
どのテストにおいても大きいことを，最低限示さなければなりません。そのためには，テスト
問題を受験者に提示し，結果を分析する必要があるでしょう。しかし，前者の要件について，
仮に出題した問題冊子の一次元性が欠如していたとして，本試験で受験者に提示した問題冊子
の一次元性が欠如していたことが，テスト実施後の因子分析で明らかになったとしても，取り
返しがつきません。また後者についても，異なる実施回の尺度が異なるかどうかを，テスト実
施前に知ることはできません。
　そこで，本試験としてテストを実施する前に，本試験で受験する者と同等の性質をもつであ
ろう者に対して，試行的にテストを実施することを考えます。このような試行的テストの目的
は，受験者にスコアを返すことではなく，問題項目が一次元性をもっているかを明らかにする
ことです。またそれにくわえて，問題にミスがないか，出題者が問いたい点を的確に問うてい
るか，極端に難しすぎたり，やさしすぎたりしないかといった点も検証できます。試行的に行
われるテストを「フィールドテスト」とよび，これに参加する受験者を「モニター受験者」と

よんで，本試験の受験者と区別します。

　フィールドテストは，本試験の実施に先立ち行われることが一般的です。もちろん，本試験受験者に出題するであろう問題冊子をモニター受験者に提示するのですから，問題冊子は実施後すぐに回収し，厳重に保管のうえ，対外秘とします。またモニター受験者には，テスト問題をいかなる形であっても記録し，その内容を漏らすことをしない旨，誓約させたうえで，モニター受験者として協力したことに対する報酬を支払うのが普通です。

6-1-2　スコアの尺度と難易度を合わせる：年に複数回行われる共通テストの例

　前項で示した，標準化テストの条件の一つである「スコアの尺度が実施回をまたいで同一である」ことを明らかにするには，具体的にどのようなことを示せばよいのでしょうか。

　仮に2022年度に2度，大学入試のための共通テストを行ったとします。2021年には大学入学共通テストが第1日程と第2日程の2度にわたって行われましたが，このときは受験者が受験できるのはいずれか一方でした。この例では，受験者が1回目と2回目の両方を受験できるものとします。第1回共通入試が行われると同時に，問題が公開され，受験者は自己採点してスコアを求めます。次に第2回共通入試が行われ，同様にスコアを求めます。第1回と第2回のスコアのうち高いほうを，共通入試のスコアとして使うのです。

　しかしながら，この入試の仕組みには公平性に関わる致命的な欠陥があります。仮に第1回共通入試の問題が，第2回よりもかなりやさしかったとしたらどうでしょうか。たまたま第2回しか受験しなかった受験者からすれば，第1回を受験していれば，より高いスコアとなっていたはずですから，不公平だといえるに違いありません。しかも，その事実は，第2回共通入試が実施され，受験者の解答が採点された後でないと，データからはわからないのです。よって，単純に年2回のテストを連続して行えばよいのかといえば，そうは問屋が卸しません。

　それなら，問題の難易度をそろえればよいのではないか，という発想が出てきます。簡単に難易度をそろえるために，2回のテストでまったく同じ問題を出題すればよい，という意見が出るかもしれませんが，当然，この手法はうまくいきません。同じ問題を二度出題すれば，第1回と第2回の両方を受験した者に比べ，第2回だけを受験した受験者が明らかに不利になってしまいます。同一の問題を一部分だけ混ぜればいい，という発想も，テストの公平性を考えると，退けられるしかありません。なにしろ競争的な入試のためのテストです。「同一の問題」の正誤が，最終的な合否の分かれ道になるかもしれないのです。

6-1-3　等質なテスト版を用いてテストを行う

　第1回と第2回のテストの間で，問題の難易度や受験者のスコアを比較するためには，平均点の高低を合わせれば十分であると考える人がいるかもしれません。前述の例では，第1回テストの平均点が高かった場合，第2回テストの平均点を第1回テストに合わせれば，難易度がそろった等質なテストを実現できるはずだという考えです。しかし，その考え方では不十分です。

　正解した問題の数を「素点」と考え，これをスコアとみなした場合，公平なテストとするためには，第1回と第2回の素点の平均だけではなく，スコアの「分布」が一致していることが必要です。すなわち，1問10点で10問からなる100点満点のテストであれば，0点の人，10点の人，……100点の人が，第1回と第2回で同じになるようにすべきだということです。平均は同じでも，ばらつきの大きさが異なるテストは，等質であるとはいえません。受験者がみな平均付近のスコアをマークするテストと，受験者によってスコアにばらつきが大きくみられるテストは，同じテストであるとはいえないでしょう。

素点の分布が同じようになることがわかっているテスト版[1]を2種類用意し，それぞれを第1回テストと第2回テストに振り分ければよいのですが，そのようなことがわかっているテスト版を作るには，後述するフィールドテストなどの仕掛けが必要になってきます。しかし，はじめから素点の分布全体が一致するような2種類のテスト版を作るのは至難の業です。そのため，以下の説明ではまず，スコアの平均と分散（ばらつき）をそろえることを第一に考え，複数のテスト結果を比較可能にする方法を探っていきます[2]。

6-1-4　偏差値の考え方とその限界

難易度が異なる複数のテストの結果を比較可能にする方法として，偏差値を思い浮かべる読者も多いかもしれません。確かに，大学入試対策として頻繁に行われている民間の模擬試験では，結果を偏差値で表示しています。高校3年生の5月に行われた第1回模試の偏差値と，7月の第2回，10月の第3回のそれぞれの偏差値を比較し，教科・科目ごとに「伸び」を検討する，ということも行われています。これを応用し，毎回行われるスコアを偏差値に換算すればいいのではないだろうか，という発想が出てきます。Xさんのテストのスコアを素点とし，これを偏差値に換算するには，以下のような簡単な式で行うことができます。

Xさんの偏差値＝((Xさんの素点－そのテストの平均点)／そのテストの標準偏差)×10＋50

しかしながら，この発想も，公平な複数回共通入試の実施につながるものではありません。模試の偏差値が見かけ上，比較可能になっているのは，大学に入学することを目指しているほとんどすべての受験者が，どの模試にも参加しているという前提があるからです。

一般に，偏差値が比較可能になる前提として，比較対照されるテストの受験者の能力分布がどれも同じであるというものがあります。ある年のテストにおいて偏差値「50」をとるためには，そのテストの平均点に近い素点をマークすればよいでしょう。しかし極端な例かもしれませんが，仮にある年の入試において「海外大学への挑戦」がブームとなり，成績上位層の受験者がその年の（日本の）入試に参加せず，中程度から下位の出来の受験者ばかりが受験していたとしたら，その年の平均点は出来の良い受験者が参加した年よりも低下します。このとき得られる偏差値が，出来の良いほうから良くないほうまでまんべんなく受験者が分布している場合と比較可能にはならないことは，直感的にわかるはずです。

前述のような，成績上位層が一斉に海外の大学へ流出するという事態は，現時点ではあまり現実的ではないのかもしれません（日本の入試における受験者の動向については，内田・橋本(2019)の論考を参照してください）。しかし，このような「特定の学力層の受験者がまとめて抜けてしまう場合」は，社会情勢の変化など，他の要因でも起こり得ます。このような傾向が恒常化してしまうと，その傾向がみられる前後において，偏差値を用いた比較は意味をなさないことになります。

偏差値は ((Xさんの素点－そのテストの平均点)／そのテストの標準偏差) の値を，平均が50，標準偏差が10となるように変換した値です。10倍して50を足したのは，平均が50，標準

---

[1]　テストの実施に際して，問題一問一問を集めたものを「テスト版」とよびます。テスト版を紙に印刷すれば紙版の「問題用紙」になります。またコンピュータ上で一人の受験者に出題される一連の問題群も，一つのテスト版です。テスト版は「問題集」「問題冊子」「テストフォーム」「テスト冊子」など，さまざまなよばれ方をします。

[2]　平均だけではなくスコア分布全体をそろえるという考え方を達成するためには，リンキングの考え方を必要とします（本章第2節）。

偏差が 10 になるように変換するためです。これらの値をかけたり足したりしない場合は，各人の素点が，平均 0，標準偏差 1 に変換されることとなります。そのような値を「z 得点」とよぶことがあります。z 得点は，テストの平均点を下回る受験者についてはマイナス，上回る受験者についてはプラスになります。

6-2　素点を用いたリンキング

6-2-1　モニター受験者によるリンキング

　年複数回実施される共通テストの例に戻ります。異なる回のテストの結果を比較するために，偏差値が使えないということであれば，素点（もしくは問題ごとに設定された配点で重み付けした値）を用いて比較するのはどうでしょうか。しかし，この方法も慎重に検討したほうがよさそうです。素点が直接比較可能となるためには，2 回のテストがすべて内容の異なる問題で，かつ同じ程度の難易度からなる問題で構成されている必要があるのです。

　素点をスコアとして入試に使うなら，正解・不正解の数を数えれば，受験者の素点が求まります。もし，2 回のテストで問題の難しさが同一であるなら，どちらの回を受験したとしても，正解となる問題数は受験者の学力で決まるでしょう。しかし，第 1 回のほうが第 2 回よりも難しい場合，同じ学力をもつ人が両方を受験したとしても，第 1 回のテストの素点は，問題が難しいということが原因で，第 2 回テストの素点に比べて低下することになるでしょう。素点を決める要素は，学力だけではなく，問題の難しさもあるのです。

　では，問題の難しさをそろえることはできるのでしょうか。そのためには，多数の受験者をモニター受験者として集め，2 回のテストのうちいずれかを受験してもらい，素点の分布を比較するという手続きにより，問題の難易度の差を 2 回のテストの間で測っておくことが必要です。2 回のテストを受験した者の学力分布が同一であるとみなせるならば，2 種類のテストにおける素点の大小のずれは，学力差ではなく，問題の難しさである，と判断するのです。この検討の結果，相対的に難しいとされたほうのテストを受験したスコアをかさ上げするように調整すれば，相互に比較可能なスコアが得られるのではないか，という発想が生まれます。

6-2-2　スタナインとは

　素点の代わりに，受験者の相対的な順位に基づくスコアを用いて成績を表示する方法もあります。競争的入試の場合には，受験者の順位付けがテストの第一の目的ですから，その受験者が 0 点から満点までの間で何点をとったかという絶対的な指標よりも，その受験者が全体のなかで上位何パーセントに位置するのかという相対的順位に基づいた指標が役に立つでしょう。相対指標を算出するための一つの方法として，「スタナイン」とよばれるスコアを用いて成績を表示する方法があります。

　スタナインを計算するためには，以下の手続きを踏みます。

1. 素点を低いほうから高いほうに並べる。
2. 以下の表に従って，並べ替えた素点の分布をパーセントで示す値で分割し，対応するスタナインに換算する。

パーセント	4%	7%	12%	17%	20%	17%	12%	7%	4%
スタナイン	1	2	3	4	5	6	7	8	9

　たとえば，スタナイン「1」となった受験者は，素点の分布全体において，最下位 4%に入っていることになります。またスタナイン「2」の受験者は，スタナイン「1」の受験者以外で，下位 4 + 7 = 11%に入っている受験者であるということができます。スタナイン「5」が中央のランクであり，ここに全体の 20%という，もっとも多い受験者が位置することになります。

　スタナインを求めるために使われる，素点の順位を区切るパーセントの値は，以下の根拠に基づいています。素点を z 得点（第 1 節参照）に置き換えた値が標準正規分布すると考え，図 6-1 に示すように，z 得点のパーセント点（横軸）が 9 等分されるように区切られたとき，それに対応する正規分布の面積の大きさが，パーセントの値に相当するようになっています。

　スタナインは，受験者の相対的な位置関係について，9 段階で表示するという，おおまかな目安を与えるものです。しかし，素点のもつ 1 点刻みの情報は失われます。スタナイン「5」である二人の受験者が，一方はスタナイン「4」に相当するほうに限りなく近い「5」であるが，もう一方はスタナイン「6」に限りなく近い「5」であるかもしれないのです。それならば，もとの 1 点刻みの素点を用いたほうが，競争の根拠とするには適切であるといえるでしょう。このように，大まかな段階分けを競争的な入試に用いることは，受験者の能力を表示するうえで不足している点があることは否定できないでしょう。

6-2-3　パーセンタイルの対応付けをとる

　もう一度，スタナインの説明に戻ります。あるスタナインの段階に入った人が，上位何パーセントに位置するかは，図 6-1 から計算することができます。たとえばスタナイン「9」の受験者は上位 4%の学力層であり，「8」の受験者は上位 4 + 7 = 11%の学力層であり，というように，スタナインの数値と上位何パーセントに当たるかを対応させることが可能です。

　このような対応づけについて，9 段階ではなく，より段階数を細かくしていくことを考えます。100 点満点のテストでは，受験者のとりうるスコアは 0 点から 100 点の 101 段階存在します。このとき，データを小さなほうから並べたとき，小さなほうから数えて全体の何パーセントに位置するかのスコアの値を「パーセンタイル」とよびます。たとえば，このテストで 50 パーセンタイルといえば，小さなほうから数えて全体の 50 パーセントに位置する（100 点満点の）スコアの値を指します。これはスコアを小さなほうから並べたときにちょうど真ん中に来

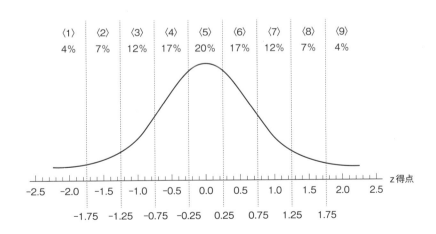

図 6-1　スタナインの段階分けの根拠
点線がスタナインの段階分け点を，〈 〉内の数値がスタナインを，
パーセントの値は標準正規分布の面積が全体の何割であるかを示す。

る値と同じであり，「中央値」ともよばれます。

　例として，年2回のテストを実施したとして，1000名の受験者が第1回のテストを受験し，別の1000名の受験者が第2回のテストを受験した場合を考えます。これらの受験者集団は，学力の分布が互いに等しくなるように工夫します。たとえば2000名の受験者をランダムに2群に割り振るというようにします。このように，学力分布が互いに等しくなるように受験者をランダムに振り分けたグループのことを「ランダム等価グループ（random equivalent group）」とよびます。

　両方のテストのスコアそれぞれにおいて，スコアを小さなほうから並べ，パーセンタイルを縦軸にとり，横軸にパーセンタイルに相当するスコアの値をとってプロットすると，図6-2のようなグラフが描けます。この例で，第2回の40点というスコアは，パーセンタイルでみると約37パーセンタイルです。すなわち第2回テストで40点をとった受験者は全体の37パーセントが下位にあり，63パーセントが上位にあることになります。それに対し，第1回のスコアは同じ40点でもパーセンタイルでは約16パーセンタイルであり，同じ「40点」というスコアを第2回テストよりも取りやすい傾向がみてとれます。言い換えれば，第2回テストでは40点というスコアをとったら自分よりも約37パーセントの受験者が下位にいるのに対して，第1回テストでは約16パーセントしかいないわけですから，第2回テストよりも第1回テストのほうが平均的に受験者の出来が良かったといえるでしょう。

　第1回テストと第2回テストのスコアについて，同じパーセンタイルにあるスコアは相互に同じ意味をもつと考えれば，たとえば第2回の40点はパーセンタイルでいえば37パーセンタイルであり，37パーセンタイルに相当する第1回テストのスコアはグラフをたどると「50点」と見当がつきます。このように，パーセンタイルを根拠にして，等しいパーセンタイル同士のスコアを対応づけるようなスコアの換算表を，第1回と第2回テストの間で作ることができます。これを「等パーセンタイル法」によるリンキングとよびます。

　リンキングは，同じ構成概念を測定しているとは限らない場合に，複数の尺度を一つの尺度

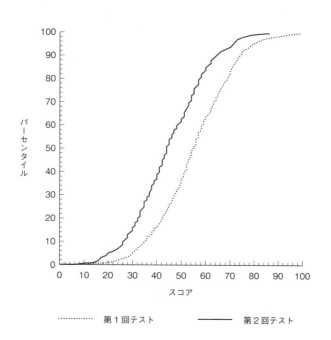

図6-2　等パーセンタイル法による第1回テストと第2回テストのスコアのリンキング

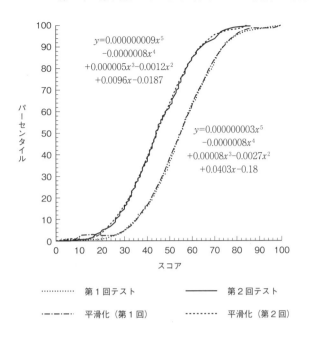

図 6-3　等パーセンタイル法による第 1 回テストと第 2 回テストのスコアのスムージング（平滑化）の例
いずれも 5 次の多項式を当てはめた結果。スコアが小さな領域において，
第 1 回テストの等パーセンタイル曲線と平滑化された近似曲線の間に乖離があることに注意。

に乗せることを指します。それに対し，測定される構成概念がどのテストでも同じ場合に，統一された尺度に乗せる操作を「等化」とよびます（日本テスト学会，2007：220, 224）。等化については第 7 章 5 節を参照してください。

　実際には，テストのスコアとして 0 〜 100 までの 101 通りの数値しかとらないため，図 6-2 はスムーズな曲線になりません。これをスムーズな曲線になるようにスコア分布を平滑化（スムージング）した関数を推定し，その関数を用いてスコアの変換表を作ります。平滑化の方法は数種あり，どの方法を用いるかによって変換表が変わることがあります。図 6-3 に，平滑化した等パーセンタイル曲線の例を記しました。

　一般に，テストスコアがあまり観測されない範囲，たとえば満点や 0 点などの極端な値に近い範囲は，平滑化の方法を変えると変換表も大きく変わる可能性があります。このことは，難関大学といわれる，スコアが満点に近い範囲で競争しているような大学の入試において，平滑化の手法を変えることで合格者が変わりうる可能性を含んでいることを意味します。難関大学の入試結果は注目されやすいため，平滑化の手法を慎重に検討しなければならないかもしれません。

　図 6-3 の例では Excel 等で簡単に求めることができる，高次（5 次）の多項式を用いて近似する手法をとりましたが，特に第 1 回テストのスコアが小さな領域において，平滑化された曲線とのズレが目立ちます。数学的にきちんと説明がつく近似曲線の関数を求めたいということであれば，いくつかの区間ごとに別々の多項式曲線を当てはめる「スプライン曲線」を当てはめる手法や，移動平均を用いた平滑化の手法をとる必要がありますが，本書の範囲を超えるため詳細は割愛します。

　また，スコアを変換する二つのテストについて，スコアの範囲（レンジ）が異なる場合もあります。たとえばテスト A が 100 点満点で，300 点満点のテスト B のスコアをテスト A の 100 点満点の尺度上に変換したいという場合です。この場合は横軸が異なる満点をもつ尺度ですが，

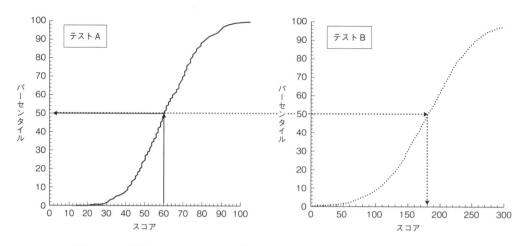

図6-4　100 点満点のテスト A と 300 点満点のテスト B におけるリンキングの例（架空データ）

縦軸は同じ尺度になっているため，図6-4 に示すように縦軸を介して両者の対応関係を記述できます。この例では，テスト A の 60 点が共通の縦軸（50 パーセンタイル）の値を通じてテスト B の 180 点に変換されることがみてとれます。ただし満点が大きなほうを小さなほうに変換した場合，テストスコアが整数の値しかとらないことから，とりうるスコアの値のバリエーションが少なくなる（たとえばテスト B をテスト A に合わせる場合は，0 〜 300 の 301 通りのスコアが，0 〜 100 の 101 通りに減少する）ため，きめ細かな学力指標とならなくなる可能性があることに注意が必要です。等パーセンタイル法の詳細については柳井・前川（1999）を参照してください。

6-3　共通尺度を本試験の外に用意する

6-3-1　複数のテストスコアを同じ尺度上で表現する

　これまで述べたように，等パーセンタイル法などの方法を用いて，スコアを比較可能にするというアプローチをとれば，公平な大学入試になるといえるのでしょうか。実は，素点から変換された値を用いるアプローチでは，公平な大学入試にならない場合が多いのです。そこには大学入試がおかれている事情があります。

　大学入試では，スコアが高いほうにおいて，競争が発生しやすいという宿命を負っています。入試は一生を左右するようなテストの代表例で，スコアが高ければ高いほど合格しやすくなるのですから，満点を目指してがんばろう，などというスローガンが頻繁に登場します。民間英語テストで同じスローガンが叫ばれることが少ないのとは対照的です。

　仮に，A 大学に出願している X さんと Y さんの二人が，年 2 回行われる複数回共通入試を受験したとします。X さんは第 1 回だけ受験し，100 点満点中 85 点でした。Y さんは第 2 回だけ受験し，100 点満点中 90 点でした。ところがモニター試験の結果，第 1 回のテストの問題が第 2 回よりもはるかに難しかったことが判明し，第 1 回テストの結果が調整され，第 1 回テストのスコアに一斉に 30 点，加算される措置が行われることになったのです（このように，一方のテストのスコアに定数を足してスコアを比較可能にするリンキングの方法を「線形等化法」とよびます）。ところが同時に，100 点満点のテストであるからという理由で，X さんのスコアは 115 点ではなく，100 点とされてしまいました。A 大学は複数回共通入試と大学独自の二次試験のスコアを合算して，値の大きいほうから定員までを合格者とします。二次試験では

Xさんが100点満点中55点，Yさんが70点をとったため，複数回共通入試と二次試験の合計はXさんが155点であるのに対し，Yさんが160点となりました。もしXさんの複数回共通入試のスコアが100点ではなく，115点とされれば，Xさんの合計は170点でYさんを上回っていたはずなのに，100点満点という制約のために，Yさんのほうが上位に来てしまうという理不尽なことが起こったのです。A大学の合格ボーダーラインによっては，二人の間で合否が入れ替わってしまう可能性すらあります。

　この問題が起こる原因は，本来，2回のテストの尺度をそろえることが得点調整の目的であるにもかかわらず，100点満点という，恣意的に決められたスコアの範囲を動かさなかったことにあります。同じ問題は，実は0点にも起こりえますが，大学入試ではスコアが高いほうに注目が集まるため，特に100点満点のほうを何とかしなければなりません。

　それならば，やはり偏差値でいくしかないか，という発想が出てくるかもしれません。確かに，偏差値には満点や0点といった要素がありません。ただしこの発想も，あまりうまくいかないのです。

6-3-2　共通尺度を定める

　2回のテストの学力尺度をそろえるためには，これら2回のテストの間で共通の「学力尺度」を適切に定め，その学力尺度上で2回のスコアを比較可能にする必要があります。このことを示したのが，図6-5です。同じ偏差値「50」であっても，受験者の出来が全体的に良かった第1回と，それほどでもなかった第2回では，その意味するところが違うかもしれないのです。その違いを表現するために，第1回・第2回のテスト受験者をまたいで共通な学力尺度を設けるのです。

　第1回の結果を第2回に合わせる，あるいは，第2回の結果を第1回に合わせる，という考えのもとでは，それぞれ第2回，第1回のテストの尺度を基準としてスコアを表示することになります。すなわち，一方の尺度が他方の尺度に依存して決められることになります。しかし

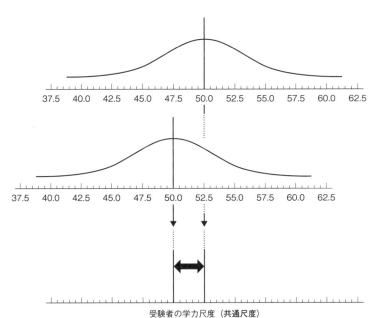

第1回テストでは，
優秀な受験者が集まっていたので，
全体的に出来が良かった。

第2回テストは，
平均的な出来の受験者だったため，
テストの出来も平均的だった。

同じ「偏差値50」でも，
「学力」の意味するところが
異なる可能性がある。

受験者の学力尺度（共通尺度）

図6-5　共通の学力尺度を必要とする理由

この方法であっても，特定の基準となる回のテストにおける平均や標準偏差に縛られた尺度となることは避けられません。たとえば第 1 回テストの尺度にその後行われるすべてのテストの尺度を合わせるというルールを設け，テストを行った場合，たまたま第 1 回テストで全体的にとても出来が良かったとしたら，その後行われるテストはすべて「とても出来が良かった」受験生を基準とした尺度に合わせられることになります。

　それに対し，図 6-5 に示すような「2 回のテストとは独立して仮定される受験者の学力尺度（共通尺度）」を定めることにすれば，その平均や標準偏差について，第 1 回・第 2 回のいずれのテストにも依存することなく，独自に決めることができます。すなわち，2 回のテストの結果がどうであるかにかかわらず，共通尺度の平均や標準偏差を，テストを実施する側が独自に決めることができるのです。このような，共通尺度を構成するための集団を「規準集団」とよびます。

　等パーセンタイル法を用いれば，満点や 0 点の問題を解決することが可能です。線形等化法ではなく等パーセンタイル法を用いれば，一斉に 30 点という定数を加算する手法ではなく，それぞれのテストの順位情報をもとにリンキングが行われるため，先のようなことは起こらなくなります。等パーセンタイル法は，一方のテストを，もう一方のテスト尺度上で表現する手法です。そのため「共通尺度を設ける」という考え方にマッチした手法であるといえます。

6-3-3　素点を用いた尺度の限界

　子どもが親に向かって「今日，学校のテストで 100 点をとった」と誇らしげに言う場面をみてもわかるように，「100 点」というスコアの数値からは，とても出来が良いといったような印象を受けるでしょう。逆に 0 点といった場合は，出来が悪い象徴のように言われることが多いでしょう。しかし，その考え方は一面的でしかありません。中学 3 年生に対して，小学生向けの問題を出題して「100 点」だったとしても，その生徒の出来が素晴らしかったとは言えないはずです。

　0 点から 100 点までといった，テストスコアの範囲がどのような意味をもつかは，出題した問題の難しさと，それに対応する受験者の学力分布によって決まります。各回のテストで満点・0 点という数値は同じでも，それが受験者の学力の共通尺度上ではどの程度に位置するのかは，テストをやってみなければわかりません。そこでフィールドテストなどの方法により，各回のテストスコアの尺度を共通尺度上で表すことが求められます。

　複数回共通入試を実施する場合で考えると，毎回のテスト問題の難しさによってスコアの意味が変わるというのは，テストの方法として望ましくありません。共通尺度が必要なのは，毎回のテストの尺度を統一的に表すことが求められているためです。それなのに，そこそこの学力で満点に達することができるような回と，かなりの学力がないと満点にならない回が混在しているというのでは，受験者にとってテスト制度への不信感が募ることになるでしょう。

　また「満点」というスコアは，用いたテスト版で測定できる範囲を超えた学力をもっている，ということを意味しているにすぎません。満点を取った受験者には，追加でもっと難しい問題を出題してみて，不正解となる問題がどの程度の難易度なのかを見極めなければ，正確な学力の測定はできません。このことは 0 点についても当てはまります。0 点だった受験者には，よりやさしい問題を出題してみなければ，学力を検証することはできません。

　「テストで満点を目指す」という考え方自体，「テストは人間の能力を測定するための道具である」という考え方にそぐわないといえるでしょう。人間の能力を測定する道具としては，なるべく幅広い範囲を正確に測れるテストの方が性能が良いといえるのに，テストで「満点」を

目指すことを是とする立場からすれば，測定の範囲を超えることが目標であるということになってしまいます。

6-3-4　公平性の高い複数回共通入試実施のために

　これまでの議論から，公平な入試を年複数回行うための要件は，以下のようにまとめることができます。

> ● 複数回の実施に際しては，問題が完全に異なること。
> ● 複数回のテストは，どれも同じ構成概念を測定しており，妥当性が高いこと。
> ● 複数回のテストのスコアが，相互に比較可能であること。同じ学力をもった受験者であれば，解いた問題の難しさにかかわらず，同じスコアとなること。
> ● スコアは，複数回行われるテストをまたいで共通の学力尺度上で表され，出題した問題の難しさに依存して意味が変わりうる「満点」や「0点」といった範囲によらない尺度とすること。

　これらの要件は，入試に限らず，公平な複数回共通テストを実施するためには必要不可欠なものばかりです。しかしながら，尺度の構成にあたって，満点や0点などの範囲によらない尺度とすることや，毎回のテストの外に共通尺度を用意するといった概念は，これまでの日本の入試では一般的ではありませんでした。新しい考え方を導入するにあたって理解しなければならないのが，項目反応理論による標準化テストの考え方です。次章では，項目反応理論（Item Response Theory，以下「IRT」と表記）の概略について述べていきます。

> 【第6章のまとめ】
> ● 標準化テストとは，いつ，どの受験会場で受験しても，スコアの意味が同じになるようなテストを指す。標準化テストを実現するためには，異なる問題からなる複数のテスト版の間で，得られるスコアの意味が同一になるようにする必要がある。
> ● 標準化テストを実現するためには，複数のテストの尺度が同一の構成概念を測っているか，複数のテストの標準化された難易度がどうなっているか，といった点を検討するための「フィールドテスト」を，本試験実施前に行い，問題の性質について検討する必要がある。
> ● スコアとして偏差値を用いることは，受験者の能力分布に依存した能力指標とならざるを得ないため，標準化テストでは限られた場面でしか用いられない。受験者の能力分布に依存したスコア指標を複数回のテストの間で比較可能にするためには，等パーセンタイル法を用いるが，特定のテストにおける受験者の能力分布に依存しないスコアを用いた尺度化のためには項目反応理論（IRT）の考え方が必須である。

第7章

項目反応理論（IRT）による標準化テスト

　本章では，IRT を用いた標準化テストの考え方について具体的に解説していきます。まず，複数回共通入試のために IRT がなぜ必要なのかについて述べます。次に，IRT の概要と，いくつかの項目反応モデルについて解説します。また，複数のテストで共通の構成概念を測っている場合に，それらのテストにおいて共通した尺度のうえでスコアを表示する「等化」の手法や，スコアを受験者に返すうえで必要な「尺度得点」の考え方について述べます。最後に，受験者の「学力の伸び」を測るためのテストを設計する事例を取り上げ，複数回共通入試の実施にあたって，基本となるテスト実施計画を紹介します。

7-1　標準化テストにおける「困難度」の定義

7-1-1　問題の難易度を検討する必要性

　前章では年複数回行われるテストにおいて，その背景に共通の学力尺度を仮定し，その尺度上で学力を比較することの意義について述べました。このことをもう少し詳しく説明します。

　入試から少し外れますが，中学校と高校における学力調査を設計する場面を考えます。中学1年生から3年生，高校1年生から3年生を大量に集め，それぞれの生徒に対してさまざまな種類の難易度の問題を出題します。

　たとえば，中学2年生に対して問題を10問出題し，ほとんどの生徒が満点であったとしましょう。この結果をみて，先生が「出来の良い生徒だったなぁ」と感じたとしても，実は出題した問題が小学6年生向けのものばかりであった，ということもありえます。生徒の出来の良しあしを評価するためにテストを行うのであれば，出題した問題の難易度が，どの学年向けなのかを考慮する必要があります。

　一方，中学2年生に対して中学2年生向けの問題を10問出題し，ほとんどの生徒が満点だった場合は，確かに「出来の良い生徒」であったといえそうです。この例の場合と，前の例の場合で，得られるテストの結果はどちらも「ほとんどの生徒が満点」であることに注意しなければなりません。テストの結果を集計しただけでは，生徒の出来の良しあしについて評価することはできず，問題の難易度にも注意しなければならないことが，この例からわかります。

7-1-2　正誤が分かれた原因を考える

　入試の例に戻ると，ある年度に大学入学のための共通テストを行い，受験者ごとに正解・不正解を算出し，正解の数を集計したとします。結果，例年に比べて正解の総数が明らかに少ないという傾向がみられたとしたら，その原因は何でしょうか。

　前の学力調査の例でいえば，問題の難易度が例年に比べて高かったためか，受験者の学力が全体的に低かったための，いずれかということができるでしょう。では，そのどちらなのか，データを根拠に議論することはできるでしょうか。仮に問題を作った担当者が，例年に比べて難しめに作ったと証言したとしても，実際に「例年に比べて難しかった」ということが証明されたわけではありません。また受験者の受験動向から説明する場合でも同様で，データから根

拠立てて主張しなければならないのです。

　正解の数を数える方法や，偏差値による方法でスコアを算出するやり方だけでは，問題の難易度と受験者の学力分布のいずれが原因なのかについて，明らかにすることはできません。いま必要なのは，受験者がどの難易度の問題を受験したかに依存しない形で，能力の指標を表示することです。そのためには，受験者が正解・不正解した原因について，それを説明する「因果モデル」を仮定し，因果モデルがデータをうまく説明できれば，そのモデルを用いて原因と結果の結びつきを考える，というアプローチが必要なのです。

　もう一度，図 5-3（☞ p.72）の説明に立ち返って考えてみましょう。この図は，「10 問の正解・不正解をばらつかせる唯一の共通した原因が，受験者の能力のばらつきにあり，それとは別に共通していない（問題固有の）要因として独自因子をそれぞれの問題に仮定している」というモデルによって，10 問の問題に対する正解・不正解のばらつきを説明しているのです。しかしながらこれはあくまで私たちが考えた，10 問の問題の正誤を説明するための仮説，モデルにすぎません。そこで，実際の正誤データに一因子を仮定した因子分析を行い，このようなモデルに十分当てはまっていることが確認され，共通因子の影響力が十分大きいという結果となった場合に，その共通因子の程度の大きさを個人ごとに求め，それを「能力値」として表示する，ということにします。能力値に意味があるといえるのは，モデルが当てはまっているという前提があるうえでのことであり，それゆえモデルの適合度が問題になるのです。

7-1-3　能力値尺度の「不定性」

　受験者の能力を表す指標を因子分析の結果から求める方法の一つに「因子得点」があります。因子分析を行うと，因子負荷とは別に，共通因子の程度の大きさ（例えば図 5-5（☞ p.75）の場合は「英語能力」「国語能力」など）を「因子得点」として受験者一人ひとりについて求めることができます（詳細は光永（2017：106）を参照）。この考えは，後述する IRT による能力値に近い考え方です。

　因子得点については，一つの重要な性質があります。因子得点は，その尺度の原点と単位を任意に決めることができる，という点です。これを「尺度の不定性」とよびます。因子得点は通常，マイナス 4 から 4 程度の値をとる尺度として定義されますが，理論上はマイナス無限大から無限大までの値をとりえます[1]。素点のように，スコアのとりうる範囲が 0 点から 100 点までの範囲に限定される，ということがありません。尺度に不定性があるということで，図 6-5（☞ p.85）で示したように，複数のテストのスコアを共通となる尺度に変換するという操作が許されることにもなるため，テストを年複数回実施するうえでは重要な性質であるといえます。

　IRT に基づく尺度化の際には，因子分析ではなく，問題の難しさや識別力といった特性を考慮して，因子得点に相当する「能力値」を推定します。能力値も，因子得点と同様，尺度の不定性があることが知られています。

　能力値の尺度について，具体的な意味をもつようにするためには，二つの考え方があります。一つは，学力の基準となる集団を決め，すべてのテストはこの集団の能力尺度上の能力値を返すようにする，というものです。これは複数のテストで共通の学力の基準を設けるという意味で，年複数回のテストの結果を統一された尺度上で表現するために必要不可欠な考え方であり，尺度を変換する操作を「等化」とよんでいます（詳細は本章第 5 節を参照）。もう一つは，ある

---

1) ほとんどの受験者の能力値はマイナス 4 から 4 までの範囲になり，極端に大きな値や小さな値をとりうる可能性が小さいということです。

スコアの範囲に入った受験者が，具体的に何ができるのかについてその目安を与えるという考え方です。このような，能力値と「何ができるのか」の目安の対応表を「can-do リスト」とよび，テスト実施者が与えることで実現できます（詳細は第 10 章 1 節を参照）。

7-2　IRT による標準化された困難度の推定

7-2-1　視力検査の場合における項目反応関数

　視力を測定するための手法として，第 5 章 2 節で視力検査表による方法を紹介しましたが，視力の測定結果を一つの尺度として表示するだけではなく，それぞれの C の図形（ランドルト環）ごとに，正解に至る難しさを数値で表すには，どうすればよいでしょうか。

　視力検査の例でも説明した通り，同じ大きさのランドルト環でも，どの程度の視力をもつ人が解答するかによって，正答に至るかどうかが変わってきます。すなわち，困難度は「受検者の視力による」ということです。このことをより詳しくみていきましょう。

　いま，視力が 0.1 であることがわかっている受検者が 100 人いたとして，これを「視力 0.1 グループ」と名付けます。同じように 100 人からなる視力 0.2 グループ，100 人からなる視力 0.3 グループ，……，100 人からなる視力 1.0 グループを設けたとします。これら 1000 人の受検者に「0.6」のランドルト環を提示し，輪の切れ目がどちらを向いているかを解答させます。グループごとに正解した人数を数え，正答率を求めます。ただし，輪の切れ目がすこしでも判別できないと思ったら「わかりません」と答えるように教示します。

　解答をグループごとに図示したものが，図 7-1 です。横軸に視力グループの違いを，縦軸にグループごとの正答確率をプロットしたものです。ランドルト環による視力検査が，受検者の真の視力を的確に測ることができ，受検者が正直に指示に従ったとしたならば，図のように「0.6」に視力が達しているか否かで正答確率が大きく変化することになるでしょう。0.5 よりも大きな視力をもつ人は全員正答し，0.5 の人は半々くらいの正答率で，0.6 よりも小さな視力の人は正答する確率が大きく低下していくのです。

　図 7-1 は，受検者の能力（視力）と正答確率との対応関係を，問題項目ごとに表す図ということで「項目反応関数」とよばれ，受検者の視力を与えると，その視力をもつ人がどれだけの確率で正答するかを表現しています。さまざまな受検者グループから観測された正誤データを

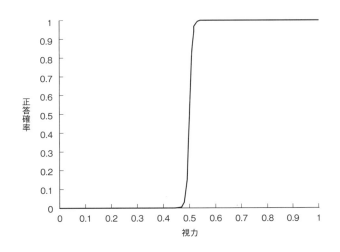

図 7-1　視力検査表のランドルト環 0.6 における項目反応関数の例

分析することで，刺激ごとの項目反応関数を求めることができ，問題の難しさの指標を解いた
人の能力の大きさに応じて表示することができます。

　視力検査の例の場合は，ランドルト環の大きさ，すなわち問題の難易度によって，項目反応
関数の立ち上がる位置が変わってきます。ランドルト環を小さくすれば，正答確率が高まるの
が視力の高い人に限られるようになります。すると項目反応関数も，それに応じて立ち上がり
が右にシフトすることになります。このように，項目反応関数の形を決め，問題の「困難度」
という特徴を表現するための要素を総称して「項目パラメタ」とよぶのです。項目パラメタに
は他に「識別力」などがありますが，詳しくは第3節で説明します。

　ただし，現実にはある特定の視力であるかをきちんと階段状に弁別できるわけではなく，受
検者の反応には多少のゆらぎがあるでしょう。次節以降では，視力のような物理現象に関する
測定ではなく，人間の能力のようにあいまいさの残る概念を測る場面を取り上げます。

7-2-2　受験者の能力分布に依存しない困難度を推定する

　テストの問題に対する正答確率についても，視力検査と同じ考え方で受験者の能力に応じて
示すことができます。すなわち，出題した問題ごとに，それらの問題がどれだけ正解しやすい
かを，受験者の能力値別に表す「項目反応関数」で表します。

　項目反応関数を描くにあたって，これまでは「視力」など，物理的な指標に基づく尺度を
横軸に取っていましたが，何らかの能力の大小を一次元上の尺度で表すことができると仮定し，
能力値と正答確率の対応表を項目反応関数として表すことで，受験者の能力分布によらない項
目の困難度を推定することができるようになります。

　そのような「能力値」を尺度として定義できた場合を考えてみましょう。たとえば，第5章4
節で説明した因子分析の手法により，多数の問題に対する正解・不正解の背後に一次元の「能
力」尺度を仮定できるという場合です。それら多数の問題のうち（A）から（D）の4問につ
いて項目反応関数を描いたところ，図7-2のようになったとします。

　能力値が−1.8であるとわかっている受験者が100人いたとして，ある問題に対して正答す
る人が10人であったとしましょう。また同じ問題に対して，能力値が−0.5である受験者100
人中50人が正答し，能力値が0である受験者100人については，正答した者が70人であった

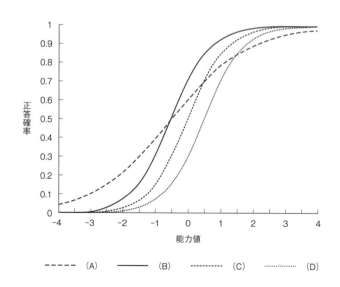

図7-2　テスト問題における項目反応関数の例

としましょう。これらの関係性から，図7-2に示す4問の項目反応関数のうち，どれにもっとも近いかといえば，おそらく実線で示した問題（B）に近いに違いありません。

　大事な点は，ここで特定した項目反応関数の曲線の形が，特定の能力値レベルだけの値ではなく能力値レベル全域にわたり，正答確率と能力との関係性を示しているということです。これがたとえば，たまたま能力値が-1.8であるような受験者だけが問題（B）を受験した場合，問題（B）の正答率は10パーセントとなります。一方，能力値が-0.5なら50パーセント，0なら70パーセントというように，同じ問題であっても得られる正答率は異なります。すなわち，受験者の能力の影響を受けて正答率が変わることになります。素点に基づく正答率を一つ求めただけでは，能力値を考慮した問題の困難度を表現することができません。項目反応関数の考え方を導入することによって，能力値の違いを考慮に入れた問題の困難度を記述することがはじめて可能になります。

7-2-3　IRTモデルの適用に必要な前提：モデル適合

　前述のような議論が成立するためには，能力値と正答確率の対応について，実際のデータが確かにそのようになっていることが前提です。すなわち，先の例で挙げた以外の能力値と正答確率のペアをデータから見出し，図7-2の（B）のような関係性がすべてのペアについてよく当てはまっているとすれば，「確かに」受験者の能力の分布に依存しない困難度を推定できているといえます。私たちが考えた正答確率と能力値のペアの間に想定した「モデル」に，実際のデータがどれだけ当てはまっているのかについて，吟味する必要があるのです。

　私たちにとってみれば，IRTによる分析をすることとは，すなわち「問題ごとの困難度を推定する」ことだけであると考えがちです。しかし，実際にIRTの分析結果が標準化された指標として有効であるといえるためには，IRTで考えているモデルに対して実際のデータが当てはまっていることを確認する必要があるということです。

　具体的には，IRTで仮定されている能力値の尺度が，テストで測ろうとしている構成概念の大小という一次元の尺度を反映したものであるということが当てはまります。この仮定はすでに述べた通り「一次元性の仮定」とよばれていますが，IRTの分析をしようとする場合，正誤データの値が一次元性の仮定を満たしているかを，たとえば因子分析の手法によって事前に検証しなければならないことになります。

7-2-4　2パラメタ・ロジスティックモデルにおける「困難度」の定義

　ところで，問題（B）と（C）の項目反応関数を比較すると，正答できる確率が50％となる点でみたときに，（B）は（C）よりも能力値の尺度上で0.5だけ低いことがわかります。この隔たりは，両者の間で必要とされる能力値の差を表していると考え，問題（C）は問題（B）よりも難しい問題である，と判断します。

　第3節で説明する2パラメタ・ロジスティックモデルにおいては，正答確率が0.5となる能力値のことを，その問題の困難度と定義します。この困難度の値が，受験者の能力分布によらない問題の難しさの指標です。ただし他のIRTモデル（例えば3パラメタ・ロジスティックモデル）を用いることにした場合，ここに示すような定義が当てはまらない場合があることに注意が必要です。

7-2-5　項目特性推定の「不変性」

　能力値の考え方の背後には，問題の難しさによらない受験者の能力指標を与える，という考え方があると述べました。この考え方によれば，問題の難しさについても，受験者の能力に依

存しない難しさの指標を考えることもできるでしょう。すなわち，能力の高い受験者集団から得られた正誤データを用いて問題の難しさの指標を算出しても，能力の低い集団から得られた正誤データを用いて算出しても，同じ意味をもつ値となるような「困難度指標」を求めるということです[2]。

　標準化テストに求められることとしては，問題の難易度が同程度で，すべての問題が異なる複数種類のテスト版を用意する，ということがありました。ここでいう「問題の難易度」を決めるにあたっては，「解いた受験者の能力分布によらない難易度」である必要があります。仮にモニター受験者を多数募集して，問題を解かせ，正答数を解いた受験者数で割って「正答率」を計算し，これを難易度指標とした場合，この難易度指標はモニター受験者の能力分布に依存した値であるといえます。モニター受験者の能力が一様に高かった場合，中程度の難しさをもつ問題であっても，たくさんの正答が観測され，正答率は高くなり，難易度が低い問題であるとされてしまいます。このような事態を避けるため，「モニター受験者の能力分布に依存しない形の難易度指標」が求められます。正答数を単純に数えただけでは，能力の高い受験者集団のデータと低い受験者集団のデータから得られた正答数は前者のほうが大きくなることが明らかです。したがって，正答数（や，それを問題数で割った正答率）は，ここで述べたような困難度指標として適切ではありません。

　以上のような条件を満たす指標を与える方法として，項目反応理論（IRT）に基づく方法が提案され，用いられるようになってきました。IRT による困難度指標は，前述の「受験者が解いた問題の難易度に依存しない形での能力値の推定」となることがわかっています。このような性質をもつことを「項目パラメタ推定の不変性（invariance）」とよびます。項目パラメタについては，次の節で説明します。

7-3　IRT の項目反応関数

7-3-1　項目特性を数式で表す

　実際に IRT の分析をするうえでは，項目反応関数に出てくる項目パラメタの値を問題ごとに推定します。能力値を与えると，その能力値をもつ受験者の正答確率を返すような関数を，問題ごとに数式の形で考えます。項目反応関数の形状を決める要素を「項目パラメタ」とよびます。

　実は，図 7-2 のグラフに示した 4 問に対応する 4 種類の関数は，どれも以下の 1 つの数式で表すことができます。この数式で a_j と b_j という二つの要素が「項目パラメタ」にあたりますが，右下に小さく j と書いてあるのは，問題項目 j によって項目パラメタが異なるということを表しています。

$$P_j(\theta) = \frac{1}{1 + \exp(-1.7a_j(\theta - b_j))} \tag{1}$$

図 7-2 のグラフの縦軸は式 (1) の左辺，すなわち正答確率にあたり，横軸は能力値にあたります。能力値のことを θ というギリシャ文字[3]で表すことが多いです。また式 (1) の $\exp(x)$ は e^x を示し，e はネイピア数（約 2.718281828……）です。図 7-2 のグラフはいずれも式 (1) で表される関数ですが，（A）が a_j=0.5，b_j=−0.5，（B）が a_j=1.0，b_j=−0.5，（C）が a_j=1.0，b_j=0.0，

---

2)　またこのことは，「受験した問題の難易度によらない能力指標」を，受験者ごとに求めることとも関連します。
3)　「シータ」または「テータ」（theta）と読みます。

（D）が a_j=1.0，b_j=0.5 である場合を示します。このように項目パラメタの値が異なると，項目反応関数の形が変わることになります。

　前節の例では，データ（正答率）と能力値の関係性から，（A）から（D）のどのグラフがもっともふさわしいかを探索していましたが，実際の IRT による分析では，正誤データから問題ごとに式（1）の a_j と b_j の値を推定することで，能力値と正答確率の関係性をもっともよく記述できる a_j と b_j の値を問題ごとに見出します。

　式（1）の関数で正答確率をモデル化するアプローチは，項目パラメタが a_j と b_j の 2 種類であることから「2 パラメタ・ロジスティックモデル」とよばれます。項目パラメタは，問題（項目）ごとの性質，特性を表す数値であり，この数値が変われば，図 7-2 のグラフの形も変わります。すなわち，正答確率と能力値の関係性を，項目パラメタの値で表現できることになります。ここで j という添え字は問題の違いを表しています。IRT の分析では項目パラメタのペアを一つだけ推定するのではなく，問題数分だけ推定することを表すためです。たとえば問題を10 問出題し，分析のために項目反応関数として式（1）を考えた場合，j=1 から 10 までに対応する項目反応関数が 1 本ずつ，計 10 本の項目反応関数を考えることになります。また項目パラメタを推定するといった場合は，(a_1, b_1)，(a_2, b_2)，…，(a_{10}, b_{10}) という 20 個のパラメタを求めることを意味しています。

　（1）式のような項目反応関数を考える理由は，問題の難しさといった特徴を，なるべく少ないパラメタの数で的確に表現できるためです。項目反応関数としては（1）式に示す「ロジスティック関数」だけではなく，たとえば右肩上がりの直線，数式で示すなら $P_j(\theta)=w_j\theta+v_j$ のような単純な直線（w_j は問題 j ごとに設定した傾き，ただし w_j>0，v_j は切片）を考えることも可能なようにみえます。ただし，縦軸が「確率」である以上，縦軸の値が 0 を下回ったり，1 を超えたりするのは値の解釈上都合が悪いため，縦軸の値が 0 から 1 の範囲に収まる「ロジスティック関数」が用いられます。

7-3-2　項目パラメタのもつ意味：困難度パラメタと識別力パラメタ

　項目パラメタのうち b_j の値は，正答確率が 0.5 になるような能力値のことで，問題の難しさを表すパラメタであると考え，「困難度パラメタ」とよびます。b_j の値は能力値と同様，マイナス無限大から無限大までとりえます。視力検査の場合は，測定結果としての視力について有限の範囲を考えればよいのに対して，この点が異なります。

　また a_j の値は，正答確率が 0.5 における項目反応関数の接線の傾きを表しています。a_j が大きければ，接線の傾きが急になり，受験者のわずかな能力値の違いで大きく正答確率が左右されることになります。図 7-2 の（B）で表される問題は，（A）で表される問題よりも a_j が大きくなっています。2 人の受験者がいて，一方の能力値が −1，他方が 0 である場合を考えます。（A）の問題に対して能力値が −1 の受験者と 0 の受験者でみると，前者の正答確率はおよそ 0.4，後者は 0.6 ですが，（B）の問題に対しては前者が 0.3，後者が 0.7 で，確かに（B）の問題のほうが受験者の正答確率の差が大きいことがわかります。すなわち（B）の問題のほうが，能力値 = −0.5 付近でみたとき，受験者の正答確率の変化が大きいということで，（B）のほうが受験者の能力を識別できるといえます。このことから，a_j を「識別力パラメタ」とよぶのです。

　視力検査の場合でいうと，ランドルト環のような弁別しやすい刺激ではなく，さまざまな大きさのひらがな 1 文字を刺激としてそれが何の文字であるかを読ませる場合のように，受検者がたまたま正答してしまう可能性が大きい刺激を用いると，識別力が低下することが予想され

ます。すなわち，受検者の視力が何であろうが，正答確率が一定の値になってしまい，接線の傾きが小さな項目反応関数になってしまいます。

　テストの分析の場面では，通常，a_j はプラスの値をとるように推定します。a_j がマイナスの場合，項目反応関数は右肩下がりとなり，「能力が大きいほど，正答確率が低下する」という傾向を示すことになってしまい，テストでは想定されない事態を表すことになってしまいます。そのため，項目パラメタの値を推定する際，a_j はプラスの値となるように制約をおきます。

7-3-3　項目反応モデルの選択

　項目反応関数としては，式 (1) の 2 パラメタ・ロジスティックモデル以外に，すべての問題で識別力が同一であるというモデル（1 パラメタ・ロジスティックモデル）や，下方漸近パラメタを設けて「当て推量」による正答の確率を加味したモデル（3 パラメタ・ロジスティックモデル）を考える場合もあります。これらについての詳細は光永（2017：112-116）を参考にしてください。

　これら 3 種の項目反応モデルは，いずれもテストのデータを適切に説明するためにテスト実施者が仮定したモデルです。データ，すなわち正誤反応を実際に説明できるようなモデルであるかどうかは，IRT の分析で項目パラメタを推定する手続きのなかで，データの当てはまりの良さ（適合度指標）が数値として算出されるので，この値を比較することで三種のモデルのうちどれがもっとも当てはまっているかを検討するというアプローチもあります。大事なのは，正答確率と能力値との対応関係を示す図 7-2 や式 (1) はあくまで，受験者の正解・不正解の原因を説明するモデルの一つである，という考え方です [4]。

7-4　二値型モデルと多値型モデル

7-4-1　項目反応モデルを拡張する

　これまでは，受験者から得られるデータとして，正解・不正解という 2 種類の値をとる場合について考えてきました。しかし現実には，「正解・部分点・不正解」のように，それぞれの答案に対して 3 段階以上の評価がされる場合もあります。また記述式の答案を採点する際など，一つの答案を 0 から 5 までの 6 段階の「評定値」で採点する，という場合もあります。このような場合は「2 パラメタ・ロジスティックモデル」の代わりに「段階反応モデル（graded response model）」や「部分採点モデル（部分得点モデル，partial credit model）」といったモデルの式を項目反応関数として仮定します [5]。「正答」「非正答」のように，値を 2 種類しかとらないことを前提とした IRT モデルを「二値型モデル」，3 種類以上の値をとることを前提とした IRT モデルを「多値型モデル」とよびます。

　能力が低い受験者でも「4」や「5」という評価が得られやすい問題は，困難度の低い問題ですし，能力が高くなければ「4」や「5」にならないのであれば，それらの問題は困難度が高いといえます。またモデルによっては，識別力を考慮することもあります。

7-4-2　多値型モデルの例：部分採点モデル

　例として，部分採点モデルの項目反応関数の例を図 7-3 に示します [6]。多値型モデルの場合

---

4) この説明とは逆に，モデルが正しいと考え，モデルからどの程度外れた正誤反応であるかを受験者・問題ごとに検討する立場もあります。この立場をとる場合は「ラッシュモデル」とよばれ，区別されることが一般的です。

5) 段階反応モデルの説明は光永（2017：121-125）を，部分採点モデルの詳細は加藤（2014a：226-233）を，それぞれ参照してください。

は，項目反応関数に代えて「項目カテゴリ反応関数」とよびます。この例では，4段階評価がなされる1問について，評価カテゴリ「0」「1」「2」「3」となる確率を縦軸に，能力値を横軸に取り，それぞれのカテゴリと判断される確率を4本の線で表しています。

　部分採点モデルでは，多数の受験者が問題に解答した結果，どのカテゴリに入ったかを記録したデータをもとにして，それぞれのカテゴリの境界にあたる項目パラメタが推定されます。この場合は，カテゴリ0とカテゴリ1の境界にあたる（両者が交わる）能力値である−2.5と，カテゴリ1とカテゴリ2の境界にあたる能力値である−1，それにカテゴリ2とカテゴリ3の境界にあたる能力値である0の，三つのパラメタが推定されます。これらの値は，隣接するカテゴリについて，低いカテゴリから高いカテゴリの評定によりなりやすくなる能力値の境界を表しているため「境界パラメタ」とよばれ，困難度の一種であると解釈されます。部分採点モデルの分析を行うと，これらのカテゴリ境界パラメタが推定され，能力値と「そのカテゴリと判断される確率」の対応関係が推定されるのです。たとえばこの例では，2という能力値をもつ受験者はカテゴリ3と判断される確率がもっとも高く（約87%），カテゴリ2と判断される確率（約12%）よりも大きく，カテゴリ1や0と判断される確率はほぼ0に近い，ということがわかります[7]。

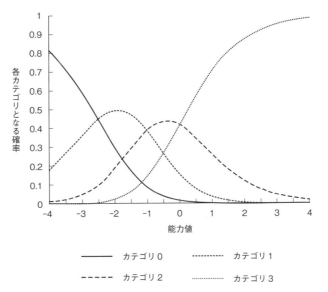

図 7-3　部分採点モデルの項目カテゴリ反応関数の例

---

6) これらの曲線は，j 番目の問題におけるカテゴリ $k=0, 1, \cdots, K_j$ に関し，すべてのカテゴリについて，

$$P_{jk}(\theta) = \frac{\exp \sum_{n=0}^{k}(\theta - b_{jn})}{\sum_{m=0}^{K_j} \exp \sum_{n=0}^{m}(\theta - b_{jn})}$$

という式で表されます（ただし $P_{j0}(\theta)=0$, $\sum_{n=0}^{0}(\theta - b_{jn})=0$ と考えます）。$P_{jk}(\theta)$ は j 番目の問題における k 番目のカテゴリとなる確率を表します。b_{jn} は，j 番目の問題における n 番目のカテゴリの境界パラメタで，$n=1, 2 \cdots K_j$ について b_{jn} を与えます（$n=0$ からではないことに注意）。項目カテゴリ反応関数の交点にあたる境界パラメタはカテゴリの数ではなく，カテゴリの境界の数だけ考えるためです。図7-3の例では $b_{j1}=-2.5$, $b_{j2}=-1$, $b_{j3}=0$ です。

7) 図7-3で，どの能力値の受験者についても，判断確率（縦軸の値）をカテゴリごとにすべて足し合わせると1になることに注意してください。どの能力値をもつ受験者であっても，これらの4カテゴリのいずれかに属するが，能力値の高低に応じて属する確率の高いカテゴリが異なる，ということです。

7-4-3　多値型モデルを実際のテストに活用する

　多値型モデルのテストへの応用として，以下に二つの例を挙げます。

　一つ目は，テストレットのモデル化です。算数や数学，統計学の問題ではしばしば，次のように複数の問いに対して段階を経て解答を導いていくものがありますが，このようにいくつかの問題を，あるトピックについてひとかたまりにしたものを「テストレット」とよびます。

問題 1　5 人の身長 x={165, 170, 165, 175, 155} と体重 y={55, 75, 60, 80, 45} のデータがある（ただし i={1, 2, …, 5}）。このデータを用いて以下の問いに答えなさい。

1. x_i の平均と y_i の平均をそれぞれ求めなさい。両方あっていて正解とします。
2. x_i と y_i の共分散を求めなさい。
3. x_i と y_i の，ピアソンの積率相関係数を求めなさい。

　この例では，「問題 1」という大きな問題のなかに 3 問の設問があります。三つの設問 1., 2., 3. のうち設問 1. を解くことで平均値を求め，その結果を用いて設問 2. の答えを導き出し，さらにその答えを用いて設問 3. に解答する必要があるのです。このような，一つのテーマに沿っていくつかの問題が束ねられた形式の問題は「大問形式」とよばれます。

　設問 2. と 3. の問題については，直前までに出題された問題への解答というヒントがあるかどうかが，受験者の能力以外の，正解を左右する要因になり得ます。このことは，二値型モデルで考慮すべき「局所独立の仮定」が満たされないことを示します（「項目連鎖」であることがわかります。第 5 章 4 節を参照）。したがって，設問 1. から 3. の 3 問の正誤をそのまま二値型モデルで分析すると，モデルの前提を満たしていないまま分析することになってしまいます。そこで，これら 3 問を他の問題群と切り離して「テストレット」と考え，多値型モデルを用いることで，局所独立の仮定を満たした IRT モデルの分析を行うことができるのです。すなわち，設問 1. にのみ正答した受験者はカテゴリ「1」，設問 1. と設問 2. に正答した受験者はカテゴリ「2」，設問 1. から設問 3. まですべて正解した受験者はカテゴリ「3」，すべての問題に正解できなかった受験者はカテゴリ「0」とみなし，多値型 IRT モデルを適用します。

　多値型モデルが活用されるもう一つの例は，一つの問題に対して「正答」「非正答」の 2 カテゴリではない採点が行われるような問題の場合です。たとえば「正答」「非正答」の間に「部分点」というカテゴリがあり，どのような場合に「正答」か，どのような場合に「部分点」かを採点基準により定めているというときは，「非正答」をカテゴリ 0，「部分点」をカテゴリ 1，「正答」をカテゴリ 2 と考え，3 カテゴリからなる多値型モデルを適用します。

　現実のテストを考えてみると，「非正答」から「部分点」に至るまでに必要な能力と，「部分点」から「正答」に至るまでに必要な能力が，等間隔になっていない場合がほとんどでしょう。ほんの少しの勉強で「部分点」までは到達できるが，「正答」まで至るにはかなり勉強しなければならない，という場合は十分考えられます。もし「非正答」を 0 点，「部分点」を 1 点，「正答」を 2 点として採点するやり方であれば，能力尺度上でカテゴリ間の差異がすべて同じ「1点」であるとみなしてスコア（素点）を計算することになり，カテゴリ間の間隔の違いを無視したスコアになってしまいます（非正答の受験者が部分点に至るまでの能力の大きさと，部分点の受験者が正答に至るまでの能力の大きさが同じであるという保証はありません）。多値型 IRT モデルを用いれば，そのような能力の間隔の違いを考慮に入れた分析ができます[8]。

7-5　等化：異なるテストの尺度を比較可能にする

7-5-1　異なるテストの能力値・困難度を一つの尺度上で表現する

　これまで説明した IRT による分析では，ある 1 回のテストについて，出題した問題ごとに項目パラメタを推定することができます。しかし，年複数回テストを標準化テストとしようとした場合，それだけではうまくいきません。複数回行われたそれぞれのテストの結果を個別に IRT 分析したとしても，その結果を共通の尺度上に乗せなければ，複数回のテストスコアは相互に比較可能にはなりません。そのような共通尺度化の手法を用いて，共通の尺度に乗せる操作を「等化」とよびます。

　標準化テストを行う前提として，年に複数回のテストを行うなどという形で，複数のテスト版を扱う場面がでてきます。大学入学共通テストでは，それぞれの科目についてテスト版があり，それらが受験者に提示されますが，テスト版を受験するのは全国一斉の受験者グループ一つです。このように，テスト版が提示される受験者群を「受験者グループ」と表記します。

　複数のテストの結果を，同一の尺度上で表現することを考えてみましょう。たとえば，複数の国で売られている同一の商品，たとえばハンバーガーの価格を比較することを考えます。売っている商品が同じでも価格が異なる可能性があり，国によって現地通貨の違いがある，という場合に，単位を換算して商品の価格を比較するためには，まずすべての国の通貨単位を日本円にそろえ，日本円という共通の尺度で価格を表すことにすれば，比較することができそうです。これを言い換えると，日本円を規準に設定して，他国の通貨単位はすべて日本円という規準の尺度で表示する，というルールで比較すればよいこととなります。

　通貨の換算に関しては，まず為替レートを知る必要があります。1 アメリカドル＝ 110 円のときに日本円という規準となる尺度上での価格を求めるなら，日本円＝アメリカドル× 110 とすればよいことになります。すなわち，定数倍すればよいのです。したがって，ハンバーガーの価格を国際比較するための手順は，以下の通りとなります。

1. 各国の通貨と日本円の間の為替レートを知る。
2. 各国のハンバーガーの現地通貨による価格を調べる。
3. 為替レートを用いて，各国の現地通貨でのハンバーガーの価格を，日本円に換算する。換算に際しては，日本円での価格＝［為替レートによる係数］×［現地通貨での価格］という式を用いる。

　ハンバーガー以外の物品に関しても，同様に為替レートを介して価格を換算することが可能になります。これをさまざまな物品について行うと，日本円を規準としたとき，アメリカドルがどの程度の倍率になるのかを，一般性をもった形で推定することができるでしょう。さまざまな物品の質が日米でまったく同じであれば，ここで求められた為替レートは，二つの通貨の関係性を一般的な形で示す指標とみなすことができます。ただしこの関係性を見出すには，多

8）心理学や行動科学においては，数値の違いが尺度上で何を表すのかについて，得られる情報の大小に応じて「尺度水準」が異なるという考え方があります（詳細は光永（2017：142-143）を参照）。この場合は，カテゴリの違いによる能力の表現は「順序尺度」である一方，能力値は「間隔尺度」であり，後者のほうが高い尺度水準で，尺度から得られる情報が多いと考えます。多値型 IRT モデルを適用することによって，カテゴリの違い（＝順序尺度）というデータを，能力値（＝間隔尺度）という高い水準の尺度に置き換えることが可能になります。このような処理を「尺度化」とよびます（ただし，IRT の仮定を満たしていることが必要です）。

数の物品についての日米の価格をデータとして観測することが必要です。

　IRT に基づくテストで見出された能力値尺度は，原点と単位を任意に決めることができる，すなわち不定性があると本章第 1 節で説明しました。この性質は，原点や単位をある特定の規準にそろえることで，尺度同士の相対的な比較ができる，ということを表しています。ちょうど日本円という共通尺度を基準として決めたことで，他の通貨の価値を相対的に表すことができるように，複数回にわたって行われるテストにおける能力値の尺度も，それらのテストをまたいで共通の能力値尺度で表すことができるのです。

　ただし，通貨の換算と能力値尺度の変換は，二つの点で違いがあります。通貨換算の場合は，規準となる通貨（日本円）が，各国の通貨の何倍であるかが，レートという形で与えられていました。すなわち，さまざまな物品の価格を比較対照させることで，同じものが通貨の違いで何倍の価格に相当するかを推定する必要があります。通常，為替レートは通貨の需給関係で決まりますが，IRT による尺度化の場合はさまざまな問題（取引されるもの）について難易度（ものの価格）を比較対照させるという点で違いがあります。

　もう一つの違いとしては，原点の意味が共通しているかという点が挙げられます。通貨の尺度では，どの通貨の場合でも「0」の意味が「価値なし」という点で共通しているのに対し，テストで考える能力値の尺度は「0」という値がどんな意味をもつかがテストごとに異なります。第 6 章 3 節で述べたように，素点での満点や 0 点であっても，その意味は絶対的なものではなく，テストごとに異なるのです。IRT による尺度の場合も同様で，「0」などの特定の値が共通した意味を表しているわけではないため，その意味を共通尺度に合わせる操作をする必要があります。通貨の換算の例では為替レートの値を見出して定数倍すれば換算できたのに対し，IRT による尺度を統一するためには，定数倍するだけではなく，別の定数を足す（または引く）という操作が必要になるということです。

7-5-2　困難度と能力値の関係

　IRT による能力値の尺度は，困難度の尺度と同じ軸上で表されます。IRT により分析を行い，困難度や能力値を推定した場合，それらの値は図 7-4 のように同一の軸上で表されます。図 7-4 において「問題の困難度」と記した下向きの矢印は，問題ごとに推定された困難度パラメタの値を表し，「受験者の能力値」と記した上向きの矢印は，受験者ごとの能力値の推定値を表しています。

　複数回共通入試で求められているのは，毎回行われるスコアに共通の意味をもたせるということで，すなわち能力値を比較可能にするということでした。図 7-4 の関係性を考えると，実は困難度パラメタの値を別の尺度上の値に変換することで，能力値の尺度も変換後の尺度上で表せることがわかります。また，識別力などの他の項目パラメタの値もまた，能力値の尺度上で表現できるのです。

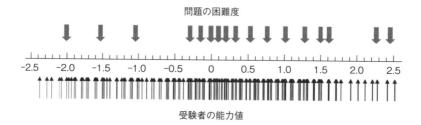

図 7-4　項目パラメタの困難度の尺度と受験者の能力値の尺度との関係

7-5-3　等化係数という考え方と規準集団の定義

　年に 2 回テストを行う場合で，これらのテストの結果から共通の尺度上での困難度を推定することを考えます。それぞれのテストの実施で推定された個別の困難度を，共通の尺度上の値に変換することで，共通の尺度上での困難度が表現できることになります。その際，比較をするための規準として，第 1 回テストの受験者を規準集団（第 6 章 3 節を参照）と考え，規準集団上の尺度で困難度を表示することにします。通貨換算の例でいえば，第 1 回テストが日本の，第 2 回テストがアメリカの通貨によるハンバーガーの価格を表しているものとし，第 1 回テストの受験者集団を規準と考えて，第 2 回テストの困難度を第 1 回テストの尺度に変換するのです。

　この際，変換に当たっては以下のような式を用います。

　第 1 回テストの困難度 ＝ ［定数 K］× 第 2 回テストの困難度 ＋ ［定数 L］　　　　　　（2）

　先ほどの通貨換算の式と異なるのは，第 2 回テストの困難度を定数倍するだけではなく，別の定数を足す，ということです。加算する定数 L は，先に述べた「足したり引いたりする」定数に相当します。この定数 L は，具体的にどのような意味をもつのでしょうか。

　仮に，第 1 回テストと第 2 回テストで同じ問題を用いて，第 1 回では小学 6 年生，第 2 回では中学 3 年生に「同じ問題」を出題した場合を考えます。小学 6 年生グループと中学 3 年生グループにそれぞれ数百人の受験者がおり，それぞれのグループのデータのみを用いて IRT による分析を行い，この両者の分析結果から，小学 6 年生の尺度を規準として，中学 3 年生の尺度を表示することとします。すなわち，規準集団を小学 6 年生の受験者集団と定義するということです。

　まず，小学 6 年生のデータだけを用いて，IRT による分析を行い，小学 6 年生の受験者から項目パラメタ（困難度）を求めます。その際，小学 6 年生の集団において，能力値の平均が 0，標準偏差が 1 になるように推定します。また，中学 3 年生のデータについても，同じように IRT による分析を行い，項目パラメタを求めます。その際にも，中学 3 年生の受験者において，能力値の平均が 0，標準偏差が 1 になるように推定します。

　小学 6 年生から得られたデータを分析した結果，ある問題の困難度が 0 になったとします。仮に同じ問題が中学 3 年生に出題された場合は，受験者層の学力を考えると，困難度がもっと低くなる（すなわち，よりやさしい問題にみえる）に違いありません。実際，中学 3 年生のデータを能力値の平均を 0 と考えて IRT により分析すると，困難度は低く，マイナスの値になるはずです。

　ここで，中学 3 年生の困難度を規準集団上の尺度にあわせる操作として，式（2）の「L を足す」という操作により，中学 3 年生のデータから求められた困難度の値にある定数 L を足して，困難度の値をかさ上げすれば，中学 3 年生のデータから求められた困難度であったとしても，小学 6 年生の尺度上で困難度を表現できることになります。同じ問題であっても，小学 6 年生からみたときの困難度のほうが，中学 3 年生からみた困難度よりも高いということです。

　ここでわかるように，定数 L は，二つのグループにおける能力差を反映した値であると解釈できます。L がプラスになるような変換をしたのであれば，第 2 回テストの困難度に L を足したら第 1 回テストの困難度になるということで，第 1 回テストのほうが問題が難しかったということを意味します。一方 L がマイナスであれば，第 2 回テストの困難度から L を引いたら

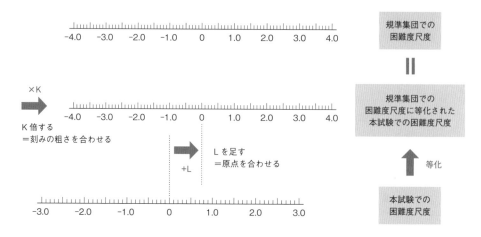

図7-5 規準集団の困難度尺度に本試験の困難度尺度を合わせる概念図

第1回テストの困難度になるということで，第2回テストの困難度のほうが高いということを表しています。

　また，尺度の調整に当たっては，尺度の平行移動に相当するLだけではなく，尺度の間隔（刻みの粗さ）も調整する必要があります。これを調整するのが，もう一つの定数Kです（ただし，Kは正の値）。Kの値とLの値を用いて，規準集団の尺度に合わせる操作を図7-5に示しました。先の例でいえば，小学6年生からの困難度尺度は「規準集団」，中学3年生からの尺度は図中の「本試験」に相当します。ただしこの図の場合，Kの値は1を下回る値になっており，規準集団の尺度に変換した結果は元の尺度より間隔が細かくなっていることに注意してください。

　一般に，能力の低い集団から推定された困難度と，能力の高い集団からの困難度では，高いほうの集団における困難度は相対的に低く推定されます。この相対的な差を調整するための定数KとLを求める操作が行われることによって等化が実現されます。また，定数KとLをまとめて「等化係数」とよびます。等化の手続きで調整されるのは困難度だけではなく，識別力パラメタも調整されます[9]。等化係数を求める方法は光永（2017：160-163）に示すように数種類提案されていますが，いずれの方法をとる場合であっても，複数のテスト版で共通の問題や複数のテスト版を同時に解く受験者を用意し，規準集団と本試験それぞれの正誤データを用いて項目パラメタを求めておく必要があります。これら共通した問題や受験者をどのように設けるかについて，次節で説明します。

7-5-4 共通テストで規準集団としてふさわしい集団とは

　前項の説明では，規準集団を小学6年生というように，特定の学力レベルをもった者の集団と定義していました。しかし，大規模学力調査や共通テストの等化においては，毎回行われるテストに参加する学力水準がどのようになっているか不明であり，これを規準集団上の尺度で表すことが調査の目的であることがほとんどでしょう。

　たとえば，高校卒業程度の学力レベルをもつ規準集団上の尺度で能力値平均が0になるようなテストを実施しておき，このテストにある回の大規模テストを等化したところ，規準集団上の尺度で能力値平均がマイナス0.5になったとしたら，この回のテストを受験した集団は高校

9）調整の方法については光永（2017：162）を参考にしてください。

卒業程度よりも学力レベルが低いと解釈します。このような解釈をするためには，「高校卒業程度の学力レベル」という学力水準の規準にふさわしい受験者を，規準集団を定義するためのテストに用いなければなりません。

　一般に規準集団は「そのテストで測られる能力レベル全体を代表する」性質をもっていることが重要です。年複数回行われるテストは，1 年だけ行われることは少なく，多くは複数年にわたって行われ続けます。それらのテストスコアはすべて，前項で述べた規準集団上の尺度上で表されることになります。大学入試のための共通テストならば，規準集団は「全国の高校生の縮図」となるような学力分布からなるようにサンプリングされるべきです。これにより，大学入学にふさわしい高校生の学力レベルに関する実質的な議論が可能になります。また，毎回のテストスコア分布から「規準集団時点の高校生の学力から今年のテスト受験者の高校生は○○だけ能力が変動した」という解釈が可能になります。ただし，規準集団の能力尺度を定めるテストは，ある程度の規模の大きさが必要となるでしょう。

7-6　等化計画：等化を行うための二つのデザイン

　等化を行うためには，尺度を比較可能とするために共通の要素を含ませる必要があります。具体的には，複数のテスト版の間に共通して出題される問題を含ませるか，ある受験者グループに複数のテスト版を解答させることが必要です。

　等化を行うテストを実施するためには，テストを実施する前に，これらの共通要素をどのように用意するかを決めておく必要があります。また次節以降で説明するように，等化の方法には複数の方法が提案されているため，どの方法によって等化するかも検討する必要があります。等化を実際に行うにあたって立てるべきこれらの計画を「等化計画」とよびます。

　等化計画を含む形で，テストの仕様を満たすために，どのグループにどのようなテスト版を用意し，どのタイミングでテストを実施するかといったような，テスト実施のための系統的な計画のことを「テストデザイン」とよびます。多くのテストでは，テストの実施目的が決定され，テストの仕様が固まった後にテストデザインが検討され，決定されたテストデザインをふまえて等化計画が決定されるという流れで，テストの実際の仕組みが構築されます。

　本節では等化計画のうち「共通項目を用いた等化」と「共通受験者を用いた等化」について述べます。また第 7 節と第 8 節では，複数の等化方法のうち「個別推定による等化」と「同時推定による等化」を紹介します。これらについて理解することで，具体的に等化計画を立てることができ，テストデザインやテストの仕様を検討する際の参考にもなるでしょう。等化手法についてはここで触れた他に「固定項目パラメタ法（Calibration with fixed common item parameters, FCIP 法）」とよばれる方法がありますが，これについては Arai & Mayekawa (2011) や川端 (2014)，光永 (2022) を参考にしてください。

7-6-1　共通項目を用いた等化

　等化ができるのは，尺度を比較可能にするための手掛かりがある場合に限られます。図 7-6 は二つのグループ，たとえば小学 6 年生と中学 3 年生に同じ 10 問の問題からなるテスト版を提示した場合で，グループ 1 を規準集団と定めたうえで，グループ 2 の受験者から得られた困難度をグループ 1 の上の困難度尺度上で表示しようとする計画です。ここでは，各受験者が 10 問に正解したかどうかを示す正誤データと，各受験者がどのグループに属しているかを示す情報が必要です。図 7-6 以降では，規準集団がどのグループなのかに注意してみる必要がありま

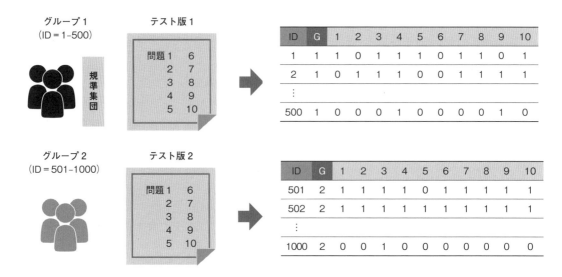

図7-6　共通項目による等化計画（すべての問題が共通項目の場合）
表中の「G」はグループ，1–10 の数字は問題番号を表す。

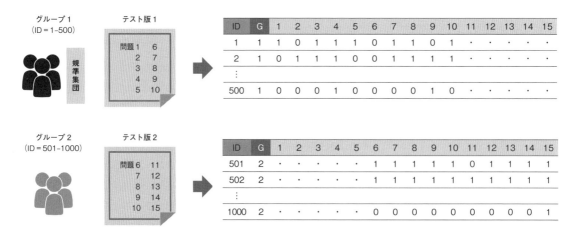

図7-7　共通項目による等化計画（共通項目（問題6から問題10）を含む場合）
表中の「G」はグループ，1–15 の数字は問題番号を表す。また「・」は欠測を表す。

す。

　実は，尺度の等化を行うためには一部の問題だけが共通して出題されていればよく，図 7-7 で示すように，二つのグループ間で部分的に重なる問題（以下，複数のグループに共通して出題される問題を「共通項目」とよぶことにします）をある程度まとまった問題数用意すれば，それらの項目パラメタを手掛かりに等化することができます。

　図 7-7 で，グループ 1 を規準集団として，グループ 2 の項目パラメタをグループ 1 の尺度で表示する場合を考えます。まず，グループ 1 のデータのみで項目パラメタを算出して規準集団上の項目パラメタを見出しておきます。次にグループ 2 のデータのみを用いて項目パラメタを推定し，グループ 1 との共通項目（問題 6 から問題 10）の項目パラメタを手掛かりに等化係数を求めます。

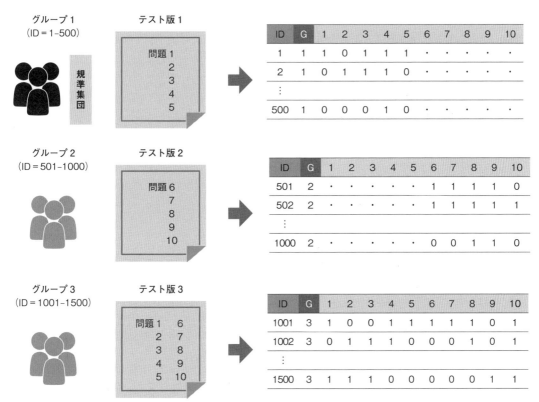

第1部

図7-8　共通受験者による等化計画

7-6-2　共通受験者を用いた等化

　グループ間で異なる能力値の分布を仮定し，かつ共通項目が1問も含まれない二つのテスト版を用いる場合は，比較される項目パラメタのペアが存在しないため，そのままでは等化できません。このような場合は図7-8のように，二つのテスト版を共通して受験する受験者グループを設けます。テスト版1を受験する群（グループ1）を規準集団とし，テスト版2の項目パラメタをグループ1の能力値尺度上で表示したい場合，このままでは1問も共通項目がありません。そこで，異なる二つのテスト版（テスト版1とテスト版2）を両方受験するグループ3を設け，共通受験者グループとすることで，テスト版1と2を等化する手掛かりとします。

　共通受験者がテスト版1（問題1から問題5）とテスト版2（問題6から問題10）の解答をする際，両者において能力値は変わらないはずです。「同じ能力値の受験者が複数のテスト版をまたがって解答する」ことで，テスト版をまたいで共通の能力値尺度上で項目パラメタを表示できるのです。その結果，テスト版2の項目パラメタを，規準集団（テスト版1受験者）の尺度上で表示することができるようになります[10]。

7-6-3　ランダムに受験者を割り当てる場合

　図7-6のように，複数のグループに同じテスト版を提示する場合は，そのほとんどがグループ間に能力差があることが想定される場合です。それに対し，グループ間で能力が等質である場合に，多数の受験者をランダムに2群に割り当てるテスト計画も考えることができます。ただしこの場合は，二つのグループの間に能力差がないことを確かめるということで，等化係数

---

10) 共通受験者デザインに関する理論的詳細は川端（2014）を参照してください。

がK＝1かつL＝0であることを確かめるために等化の操作を行うことを考えます。

　もし2群に割り当てる操作が本当にランダムであったとしたら，2群それぞれから得られた項目パラメタは同じになるはずです。第6章2節で既述のように，能力差がないような形でランダムに割り当てられたグループを「ランダム等価グループ」とよびます。ランダム等価グループとみなしたグループ間については，能力値の分布が相互に等しいと考えるため，問題に重複がなくても，等化が可能です。それぞれのランダム等価グループごとに項目パラメタを推定し，得られた値を直接比較することができます。図7-6はグループ1が小学6年生，グループ2が中学3年生というように，能力値の分布に差があると考えることが妥当なため，ランダム等価グループと考えることはできません。そのため，等化の手続きが必要であるといえます。

7-7　個別推定による等化

　等化の手法は，大きく分けて「個別推定」と「同時推定」による方法があります。本節と次節では，これらの手法について，共通項目デザインと共通受験者デザインのそれぞれの場合に等化を行う具体的方法について，述べていきます。

7-7-1　共通項目デザインの場合

　まず，共通項目デザインの場合を説明していきます。図7-9は，図7-7（☞ p.104）と同じ共通項目デザインにより，規準集団となるグループ1と，グループ2の2集団からデータをとった場合を示しています。それらのデータのうち，色のついた枠で示した部分が「規準集団における正誤データ」に相当し，色のついていない枠で示した部分が「グループ2から得られた正誤データ＝これから規準集団と比較可能にしたいグループにおける正誤データ」です。

　これらの2集団それぞれについて，まず項目パラメタを推定します。図中では「IE」と書いてある矢印で示していますが，これは「Item Parameter Estimation」の意味です。グループ1のデータから得られた項目パラメタは規準集団の項目パラメタであり，グループ1の能力値の尺度でグループ2の項目パラメタの値を表せば，両者は規準集団の尺度上で比較可能となります。この操作を行っているのが等化の操作です。図中では「EQ」と書かれた矢印で示していますが，これは「Equating」（等化）の意味です。

　前述の等化の操作により，テスト版2の全問題について規準集団に等化された項目パラメタを求めることができます。このことは，テスト版2だけに出題した問題であっても，規準集団上で比較可能な項目パラメタが求められるということを意味します。すなわち，規準集団上の尺度に乗った困難度が推定された問題が，テスト版1の問題以外にも増えるということです。図にはありませんが，テスト版1と部分的に共通の問題を含むテスト版3を作り，受験者グループ3に提示し，解答を収集して項目パラメタを推定し，等化することで，規準集団上の尺度上で項目パラメタが推定された問題をさらに増やすことができます。

　この操作をより直感的に示すために，図7-9の点線以下のように，アイコンを用いて正誤データ等を表すことにし，その操作の関係性を図（ブロックダイヤグラム）で表すことにします。図の点線で区切られた部分の上下を対照させれば，アイコンや矢印が何を表しているかがわかるでしょう。ブロックダイヤグラムの意味やアイコンの意味については，第3部13章1節も参照してください。

　ところで，規準集団上で項目パラメタが求められたとしても，そこから能力値を求めるためには，それぞれのグループに対応した個別のテスト版の項目パラメタではなく，「規準集団上に

等化された」項目パラメタを用いる必要があります。以下，図 7-10 のブロックダイヤグラムに
基づき，規準集団に等化された項目パラメタ値の推定と，受験者に対する能力値の推定手順に
ついて，改めて説明します。

　図 7-10 の左上から順に説明していきましょう。まず，規準集団に対してテスト版 F1 を提示

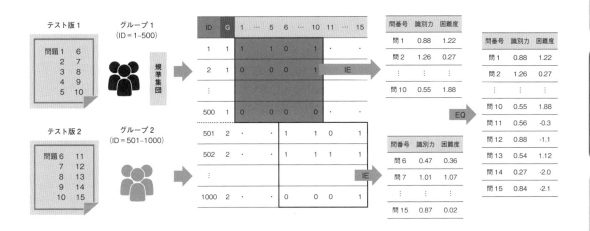

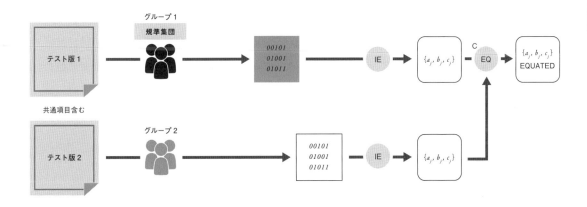

図 7-9　規準集団上の尺度上で項目パラメタを推定する仕組み（共通項目デザイン，個別推定）

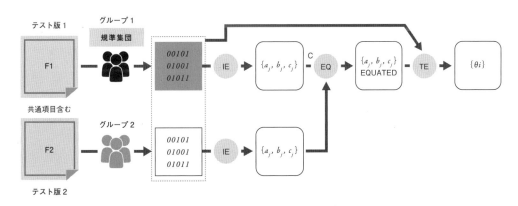

図 7-10　グループ 1（規準集団）の尺度に等化された項目パラメタを用いてグループ 2 の能力値を求めるための
ブロックダイヤグラム（共通項目デザイン，個別推定）

し，正誤データを得ます。次にこの正誤データから項目パラメタ（$\{a_j, b_j, c_j\}$ と書かれている
もの）を推定します。IE は項目パラメタを推定することを表します。この項目パラメタは，等
化の際に規準となる尺度に乗っています。次にテスト版 F2 を用いて本試験の実施を行い，同
様に項目パラメタを推定します[11]。ここで求められた項目パラメタは規準集団上の尺度に等
化する必要があります。等化の操作は「EQ」で表されており，等化係数を算出したうえで，規
準となる尺度でのパラメタ（「C」と表されている側）へ，それ以外の項目パラメタを等化す
る操作を表しています。こうして求められた等化済み項目パラメタリスト（$\{a_j, b_j, c_j\}$ の下に
EQUATED と書かれたもの）は，規準集団の尺度上で表された項目パラメタを含んでおり，こ
れらの値と規準集団・本試験の受験者の正誤データを用いて能力値を算出します。

　能力値の算出処理は TE（Theta Estimation）で示しています。TE には入力が二つあり，一
つは等化済みの項目パラメタリスト，一つは受験者全体（規準集団と本試験を問わない）の正
誤データです。能力値を求める手掛かりとしてはこれら二つが必要ですが，本試験受験者の能
力値を算出する操作は，本試験の正誤データを分析して得られた項目パラメタではなく，規準
集団に等化した後の項目パラメタを用いる点に注意が必要です。これにより，規準集団上の尺
度で表された能力値を，本試験の受験者に対して求めることができます。

　ここで説明したように，テストごとに項目パラメタを個別に推定し，それらを用いて規準集
団に等化する手続きを「個別推定」とよびます。

7-7-2　共通受験者デザインの場合

　共通受験者デザインの個別推定は，図 7-11 に示した方法で行います。テスト版 1, 2, 3 は図
7-8（☞ p.105）に示したグループ 1, 2, 3 にそれぞれ出題されます。グループ 3 は共通受験者
で，テスト版 1 と 2 の問題をすべて含むテスト版 3 を受験しています。規準集団はグループ 1
であると考え，グループ 2 の能力値尺度をグループ 1 の尺度上に等化する場合を考えます。

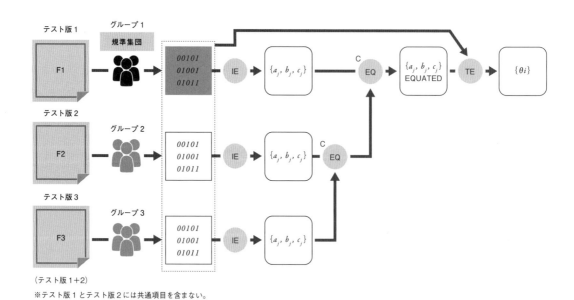

**図 7-11　共通受験者を用いて複数種類のテスト版における受験者の能力値を比較可能にするための
ブロックダイヤグラム（共通受験者デザイン，個別推定）**

11) F1 と F2 の間には共通項目が複数含まれています。

　テスト版1と2の間に共通項目はありませんが，テスト版3にはテスト版1及びテスト版2とそれぞれ共通する問題が含まれているため，これらを利用して等化します。テスト版1, 2, 3で個別に項目パラメタを推定したら，まず第1段階として，グループ2を基準として，テスト版3の項目パラメタを等化します。この操作により，グループ3から求められたテスト版2の項目パラメタの値が，グループ3の能力値尺度上で表現されますが，同時にグループ3が受験したテスト版1の項目パラメタも，グループ2の能力値尺度で表示されることになります。

　次に第2段階として，グループ1を基準にして，先に求めたテスト版3の項目パラメタを等化します。この操作により，グループ1（規準集団）の能力値尺度上に，テスト版3の項目パラメタが表示されることとなりますが，テスト版3の項目パラメタは「グループ2の尺度上で表示されているパラメタ」であるため，結果的にグループ1とグループ2の能力値尺度が等化されることとなります。

7-8　同時推定による等化

　個別推定とは別の等化手法として，すべてのテスト版のデータをまとめて一つのデータとし，このデータに対して多母集団IRTモデルとよばれる，受験者グループ間で異なる平均・標準偏差の能力値分布を仮定したIRTモデル[12]を適用する方法が知られています。多母集団IRTモデルを用いて，複数のテスト版を受験した結果を同時に分析していることから，この手法を「同時推定」とよびます[13]。

7-8-1　多母集団IRTモデルによる同時推定

　同時推定をするにあたっては，複数のテスト版の正誤データを一つの大きな正誤データに併合します。その際，一行に一人の受験者のデータが並ぶようにし，かつ同じ問題が同じ列に並ぶようにします。図7-7（☞ p.104）で示した正誤データは，テスト版1とテスト版2で共通の問題が5問（問題6から問題10）含まれる例でしたが，同じ問題に対する正誤が，同じ問題について一つの列に並ぶように配列されています。この正誤データに対してグループ1とグループ2の二つの受験者集団で能力値の分布（平均値と標準偏差）が異なるという仮定をおいた多母集団IRTモデルを適用することで，同時推定をすることができるのです。

　同時推定用に併合した正誤データには，図7-7で示すように多数の欠測（・）があります。具体的には，テスト版1を提示された受験者グループにおける問題11から問題15に対する正誤データと，テスト版2を提示された受験者グループにおける問題1から問題5への正誤データが欠測になっています。しかし，これらの欠測値を入れたままであっても，多母集団IRTモデルを適用することができます。この分析により，問題1から15までの項目パラメタだけではなく，受験者グループ1と受験者グループ2の能力分布の平均と標準偏差も推定することができます。

　それぞれのグループにおける能力分布の平均と標準偏差の推定にあたっては，以下の2通りの方法があります。

　●特定のグループ（たとえば規準集団）の能力分布平均を0，標準偏差を1と固定し，他のグ

12）多母集団IRTモデルについては光永（2017：153）を参照してください。
13）実践例については光永（2017：216–218）を参照してください。

ループの能力分布について平均と標準偏差を推定する。
● 全グループをあわせた全体の能力分布について，その平均を 0，標準偏差を 1 と固定し，各
グループの能力分布について平均と標準偏差を推定する。

前者において，平均 0，標準偏差 1 に固定したグループのことを参照グループ（reference group）とよびます。参照グループを規準集団と考えることで，任意のグループを規準集団とみなした分析が可能となります。また後者の場合は，ランダム等価グループではないとされる複数の受験者グループを用いて，（特定の参照グループを決めない形で）グループ間で共通の項目パラメタを推定する際に用いられます。

7-8-2　共通項目デザインの場合

　図 7-12 上に共通項目デザインによる同時推定のブロックダイヤグラムを示しました。この図中で多母集団 IRT モデルとある部分は，規準集団と本試験で異なる能力分布を仮定して，両グループに共通の項目パラメタを求める分析手法を表しています。

　規準集団にテストを出題して得られた正誤データと，本試験からの正誤データを，図 7-7（☞

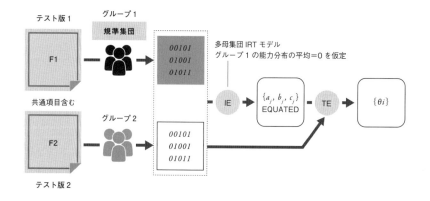

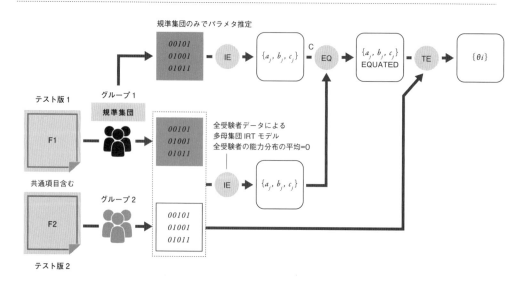

図 7-12　同時推定を行う場合のブロックダイヤグラム（共通項目デザイン）
上は基本となる手法，下は規準集団における項目パラメタに再度等化する手法

p.104）に示す形にまとめます（図 7-12 上で，二つのグループからのデータを点線で囲ったのは，複数のグループからのデータについて，同じ問題の正誤が縦に並ぶように，ひとまとめにすることを表現しています）。そのうえで，この正誤データに多母集団 IRT モデルを仮定した分析を行い，項目パラメタの推定を行います。このとき，規準集団がグループ 1 であることを表現するために，グループ 1 の能力分布平均を 0，標準偏差を 1 と仮定した多母集団 IRT モデルを適用します。

　図 7-12 上に示す方法とは別の手法として，図 7-12 下のようなものもあります。規準集団（グループ 1）だけから項目パラメタを推定しておき，多母集団 IRT モデルによる項目パラメタ推定を終えた後，規準集団から得られた項目パラメタ上で，多母集団 IRT モデルによる項目パラメタを等化する操作を改めて行います。このような手法は，規準集団以外に多数のグループがあり，それらを一度の操作でまとめて等化する場合に行われることがあります。

7-8-3　共通受験者デザインの場合

　共通受験者デザインによる同時推定を行いたい場合は，図 7-12 上の多母集団 IRT モデルによる推定手続きを，図 7-8（☞ p.105）に示す欠測値を含む正誤データに対して適用します。その際，グループ 1 から 3 までの三つの母集団を仮定し，グループ 1 を規準集団とおき，能力分布の平均を 0 とします。このように推定した項目パラメタは，共通受験者グループにおける尺度を基準として，三つのグループ間で共通の尺度に乗った形の項目パラメタと解釈できます。

　図 7-12 上に示した例ではグループの数が二つでしたが，共通受験者デザイン（図 7-8）ではグループ数が三つです。多母集団 IRT モデルでは，仮定されるグループの数を三つ以上に増やしたとしても，一度の操作で項目パラメタを推定することができます。そのため，共通受験者デザインの場合であっても，多母集団 IRT モデルを適用してパラメタ推定が可能です。

7-8-4　個別推定と同時推定のいずれを選ぶか

　等化手法は個別推定と同時推定がありますが，このいずれかがより優れた方法であるというわけではなく，等化したい尺度が何を測っているのかや，何を目的に等化するのか（規準集団の尺度に本試験尺度を等化するのか，特に規準集団を定めずに複数のグループをまたいで共通の項目パラメタを推定するのか）といった点によって使い分けます。その際，フィールドテストの正誤データを用いて複数の方法を比較検討することもあります。また，等化の対象となるテスト版や受験者グループ数の多寡に応じて，より実行しやすい方法を選択することも行われています。複数回共通入試を実施するうえでの個別推定と同時推定の選択について，第 3 部 13章 4 節で実務的な観点から検討していますので，参考にしてください。

　ただし，等化を行う際には，理論的に満たされなければならない「等化の前提」が存在します。そのため，どのような等化の手法を用いるにせよ，等化の前提を満たしていることを確認する必要があります。詳細については光永（2017：164-165）を参照してください。

7-9　能力値の尺度得点への変換，能力値の信頼区間 ─────────

7-9-1　IRT の結果を受験者が目にするスコアに変換する

　事前に定めた等化計画を実行し，能力値を受験者に返すことができたとしても，その能力値は私たちが慣れ親しんだ「0 以上の値をとるスケール」ではなく，−2.1 や 1.5 のように，マイナス無限大からプラス無限大までの範囲で，平均的な受験者は 0 という値で表されるものです。

　このような，受験者にとってなじみのない値をそのまま受験者にスコアとして返すわけにはいきませんから，能力値をスコアらしい値に変換する操作が必要です。このような操作により変換されたスコアの値を「尺度得点」とよびます。

　能力値の尺度について，その原点と単位を任意に決められることはすでに述べました。そこで，以下のような式を用いて，能力値をある範囲の値（たとえば 0 点から 1000 点，200 点から 800 点など）となる尺度得点に変換することがよく行われます。

$$尺度得点 = [変換後の標準偏差] \times 能力値 + [変換後の平均]$$

　たとえば，変換後の平均 500，標準偏差 200 の尺度上で標準化スコアを表示したい場合は，能力値を 200 倍して 500 を足せば変換できます。受験者の能力値分布が正規分布に近い場合に限りますが，この値はいわば偏差値「風」に解釈できる値となります。

　前述の例のように変換した尺度得点は，平均が 500，標準偏差が 200 の正規分布に近似した値と解釈できます。したがって，500 を中心として，おおむねプラスマイナス 2 標準偏差（より正確には 1.96 × 標準偏差）の範囲に 95 パーセントの受験者が集まることになります。ただしごく少数ではありますが，0 を下回ったり 1000 を超える値に変換されたりする受験者が現れる可能性がありますから，それらの受験者のスコアは 0 点や 1000 点という値に丸めます。

7-9-2　変換表を用いた尺度得点への変換方法

　変換のやり方は，ここで示したような，どの受験者にも同じ値を掛け，同じ値を足す方法以外にも，フィールドテストの結果として得られた規準集団の能力値分布が正規分布にならない場合において，正規分布に近似した尺度得点を得る方法があります。この場合は，表 7-1 に示すような，能力値の範囲と変換後の尺度得点との対応表（変換表）の形で変換結果が示されます。変換表の作成方法は光永（2017：136-138）を参照してください。

　等化計画に基づき，毎回の本試験の能力値尺度を規準集団の尺度上に等化した場合，等化したそれぞれの尺度はすべて規準集団を介してその意味が同一になっています。それらの能力値を，共通の変換表により尺度得点に変換することによって，どの回で受験しても比較可能な意味となるような尺度得点を受験者に返すことができます。

　実際のテストにおいて，この変換表は規準集団を定義した際に算出された能力値の分布をもとに決定されます。規準集団の能力値分布が正規分布をしない場合であっても，毎回のテス

表 7-1　能力値と尺度得点の変換表の例 （光永, 2017：138 を改変）

能力値下限	能力値中央値	能力値上限	尺度得点
	-2.70	-2.67	18
-2.67	-2.64	-2.61	20
	（中略）		
-0.09	-0.06	-0.03	49
-0.03	0.00	0.03	49
0.03	0.06	0.09	50
	（中略）		
2.91	2.94	2.97	82
2.97	3.00		110

トの結果得られた等化済み能力値は，同じ変換表を用いて尺度得点に変換され，この過程で規準集団の能力値分布を正規分布とみなした場合の尺度上で毎回のテストの尺度が表現できます。これにより，規準集団における受験者の能力値分布にかかわらず，規準集団と比較可能な尺度得点を，偏差値「風」に解釈することができるようになります。

7-9-3　能力値の信頼区間：測定の確からしさの指標

　IRT による能力値の推定結果は，受験者 1 人につき一つの推定値が算出されます。しかし，その値の確からしさは，常に一定というわけではありません。能力値の推定値として，同じ値，たとえば 0 という値が推定された 2 人の受験者がいたとしても，その値がどの程度確からしいかは，どのようなテストに解答したのかによって異なります。

　このようなあやふやさを反映した指標として，能力値の「信頼区間」を推定することが一般的です。推定された能力値がより確からしい受験者に対しては信頼区間が狭く，確からしくない場合は信頼区間が広く推定されます。すなわち，前者の場合は 0 プラスマイナス 0.3，後者の場合は 0 プラスマイナス 1.5，のように，とりうる値の範囲の違いを表現することができます[14]。能力値の信頼区間についての詳細は光永（2017：131）を参考にしてください。

　能力値の標準誤差は，推定された能力値が極端に大きい（または小さい）場合，大きくなることが知られています。図 7-13 は，IRT に基づいて能力値が推定されるテストを 1540 名が受験したデータについて，各人の能力値の推定値を横軸に，標準誤差を縦軸にプロットしたものです。このテストの受験者は全体的に大きな能力値となっていますが，推定された能力値が極端に大きい（または小さい）受験者ほど，標準誤差が大きくなる様子がわかります。

　たとえばもっとも大きな能力値となった受験者でみると，推定された能力値が約 3.0 ですが，標準誤差がおよそ 0.4 であるということで，プラスマイナス 0.4 の誤差があることが示唆され

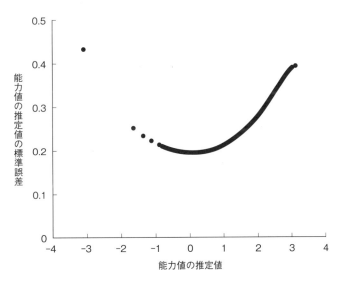

図 7-13　能力値の推定値と標準誤差の関係
一つの点が 1 名の受験者を示す。

14）実際に推定される信頼区間は「95 パーセント信頼区間」とよばれます。概念的理解としては，仮に測定が 100 回行われた場合に，真値がこの区間に含まれる回数が 95 回になるような範囲を表します。たとえば能力値の推定値が 0，信頼区間が 0 プラスマイナス 0.3 であった場合は，100 回中 95 回は真値がこの区間に含まれる，ということです。

ています。すなわち，この受験者の「真の能力値」は 3.0 である可能性がもっとも高いものの，2.6 から 3.4 という広範囲にわたっている，ということです。逆に能力値が 0 付近の受験者であれば，標準誤差はおよそ 0.2 で，この受験者の真の能力値は「0」である可能性がもっとも高く，ありうる能力値の範囲も -0.2 から 0.2 の間にほぼ限られる，ということになります。

　大学入試で IRT を用いたテストを行おうとする場合，能力値の標準誤差がもっとも小さくなるようにすれば，もっとも公平な大学入試とすることができるでしょう。多くの受験生が入るであろう能力値の範囲が，この例でいうと能力値「0」付近となるような問題構成とすればよさそうです。すなわち，受験者の実力に見合った困難度のテスト版を作っておく必要があるということです。項目選定の手法については「テスト情報量」の指標に基づくものもありますが，これについては第 8 章 3 節を参照してください。

　能力値の標準誤差は，そのまま尺度得点やスコアの標準誤差につながります。このことは，テストで測られる能力には誤差があることを表現しています。たとえばスコアを「能力値を10 倍し，100 を足した値」と定義した場合，能力値 0 プラスマイナス 0.2 の受験者のスコアは，「100 プラスマイナス 2」と表現することができます。すなわち，98 点から 102 点に入る可能性が高い，ということです。

7-10　生徒の学力の伸びを検討するためには：標準化テストの実践例

7-10-1　標準化テストによる学力調査の考え方

　これまでの教育改革の議論においては，学力が低下しているか否かが関心の一つとなってきました。標準化テストは，学力の「伸び」が具体的にどの程度なのかについて知るためのツールとなります。

　学力という言葉が表している内容を一意に定めたうえで，その変化の大きさを知るためには，学年をまたいで共通の学力尺度が必要です。そのため，項目反応理論を用いて共通尺度を構成し，そのうえでスコアを表すことにします。

　テストデザインを工夫すると，生徒の学力が伸びているかどうかを測るための尺度を，少ない負担で構成できます。具体的には，学期のはじめと終わりに，それぞれ別の問題を 50 問出題して，その正解・不正解の反応から IRT により能力値を算出し，スコア化します。両者のスコアを比較して，学期のはじめよりも終わりのほうが高いスコアとなっているなら，学力が伸びている，と判断します。

　ここでは，2023 年度からの 2 年間において，各年度の小学 4 年生における学力の伸びを検討するための標準化テスト作成法について述べます。まず，調査開始より前，たとえば 2022 年に，ある地域の小学 4 年生からサンプルを募り，100 問程度の問題に解答させます。この正誤データが一次元であることを因子分析により確認したうえで，IRT により分析し，項目パラメタ（困難度と識別力）を求めておきます。そして，問題文とともにそれらの値を記録しておきます。この受験者集団を規準集団と考え，規準集団上の尺度で表示された困難度を得るためにフィールドテストを行うのです。

　その後，2023 年の学期のはじめに，その地域における学力の伸びを測りたい生徒に対して，100 問のうち 50 問を出題します。また学期の終わりには残りの 50 問を出題します。学力は学期の終わりのほうが，より高くなっているはずです。そこで，二つの問題セット（テスト版）のうち，学期の終わりのテスト版のほうが，平均的に少し高めの困難度となるように問題を配置します。IRT の分析により，これらの 50 問に対する正解・不正解のデータから能力値を推

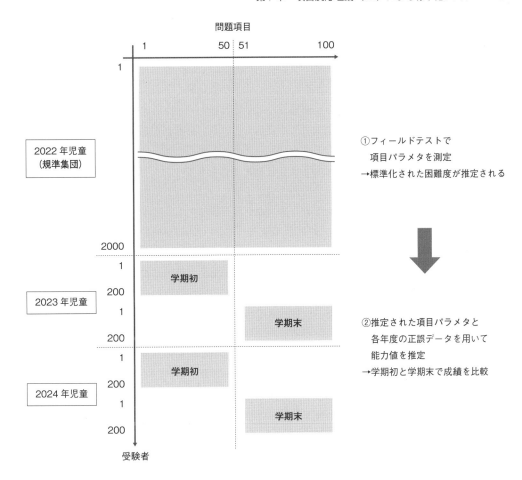

図 7-14　学力の「伸び」を明らかにするためのテストデザイン

定し，尺度得点（スコア）に変換します。その際，規準集団で出題した時点での項目パラメタを用いて，能力値を推定するのです。

　これらのスコアは，学期のはじめでも終わりでも，同じ 2022 年の生徒が規準集団となっています。よって，困難度が異なっていたとしても，この規準集団を介して，2023 年の学期はじめと学期末の二つの集団について，互いに比較可能なスコアが計算できます。

　2024 年度の小学 4 年生に対しても，学年はじめと学年末の双方の正誤データを収集し，フィールドテストで求めた項目パラメタを用いて能力値を推定し，スコアに変換します。これにより，2023 年度と同じ手続きで学力の伸びがわかります。

　学力の伸びを測るためには，以上述べたような計画を前もって立てたうえで，フィールドテストを行い，項目パラメタを推定する手続きが必要です。図 7-14 に，この学力調査のテストデザインを示しました。この図では 2022 年に行われるフィールドテストに 2000 名のモニター受験者が参加し，項目パラメタを推定したうえで，2023 年に 200 名の児童について，2024 年には別の 200 名の児童について学力の伸びを測っています。

　第 6 章 1 節で共通尺度について触れた際，異なる 2 種類のテスト版について，平均点だけではなく，スコアの分布も一致させる必要がある，という点を説明しました。しかし，ここで示した例では，両者の標準化されたスコア分布は一致するのではなく，学期はじめテストよりも学期末テストのほうが全体的が高いスコアとなることが予測されます。学期はじめテストに比

べて，学期末テストの受験者のほうが，学期の勉強を通じて学力が高まっているといえるためです。

7-10-2　等質なテスト版とするために

　前項までで説明したとおり，解答した受験者の能力分布によらない，IRT による標準化された項目パラメタ（困難度や識別力）を見出しておき，それらが等質なテスト版を用いることで，スコアの尺度を直接比較できるようになります。このことにより，テストの平均点だけではなく，二つのテストのスコア分布も直接比較可能になります。その際，2 種類のテスト版が似たような項目パラメタの値をもつ問題で構成されていれば，一方のテスト版が他方より極端に難しくなる，ということがなくなり，等質なテスト版による測定が可能となります。先の例でいえば，学年はじめのテストの 50 問と学年末テストの 50 問が同じような項目パラメタをもっていれば，等質なテスト版による測定であるといえるでしょう。

　等質なテスト版を作る一つの方法として，規準集団に出題した際に得られた 100 問の項目パラメタについて値を比較し，似たようなパラメタ値の問題をペアにし，それぞれを学期初テストと学期末テストに割り振る，というものがあります。しかし，常に 100 問の問題がきれいに分かれるわけではありません。そのため，テスト版ごとの項目パラメタ値を用いて「テスト情報量曲線」を描き，似たような形となるテスト版を 2 種類作成するという方法が用いられています。テスト情報量曲線についての詳細は第 8 章 3 節を参照してください。

　テスト情報量曲線の形が近くなるような複数のテスト版を，たくさんの出題候補から機械的に探索し，それらを組み合わせて等質なテスト版を作成する手法により，自動的に等質なテスト版を作成する手法が提案されています。ただし現実には，同時に出題すると互いにヒントとなってしまう問題のペアが含まれると困る，あるいはいくつかのジャンルの問題が複数のテスト版で同じ割合となるようにしたいといったように，出題に関する制約条件を加味した形で自動的にテスト版を作成できれば実用的であるといえるでしょう。これらの手法は「自動テスト構成（Automated Test Assembly）」とよばれていますが，詳細については加藤（2014b）を参照してください。

7-10-3　複数の等質なテスト版による素点を用いた標準化テスト

　等質とされるテスト版を複数個作ることができれば，たとえば 10 個の等質なテスト版を用意すれば，そのどれをテストで用いても，スコアは同じ意味をもつことになります。等質なテスト版を作れば，場合によっては素点（正解の数）を比べることに意味があるようなテストを実現することも可能です。

　極端な例ですが，10 個のテスト版に含まれる 1 問目，2 問目，……最後の問題までのすべての問題について，項目パラメタが互いに同一で，かつ識別力がどの問題も一様に高い値（たとえば 1 に近い）であり，しかも複数のテスト版に含まれるすべての問題が一次元の構成概念を測定しているならば，素点を相互に比較することに意味があるテストとすることができます。複数種類の等質なテスト版を作るためには，このように多くの検証すべき事項がありますが，これらを検証した等質なテスト版を多数ストックしておき，異なる実施回に出題することで，問題の内容が異なるテストを用いて，素点同士の比較に意味があるテストを実現することが可能です。さらにいえば，検証を経ていない複数のテスト間で素点を比較することには，無理があるといえるでしょう。

　複数のテスト版を用いて公平なテストを実現するためには，複数のテスト版が確かに等質で

あることを示す必要があるでしょう。そのためには，テスト版の等質性を統計的数値により確認するプロセスについて，必要に応じて開示する体制が必要でしょう。

　その一方で，項目パラメタを推定するためにはある程度の規模の受験者集団（モニター受験者）に問題を提示しなければならず，この受験者集団全員に対して問題を外部に漏らさないようお願いする必要があります。しかし，秘密が完全に守られるとは限りません。素点が比較可能なテストを実現するためには，機密保持にさらなる工夫が求められます。

7-10-4　問題の公開を制限する必要性

　図 7-14（☞ p.115）のテストデザインを例にとって，問題の機密保持に関する課題について述べます。仮に，2023 年時点で 3 年生の A さん，それに 4 年生になる B さんの姉妹をもつ家庭があるとしましょう。2023 年の学期初・学期末テストを受験した B さんは，学期初テストのあまりの出来の悪さに恥ずかしくなり，学期末テストを受験した際，教員の指示に背いて，内容をこっそりスマートフォンで撮影したとします。この内容が B さんから A さんに伝わったとしたら，A さんは 2024 年に実施される学期末テストで，B さんの撮った画像を見て，事前に暗記していた解答をそのまま答案に書き出す行為ができることになってしまいます。当然，これは教員が想定していない事態です。

　このようなことがないように，この経年変化を検討するためのテストは，すべての問題を秘匿し，外に出さないように徹底する必要があります。そして，児童から「学校でいつもやっている他の小テストは持って帰っていいのに，どうしてこのテストは持って帰れないの？」と聞かれたとき，なぜ外に出してはいけないのかを説明する必要もあるでしょう。そもそも，このテストは解答を導き出す能力を測るためのテストで，問題に対する対策を促すテストではありませんから，児童にはそのことを伝える必要があります。

　このように，テストデザインが実施可能であったとしても，実際にテストを運用する際，受験者の不正行為や試験監督者・実施者のミスなどにより，想定していない事態に陥ることがあり得ます。公平性が重んじられるテストであればあるほど，起きうるあらゆる事態を想定したうえで，テストが常に公平な結果を返すよう，テスト制度にも工夫を重ねます。そして，受験者にとって不利益が起こると想定される場合，たとえばテストの問題が非公開であるといった措置を講じる場合は，テストの公平性に支障をきたす範囲を除いて，その理由についてできる限りの情報を開示します。テストデザインの工夫だけではなく，テスト制度を運用するうえでの工夫も重要であるというわけですが，公平性に配慮したテスト制度の情報公開は，とりわけ慎重に行われる必要があります。

【第 7 章のまとめ】
● IRT は，受験者の能力分布によらない困難度や識別力など（項目パラメタ）を推定するためのテスト理論であり，標準化テストを実現するために必要である。IRT を用いた分析によって得られた受験者ごとの能力値は，素点とは異なり，その受験者が解いた問題の困難度とは切り離された能力の指標としての意味をもち，尺度の原点と単位は任意に決められる。能力値は尺度得点に変換され，受験者に報告される。
● 項目反応モデルは，正解・不正解のデータに適用する二値型モデルだけではなく，5 段階評価のようなデータに対応した多値型モデルも提案されている。これらのモデルはデータの段階数に応じて，適宜使い分けることが求められる。

●異なる回のテストにおいて，各回のテストの参加者から求めた問題の項目パラメタを，規準
集団上の尺度で表示する手続きを行うことで，各回のテストの尺度をそろえ，異なる回の受
験者のスコアを相互に比較できるようになる。このような操作を「等化」とよぶ。等化を行
うための主なテスト実施計画（等化計画）には共通項目デザインと共通受験者デザインがあ
り，等化の手法には大きく分けて個別推定と同時推定がある。

第8章

テスト制度とテストデザイン，テストの質保証

　前章では IRT を応用して，複数の回のテストスコアを共通の尺度上で表示する方法を述べました。実際に IRT をテストで活用するにあたっては，理論通りのテストとなるようにさまざまな工夫をする必要があります。前章で述べた IRT の説明は（第 10 節を除き）あくまで理論的枠組みの解説であり，テストを理論通りに実践するためには，大学入学共通テストのような「出題した問題を使い切る」形式のテストには用いられない，さまざまな仕掛けが必要になってきます。本章では，実際に IRT による標準化テストを実施するうえで役に立つ考え方や仕掛けについて説明します。

8-1　項目バンク：テストの質を保証するためのデータベース ─────

8-1-1　項目バンクの必要性

　IRT によるテストでは，規準集団となるモニター受験者に出題するテスト版と，本試験の受験者向けのテスト版の間で，出題する問題が異なります。また等化を伴うテストの場合，規準集団に等化した後のパラメタ値なのか，等化前の値なのかを把握しておくことが必要です。円滑なテスト実施のためには，ある問題がどのテスト版に出題され，どのようなパラメタ値であったかについて，きちんと記録に残す必要があります。

　記録の管理にあたって必要不可欠なのが，過去にどの問題をだれに出題したかや，そのときの解答，推定された項目パラメタの値などの一切を記録するための，テスト内で統一されたデータベースの存在です。第 7 章 10 節で紹介した例であれば，規準集団に出題した問題群のうちどれを学期はじめに，どれを学期末に出題するのかといったことは，統一されたデータベースによって管理しておく必要があります。

　問題に関する各種情報を記録するデータベースを「項目バンク」とよびます。項目バンクはテストを実施する者が，フィールドテストや本試験を実施するたびに更新していき，常に最新の状態で新たな本試験を実施します。ときには，問題の内容に不備があり，正答が導き出せなかったり，複数の正答が見つかったりするなどして，全員を正答扱いとして再採点する場合もあるでしょうが，これらのことがらを記録することも，項目バンクの一つの役割です。

8-1-2　項目バンクはどのように運用されるか

　項目バンクには，問題文の他，さまざまな属性（プロパティ）が記録されます。主なものとしては

- 問題を識別する ID
- 問題文，選択枝 [1]

- 正答
- 解答形式（多枝選択式，記述式など）
- 問題に関連する参考資料，正答の根拠となる資料
- 素点の正答率，問題の正誤と素点合計との相関（I-T 相関[2]）
- IRT による項目パラメタの推定値
- 出題履歴，改訂履歴
- 内容が同一であったり，互いにヒントとなったりするため，同時に出題してはいけない問題[3]のID

といったものがあります（この例はベイル（2008）を参考にしました）。テスト実施者はこれらの情報を記録・管理するために規則を整備することや，実際のメンテナンスに携わる体制づくりも求められます。記録や情報検索の簡便性を考えると，項目バンクは完全に電子化されていることが望ましいといえます。

　項目バンクはいわば，テストのファクトブックです。そのテスト制度が改まり，新しい規準集団によるテストが始まるまでの間，メンテナンスされていきます。項目バンクの内容については，通常，外部に公開されることはありません。もし公開されるとしたら，テストの公平性を保つ範囲内で，受験者の便宜を図るため，テストを実施する者が受験者向けに「サンプル問題」などの形で問題の一部を公表するなど，ごく限られた内容のみです。また項目パラメタの値についても，公表されることはありません。

　詳細は次項や本章第5節で示しますが，項目バンクはIRTを用いた標準化テストを実現するための「要」です。項目バンクの維持にあたっては，責任ある者が常にその内容に注意を払う必要があります。日本の人事慣行では一定期間を経過すれば担当者が人事異動で変わるということが一般的ですが，テストが続く間に担当者が変わったとしても，項目バンクの運用ポリシーは一貫しているようにしなければなりません。

8-1-3　項目バンクを用いたテストとは

　テストを実施する側としては，問題を作って出題したり，解答を収集して採点したりといった，実務的な作業をいかに誤りなく，効率的に行っていくかが課題でした。しかし，年に複数回テストを行うとなれば，毎回行われるテストの問題の内容や，だれに出題したかといったことについても，きちんと記録されなければならないことになります。

　問題を作るという作業は，人間の知恵を集めて行われる必要があり，人工知能（AI）の仕組みで自動化することは当面，現実的でないでしょう。また，だれにどんな問題を出題するかを考える作業は，テストデザインを検討する作業であり，テストの目的や実施形態といった複数の要素を加味して総合的に考える必要があり，やはりAIが自動的に検討するというわけにはいかないでしょう。

　しかし，だれにどの問題を出題したかを記録するという作業は，受験者に問題を配信・提示する部分をコンピュータで行うこととすれば，効率的に行えることが期待されます。そのため，項目バンクの考え方は，コンピュータを用いたテスト（CBT）と親和性が高いといえます。次節以降では，このようなテストの仕組みについて触れていきます。

2）I-T 相関については光永（2017：146-147）を参考にしてください。
3）このような問題のペアは「敵対項目」とよばれることがあります。

8-2　コンピュータを用いたテスト（CBT）と IRT

8-2-1　ICT を活用したテスト：CBT

　これまで説明してきたテストは，受験者にテスト版と解答用紙を配布し，解答を鉛筆で記入させる，紙と鉛筆に基づくテストでした。しかし，IRT による標準化テストを行うにあたっては，異なる問題内容から構成される複数のテスト版を用意し，受験者ごとに本来配布されるべきテスト版を誤りなく配布するという手続きが必要です。テストを実施するうえでこの手続きは大変重要なのですが，一方で誤って別の種類のテスト版を配布してしまい，テストが正しく実施できなかったという事故が発生する危険性がおおいにあります[4]。このようなミスを防ぐためには，事前に試験監督に対して十分な研修を行うなど，テストの実施方法を工夫する必要があります。

　また，特に入試においては，受験者がテスト終了後直ちに受験結果を知ることのできるシステムが求められます。大学入学共通テストではテスト終了後，受験者が自分の書いた答案と大学入試センターが公表する正解一覧を突き合わせる「自己採点」の結果をもとに，その後の出願先を決める仕組みとなっています。しかし，IRT を用いた標準化テストでスコアを求めるためには各問題に対する正誤の情報の他に，問題ごとの項目パラメタと能力値の計算方法，それに能力値から尺度得点への変換表が必要です。これらの情報は，通常，公平なテスト制度を維持する観点を考慮し，テスト実施者から受験者に提供されません（この点については第 3 部 13章 4 節も参照してください）。

　これらの問題を解決する方法として，コンピュータを用いたテスト（Computer Based Testing, CBT）が企画されることがあります[5]。受験者への問題の配信から解答の収集・記録，スコアの配信までをインターネット上のサーバとコンピュータ端末で行い，紙のやりとりを廃した効率的なテストを実施するのです。

8-2-2　CBT の具体的仕組みの一例

　CBT を実施するためには，項目バンクと，問題をだれに出題するかの情報，それに受験者を管理するための仕組みが必要です。場合によっては，受験者の本人確認に用いる情報（顔写真など）も同じシステムで管理することもあります。これらの情報を統合して管理し，テストとして成立させるためのソフトウエアと，問題を提示するためのコンピュータ端末やタブレット端末，情報を配信するためのサーバといったハードウエアからなります。代表的な CBT システムの構成を図 8-1 に示しました。また受験者に問題を提示するための受験者用端末の例については第 3 部 13 章 4 節に詳細を示しました。

　CBT を実施する大まかな流れとしては，インターネットや LAN を経由してサーバから問題データを端末に送り，端末の前に座った受験者に問題を提示し，問題に解答させ，解答データをサーバに記録する，ということが一般的です。また記述式問題を含む CBT では，記述式問題を採点するための評価用端末に，受験者が解答した内容を配信し，評価者から評定データを収集する機能が備わっている場合もあります。

---

4) 標準化テストの例ではありませんが，2012 年度のセンター試験で，同一の試験時間帯に同じ受験室内で 2 種類のテスト版を用いてテストを実施することになり，誤った問題冊子が配られる受験者が多発したという事例があります（倉元，2017）。
5) 導入のメリットやデメリットについての詳細は石岡（2014）を参照してください。

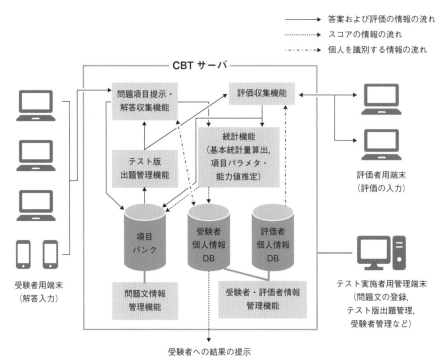

図 8-1　IRT によるテストにおける項目バンクを用いた CBT の構成図の例
評価者による答案の評価の仕組みまでをサポートするシステムで，
受験者個人情報 DB（データベース），評価者個人情報 DB を含む。

8-2-3　CBT 導入の利点と課題

　CBT を実施するメリットとしては以下のような点があります。まず，解答データが電子的に収集されるため，紙媒体のマークシートをスキャンする手間が省け，その後の IRT によるスコア算出の手続きを自動化することによって，テスト実施後時間を置かずに受験者へスコアを返すことが可能になります。また紙と鉛筆のテストで起こりうる，試験監督者が間違った問題を受験者に提示するおそれも少なくなります。さらに，テストの実施記録が電子的に収集でき，より客観性のあるテストの仕組みを構築できます。

　また，問題を解くごとに受験者の能力値を逐次的に推定していき，次に出題される問題の困難度を，その時点での受験者の能力値に近い問題とする，という方法でテストを実施することも可能です。視力検査を例にとると，受検者からの反応が正答である間は，視力の推定値（能力値）が上がっていき，間違えたところで視力の推定値を確定させる，というように，受験者の能力値にマッチした困難度の問題だけを用いてテストを行うことができ，より少ない問題で的確に能力値を推定することが期待できます。このようなテストはコンピュータ適応型テスト（Computer Adaptive Testing, CAT）とよばれています（詳細は光永（2017：186–188）を参照してください）。

　一方で，CBT 導入のためのハードルは決して低くないというのもまた，指摘しておかなければなりません。CBT は，従来，紙と鉛筆を用いて行っていた問題を出題する部分を，コンピュータで置き換える仕組みです。したがって，受験環境はこれまでのテストと同様，試験監督者の監視の下，同じ部屋に受験者が集まって受験することが求められます[6]。また，パソコン端末やタブレット端末を受験者の数だけ用意することも必要です。1 回の受験者数が膨大になる場合は，受験者の受験機会を分散させる工夫が必要でしょう。

　また受験者によるパソコンの操作ミス，パソコンの故障，サーバの故障といった事態にどう

対処すべきかを考えなければなりません。音声再生に専用の IC プレーヤーを使う大学入学共通テストのリスニングでは，2006 年度の導入以来毎年，IC プレーヤーの故障がわずかながら発生しています。公平なテストを実施するためには，途中で音声の再生が止まってしまった等のトラブルに見舞われた受験者に対して，試験監督者がどのように対応するかを適切に決めておき，忠実に実行することが求められます。

　パソコンやタブレット端末，スマートフォンを用いる CBT ともなれば，操作も複雑となり，トラブルの種類も増え，不測の事態に対応をするためにテスト実施者が蓄積すべきノウハウは膨大なものになるでしょう。大学入学共通テストのリスニングは，長期にわたる実施を通じて，対応マニュアルを常に更新していき，常に公平性に配慮したテスト制度を構築しようと努力しています。地道に問題点を克服していき，より実践的なテスト制度として CBT が継続して実施される取り組みが求められているといえます。

8-3　テスト情報量に基づく項目選択とレベル別テスト版の作成

8-3-1　能力値の推定精度とテスト情報量

　テストの実施にあたっては，受験者の能力水準に適した問題を用いて行うほうが好ましいといえます。ここで「受験者の能力水準に適した問題」とは，受験者の能力にマッチした項目特性をもつ問題，ということを意味しています。小学 6 年生に対しては小学 6 年生向けの問題を用いて学力を検討する，というように，受験者がもっている能力レベルにマッチした困難度の問題を用いる，ということです。

　もし受験者の能力レベルにマッチしない困難度の問題を用いた場合は，どのようになるでしょうか。仮に小学 6 年生に対し，中学 3 年レベルの問題ばかりを用いて学力を測ろうとしても，ほとんどの児童は正解できないでしょう。したがって，正誤データは「不正解」ばかりとなり，能力レベルを推定するための手掛かりとして，ほとんど情報をもたらさないことになってしまいます。また能力レベルを推定する際にも，得られた能力レベルの推定値はあやふやなものとなり，能力レベル推定の精度が悪くなってしまいます。逆に，小学 6 年生に対して小学 6 年生向け程度の困難度の問題を出題すれば，得られた正誤データは，受験者が小学 6 年レベルの能力をもっているか否かを判断するために十分な情報をもたらすことでしょう。また能力値の推定精度も，高いものになるでしょう。推定された能力値の精度が高いということは，言い換えれば，能力値の信頼区間を狭く推定することができる，ということです。

　問題ごとの項目パラメタがわかっていれば，それらを出題した際，正誤反応から得られる情報の多さを「情報量」として，能力レベル（能力値）別に求めることができます。ある能力レベルの受験者に対して情報量が大きいということは，その能力レベルの受験者に対して，能力値を精度よく推定できることになり，信頼区間を狭く推定できるということを意味します。能力値別の情報量は，出題した問題の項目パラメタから算出され，各能力値における推定の精度は「標準誤差」の値として，次の式で求められることが知られています。

6）決められた会場に受験者を集めるのではなく，カメラ付きのパソコン端末を経由して，自宅などにいる受験者に対し，人間の試験監督が受験中の挙動を遠隔で監視しながらテストを行う仕組み（「オンライン・プロクタリング」とよばれます）も提案されていますが，その場合は遠隔で行われるテストを熟知した試験監督者が多数必要です。また受験者が自宅などで不正行為（カンニング）を行う可能性を完全に排除するためには，受験者に対し，カメラでとらえた映像の範囲内に常に手元が入るように求めるなど，さまざまな工夫が求められます。

$$ある能力値における標準誤差 = \frac{1}{\sqrt{ある能力値における情報量}}$$

この式により求められた標準誤差を用いると，ある能力値をもつ受験者における能力値の信頼区間を推定することができます。たとえば 95%信頼区間は，

$\{$ある能力値の推定値 − 1.96 × 標準誤差$\}$ 以上，$\{$ある能力値の推定値 + 1.96 × 標準誤差$\}$ 以下

というように求めることができます。能力値の推定の精度と能力値の推定値の信頼区間との関係については光永（2017：116-117）も参照してください。

8-3-2　テスト情報量をグラフで示す

能力値の推定精度を高めるためには，受験者の能力レベルにマッチした困難度の問題を使うだけではなく，識別力の高い問題を用いることも必要です。ただし，識別力が高い問題は，すべての受験者に対して精度よく識別できることを表しているわけではなく，その問題の困難度に相当する能力値をもつような受験者の能力を精度よく識別します。たとえばある問題の識別力が高く（1.5 程度），その問題の困難度が 1.0 であった場合，能力値が 1.0 付近の受験者において能力レベルを精度よく推定できます。

受験者に提示したテスト版全体でみたとき，全体的に識別力が高い問題が集まっていて，それらの困難度が−3.5 から 3.5 あたりまでに，等間隔に散らばっていたとしましょう。このようなテスト版はある意味で理想的です。ちょうど視力検査のように，受験者がやさしい問題から順番に解答していき，間違えた時点の困難度がすなわちその受験者の能力値ではないか，といったような直感的理解ができるでしょう。

困難度が−3.7 から 3.7 まで，0.1 刻みの等間隔になっているような 75 問のテスト版（1 問目の困難度が−3.7，2 問目が−3.6，……，74 問目が 3.6，75 問目が 3.7）を用いて，すべての問題の識別力が 1.0 であった場合に，能力値別にみたときに，どのあたりの能力値をもつ受験者が精度よく能力値を推定できるのでしょうか。この点を明らかにするために，横軸に能力値，縦軸にその能力値の精度を「情報量」と考え，プロットしたものが「テスト情報量曲線」です。図 8-2 左の曲線がそれにあたります。

情報量が高くなっている範囲に能力値がある受験者に対しては，信頼区間が狭く，より精度の高い能力値が推定できます。一方，情報量が低くなっている範囲に能力値がある受験者に対しては，信頼区間が広く，精度の低い能力値が推定されることになります。情報量は，このように能力値の推定の精度に関係する値です。図 8-2 右の曲線は，上の情報量曲線の値をもとにして算出した，信頼区間のもとになる「能力値の標準誤差」の値を示しています。

図 8-2 左と右の曲線から，能力値が極端に小さかったり大きかったりする受験者でなければ，どの能力値をもつ受験者においても情報量が高く推定される，すなわち精度が高く，標準誤差が小さく推定されることがわかります。一方，識別力の値がそれぞれの問題で異なる場合はどうなるのでしょうか。困難度の値は先の例と同一ではあるものの，困難度の値が 0 以上であるような問題において識別力が 0.5 であった場合のテスト情報量曲線を図 8-3 左に示します。難しい問題に対して識別力が低いことにより，能力値の推定の精度も，その値が高い受験者において低下していることがみてとれます。

また，困難度の値に偏りがある場合は，図 8-3 右のように，一部の能力値の範囲のみ突出して

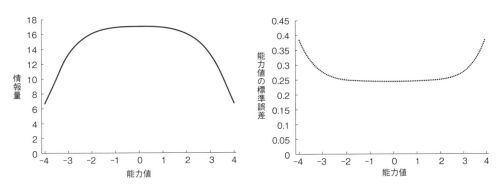

図 8-2　テスト情報量曲線と能力値別の標準誤差

左はテスト情報量曲線の例。困難度が -3.7 から 3.7 まで 0.1 刻みであるような 75 問で，識別力がどの問題も 1.0 の場合を示す。右は対応する能力値別の標準誤差の値を示す。

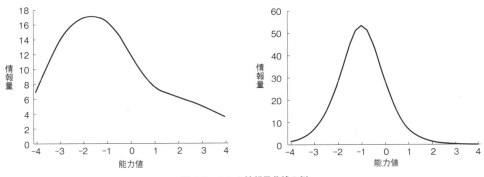

図 8-3　テスト情報量曲線の例

左は困難度が -3.7 から 3.7 まで 0.1 刻みであるような 75 問で，「困難度がマイナスの問題」の識別力は 1.0，「0 以上の問題の識別力は 0.5」の場合を示す。右は困難度が -1.2，-1.1，-1.0，-0.9，-0.8 の問題がそれぞれ 15 問ずつある場合で，識別力は全問題で 1.0 である場合を示す。

高い情報量となり，それ以外の能力値の範囲では情報量が低下します。すなわち，ある一部の能力値の範囲に入った受験者においてのみ，標準誤差が小さく，信頼区間が狭く推定できる一方，それ以外の範囲の受験者に対しては標準誤差が大きく，信頼区間が広くなってしまいます。

　実際のテストで項目パラメタを推定した場合は図 8-3 の例のように，特定の値の範囲で識別力が低くなる場合は多くありませんが，困難度の推定値が極端な問題（たとえば -10 以下，10 以上）において，識別力の推定値が小さくなる傾向にあることが経験的に知られています。識別力の値が小さな問題は，受験者の能力値を決めるために十分な情報をもたらさないことを意味しますから，いかに困難度が高かろうが（あるいは低かろうが），その問題への正誤は能力値の推定にはほとんど影響しないことになります。一方，識別力が大きな問題の正誤は，識別力の小さな問題に比べて，受験者の能力値の推定に大きな情報をもたらすといえます。

8-3-3　テスト情報量曲線を用いた問題選択

　テストを運営する側は，「出題した問題群の識別力と困難度がどのような値であれば，より受験者の学力分布に適した問題群となるのか」に注意を払いながら出題する問題を決めることにより，テストの質を高めることができます。テスト情報量曲線を描くことで，出題した問題の情報量を能力値別に知ることができます。このことを利用し，テスト実施者がこれから出題する予定のテスト版について，項目パラメタからテスト情報量曲線を描き，テスト全体がどのレ

第1部

第2部

第3部

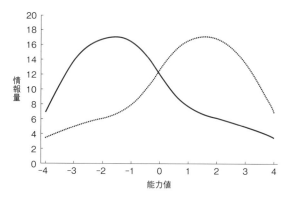

図 8-4　2 種類のテスト版のテスト情報量曲線

ベルの受験者に対して能力値をよく識別できるかを検討することも行われています。

　　複数回共通入試を設計するうえで，受験者の学力レベルが広範囲にわたっている現状を考えると，大学入学共通テストのようにすべての受験者に対して一律のテスト版を用いるのではなく，「初級向け」「上級向け」のようにテスト版を複数用意し，これらの間で共通な尺度を考えるというアプローチが必要ではないかという意見があります。このようなレベル別のテスト版を構成するためには，テスト情報量曲線が図 8-4 に示すような 2 種類のテスト版を作成すればよいということになります[7]。テスト情報量曲線がどこにピークをもつのかを決めるのは，テスト版に含まれる問題の識別力と困難度の値です。これらの値のバリエーションを変えながら，よりメリハリのついたテスト情報量曲線となるようにテスト版を組めば，レベル別のテスト版を構成できます。

　　ただし，テスト情報量曲線による問題の選択をするためには，フィールドテストの実施により，規準集団に等化した項目パラメタを推定しておく必要があります。これらをデータベース化し「項目バンク」としておけば，その後の問題選択の際に役立ちます。

　　たとえば 20 問の初級者向けのやさしい問題からなるテスト版を作成したければ，項目バンク内に入っている問題群の中から困難度の値がマイナスである問題を中心に 20 問を抽出し，20 問の項目パラメタをもとにテスト情報量曲線を描いてみて，ピークがマイナスの能力値のところにくることを確かめればよいのです（図 8-5）。識別力は高めのほうがよいでしょうが，20 問がほとんど同じ内容の問題ばかりに偏ってはならないので，問題の内容が選択の判断材料として優先される場合がほとんどです。

8-4　DIF 分析に基づく項目機能の評価

8-4-1　特異項目機能（DIF）とは

　　問題の質は，項目パラメタ以外の根拠を用いて，多角的に検討されます。その一つに，同じ問題の文言がすべての受験者によって同じようにとらえられているか，という点があります。

　　学力を国際比較する調査目的のテストを開発する場面を考えてみましょう。読解力を問う問題で，問題文のなかに「航空機の客室乗務員（フライト・アテンダント）は女性がほとんどで

7）図 8-4 の実線は図 8-3 左と同じです。点線は困難度が−3.7 から 3.7 まで 0.1 刻みであるような 75 問で，困難度がマイナスの問題の識別力は 0.5，0 以上の問題の識別力は 1.0 の場合を示します。すなわち，初級向けでは困難度が低い問題で識別力が高く，上級向けでは逆に困難度が高い問題で識別力が高くなっています。

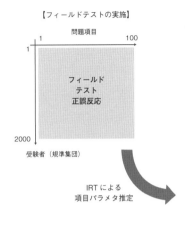

問番号	識別力	困難度
問 1	0.88	1.22
問 2	1.26	0.27
問 3	0.84	0.55
問 4	0.55	-1.88
問 5	0.57	-2.33
問 6	0.26	3.57
問 7	0.33	-1.86
問 8	0.49	-1.22
問 9	0.74	-0.58
問 10	0.72	1.10
問 11	0.45	1.95
問 12	0.38	0.97
⋮	⋮	⋮
問 100	1.22	-0.95

【規準集団上での項目パラメタ】

抽出

問番号	元の問番号	識別力	困難度
問 1	問 4	0.55	-1.88
問 2	問 5	0.57	-2.33
問 3	問 8	0.49	-1.22
問 4	問 9	0.74	-0.58
問 5	問 13	1.22	0.38
⋮	⋮	⋮	⋮
問 20	問 100	1.22	-0.95

【初級者向けテスト版】（20 問）

IRT による
項目パラメタ推定

描画

テスト実施者が
意図した
能力値向けの
テスト版か確認

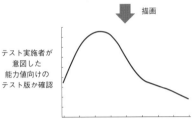

【テスト情報量曲線】

図 8-5　フィールドテストを用いた問題選択の手続き

ある」という知識を利用して正解に至るような問題が含まれていたとします。そして，この問題を日本，イギリス，フランス，アメリカで出題したとします。この問題については，日本だけでみれば正解率が高いかもしれません。しかし，他の国においては必ずしもそうではありません。日本とは文化の違う国においては，この知識が浸透していないため，正答率が低くなることとなるでしょう。

　問題は，受験者のおかれた環境や文化の違いによって受験者の背景知識が異なることが，正答率に影響してしまうことです。正答が得られなかった原因が，受験者の読解能力が足りなかったからとは言い切れず，正答に至るために必要な知識が，（受験者の読解能力とは関係のない）文化的背景の違いのせいでもともと備わっていなかったため，という可能性もあるのです。前者と後者の要因が区別できない問題文は，読解能力の測定の手段として不適切であるといえるでしょう。

　たとえば，絵を見て，それが何月ごろのことかを答えるテストを 10 問用意し，アメリカ人向けにアメリカで，また日本人向けに日本でそれぞれ出題したとします。たとえば「雪が降っている場面」を見せて，それが何月であるかを答えさせるような問題です。そのなかで 1 問だけ，日本文化圏でなじみのある概念として「ひなまつり」の絵を出題した場合のように，文化差による解答傾向の違いが問題になりそうな場合について考えます（他の 9 問は文化差が問題にならないものとします）。この 1 問についてアメリカと日本で正答率に差が生じたとして，その原因が「季節感をとらえる能力の違い」なのか「その問題だけでみられる，文化差に起因する違い」なのかを判断することが求められます。

　このように，ある問題を提示したとき，同じ程度の能力値をもっている受験者のうち，一部のグループに属する者だけの正答率が低下して（または高まって）しまう現象は，その問題が一部のグループの者に対してだけ特異的な測定機能を果たしているということで，「特異項目機能」をもつ問題である，とよびます。特異項目機能のことを，Differential Item Functioning の略で DIF とよぶことがあります。

8-4-2　DIFを検出する方法（1）測定モデルを仮定しない手法

　DIFを検出する方法の一つに，測定のためのモデル（IRTなど）を考慮せず，受験者の正誤データのみから推定する方法があります。この手法は「ノンパラメトリックな手法」とよばれます。

　ノンパラメトリックな手法のなかでも，もっとも簡易な分析方法として知られるものの一つにマンテル＝ヘンツェル法（M-H法）があります。この方法の考え方は，「受験者の能力レベルの指標として，10問に対する正答数を用いて受験者全体をいくつかの群に分け，能力が低い群と高い群のそれぞれで日本とアメリカ別に正答・非正答の数をカウントした頻度表を作成し，能力の低い群と高い群で頻度表の値に傾向の違いがみられなければDIFなし，みられればDIFありと判断する」というものです。この際，日本の受験者を基準となる「参照グループ」と考え，参照グループと他のグループの間で差があるかを検討します。

　先の日本とアメリカでの比較の場合，たとえば受験者900人からなるテストの素点スコアについて，上位，中位，下位がそれぞれ3分の1になるように3群に分け，300人ずつの下位集団をつくります。次に，各群で日本とアメリカの解答者がDIFを検討すべき問題についてそれぞれ何人正解しているかを，頻度表形式でまとめます。この分析により，三つの頻度表が得られます。

　3群の頻度表の結果が表8-1左列のようになったとします。能力レベルの低い群においても高い群においても，一貫してアメリカ人の受験者の正答数が少なくなっている傾向がみてとれます。このような場合はDIFの存在を疑います。逆に表8-1右列のようになった場合は，能力レベルの違いだけで正答数が左右され，解答者の属性ではほとんど正答率に違いがないことがわかります。この場合はDIFがないものと判断されます。

　実際の分析においては，DIFの大きさに関する指標として，以下のような指標 α を計算しま

表8-1　マンテル＝ヘンツェル法によるDIFの検出（架空例）
DIFのある場合とない場合について記した。

DIFがある場合

【能力レベル下位の頻度表】

	正答	非正答	合計
アメリカ	5	150	155
日本	25	120	145
合計	30	270	300

【能力レベル中位の頻度表】

	正答	非正答	合計
アメリカ	15	100	115
日本	45	140	185
合計	60	240	300

【能力レベル上位の頻度表】

	正答	非正答	合計
アメリカ	75	70	145
日本	132	23	155
合計	207	93	300

DIFがない場合

【能力レベル下位の頻度表】

	正答	非正答	合計
アメリカ	25	120	145
日本	25	130	155
合計	50	250	300

【能力レベル中位の頻度表】

	正答	非正答	合計
アメリカ	43	102	145
日本	45	110	155
合計	88	212	300

【能力レベル上位の頻度表】

	正答	非正答	合計
アメリカ	100	45	145
日本	100	55	155
合計	200	100	300

す（以下の計算式についての詳細は Zwick（2012）を参照）。

$$\alpha = \frac{\left\{\left(\text{日本の正答数} \times \text{アメリカの誤答数}\right)/\text{合計人数}\right\}\text{の能力レベルごとの総和}}{\left\{\left(\text{アメリカの正答数} \times \text{日本の誤答数}\right)/\text{合計人数}\right\}\text{の能力レベルごとの総和}}$$

　この α を，以下の式で Δ（デルタ）の値に変換すると，その値が負であれば参照グループに対して有利な傾向，正であれば参照グループに対して不利な傾向があることを意味することが知られています。ただし ln（・）は自然対数をとることを示します。

$$\Delta = -2.35 \ln \alpha$$

　「DIF がある場合」では α＝約 3.953，Δ＝約-3.230 であるのに対し，「DIF がない場合」では α＝約 0.897，Δ＝約 0.256 と計算されます。よって，前者では参照グループ（日本）において有利な傾向がみられますが，後者では両グループで有利不利がない傾向がみてとれます。

　Δの値を用いて DIF の傾向をさらに細かく検討する方法については Zwick（2012）や野口・大隅（2014：130-132）を参考にしてください。この項では能力レベルの段階の数について，説明のために 3 段階としましたが，受験者人数に応じて段階数を増やして分析することも可能です。

　ノンパラメトリックな DIF 検出手法については，マンテル＝ヘンツェル法以外にも，SIBTEST 法や尤度比検定法といった手法が知られています。尤度比検定法については野口・大隅（2014：132-134）に詳細が記されています。これらの手法や，次に述べるパラメトリックな手法を組み合わせて総合的に DIF を検討することが一般的です。

8-4-3　DIF を検出する方法（2）測定モデルを仮定する方法

　これまで説明してきたマンテル＝ヘンツェル法は，問題の難しさが各集団において異なることを仮定して分析する手法でした。このような場合は，ある文化圏に属しているかという要因が，困難度の違いだけに影響しているということで，「均一 DIF」とよばれていますが，一方で問題の識別力に影響している場合もあります。このような DIF は「不均一 DIF」とよばれており，マンテル＝ヘンツェル法では検出することができません。

　そこで，IRT などの測定モデルに基づく項目パラメタを指標とし，不均一 DIF をも検出できるような方法も提案されています。この手法は「パラメトリックな手法」とよばれます。

　パラメトリックな手法では，まず IRT による分析を行います。複数の下位集団（たとえば先の例では受験者の国の違い）ごとに，下位集団のデータのみを用いて項目パラメタを求め，それらを共通の尺度に等化します。すなわち，複数の国で共通の能力値尺度となるように等化するのです。これにより「同じ程度の能力値をもつ受験者が仮に受験したと考えた際の項目パラメタ」が算出されます。この等化後の困難度が下位集団ごとに同じであるなら，DIF はないものと考えます。

　先の日本とアメリカの例では，当該問題における等化後の項目パラメタを比較すると，アメリカ人の受験者において困難度が高まるはずです。国の違いで層別した正誤データから別々に項目パラメタを算出したところ，困難度に差が出たということで，この問題には DIF がみられると判断します。同じ程度の能力をもつ受験者であっても，前提知識のある日本においては相対的に困難度が低くなるためです。

　この考え方に基づき，困難度以外に，識別力も比較することとすれば，不均一 DIF を検出することも可能です。パラメトリックな DIF 分析の具体的な手法については野口（2015：55-63）や熊谷（2012）を参照してください。特に後者は 3 群以上にわたる場合を一度の分析で検討することができる手法について紹介しており，より実践的であるといえます。

8-4-4　分析事例と適用の注意点

　テストのデータに対して DIF 分析を行っている例としては，ミャンマーの中学生を対象に性別（ジェンダー）や複数の民族間で DIF がみられるかを検討した事例（ヌヌカイほか, 2013）があります。またテスト以外のデータに対しても DIF 分析を行うことができます。複数の国・地域で同じ内容の質問紙に解答させたデータに対して DIF 分析を適用した事例（坂本ほか, 2017）もあります。

　また多くのテストで，問題ごとに DIF がみられるかを検討し，今後の問題づくりに活用しています。実施しているテストで極端に大きな DIF が検出され，テストの公平性に大きく影響すると判断された場合は，その問題を再出題しないことや，採点から除外することが検討されます。

　DIF があるかどうかは，受験者の性別，居住地域，宗教などの属性を下位集団として検討することが多いですが，同じ問題を紙で出題した場合とコンピュータで出題した場合を比較するといった目的で行われることもあります。同じ問題であっても，コンピュータで提示した場合に画面が読み取りづらいため正答率が低下した，という可能性を検討するのです。この検討のためには，フィールドテストの実施や分析が必要不可欠です。

8-5　標準化テストの実施：実際の流れ

8-5-1　大規模標準化テストを実施するために：テスト開発責任者の役割

　本章と前章を通して，標準化テストを実施するために必要な構成要素について，概略を述べてきました。これらの要素をふまえて，テストを実際に実施するための流れを図 8-6 にまとめました[8]。図 8-6 には，過去に出題された問題を項目バンクに記録していき，別の本試験に問題を使い回すテストの場合について，述べています。具体的には，本試験実施に先立ち，項目バンクにある程度の「項目パラメタ推定済み」の問題が記録されている状況で，

1. 項目バンクの中から一定数の問題を抽出して，毎回の本試験のために新たに作題した問題とあわせて一つのテスト版を作成する。
2. 受験者に出題し，解答を収集する。
3. 収集された解答を採点し，正誤データ化する。
4. 項目パラメタを求め，項目バンク中の問題（共通項目）を手掛かりに等化を行う。
5. 算出された項目パラメタなどの値を用いて問題の質について検討する。
6. 項目パラメタが求められた問題を項目バンクに入れる。

というサイクルを回していくテストの場合について示しています。

　テストを実施していくためには，問題を作成したり，出題したり，解答を収集したり，採点

8）ただしこれはあくまで一例であり，実際にはこの例とは異なる流れに基づき，テストが実施される場合もあります。

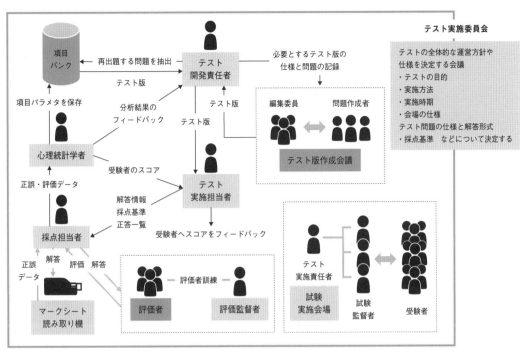

図 8-6　標準化テストを実施するための実際の流れ

したりといった各段階をコントロールし，全体を統括するための「テスト開発責任者」とよばれる立場が必要です。いわば，テストを実施するための実務的中心に位置づけられます[9]。

　テストを運営していくためには，まず，テストの実施方法や具体的手順，おおまかな目的を決めるために，「テスト実施委員会」が置かれます。この委員会で決定された実施方針を実現するために，テスト開発責任者がさまざまな立場の人に働きかけていきます。

8-5-2　大規模標準化テストを実施する流れ

　前項に続き，図 8-6 に基づきテスト実施の流れを説明します。テストを実施するうえでは，まず問題を作成することが必要です。その前提として，出題される問題がどのような仕様に基づいているのか，たとえばどの程度の学年レベル向けなのか，どのようなトピックについて問うのかといった仕様がなければ問題を作成できません。そこでテスト開発責任者が，テスト実施委員会で決められたテストの目的に照らして大まかな仕様を決め，実際に問題を作成する「問題作成会議」と連携し，テストで出題する問題内容の青写真（ブループリント）を作成し，精緻化していきます。教育課程のカリキュラムや教材の内容を委員会のメンバーが精読し，どの分野の問題を何問出題するのかについて，具体的な案を作成します。

　どの分野を何問出題するかといった，テスト版の仕様は，テストが実施されるたびに変えるわけにはいかない点です。これが不適切であれば，テストで測りたいことがらを適切に測れないことに直結します。そのため，慎重に時間をかけて検討されるのが普通です。

　本試験で出題すべき内容が固まった段階で，問題作成の具体的プロセスが始められます。これは「テスト版作成会議」において行われますが，ここでの成果物は「項目バンクから抽出され

---

9)　テスト開発責任者は，テスト実施担当者や採点担当者のマネジメントをする役をすることも求められています。ある程度以上の実施規模をもつテストでは，関連する部署も多くなるため，標準化テストでない場合でも，テスト開発責任者の役割を担う者が置かれることが一般的です。

た再出題問題」と「新作問題」が一体となった「本試験用のテスト版」です。テスト版にどの問題を出題するかを決定する立場と，問題を作成する立場を分離することで，問題作成者の独断により，出題内容が偏る事態を防ぎ，より多くの視点から出題内容を検討することが期待されます。そのため，テスト版作成会議は「問題作成者」と「編集委員」から構成されることが多いのです。問題作成者は問題の素案を作成し，それらをブラッシュアップしていきます。次に編集委員が，問題案の中から出題すべき問題をピックアップし，それらをテスト版としてまとめていきます。こうして作成されたテスト版が，実際に出題されるのです[10]。

　ここで作成されたテスト版は，実際のテストを実施するための「テスト実施担当者」に渡されます。テスト実施担当者は，テスト実施委員会で決められたテスト実施のスケジュールに合わせて，会場や試験監督者の確保，受験者への告知や指示，スコアのフィードバックといった実務を担います。こうして，テスト版が受験者に提示され，解答情報が収集されます。

　テストを実施した後，直ちに解答情報を採点しなければなりません。これを行うのは「採点担当者」です。採点担当者は解答情報を正答一覧と突き合わせ，受験者ごとの正誤データを作成していきます。多くの場合，突合せ作業はマークシート読み取り機などの機械によって行われます。また記述式などのパフォーマンステストの採点は，多くの評価者に答案を評価させ，その評価の値を「評価データ」として記録します。これらのデータは，受験者の標準化されたスコアを算出する根拠として「心理統計学の専門家（サイコメトリシャン）」に送られ，心理統計学の専門家はIRTに基づく等化の手続きを行い，受験者のスコアと問題ごとの項目パラメタを算出します。そして，前者はテスト実施担当者を経て受験者に返され，後者はテスト版の問題文に関する情報とともに「項目バンク」に記録されます。

　項目バンクに記録された項目パラメタの値を用いてテスト情報量曲線を描くことで，テスト版がどの程度の能力値レベルをもつ受験者向けなのかを明らかにできます。これらの情報は，必要に応じてテスト開発責任者を通じて問題作成会議にもフィードバックされ，今後の問題作成方針の詳細を検討するうえで参考にされます。

　この実際の流れはあくまで一例で，コストの関係で必ずしもすべての要素を盛り込めるとは限りません。しかし，問題文を作成する者とテスト版を編集する者が異なる点や，項目バンクを用いた出題問題の質のコントロールといった考え方は，どのような標準化テストを実施するうえでも必要であるといえます。

【第8章のまとめ】

●標準化テストを行うためには，テスト制度全体の実施計画を綿密に立てる必要がある。また，どの問題をだれに出題したかをデータベース化し，項目バンクとしてまとめておく必要がある。複雑なテスト制度を誤りなく行ったり，効率的にテストを実施したりするためには，コンピュータによるテスト（CBT）の仕組みを導入することが検討される。

●生徒のスコアが伸びているかどうかを検討するためのテストでは，フィールドテストによる規準集団上での学力尺度を定義したうえで，事前・事後デザインにより，異なる内容のテスト版を同一生徒に提示する。テスト版にどの問題を用いるかを選ぶには，テスト情報量曲線による分析が用いられる。またDIF分析による項目機能の評価が行われることがある。

---

10) 図8-6にはありませんが，問題作成会議には「問題点検」と称して，問題が正しく解けるかをチェックする仕組みも含まれているのが普通です。

◉標準化テストを行う手続きは複雑であるため，テスト開発責任者がテストの実施過程を管理することが一般的である。問題作成・編集，テスト実施，採点，評価及び結果の分析の各過程にはそれぞれ担当者が置かれる。項目バンクには，問題の出題履歴のみならず，等化された項目パラメタ値などの統計情報も記録され，テスト実施のために役立てられる。

第1部

第2部

第3部

第9章

パフォーマンステストと標準化テスト

　前章では，受験者に何問かの問題を出し，正解したか否かを正誤データとしてまとめ，分析するという流れのテストについて述べてきました。公平性が重視される大学入試では，マークシートに解答を記入する形式が多く用いられてきましたが，解答を単語や文章で記述させる形式のテストも用いられています。また，入試で面接を課す大学もあります。

　マークシートを用いたテストは，いつだれが採点しても同じ結果が得られるということで，より客観的な指標を用いてテストを行うことが期待されます。それに対し，記述式テストや面接では採点者（面接者）によって結果が変わる可能性があります。受験者のふるまいや行動を観察し，その行動に対して採点者や面接者などの「評価者」が評価をするようなテストのことを「パフォーマンステスト」とよびます。

　本章では，パフォーマンステストを大学入試に導入するための方法論や，分析のためのIRTモデルを紹介します。そのうえで，大学入試にパフォーマンステストを導入するために必要な留意点について述べます。

9-1　パフォーマンステストの特徴

9-1-1　人間の能力を測る：客観式テストとは異なる測定アプローチ

　入学試験の場面を思い浮かべてみると，その多くが「多くの選択枝の中から正解を選ぶ」形式や「解答を語句の形で記入する」形式であることに気づきます。受験対策として，私たちが多くの問題を解き，正解と突き合わせ，不正解であった問題に対処するという作業を通じて勉強を重ねていくことからも，イメージできるに違いありません。このような，正解か不正解かを第三者が客観的に採点できるように工夫された形式のテストは「客観式テスト」とよばれます。それに対し，ある程度まとまった文や文章，数式などの形で解答を記述する形式のテストは「記述式テスト」とよばれますが，この形式は客観的に正解か不正解かを判断することが困難な場合があります。

　記述式テストの採点については，正解・不正解というように解答を二分するのではなく，正解・部分点・不正解という3段階や，出来の良さを0から5までの6段階で採点するというような形で行われることが多くあります。実際のテストでは図9-1で示すように，採点結果から受験者のスコアを求める，というステップがありますが，受験者のスコアを決める要素は，実質的には，採点者による採点の結果であることがわかります。

9-1-2　人間のパフォーマンスを尺度化する

　記述式テストが人間の作文能力というパフォーマンスを測るものだと考えれば，たとえば英語で会話する能力を測るために受験者に英会話をさせ，その過程を録音して，そのやりとりを評価者が聞いて採点するというような方法により，英語による発話能力というパフォーマンスを測ることもできるでしょう。この例からもわかるように，パフォーマンステストで測られる能力は，テストで観測される人間のふるまいと一致している必要があります。

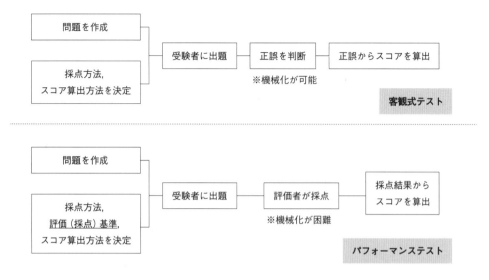

図 9-1　客観式テストとパフォーマンステストの実施の流れ

　ウェルチ（2008：328）は，パフォーマンステストの特徴として，以下のようなものを挙げています。

● 受験者に解答を生成，もしくは創造する機会が与えられている。
● 多枝選択式テストで求められる以上のものが，解答として要求される機会がある（例：受験者に作品の修正を求めたり，結論を探したり，共同作業をさせたりする）。
● 得られた解答を，基準となる解答と比較して評価する。
● 評価基準には良し悪しの幅がある。

　ここに掲げた特徴に照らすと，たとえば記述式テストは，パフォーマンステストのうち，文章による表現力を測定しているものと考えることができます。記述式テストが出題された受験者は，各自の解答を文章で記述します。単純に語句だけで答える場合もありますが，多枝選択式以上の要素が求められるのが普通です。また記述式テストの採点においては，基準となる正答例が示され，評価者[1] が受験者の解答を正答例と比較対照させながら評定値をつけていきます。通常，評定値はたとえば 0 点から 5 点までのように，複数の段階の幅があります。

　また，英語で何らかの内容を発話するという「スピーキングテスト」の場合は，受験者による解答の音声を録音し，評価者が評価したうえで，その評定値をスコアに反映させます。この場合は，正答例となる模範解答の形ではなく，ルーブリック（第 10 章 1 節を参照）の形で評価基準を与えることが一般的です。同様に，小論文の評価においてもルーブリックに基づく評価が行われます。ルーブリックはテストで用いられるのみならず，学習のための達成度を表すものでもあり，どのようなルーブリックにするかは学習場面全体を考慮したうえで決定され，評価にあたってはどの受験者に対しても公平に評価がなされるように，評価者に対して徹底されます。

1）「採点者」や「レイター（rater）」とよばれることもあります。

9-2　パフォーマンステストを入試に導入する

9-2-1　客観式テストとパフォーマンステストの実施の流れ

　客観式テストとパフォーマンステストのうち，いずれがより客観的かといえば，客観式テストである，といえるでしょう。客観式テストでは採点の過程で評価者の恣意性がほとんど入らず，全受験者で共通の決まった手続きに従って採点が行われます。パフォーマンステストでは，評価者による恣意的な採点がスコアに影響するおそれが捨てきれません。

　パフォーマンステストの場合は，評価者がなるべく採点基準に沿った採点を行うために，テスト実施に先立ち，テスト実施機関が評価者に対して採点の訓練を課し，どの受験者の解答に対しても同一の採点基準を厳守するように努めています。しかしながら，問題ごとに採点基準が異なる場合が普通であり，時として集中力の欠如や注意散漫といった要因で採点結果がばらつくことも，人間による採点では免れないところです。また，評価者の訓練に当たっては，テスト実施前に評価者が問題を目にすることが必須であることから，問題の機密保持には細心の注意が払われます。

9-2-2　パフォーマンステストで公平性を確保するには

　このような背景をみていると，やはり客観式テストはパフォーマンステストに比べてより公平なテストが期待できるように思えてくるでしょう。しかし，客観式テストでは，テスト実施者が測りたいことがらを的確に問えるような問題を出題するのが難しい場合がある，という欠点があります。作文能力を測りたいのに，多枝選択式の問題をたくさん出題したとしても，作文能力そのものを測れるわけではありません。作文能力を公平に測ろうとするなら，パフォーマンステストのやり方で，公平なテストとする努力をしなければなりません。

　パフォーマンステストで公平性を期すためには，最低限，以下の点について合意がなければならないでしょう。

- ●明文化された評価基準（ルーブリック）
- ●パフォーマンステストで測定される構成概念（評価観点）
- ●テストの実施方法
- ●標準化テストとするための手法（スコアの意味を同一尺度上で比較可能にするための手法）

　複数回共通入試のように経年的にテストを行い続ける場合には，これらの点について検証する必要があります。客観式テストで注意しなければならない点に比べて，評価者による評価のやり方に関する部分が追加されているため，考慮しなければならない点が増えることに注意が必要です。

9-2-3　テストの方法は適材適所で

　一度の受験で数千人が受験する大学入試のように，採点の手続きを大量に素早く行う必要があるテストでは，採点が容易な客観式テストを行うこと以外にテストの実施方法が見つからない場合もあるでしょう。個別入試で数千人の受験者に英会話を課したとすると，その大学では数千人の英会話の録音を何十人かの評価者が聴いて採点しなければなりませんが，それだけの体制を構築するのは現実的ではないでしょう。

　しかし，客観式テストのほうが公平だから，客観式テストだけを使ってテストを構成すべき

であるという考え方は，客観式テストで測れる要素だけを用いてテストをしよう，ということにつながってしまい，入試で本来測りたい要素が測れないということになってしまうおそれがあります。客観式テストで測れる要素は，多くとも正解・部分点・不正解といった数段階からなる正誤データ（多くの場合は二値データ）から出発せざるを得ません。面接のように，人間が直接受験者に面会して会話のやりとりをすることで得られる情報をもとに判断を下すテスト方法は，客観式テストよりも豊富な情報を得ることができるでしょう。また英語の発話能力を測りたい場合は，受験者の発話した内容を聴いて判断すべきであり，客観式テストでは測れない要素であるといえるでしょう。

　入試で受験者のどのような側面を測りたいかによっては，客観式テストの他に，パフォーマンステストの要素を入れる必要があるかもしれません。測りたい要素がパフォーマンステストでしか測れないのであれば，多少の実施上の困難さがあったとしても，パフォーマンステストの要素を取り入れた入試とするのが理想でしょう。

9-2-4　テストにかかるコストを考慮した組み合わせ

　しかしながら，これまでの大学入試では，マークシートに代表される客観式のテストが多用されてきました。その背景として，客観式テストの結果と，パフォーマンステストの結果の間に相関があるため，という説明がよくなされています。すなわち，客観式テストで正解をたくさん出せる受験者は，パフォーマンステストの成績も良いだろうから，一方を測れば十分ではないか，ということです。しかし，相関が高いとはいえ，その関係性が十分高いといえるかは，常に検証していかなければならないことで，そのような検証を公的な機関が行っているのかといえば，日本においては十分ではないようにみえます。そのため，客観式テストだけのスコアを入試に用いるというやり方は，パフォーマンステストで測られる要素に長けている受験者に対して，公平とはいえないかもしれません。

　客観的テストとパフォーマンステストを組み合わせて大学入試を行うには，客観式テストを一次試験とし，そこから成績が上位の者を選抜したうえで，パフォーマンステストを含んだ二次試験を課す場合が多いです。逆の組み合わせの場合，多数の受験者がパフォーマンステストの対象となってしまうため，現実的ではありません。二次試験としては，受験者一人ひとりに面接したり，受験者に志望動機を書かせた文章を評価したりといった形で，主観的な評定の要素が入ったテストを課すことが多いでしょう。

9-2-5　採用試験で一般的なパフォーマンステスト

　大学入試からは少し離れますが，企業や公共団体等の採用試験においては，パフォーマンステストの要素が多く盛り込まれます。採用試験では多面的な評価が行われることが常であり，多くの観点を測るテストが一つの採用試験で課されることが一般的です。

　国家公務員総合職試験（大学院卒業者向け）を例にとると，第 1 次試験として「基礎能力試験（多肢選択式)」「専門試験（多肢選択式)」が課され，第 2 次試験として「専門試験（記述式)」「政策課題討議試験」「人物試験」があります（2022 年 4 月現在)。第 1 次試験で課されているものはすべて複数の選択枝から正答と思うものを一つ選ぶ形式で，客観式テストです。一方，第 2 次試験は記述式テスト，グループ討議及び面接であり，これらはパフォーマンステストの性質をもっているといえるでしょう。

　客観式テストだけでは受験者のすべてがわからないということであれば，パフォーマンステストを組み合わせることで，膨大な受験者から採用候補者を的確に選抜することが可能となり

ます。客観式テストは採点が容易なため第1次試験に設けられており，第2次試験は第1次試験で絞り込んだ成績上位の受験者に対して行うことで，より効率的に選抜を行う仕組みになっているといえます。

9-3　多相ラッシュモデル：パフォーマンステストの IRT モデル

9-3-1　評価者の違いを加味した項目反応モデル

　パフォーマンステストで得られる評価データは，多数の受験者が複数の問題に解答したパフォーマンスについて，評価者（レイター）が採点した結果が記録されています。すなわち，受験者数×問題数×複数の評価者による評価の数という構造をもっています。このようなパフォーマンステストの素点に対しても，IRT モデルを考えることができます。

　客観式テストでは，受験者数×問題数という構造の正誤データに対して分析を行い，受験者ごとの能力値と問題ごとの項目パラメタを推定しました。それに対して，パフォーマンステストでの IRT モデルでは，受験者の能力の軸上で問題の困難度を表すだけではなく，評価者の評価の厳しさをもパラメタとして扱い，同じ軸上で表すのです。そのためには多相ラッシュモデル（Many-Facet Rasch Model）とよばれる IRT モデルを拡張したモデルを，図9-2で示すような構造のデータにあてはめます。具体的には表9-1に示す構造のデータに対して分析を行います。

　表9-1のデータは，受験者，問題，評価者の違いによって評定が異なるということで，この場合の多相ラッシュモデルのパラメタは，受験者の能力値，項目困難度（カテゴリ境界）の他

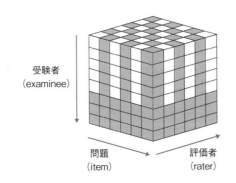

図 9-2　評価者を加味した IRT モデルのためのデータ構造
全問題に解答し，全評価者によって評価を受けた受験者が一定数（下部8分の3）存在し，それ以外の受験者は問題を部分的に解答し，一部の評価者に対してのみ評価を受けた場合を示す。

表 9-1　多相ラッシュモデルで用いられる評定データ（架空例）
5名の受験者が3問に解答したパフォーマンスを，3名の評価者が独立して5段階評定した結果を素点とした。

受験者	評価者 1			評価者 2			評価者 3		
	問 1	問 2	問 3	問 1	問 2	問 3	問 1	問 2	問 3
A	3	3	4	3	4	3	3	3	4
B	1	2	2	1	2	2	2	2	2
C	5	4	5	5	5	4	5	4	4
D	3	5	3	2	4	3	2	4	2
E	4	5	3	3	4	3	5	5	4

に，評価者の評価の厳しさの3種があり，それぞれ受験者数，問題数，評価者の数だけ求められます[2]。このモデルの特徴は，これら3種のパラメタがすべて受験者の能力値の尺度上で求められ，評価者の評価の厳しさパラメタについては，受験者の能力分布や問題の困難度の分布によらない評価者の評価の厳しさを表現できるところにあります。モデルの詳細については野口・大隅（2014：151-156）を参考にしてください。

9-3-2 多相ラッシュモデルにおけるパラメタの意味

パフォーマンステストで得られるデータとして，図9-2の構造による評定値が記録された場面を考えます。この評定値が全体的に低い値であったとしましょう。その原因としては，(1) 受験者の能力が全体的に低かったため，(2) 問題が全般に難しかったため，(3) 評価者の評価が全体的に厳しかったため，のいずれかが考えられます。多相ラッシュモデルを用いることによって，問題の困難度や評価者の評価の厳しさに依存しない受験者の能力値，受験者の能力分布や評価者の評価の厳しさによらない問題の困難度，受験者の能力分布や問題の難しさによらない評価者の評価の厳しさが推定されます。受験者の能力値を用いて標準化テストのスコアとすることが可能です。

図9-2によれば，多相ラッシュモデルの分析にあたって，すべての受験者のすべての問題に対するすべての評価者の評価値が必要なようにみえます。しかし，実際には必ずしもすべての評価が必要なわけではなく，一定の法則性に従ってデータを間引いても，言い換えれば一部のパフォーマンスに対する評価をある規則に基づいて「欠測」とした評定値データを用いても，パラメタは求められます[3][4]。これを応用すれば，比較的大規模なパフォーマンステストに多相ラッシュモデルを適用することもできます。

多相ラッシュモデルの分析を行うためのソフトウエアとしてはFacetsがあります（Linacre, 2022）。ただし尺度の一次元性など，IRTの仮定が満たされているかどうかについて吟味する

---

2) それぞれの要素を「相」と考えれば，このデータは3相データと考えることができます。多くの相を扱えるモデルということで，多相ラッシュモデルとよばれるのです。ただし，カテゴリ境界パラメタは多値型データである場合に考慮されるべきパラメタであり，ここでは除外して考えます（評価が2段階しかない場合は，カテゴリ境界を考えなくてよい）。

　　多相ラッシュモデルで3相のデータにおいては，以下のようなモデルの式を用います。

$k=0$ の場合：
$$P_{jrk} = \frac{1}{1 + \sum_{k=1}^{K} \exp(k(\theta - b_j - c_r) - \sum_{s=1}^{k} t_s)}$$

$k>0$ の場合：
$$P_{jrk} = \frac{\exp(k(\theta - b_j - c_r) - \sum_{s=1}^{k} t_s)}{1 + \sum_{k=1}^{K} \exp(k(\theta - b_j - c_r) - \sum_{s=1}^{k} t_s)}$$

　　このモデル式では，j番目の問題において評価者rが評価したデータに対して，カテゴリ $k = 0, 1, \cdots, K_j$ となる確率 P_{jrk} をモデル化しています。パラメタはθ（能力値），b_j（問題jの困難度），c_r（評価者rの評価の厳しさ），t_k（カテゴリkと$k-1$の境界パラメタ，ただし総和が0になる値）です。ただし，カテゴリ境界はすべての問題・すべての評価者で共通であると考えます。すなわち，カテゴリ境界が問題や評価者ごとに異なることがない，ということです（問題や評価者ごとに異なると仮定する，別のモデルを考えることも可能です。野口・大隅（2014：152-153）を参照）。第7章注6で示した部分採点モデルと違った式にみえますが，実はほぼ同じ式の形に変形することができます。ただし，問題や評価者ごとに共通のカテゴリ境界であるという部分に違いがあります。

3) 間引き方の詳細は光永ほか（2019），Weeks & Williams（1964）を参照してください。直感的理解としては図9-2のデータが観測されている部分を色のついたブロックで置き換えた際，これらのブロックが縦か横の面ですべてつながっていることが必要です。一つの例として，「全問題を解答し，全評価者によって評価を受けている」受験者が全体の一部でもあれば，前述の条件は満たされますが，図9-2はそのような場合を表しています。

4) 欠測のあるデータから項目パラメタを求めることは，多相ラッシュモデルだけではなく，1〜3パラメタロジスティックモデルでも可能です。第7章6節で紹介している等化デザインで，このような欠測データを用いた例について述べています。

必要があるのは，2 パラメタ・ロジスティックモデルの場合と変わりません。したがって，データを分析ソフトウエアにかければ，いつでも妥当な結果が返るわけではありません。また，多相ラッシュモデルを仮定して，複数のテスト版の共通尺度化を行うことも可能です。手法の詳細な検討については Uto（2020）を参照してください。

9-3-3　多相ラッシュモデルのテストへの応用例

　多相ラッシュモデルによる分析例を図 9-3 に示します。これは第 10 章 1 節で説明する英語スピーキングテストのパフォーマンスを評価した評定データを分析したもので，受験者の能力値，評価者の評価の厳しさ，問題の困難度，評価観点（下位尺度 2 種類）ごとの評価の厳しさの 4 相が，能力値の尺度により表示されている様子を示します。この例では，これまで説明した 3 相からなるデータにくわえ，それぞれのパフォーマンスに対して 2 種の評価観点による評価がなされ，あわせて 4 相のデータになっているということです。すなわち，表 9-1 と同じ構造をもつ表がもう一枚あり，それぞれ別の評価観点からの評定結果を表している，ということです。

　ただし，測定する概念が一次元であるだけではなく，評価者がどの受験者に対しても一貫した評価をするように，十分にトレーニングすることが求められます。これらが最低限保証されるために，モニター受験者や実際の評価者を動員したフィールドテストが行われることがほとんどです。

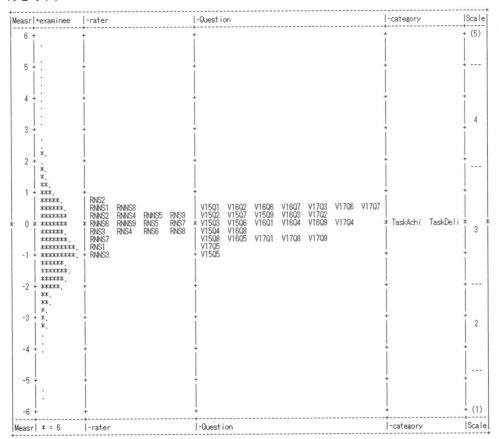

図 9-3　多相ラッシュモデルによる分析結果（4 相の例）
左から，受験者（＊印一つが 6 人）の能力値分布，評価者（18 人）の評価の厳しさ，問題（27 問）の困難度，2 種の評価観点の違いによる評価の厳しさの尺度値を示す。推定は Facets（Linacre, 2022）による。

【第 9 章のまとめ】

◉測りたいことがらに即したテストの方法を定め，受験者に課題を課し，評価者が評価値を与えることで，パフォーマンステストが行われる。客観式テストで測れることは限られており，パフォーマンステストはそれらを補完する位置づけである。

◉パフォーマンステストは主観的な評価が用いられ，公平性を確保するために評価基準を統制する必要がある。客観式テストとパフォーマンステストの両方を組み合わせてテストを実施することで，測りたいことがらを的確に測定できる可能性が高まる。

◉パフォーマンステストを標準化テストとするためには，多相ラッシュモデルが用いられる。多相ラッシュモデルは「受験者の能力」と「問題」の他に「評価者の違い」などを表す相を扱うことができる。パフォーマンステストで一般的な，複数の評価者からの評価データを用いて尺度化を行うことができる。

第10章

学習とテストの融合：教育を充実させるためのさまざまな工夫

　テストのスコアに対する意味付けは，必ずしも数値だけによるものではありません。その数値の意味が具体化すれば，より学習者にとって便利なテストになり得ます。

　たとえば英語のテストを受験して「あなたのスコアは1000点満点中550点でした。もっとがんばりましょう」という結果を受け取っただけなら，学習者として「550点というのはいったいどう意味なのだろう？　初級レベルなら何点で，中級レベルなら何点，という目安があればいいのだけれど……」というように，戸惑うことになるかもしれません。

　学校でのテストでは，しばしば「平均点以上を目指せ」というような指導が行われることがあるでしょうが，TOEFLなどの語学テストにおいては，全体の平均点と個人のスコアを比較してもあまり意味がありません。それ以上に，「何点をとればどの程度の英語力である」といったような絶対的な目安が意味をもちます。しかしそのようなスコアを示すためには，スコアの数値と，どの程度の英語レベルなのかを対応させる工夫が必要です。

　また，算数などに代表される一部の教科においては，ある段階までの学習内容が完全に身についていないと，次の段階の学習が困難になるという特徴があります。このような「積み上げ式」の教科においては，積み上げの各段階に到達している可能性を，受験者ごとに明らかにすることで，達成度の評価に役立ちます。これを実現するためには，IRTのモデルとは違った，別のモデルを考える必要があります。本章では達成度を測るテストを中心に，学習に役立つようなテストの工夫について述べていきます。

10-1　達成度テストとルーブリック，can-doリスト ──────────

10-1-1　競争的テストと達成度テスト

　テストは，受験者のある特性（能力，学力など）に対して，その程度を表すスコアを示すために行われます。スコアをどのように用いるのかによって，テストの目的は大きく分かれます。

　日本の大学入試では，テストを受験者に課し，スコアが高かったほうから順に合格としていきます。テストで測ろうとする特性が何であるかにかかわらず，入試を通じて，受験者はその特性の程度が大きな者から小さな者まで序列化され，合否が決まります。受験者からみれば，他の受験者よりも高いスコアとなることで合格できる確率が高まりますから，大学入試は互いに競争的な側面を有することになります。このようなテストの仕組みを「競争的テスト」とよびます。

　その一方で，測りたい特性について受験者ごとにどの程度基準に達しているといえるか，その程度をスコアによって示したいとするテスト制度もあります。「英検2級に合格する」ことを例にとると，英検2級受験者のうち上位の者を一定数だけ合格とするわけではなく，英検2級に合格する者の基準を上回る能力があるということで「合格」とする，という考え方です。このようなテストの仕組みを「達成度テスト」とよびます。

　競争的テストと達成度テストは，必ずしも対立する考え方ではありません。大学入試に達成度テストの考え方を導入し，「大学に入学する者は，ある一定基準以上の学力を有し，かつそのなかでスコアが上位に達した者とする」というような入試とすることもあるでしょう。また，

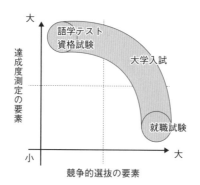

図 10-1　競争的選抜の要素の大小と達成度測定の要素の大小を表す概念図

　大学入学共通テストは，高校までの学びを通じて，どの程度の学修が行われたかを測る「達成度テスト」の位置づけで，（名目上は）行われてきています[1]。このように，大学入試のためには競争的要素と達成度測定的要素の両方の要素を兼ね備える必要があります。図 10-1 に，それらの要素の大小によってどのようなテストが行われるかを示します。

　競争的テストは，定員がある状況で，だれが出来の良い人であるかを見出すために行われるテストです。大学入試に出題される範囲があらかじめ受験者に提示され，その範囲をくまなく勉強した内容が，大学に入学した後にも役に立てばよいのでしょうが，そうではないという印象を大学入学後にもってしまうと，大学入試の勉強は何だったのか，ということになってしまいます。それに対して達成度テストは，合格したということで自分の勉強への努力が報われた，という達成感につながり，同時にその人が十分に能力を有することを証明することにもなります。達成度テストは勉強がどれだけ進んでいるかの指標となりますが，そのためには達成度に関する評価基準をきちんと定めることが必要です。

10-1-2　ルーブリック：評価基準でスコアを意味付けする

　達成度を測るためのテストでは，評価基準とスコアの関係性を明確にする必要があります。スコアが何点であった受験者は達成度がこの程度である，という意味付けをするということです。評価基準は「ルーブリック」ともよばれます。

　具体的なルーブリックの例を表 10-1 に示します。これは Hato et al. (2018) で作成された KIT Speaking Test とよばれる英語スピーキングテスト（詳細は第 3 部 14 章 2 節を参照）のもので，このテストでは，英語により何らかの活動（タスク[2]）を行うよう指示された受験者が，英語で発話することによりタスクを達成するまでの一部始終を録音され，その録音内容を複数の評価者によって 6 段階で評価されますが，その際の評価基準がルーブリックです。

　ルーブリックとしては，「評価値」と「その評価値と評価された受験者がどのような特性を備えているかを具体的に記した文言」のペアを並べたものが用いられます。表 10-1 のルーブリックの文言をみてわかるように，評価値が大きくなればなるほど，達成することが難しい内容になっていきます。また評価すべき内容に応じて，評価観点が複数設けられていることがあ

---

1) たとえば「令和 4 年度大学入学者選抜に係る大学入学共通テスト実施要項」の「実施の趣旨等」（p.1）には「大学（中略）への入学志願者を対象に，高等学校（中略）の段階における基礎的な学習の達成の程度を判定し，大学教育を受けるために必要な能力について把握することを目的」とすることが書かれています〈https://www.dnc.ac.jp/albums/abm00040430.pdf（最終確認日：2022 年 4 月 20 日）〉。

2) たとえば，絵や写真を見てそれが何であるかを英語で説明する，などがあります。

ります。この例では，Task Achievement と Task Delivery という二つの評価観点があります。前者は英語でタスクが達成できているかどうかについて，後者は英語をコミュニケーションの道具としてどれだけ使えているかについて，評価しています。

　授業を行う場面からすれば，ルーブリックは授業のなかで達成されるべき到達目標，達成度を表しているといえます。この場合，「評価段階」と「その評価段階だと判断されるための到達目標を具体的に記述した文言」のペアがルーブリックに相当します。

　学習者からみた場合，テストのなかで達成されるべき文言が段階を踏んで記述されているのが，すなわちルーブリックです。ルーブリックには複数の評価観点があり，評価観点別に評価が下されることで，学習者は自分の強みや弱点を知ることができます。教える側が適切に評価観点を設定することで，学習者自身の学びの方向性をきめ細かくフィードバックする道具とすることもできます。受験者からみたルーブリックはテストのスコアを算出する判断基準という位置づけですが，両者が同じ内容であるということで，学習と評価の関係性が一致するような学びの環境が保証されます。

10-1-3　英語テストでの実践例：ルーブリックとスコアを対応させる

　言語テストのルーブリックと標準化テストのスコアを対応させた例として，表 10-1 を改めて示します[3]。これは KIT Speaking Test を実施し，ある年度に収集したデータに基づき，多

表 10-1　KIT Speaking Test による，二種の評価観点（TA 及び TD）ごとに設定されたルーブリックの文言（Hato et al., 2018）と，評価データを用いて推定された受験者の能力値とルーブリックの文言との対応関係[4]

評価値	能力値	Task Achievement（TA）	能力値	Task Delivery（TD）
5	4.71 以上	The task is achieved, being deve-loped with a satisfactory level of detail.	5.67 以上	The delivery is mostly confident and fully intelligible. The time is used well (i.e. the speaker keeps talking throughout the given time without unnatural pauses, hesitations, or repetitions).
4	1.61 ～ 4.71	The task is mostly achieved, with some supporting details in place.	1.96 ～ 5.67	The delivery is intelligible most of the time, and the time is used quite well despite occasional pauses, hesitations, or repetitions.
3	-2.00 ～ 1.61	The task is partially or minimally achieved, being supported by some basic details.	-2.37 ～ 1.96	The delivery is generally intelligible although the time is not effectively used because of slow delivery, unnatural hesitations, or repetitions.
2	-4.33 ～-2.00	The task is addressed, but there are no or very little supporting details.	-5.26 ～-2.37	The delivery is only partly intelli-gible. The speaker keeps trying but frequently falters.
1	-4.33 以下	There are some relevant words, but the task remains essentially unachieved.	-5.26 以下	The delivery is unintelligible most of the time, or the speaker gives up trying.
0		There is no relevant contribution (e.g. content is entirely uncon-nected to topic).		The speaker does not start the task (e.g. s/he is silent, utters only fillers, or just says, 'I don't know').

3) この表で示した能力値の範囲は，Facets によって多相ラッシュモデルによる分析を行った結果のうち，Rasch-Andrich 閾値とよばれる値を用いて表示しています。
4) 能力値の範囲を推定するにあたって，評価値「0」となったカテゴリについては，評価値「1」のカテゴリと併合して除外して分析しています。したがって，評価値「0」に相当する能力値の範囲は推定していません。

相ラッシュモデル（受験者×問題×評価者の 3 相）を評価観点ごとに適用した結果得られた能力値をもとに，ルーブリックとの対応関係を示したものです[5]。この表から，受験者の能力値が具体的にどのような評価基準に相当するのかを示すことができ，受験者のとったスコア（能力値）が，具体的にどのような意味をもつのかを明らかにすることができます。

10-1-4　能力レベルと「何ができるか」を対応させる：can-do リスト

ルーブリックは，評価基準とその評点との対応関係を表すものでした。このことと関連して，can-do リストとよばれる，スコアや能力レベルと「その受験者にとって何ができるか，何ができないか」との対応関係を記述した表を考えることもできます。これにより，受験者が学習者の立場にたったとき，自分のとったスコアが具体的にどのレベルなのかについて，手掛かりを与えてくれます。

スコアではなく，熟達度[6] レベルを表す段階を設定したうえで，その熟達度レベルと「何ができるか」を対応させる場合もあります。言語テストにおいて，代表的な言語能力レベルを与える参照枠として「CEFR（Common European Framework of Reference for Languages: Learning, teaching and assessment）」があります。欧州には異なる言語圏が混在しており，それらのなかで外国語能力を統一された基準で評価するための「参照枠」が CEFR です。CEFR の熟達度レベルは 6 段階（高いほうから C2，C1，B2，B1，A2，A1）あり，C レベルは「熟練した言語使用者」，B レベルは「自立した言語使用者」，A レベルは「基礎段階の言語使用者」であることを示します。また 6 段階のそれぞれについて，その段階にある人が外国語によってどのようなことができるのかを，大まかな目安として示しています（can-do ディスクリプタとよばれます）。

CEFR では，レベル分けの 6 段階と，can-do ディスクリプタの対応表が「共通参照レベル」として示されています。6 段階のそれぞれにおいて「全体的な尺度」「読むこと」「聞くこと」「話すこと（やりとり）」「話すこと（表現）」「書くこと」の 6 種の観点別に can-do ディスクリプタが記されていることが特徴です。すなわち，6 段階×6 観点の表形式で共通参照レベルが示されています。実は，同じ参照枠は言語テストだけではなく，外国語を学習する人や教える人にとっても，目安として利用されます。

最初に公表された共通参照レベル（Council of Europe, 2001：26-27）では，たとえば「読むこと」の A1 レベルでは「注意書きやポスター，カタログといった中にあるなじみのある単語を理解できる」といった初歩的な can-do ディスクリプタですが，C2 レベルでは「ほとんどすべてのドキュメントを理解できる」といったように，段階を踏んで「できること」が増えていくように can-do ディスクリプタが配列されています（原典は英語，訳は筆者による）。

CEFR の 6 段階は「参照枠」であり，熟達度レベル別に「何ができるのか」を表す目安です。さまざまな言語テストが「このテストで何点をとったならば CEFR の○○レベルに相当する」という形で，対応関係を示しています。これにより，英語のテストを受験した人が「このスコ

5）ここでの分析は評価観点ごとに能力値の閾値を算出するため，第 9 章 3 節で示した 4 相のモデルではなく，3 相のモデルを評価観点ごとに適用しています。

6）言語テストの分野において，熟達度とは，特定のカリキュラムに基づく授業の枠にとらわれず，言語を用いて何ができるかを予測するための指標としての達成度を指します。熟達度を測るためのテストは「熟達度テスト」（proficiency test）とよばれます。一方で，カリキュラムやルーブリックに基づき，授業などで教えられる目標が定められており，その目標にどれだけ近づいたかを示す指標として「到達度」があり，これを明らかにするテストは「到達度テスト」（achievement test）とよばれます。本書ではこれらの区別をする必要がない部分においては「達成度テスト」という用語を用いています。

アなら CEFR の○○レベルだから，英語でこれこれしかじかのことができるはずだ」という形で，スコアの意味を具体的にイメージできるようになります。同じイメージは受験者＝学習者だけではなく外国語教授者も共有しており，より効果的な授業につながると期待されます。

　2020 年度から始まる予定であった民間英語 4 技能テストの入試への導入にあたっては，CEFR が用いられようとしていましたが，多くの批判があり，導入は実現できませんでした。詳細については第 3 部 16 章を参照してください。

10-2　学習者のためのテスト：標準化テストとルーブリック

10-2-1　教育の一環としてテストを位置づける

　入試や，他の競争的なテストにおいては，とにかくスコアを高くするように求められ，達成の度合いは「別の受験者よりもどれだけ優れているか」という相対的な比較の結果で表示されます。一方で，テストの受験者を学習する主体ととらえたとき，その学習者が何を学び，何が達成できていないかを判断するために，達成できている度合いを表現するスコアを返すようなテストが，学習者にとって有益なテストであるといえるでしょう。ルーブリックや can-do リストの考え方は，テストが単なる競争の道具ではなく，学習場面において何らかの特性を測定した結果を教育に活かすという点に特徴があります。

　ルーブリックは，学習の過程でたどる道筋を表しているともいえます。初級編ではここまでの段階，中級編ではここまでの段階というように，学習者がどのような段階をたどるかについて，具体的な例示や各段階での学習のねらいとともに示されているのです。

10-2-2　ルーブリックとカリキュラム，学習到達度

　ルーブリックによる評価を教員が行う際，そのルーブリックはどのようなポリシーに基づいて決められるのがよいのでしょうか。ルーブリックは学習者からみれば「到達目標」の意味合いをもつものであり，学習の過程で目指すべき段階を表しているとも言えます。その際，どのように学習者が学習段階を上げていくかについて，「こうすれば学習段階が高まる」という学習法があり，それが一定のコースとして示されていればよいでしょう。教師からただひたすら「スコアを高めるために勉強しなさい」と言われ続けるのは「叱咤激励」かもしれませんが，具体的な「指導」ではありません。

　学習課程全体が一つのコースであると考えるなら，それぞれの段階で達成すべきルーブリック上での到達点が与えられており，学習課程修了というゴールまでの道筋を示したルートマップに，それらの点が列挙されているというイメージです。このような学習課程全体のルートマップは「カリキュラム」とよばれます。

　このように，ルーブリックの内容は学習のカリキュラムと一体で検討することが必要なのです。多くの場合，教える側はカリキュラムとそれに付随する学習法（教師からみれば教授法）を用意し，そのカリキュラムを意識したルーブリックを設定します。

　一方，学習者は教授者から与えられた学習法によって学び，ルーブリックで示された評価観点について，自分の学習がどこまで達成できているかをテストによって知り，今後の学習の方針を決めるための参考資料として活用します。そのためには，ルーブリックで示された学習到達度の段階を，統一された基準で表すようなテストが必要です。受験者がいつ，どの学習段階でテストを受験しても，スコアとしての学習到達度の意味が同じになるようなテストが必要だということです。

10-2-3　カリキュラム上での学習到達度と困難度・能力値との関連を記述する

　ルーブリックで明示された到達度基準ではなく，カリキュラムの進度とスコアを対応付けることも，考えることができます。たとえば日本では，中学から高校までの課程において，学習指導要領により学びの達成度がある程度示されています。これを利用し，スコアがどの学年レベルに相当するのかの目安を与えることができるようになります。

　まず，中学1年生から高校3年生までの各学年の学習課程で学んでいる内容についてそれぞれ数十問程度の問題を作成し，中1向け，中2向け，……高3向け，というようにストックしておきます。これにより，それぞれの問題について，どの学年レベルであれば正答できるのかに関する基準が設定されます。

　これらの問題すべてについて，垂直尺度化（等化）により統一された尺度上で困難度を推定します。その際，高校1年向け問題の困難度の平均が0になるように標準化された困難度をIRTによる尺度化の手続きで見出しておきます。この操作により，たとえば高2レベルの問題は困難度の平均が1，高3レベルでは2，中3レベルでは−1，中2レベルでは−2，のように，困難度に対応した学年間の尺度化ができます[7]。詳細は光永（2017：153–156）を参照してください（ただし同文献では「垂直等化」と表記しています）。垂直尺度化にあたっては多数の問題に対して項目パラメタを推定する必要があるため，必要に応じて重複テスト分冊法（☞ p.183）を用います。

　学力がどの学年レベルに相当するか調べたい受験者が，これらの問題を解いたとき，能力値が−1と推定されたとすれば，それに対応する「中学3年レベル」の学力である可能性が高い，と解釈できます。このようにして，学年レベルの推定が可能となるのです。

　ただし，学年が進むにつれて教える内容が高度になっていくというように，カリキュラムを設計した者の期待する結果が常に得られるかといえば，そうとは限りません。カリキュラム上で難しいとされた学習内容のテスト問題が，実際にデータをとってみたところ，やさしいとされる場合もありえます。すると，たとえば小6で教えられる内容に対応するテスト問題が，小5の内容に対応する問題に比べてやさしいと判断されることもありえます。このような逆転現象がみられる場合，カリキュラムのなかでの理解の難易度は，学年進行とは別の意味をもっていると解釈するのが妥当なのかもしれません。

10-2-4　標準化テスト：ルーブリックとスコアを関連付けるためのテスト

　KIT Speaking Test の実施においては，表10-1（☞ p.145）のように「ルーブリック」と「スコア」の対応関係が示されています。このことから，同テストを受験した受験者において，能力値を推定した結果が求められれば，それぞれの評価観点ごとにどの程度の英語スピーキング能力なのかを知ることができます。たとえば，Task Achievement の評価観点で能力値が0.5と推定されたならば，評価「3」の段階であることが推測できます。

　このような対応表を求めるためには，問題の難易度や評価者の評価の厳しさによらない受験者の能力値を用いて受験者の英語スピーキング能力を示す必要があります。素点（評価者が6段階評価で評定した値そのもの）を用いた場合，受験者が解答した問題の難易度や評価者の評価の厳しさにも依存した英語スピーキング能力の指標になってしまい，一般性をもった対応関係が記述できません。そのため，標準化テストの考え方が必要不可欠です。

　ルーブリックだけではなく，can-do リストを標準化テストに導入することにより，受験者が

7）困難度の値はあくまで説明のための架空例です。実際には困難度の隔たりが学年間で等しくなるとは限りません。

どの回のテストを受験しても，同じ can-do リストにより統一された学習到達度を得ることができます。これを応用し，多くの民間英語テストで，受験者がとったスコアがどの程度の英語能力を示すのかを表示するために用いられています。学習者からみれば，テストを受けるたびに出題される問題が異なるにもかかわらず，常に同じ can-do リストを用いることができるようになります。

10-3　認知診断モデル：学習単位ごとの習得確率を推定する

10-3-1　学習単位が明確である場合

　前節で紹介した，英語スピーキングテストで測ろうとしている能力は，ある意味，段階を踏んで育成されるといえるのかもしれません。平均的な日本語ネイティブ話者からすれば，いきなり英語ネイティブの人並みに話すことは不可能です。そこには必ず，学習のステップアップの要素が含まれるでしょう。それに対して，理系の学問，たとえば算数・数学は，学習のステップが要素ごと（単元ごと）に区切られ，単元間で段階を踏んで学習していくことが求められます。いわゆる「積み上げ式」とよばれる構造です。

　標準化テストは，その積み上げるべき段階の間で困難度がどれだけ隔たっているかを知ることができます。ある単元は他の単元よりも難しいかどうかについて，標準化された困難度で知ることができるのです。しかし，単元間ではっきりとした階層関係がある場合は，より洗練されたモデルとして「認知診断モデル」が用いられています。

　単元の違いが明確に分かれている教科においては，IRT による尺度化のやり方を工夫し，学習者がそれぞれの学習段階を習得している確率をモデル化するアプローチが用いられてきました。たとえば，算数で「分数の足し算」をするためには，「約分」と「通分」の概念を理解しなければなりませんが，それらの要素が学習できているかを生徒ごとに見出すことができるようなモデルが提案されている，ということです。ここではその一種である「認知診断モデル」に

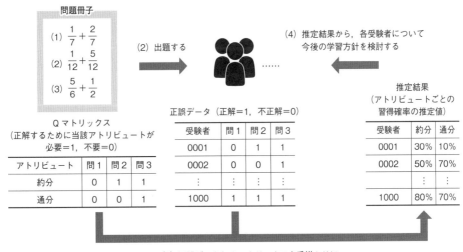

図 10-2　認知診断モデルによる学習達成度の検討

ついて，図10-2を用いて説明します。

　認知診断モデルを用いる場合には，それぞれの学習段階が達成できているかを問う問題を用意します。たとえば分数の足し算の問題として（1）「約分や通分をしなくても解ける問題」，（2）「約分が必要な問題」，（3）「約分と通分の両方が必要な問題」の3問を提示し，たくさんの生徒に解答させます。同時にこれらの問題について，「解くために約分の概念が必要かどうか」「解くために通分の概念が必要か否か」を示す「Qマトリックス」という行列を用意します。また生徒ごとに学習到達度を検討したい属性，ここでは約分と通分のことを「アトリビュート」とよびます。Qマトリックスはアトリビュートの数×問題数の要素をもち，先の3問のそれぞれを解くためにどのアトリビュートが必要かを表しています。アトリビュートと，生徒の正誤反応データを分析にかけると，推定結果として，それぞれのアトリビュートが習得できている確率を生徒ごとに推定することができます。また問題ごとの困難度などの項目特性値についても推定することができます。これらの値を用いて，生徒ごとの今後の指導方針を決めたり，カリキュラムの難易度を調節したりといった形で，学習方針の見直しにも役立てます。

10-3-2　認知診断モデルを個別指導学習に活かす

　認知診断モデルは，生徒ごとの指導方針の参考にするために，教員に多くの情報をもたらすといえます。しかしながら，この考え方は本書で述べる複数回共通入試のような，一斉に大人数が受験する大規模テストにはあまり向いていないといえます。なぜなら，Qマトリックスが確実に定義できる題材は，アトリビュートで示されている内容が積み上げ式であるような場合であり，算数や数学のような積み上げ式の勉強を要する分野や，語学テストで測る語学のように習得に順序性がある場合が多いためです。複数回共通入試では測定できる課題が多ければ多いほど良いでしょうが，適切な問題とアトリビュート，Qマトリックスを一度に多数作成することは難しいでしょう。また，Qマトリックスや，その前提となるアトリビュートの適切さ，あるいはモデルの適合度指標といった観点からの検討も必要です。認知診断モデルの分析の結果，モデルの適合度指標が低かった場合，設定したアトリビュートやQマトリックス，あるいは問題の内容を見直すことが必要で，通常は何度かの再分析が必要となります。

　逆に，学習のつまずきポイントが生徒によって共通しているようなカリキュラムにおいて，学習者ごとの学習達成度を測る目的では，認知診断モデルを活用することが多くあります。認知診断モデルによる分析を目的としたテストをクラスルーム内で一斉形式によって行い，学習者ごとにアトリビュートの習得確率を推定することで，その結果を個別指導学習に活用するのです。習得確率の推定結果は本人にそのまま示すのではなく，教員が生徒ごとのつまずきポイントを把握し，指導の参考にします。

　認知診断モデルの理論的詳細の解説は山口・岡田（2017）が参考になります。また中学生の数学のテストに適用した事例としては鈴木ほか（2015）があります。

【第10章のまとめ】
●教授法とテストは，それぞれ別々に開発されるわけではなく，カリキュラムや評価基準（ルーブリック）を介してつながっている。学習すべき内容・目的に沿ったカリキュラムやルーブリックが決められ，そこで述べられている評価基準に照らして，生徒がどれだけ達成できているかを評価するためにテストが用いられる。
●学習の達成度を示すための指標としては，テストスコアの範囲と，何ができるのかを対応さ

せる can-do リストが用いられる。標準化テストによるテストスコアによって，どのテスト
を受験しても同じ can-do リストにより達成度を示すことが可能となる。

◉学習の過程が構造化されているような場合，たとえば算数や数学の単元のように，積み上げ
式のカリキュラムとなっている場合を中心に，それぞれの単元で示される属性ごとに，習得
できているかを判断するためのモデルが提案されている。これは認知診断モデルとよばれ，
カリキュラムベースの学習到達度評価に活用される。

第 3 部

IRT を用いた標準化テストを入試で活用する

　第 3 部では，年複数回テストを標準化テストとして実施するために何が必要かについて，順を追って説明していきます。

　まず，日本のこれまでの大学入試方法について，その現状を述べます。どのような入試制度とするかにかかわらず，現行の教育制度やカリキュラムを無視して導入することは，受験者の立場からするとまったく新しいテスト対策を，高校での勉強が十分に行われないなかでしなければならないことにつながり，受験者や高校教員などに多くの負担をかけることになります。

　次に，これらの現状をふまえ，現行の共通テストを年複数回化した場合に，どのような仕組みによって標準化テストとするかについて，第 2 部で触れたさまざまな標準化テストに関するトピックを参考にしながら，その詳細を述べます。複数回共通入試が選抜的要素をもつのか，達成度を確認する位置づけなのかによって，制度設計の方向性やテストデザイン，等化計画が大きく異なります。第 3 部では，それら二つの場合について説明します。また，パフォーマンステストを複数回共通入試に入れる事例として，記述式テストを組み込む方法についても述べます。

　年複数回行われる入試の仕組みは，これまで多くの検討会議で導入が計画されてきましたが，そのたびに計画が退けられてきました。その一方で，近年，いくつかの教育委員会で学力調査に IRT を導入し，標準化テストの手法を用いることで，達成度を尺度化する試みが行われるようになってきました。標準化テストによる入試の年複数回化はいまだ行われていないのにもかかわらず，学力調査の分野では標準化テストが受け入れられつつある現状について，その背景を「日本的テスト文化」との関連を中心に触れていきます。また，標準化テストを入試に導入する試みとして計画された，2020 年度に導入予定であった民間英語 4 技能テストについて，どのようにすれば実践的なテスト制度として成立したのかについて考えていきます。

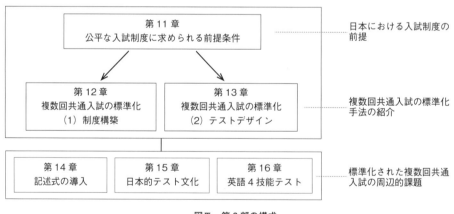

図Ⅲ　第 3 部の構成

第11章

日本における大学入試と共通テストに求められる前提条件

　大学入試に標準化テストを活用する方法を探るにあたっては，従来行われてきた大学入試の現状を明らかにしなければなりません。複数回共通入試が公平なテスト制度であり続けるためには，事前に綿密な検討が必要です。本章では，公平性に留意したテスト制度を実現するために，どのような前提条件が満たされている必要があり，それをふまえてどのような仕様のテストが設計されるべきかについて，述べていきます。

11-1　日本における現行の大学入試とテストの有用性

11-1-1　複雑な大学入試の仕組み

　現在の日本において，大学入試は非常に多岐にわたる方法で行われています。以下に代表的な入試方法とテストの内容を示します。

- 一般選抜（共通テスト＋個別試験）
- 一般選抜（共通テスト）
- 一般選抜（個別試験）
- 学校推薦型選抜（共通テスト＋調査書・志望理由書＋指定校推薦の有無＋面接＋その他）
- 学校推薦型選抜（個別試験＋調査書・志望理由書＋指定校推薦の有無＋面接＋その他）
- 学校推薦型選抜（調査書・志望理由書＋指定校推薦の有無＋面接＋その他）
- 総合型選抜（個別試験＋調査書・志望理由書＋面接＋その他）
- 総合型選抜（調査書・志望理由書＋面接＋その他）

　上記において「個別試験」とは，各大学が独自に実施する入試を指します。複数種類のテストが課される場合，1日ですべてのテストが行われる場合もあれば，一次試験として共通テスト，二次試験として個別試験というように，複数の段階に分けて選抜が行われる場合もあります。また二次試験で面接や実技試験など，採点するのに人手を要するテストを課す場合，一次試験で受験者を絞ることも行われています（国公立大学の入試では「二段階選抜」とよばれることもあります）。

　このような複雑な入試制度は，一般入試において，国公立大学では一次試験（共通テスト）と二次試験（個別試験）の組み合わせが以前から行われているのに対して，私立大学では大学個別の入試のみで選抜が行われていたことに端を発しています。それに加えて，2000年代に入って多くみられるようになった学校推薦型選抜（旧・推薦入試）・総合型選抜（旧・AO入試）などに代表される，入試方式の多様化がもたらしたものであるともいえます[1]。

　さらにややこしいことに，一般選抜として個別試験のみを課す場合，どの教科を課すのかに

1）文部科学省の方針により，これらの入試制度の呼称は2020年度から変更されています。第2部5章注1を参照してください。

ついて同じ大学でも複数の選択枝が用意されていることがあります。「3教科型（国語・英語・理科または数学）」や「2教科型（英語・国語または理科または数学）」といったように，教科や科目のバリエーションも多彩です。また「小論文」や「面接」を教科ごとのテストとともに課す場合もあります。さらに「得意科目申告型」として，受験者に得意な科目を申告させ，その科目のウエイトを大きくして合否判定を行う方式もあります。同じ大学の同じ学部の入試で，数種類の入試方式があることも珍しくありません。また，第1期入試や第2期入試といったように，同じ大学・学部で同じ方式の入試が年に何度か行われている場合もあります。

11-1-2　大学入試における有用性と公平性

　日本における従来の入試では，入りたい大学ごとに別々のテスト版を受験することが一般的でした。大学側も，自分たちの大学に入学させたい受験者を選抜する目的で，独自の入学試験問題を作り，入試で出題することを続けてきています。

　大学ごとに「入学するにふさわしい受験者像」が異なるなら，それぞれの大学において別々の入試問題を用いて入試を行うことは，十分理解できます。その反面，受験者の側からは，異なる大学ごとに受験対策を行うこととなり，大きな負担となっていることは否定できません。そこで，複数の大学間で共通のスコアを用いた入試を年複数回行い，どのスコアを用いても有効とする，というテストの仕組みとすれば，受験者にとっても有用性の高いテストとなることが期待されるでしょう。現実に個別試験で「第1期入試」や「第2期入試」というように同一方式の入試が繰り返し行われていることからも，複数回の受験機会が受験者側にメリットとなることがうかがえます。共通テストも年複数回実施することで，受験者は個別試験単独の年複数回化に比べてはるかに大きなメリットを享受できるでしょう。

　大学入試についても，年複数回実施化などを通じて，テストの有用性（第2部5章1節参照）を高める努力をすることが求められるでしょう。ただし，大学入試が社会的に注目される性格をもつため，その公平性に関して十分な議論が行われる必要があるでしょう。結果に対する社会的関心が大きく，公平性がとりわけ重視される大学入試制度において，有用性が高まるが，公平性を少しでも阻害するような制度改変が行われようとした場合，「公平性を損なう制度改変には反対である」という声を無視して有用性を高めるわけにはいかないでしょう。

11-1-3　複数回共通入試の果たすべき機能

　複数回共通入試は，これらの多岐にわたる入試方式のなかで重要な役割を占めており，大学にだれが入学できるかを決めるうえで大きな役割を担っています。しかも，前に述べた複雑な入試制度のいずれにも対応できるように，公平性を保ちつつ有用性が高いテストとすることが求められます。それゆえ，複数回共通入試は以下のような条件を満たすことが必要であると考えます。

- 毎回行われるどのテスト版を用いても，常にテスト実施者が測ろうとしている構成概念を確実に測っているといえること。すなわち，信頼性・妥当性が高いこと。
- 毎回のテストは，だれの手によっても確実に実行可能な手続きに従って実施できること。
- どのテストも公平であること。テストの間でスコアの意味が同じであることを含む。
- 二次試験にスコアを用いることを考慮し，受験者がテストを受験したら，速やかに（遅くても1か月以内に）結果を返せること。

　以上の点をすべて満たすためには，第 2 部で紹介した，フィールドテストを用いた IRT による尺度得点を用いる方法を導入すべきであるといえます。しかしながら，IRT によるテストを理論通りに行おうとすると，多くのモニター受験者が必要であることや，公平性を保つためには受験者に対して問題を秘密にしなければならないことなど，現実には困難であることが予想されます。これらをどのように克服し，公平性を保ったままで現実的に実施可能なテストとして成立させるかについて，解説していきます。

11-2　有用性が高いテストを入試制度に導入する

11-2-1　大学にとって役に立つ入試制度

　大学入試は，大学にとって入学するにふさわしい受験者を選抜するためのテストであると位置づけられます。入試の区分が一般選抜や学校推薦型選抜，総合型選抜のいずれであったとしても，大学が求める学生像に照らして，より適合する受験者から合格させていきたいと，大学は考えています。

　大学が求める学生像は，「アドミッション・ポリシー」として明文化されています。どの大学においても，学部・学科別に，どのような人に入学してほしいかが書かれているのです。アドミッション・ポリシーに沿った評価軸で，入学させたい学生かどうかを判断するのが，入試の役割のひとつです。

　入学するにふさわしい学生を選抜したい大学からすれば，入試によって，一定程度の水準を上回る学力をもつ受験者を選ぶことができれば，その入試は実質的に機能しているといえるでしょう。しかし現実には「大学に入るだけの実力がないのに，誤って合格してしまった」という場合や，「大学に入れる実力だったのに，誤って不合格であった」という場合もあり得ます。大学からみれば，受験者を合格させるか否かの意思決定を，受験者ごとに行っていることになります。

　大学の意思決定の方針を決めるのは，多くの価値判断的な要素について，最適な解を見出していく過程であるといえます。繁桝（2014：iii-vi）は，だれを合格させるかという意思決定を行ううえで，以下に示すような論点を提示しています。

1. 選抜は高校までの蓄積された学力に基づくべきか？　あるいは将来の可能性を予測する，学力以外の潜在的な特性に基づくべきか？
2. 筆記試験に基づくべきか？　面接や推薦状を重視すべきか？
3. 筆記試験を用いる場合，客観テスト（たとえば，多枝選択テスト）を用いるべきか？　あるいは，論述テストを用いるべきか？
4. 入試の意思決定の基準は，透明で客観的であるべきか？
5. 合格とする受験生の特性について，大学が望ましいとする要求を通すべきか？　高校側の要求を通すべきか？
6. 身体障がい，学習障がい，発達障がいなどがある受験生の入試は別枠であるべきか？
7. 入試業務は事務職員の仕事か，教員の仕事か？

　大学が行う入試は，このような多くの論点で意見が対立するなかで，その大学のなかでの局所的最適解として行われているのです。それゆえ，大学入試に関する研究は，大学において活発に行われ，大学の研究成果として公表されています。

11-2-2　受験者にとってやさしいテスト制度

　受験者からみた場合，大学入試は大学に入学するために必ず通らなければならない「関門」として位置づけられます。大学の理想だけを一方的に推し進め，あるべき大学入試像を追い続けると，入試制度は複雑化することとなります。学生からみて入試対策に手間と時間がかかったり，アドミッション・ポリシーからかけ離れた基準で選抜が行われているようにみえたりしたなら，大学入試の仕組みやそこで行われている選抜の方法に疑問がもたれることにつながりかねません。「関門」の存在する意義が問われるということです。

　大学からみてより好ましい選抜のあり方を追究する際，受験者の学力をより的確に明らかにできる入試の方法が期待されています。そのような方法の一つとして，前述のとおり，入試を年複数回化することがたびたび提案されてきました。これにより，受験者の側も以下のような多くのメリットを享受できます。

　これまでは1年に1回，一斉形式で行われたテストが，年に複数回，一斉形式ではない形で実施されるようになります。また，教科・科目ごとに別々の回を受験しても，それらのスコアがどれも有効になることで，受験者にとってみれば多くのプレッシャーから解放され，受験のための準備も余裕をもって行うことができます。

　大学入試を重要視する高校生にとっては，大学入試を心身の消耗などのようにネガティブにとらえる傾向よりも，学習意欲の向上などのようにポジティブにとらえる傾向のほうが大きいものの，高校生が受験をどうとらえているかによって大学入試の位置づけには差がある（鈴木，2014）という研究結果もみられます。したがって，受験者の受験に対するとらえ方次第では，受験のためのテストが，高校生にとって勉学を続けるためのモチベーションになるようなテストに発展する可能性もあります。入試の年複数回化が，受験者の入試対策を苛烈にさせるという批判もありますが，入試のポジティブな見方を前面に押し出すためには，年複数回の入試が有効となる可能性があります。そしてこのポジティブな見方が広まることで，単なる「人生の関門」とみられていた入試が，これまでとは違った印象でとらえられるようになるでしょう。

11-2-3　受験者が受験しやすいテスト制度

　大学入学共通テストは年1度きりであり，そのテスト制度は年1回行われる大学入試制度全体のスケジュールのなかに組み込まれているものです。このことは，センター試験，共通一次試験でも同様でした。

　しかしながら，近年では大学入試の制度が多様化しています。多くの大学が学校推薦型選抜や総合型選抜を実施するようになり，高校3年生の9月時点という早期に合格者を決定するようになってきました。このような流れのなか，受験機会が一生に1回ではなく多数確保されることが，多くの受験者にとってメリットであるという認識が増えてきたようにみえます。複数の受験制度が併存する状況が社会で受け入れられるのであれば，それに対応した形で，一般入試の共通テストについても年複数回化する意義は大きいといえるのではないでしょうか。

　複数回共通入試では，年に複数回行われるテストのすべてについて，そのテストを受験した受験者がすぐに結果を受け取ることができる体制が必要です。たとえば7月に行われたテストの結果を次の年の1月に受け取るということでは，9月に個別入試を控えた受験生にとっては「使えない」テストとなってしまいます[2]。学校推薦型選抜や総合型選抜では8月あたりから個別入試が行われていますから，スコアのフィードバック（返却）の即時化は重要です。

　また，過年度卒（いわゆる浪人生）の受験者はこれまで，大学入学共通テストを毎年受験する必要がありました。しかし，年複数回実施されたテストのスコアが一定期間（たとえば2年

間）にわたって有効であれば，毎年受験する手間を省くことができ，より受験者に対して有用であるといえます。

　さらに複数回共通入試では，科目単位で，もっとも良いスコアを用いて入試に用いることができます。たとえばある受験者が複数回共通入試を 2 回受験した結果，第 1 回テストでは英語のスコアが高く，国語のスコアが低かったのに対し，第 2 回テストでは英語が低く，国語が高かったとします。この場合，第 1 回の英語のスコアと，第 2 回の国語のスコアを個別入試に使えるということで，受験者にとってスコアがより使いやすくなります。

11-2-4　受験者の高校までの学習成果を測るテスト制度

　これまで，大学入試は競争的な選抜のために行われてきました。入学できる人数に限りがあるなら，より能力の高い者を合格させるという方針で，テストが用いられてきたのです。それに対して，第 2 部 10 章 1 節で説明した，ルーブリックを用いた達成度テストの考え方を，大学入試に取り入れようとする動きが一部にあります。

　これまで行われてきた，競争的選抜により学力が優れた受験者を合格させるというやり方が通用しなくなっている大学が，近年になって出現してきています。これらの大学では制度上，学校推薦型選抜や総合型選抜で合格者を選抜するものの，入学者数が定員に満たないのです。

　そのような大学においては，リメディアル教育として，高校までの課程を学び直す機会を充実させる動きが一般的です。リメディアル教育においては学生ごとの学習の達成度が重視され，それに基づいた習熟度別クラス学習といったカリキュラムを用意している大学が多くなっています。これまでの選抜目的の複数回共通入試以外に，生徒ごとの学びの過程を検証できる仕組みとリンクした受験制度が求められているといえます。

　また，大学入試に民間英語 4 技能テストが導入される計画が公表された際，いくつかの大学において英語 4 技能テストの活用法が「CEFR　B1 レベル（もしくは A2 レベル，A1 レベル）以上」という形の最低基準点方式によって計画されていました（大塚，2020：167-168）。このことは，従来の 1 点を争うタイプの競争的入試とは異なり，英語の学習達成度が一定のレベルであることを受験者に求めています。大学入試への民間英語 4 技能テスト導入には多くの批判がありましたが，競争的性格をもつ大学入試に達成度指標を盛り込むという意味で，大きな転換点になる可能性があったといえるのではないでしょうか。

　これからの入試制度を設計するためには，単なる競争的性格をもったテストを前提とするのではなく，当初の大学入学共通テストの目的に立ち返った形で，受験者の達成度を測るテストという性格をもたせることを，考える必要があるといえましょう。

11-2-5　受験者のためになる入試制度の必要性

　これまで行われてきた高大接続の議論においては，大学からの提案のほとんどにおいて，競争的試験を重視した大学入試の仕組みを志向する意見が多く出る一方で，民間英語テストの導入のように，（あまり明確ではないにせよ）最低基準を設ける形の選抜基準を求める声も少なからずありました。しかし，受験制度の議論において，受験者や保護者の側が常に蚊帳の外に置かれていたということは，受験者の入試制度決定プロセスに対する不信を増幅する要因であっ

---

2) たとえば複数回共通入試を年 2 回実施することとした場合，第 1 回の結果と第 2 回の結果の両方を参考にして，やさしかったほうの回のスコアをかさ上げするというやり方では，第 2 回テストの実施後，第 1 回と第 2 回の両方の正誤データがそろって初めて第 1 回テストの結果が確定することになり，不便であるといえます。

たのかもしれません。

　これから複数回共通入試を入試に導入するための制度設計をするならば，受験者の声を取り入れたテスト制度とすることは避けられないでしょう。そうしなければ，大学入試制度が受験者やその親，大学や高校関係者などに受け入れられず，社会に定着することなく終わってしまう可能性があり，高大接続の制度設計の議論に禍根を残すことにつながりかねません。このことは，2020 年の大学入試改革の経緯からも明らかでしょう（第 1 部 4 章 3 節も参照してください）。

　とはいえ，受験者のため「だけ」を考えて大学入試制度を考えると，大学側が知りたい受験者の学力を十分とらえることができなくなることになりかねません。大学入試はあくまで大学のためにあるのであり，大学が主体的に制度設計を行い，大学教員によって問題が作られるべきであるという基本線は，高大接続の仕組みを考えるうえでも，変えるわけにはいかないようです。大学入試がいかに高大接続の要であり，高校の動向を参照しなければならないとしても，大学入試問題を作るのが高校の教員であるという事態は考えにくいでしょう。大学入学共通テストの問題は「大学から受験者へ送られるメッセージ」（荒井，2020：252）という側面をもっていることを考えても，大学入試問題の作成は大学関係者の手によって行われるべきでしょう。

　大学入試制度を考えるうえでは，現実の大学と高校がどのような関係にあるのかをさまざまな観点から明らかにしたうえで，あるべき高大接続の大枠を大学と高校，教育関係者全体で考えつつ，この理想の高大接続のあり方を実現するにふさわしい入試制度を，大学側が主体となって提案していくことが求められているといえます。そのため，大学関係者は，大学入試制度だけではなく，現在の高大接続がどのようになっているかについて，絶えず関心をもち続けなければならないのです。

11-3　公平な大学入試とするための条件

　複数回共通入試の制度設計においては，公平性を最大限考慮しなければなりません。ハイ・ステークスなテストの制度設計に当たっては，緻密な妥当性の検証が必須です。全国の受験生が受験するテストが，妥当性に疑問のある状態で行われるとなると，受験関係者から，実施回によって有利不利があるのではないかという疑念が呈され，ひいては複数回共通入試のあり方そのものに疑問が投げかけられるおそれがあります。

　また，複数回行われるテストが同じテストの方法によって行われることもまた，公平性を保つために重要です。そのためには，できるだけテストの仕組みを簡素にすることが求められます。しかし，標準化テストの実施のためには多くの複雑な手続きが避けられません。そうであったとしても，できる限り実施が容易なテスト制度とし，安定したテスト実施体制を築くことが求められます。

　新たなテスト制度を構築するうえでは，そのテストをどの程度の実力をもつ受験者層が受験するかをきちんと把握することが，制度設計上のカギとなります。難関校の入試のためにテストを設計するなら，受験者の能力平均は高いことが予想されます。したがって，難しめの問題を用いて選抜することが望ましいといえるでしょう。この観点から考えると，大学入学のための共通テストは，さまざまな学力層を抱える大学すべてをカバーできるテスト版で行う必要があるため，テスト版で出題される問題の難しさの範囲も広く設定することが求められます。これにより，どの実力の受験者層に対しても，公平なテストとなることが期待されます。

11-3-1　1989 年の共通一次試験：公平性が確保されなかったとき，どうなったのか

　公平なテストとはいえないのではないか，という批判を受験者から受け，当初予定になかった方針変更を行った例として，1989 年に行われた共通一次試験を紹介します。この例は，公平性に疑問があった場合に，社会がテストをどのような目で見るかを私たちに教えてくれます。

　問題は採点中に起こりました。教科「理科」の科目である「物理」「化学」「生物」「地学」のうち「物理」と「生物」の平均点が低いことが判明したのです。もっとも平均点の大きかった化学ともっとも小さかった生物で 100 点満点のうち 30 点の差がついてしまいました。

　共通一次試験のスコアは「国語」「数学」「理科」「社会科」「外国語」の 5 教科についてそれぞれ算出されます。当時の入試制度では，理科については 4 科目から 1 科目または 2 科目を選択して受験し，「理科」の教科のスコアとして入試に用いることになっていました（共通一次試験の時代は，スコアは原則として国公立大学の入試にしか使えませんでした）。どの科目を受験するかは受験生が決めます。平均点が科目間で同じになるように注意して問題を作成しているはずなのですが，この回はどういうわけか 30 点差がついてしまい，「たまたま」生物を受験した者が不利になるのではないか，とのおそれが出てきました。たまたま難易度が他の科目よりも高かった生物の試験を受験した人は，他の科目の受験者よりも不当に低いスコアとなったのではないか，すなわち公平なテストではなかったのではないか，と指摘されたのです。

　受験者は自分の答案と正答一覧から自己採点して求めたスコアを参考にして，二次試験で受験する国公立大学を一つだけ選ぶ試験制度となっていました。受験者は共通一次試験が終わってから二次試験の受験校を決め，願書をその大学に送ります。受験者が二次試験の出願先を早く決められるように，直ちに何らかの処置を取らなければなりません。

　大学入試センターは，以下の式で「物理」「生物」のもとのスコアを変換し，修正することを，テスト実施の 5 日後になって発表しました。

　　修正後の物理のスコア = 48.8 ＋ 0.512 ×もとの物理のスコア

　　修正後の生物のスコア = 47.2 ＋ 0.528 ×もとの生物のスコア

　しかし，仮に物理や生物で 0 点だった受験者がこれらの式でスコアを修正した場合，0 点の受験者でも 47 点や 48 点になってしまう，という問題点が受験者の間で指摘されました。翌日，大学入試センターに 400 件の苦情があり，その多くがスコアを修正しない「化学」「地学」の受験生の父母からで「不公平だ」と訴える内容だった[3] とのことです。一方で，スコア修正対象の科目を受験した受験生からの親からも，新聞社にスコア修正を支持する電話が十数件あったとのことです。

　共通一次試験の結果を参考にして二次試験の願書をどこに提出するか検討する仕組みに合わせるためとはいえ，このような修正が二次試験の出願期間中に突如行われたことが不信を招いた点も否めません。大学入試センターは得点修正のやり方や実施時期などの仕組みを本試験実施前に告知しておかなければならなかったのです。スコアを返すことの意味の重大性を考えると，このときの対応は受験者に不誠実であるといわれても仕方がないでしょう。

　これを教訓として，大学入試センターは翌年から実施される共通一次試験改め「大学入試センター試験」では平均点がどのようになったらスコアを調整するか，その基準を実施要綱に公表するようになりました。以降，大学入試センターは公平な試験の実施に向けてさまざまな対策を練り，試験制度を洗練されたやり方に改善していったといえるでしょう。

---

3) 1989 年 1 月 29 日付朝日新聞朝刊 30 面記事より。

11-3-2　受験環境の公平性

　公平性が問題になるのは，得点調整に限りません。大学入学共通テストの実施については，十分に内容を吟味した監督要項を準備したうえで，会場の環境をできる限り均一にするように努め，騒音や悪臭が発生しないような教室を用いてテストを行うことに努力してきました。これは，異なる会場で受験した受験者において，一部の会場だけが暗かったり，騒音が発生したりといったような事態が起こった場合，たまたまその会場に割り当てられた受験者が不当に実力を発揮できないこととなり，不公平なテストとなってしまうことを防ぐためであるといえます。

　年に複数回の共通テストを行うとした場合，会場を準備する労力がそれだけかかることになります。試験監督者も複数回のそれぞれで用意しなければなりませんし，会場を借り上げる手間・費用，問題冊子の印刷・配送や採点にかかる費用もかかります。さらに，受験環境の整備から問題の用意，採点までのすべてにおいて，実施回をまたいで同一の条件で行う必要が生じます。

　受験環境の均質化は，年 1 回だけ行ってきた大学入学共通テストの経験があれば十分というわけではなく，年複数回化したことによる予想外のトラブルを克服する過程が必要でしょう。これまでは年 1 回を乗り切れば充分であったのが，年に数回行われるというだけでも，実施のための事務的負担は増すでしょう。年複数回化したテストの円滑な実施にあたっては，十分な予算を確保するだけではなく，試行テストを数度行い，安定した実施体制を築くためにテスト関係者が習熟する期間が必要でしょう。

11-3-3　問題の難易度や質の違いを統制する

　複数回共通入試のスコアについて，どの回を受験しても同じ意味をもつスコアとする，すなわち標準化テストとするためには，IRT による共通尺度化の手続きをとらなければなりません。等化の一般的な手法については第 2 部 7 章 5 節から第 10 節で説明してきましたが，実際の複数回共通入試で経年的に実施していくためには，現実に実施可能なテスト制度とテストデザイン，それに等化計画を考えなければなりません。これらについては，第 12 章と第 13 章で詳細を述べます。

　また，複数行われるテスト版から構成される尺度が，いずれも高い妥当性を有していることが求められます。妥当性が低いテスト版の尺度，すなわち，測定したい構成概念を的確に測れていないテストが提示された受験者のスコアは，他の妥当性の高いテスト版を受験したスコアの尺度と異なる意味をもってしまっているということで，公平なテストとはいえないでしょう。

　先に挙げた共通一次試験の例では，科目間の難易度の違いを考慮したスコアを返す仕組みを作ることで，教科の間では統一された尺度によりスコアを返す制度を作り，今に至っています。しかし複数回共通入試では，事後的にスコアを調整するのではなく，標準化した問題ごとの困難度や識別力を正誤データから推定し，これらを手掛かりとして能力値を推定するアプローチをとります。これにより，実施回間での問題の難易度の違いを考慮したスコアを表示します。

11-3-4　受験で問う内容を決める：下位尺度を適切に設定する

　テストで測定できる構成概念は，どのような内容の問題を出題するかによって決まります。たとえば英語読解能力を測るテストを作りたいということであれば，英語の読解能力によって正解・不正解が分かれると想定される問題を多数用意し，受験者に提示します。因子分析の結果，それらの正解・不正解が一つの因子，すなわち英語読解能力の大小によって大部分を説明

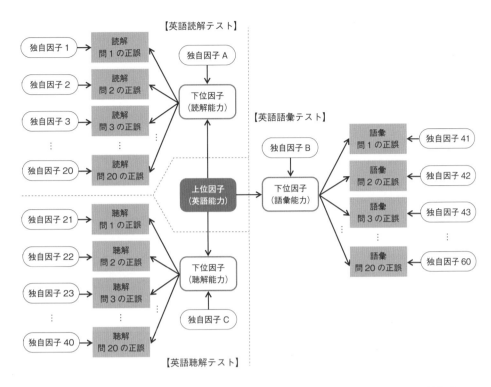

図 11-1　英語能力を上位概念，読解，聴解，語彙を三つの下位概念として測定するテストの概念図
三つの下位概念ごとに一つずつの因子を仮定し，それらをひとくくりにする上位因子を仮定する。

できるということであれば，英語読解能力の測定の道具としてふさわしいという一つの根拠となります。

　IRT による分析の前提として一因子性が挙げられていることを考えると，一つのテストで測定すべき内容は一つの因子によって説明されることが，標準化テストを実施するうえで必要条件であるといえます[4]。しかし，一因子にまとまるような構成概念は，測定できる意味的範囲が限られることもまた事実でしょう。

　そこで，測りたい構成概念を上位概念と下位概念というように分けることを考えます。たとえば，英語能力を上位概念，読解能力・聴解能力・語彙能力の 3 概念が下位概念というように，それぞれの下位概念を統合すると上位概念になるように，なるべく精緻化した下位概念を考え，それぞれについて的確に問うような問題を用意するのです（図 11-1 に，三つの下位概念で一つの上位概念を測定するための概念図を示しました）。これにより，英語能力を，読解・聴解・語彙の 3 概念の総体であると考えた場合について，測定の枠組みができたことになります。

　実際のテストで IRT による分析を行う際には，下位因子（下位尺度）ごとに IRT の分析を行い，能力値を推定し，尺度得点に変換したうえで，それらを足し合わせることが一般的です。図 11-1 の例であれば，読解能力，聴解能力，語彙能力の尺度得点を合計した値を上位因子のスコア，すなわち英語能力のスコアとします。

───────────────

4）もし一因子性が低いということがわかった場合，構成概念を見直すか，問題を見直すか，あるいは一因子性が低いということを織り込んだ IRT モデル（多次元項目反応モデルなど）を適用するか，といった代替案を検討します。ただし，IRT モデルを多次元に拡張した複雑なモデルは，テストの実践での適用例が，まだ多くあるわけではありません。ハイ・ステークスなテストの場合は特に，多くのテストで利用実績がある，一次元を前提とした IRT モデルを適用することが多い傾向にあります。

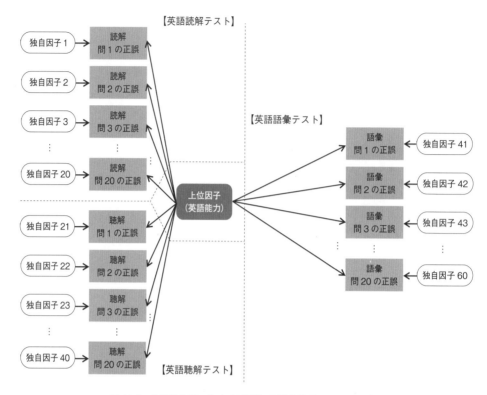

図 11-2　上位概念が，すべての問題の正誤を説明しているモデル

　しかしながら，テストは1度限りで終わることはまれで，長期間にわたって行われ続けるのが一般的です。テストを実施するたびに出題される問題も新しく変わります。複数回行われるそれらのテストのすべてにおいて，図 11-1 のような三つの下位概念が安定して観測されるかといわれれば，現実には考え難いといえます。三つの下位概念を想定してテスト制度を立ち上げた当初においては，きれいに三つの下位概念に分かれたが，テストを実施していくにしたがって下位概念間の境界があいまいになり，実は「英語能力」という上位の1因子から直接，すべての問題に影響が及ぶというほうが，当てはまりがよくなる場合が多いのかもしれません。

　また三つの下位概念を仮定したモデルよりも，単一の上位概念のみを仮定したモデルのほうが，IRT による分析も行いやすく，推定結果も安定しているといえます。したがって，安定したテストの実施を目指すということであれば，下位概念を想定せず，図 11-2 のように問題群全体で1次元の上位因子だけを考えるモデルとすることもあります。

　この場合の下位概念のスコアは，それぞれの下位概念に相当する問題だけで能力値を推定すれば，求めることができます。この分析手続きのほうが，下位概念を仮定した場合よりも簡単にスコアを求めることができることを考えれば，実際のテストにおいては図 11-2 のように上位概念だけを想定する場合が実践的であるといえます。

11-3-5　構成概念の意味を明確化する

　一方で，現実には，「コミュニケーション能力」のように，状況依存的で，あまりにも広い意味の概念を測定しようとする風潮が多くみられます。テストで測ることができる概念は，問題一問一問で測ろうとしている内容を統合したものです。英語読解能力は，英文を読み，適切に解釈できるかどうかを問う問題を用意することで，測ることができるでしょう。問題文を読めばだれしもが「英語の読解能力を測っている」と理解できるような，問題を用意しやすい構成

概念であれば，妥当に測定することが可能であるといえます。しかし，コミュニケーション能力のように，問題文の内容について「これは確かにコミュニケーション能力を測っているといえる」と合意するのが難しい構成概念は，テストで測り，スコアの大小でその程度を表すことが困難であるといえます。このように，妥当性を検討するためには，一因子性以外にも重視される点が存在します。

　大学入試に用いる共通テストの制度設計においては，測定される構成概念が入試の目的にかなうのかについても，重要になってきます。大学に入学するにふさわしい人がだれなのかを判断するうえで，どの学部・学科においてもひとしく重要な構成概念があるとしたら，その構成概念を測るテストを複数回共通入試として用意すべきでしょう。たとえば英語読解能力が重要であるということであれば，学部・学科をまたいで共通の「英語読解能力」を測るテストを設けるべきだということです。

11-3-6　大学入試で問題を使い回すことの是非

　これまでの日本における大学入試では，一度出題された問題をそのままの形で再出題するということはありませんでした。それに対し，次章から説明する IRT による共通テストの年複数回化においては，ある実施回で出題した問題を，別の実施回にも出題する，という場面が出てきます。等化計画上，そうせざるを得ない場合があるのです。

　第 2 部 7 章 10 節では，ある受験者グループ（規準集団）に一度出題した問題を，別の受験者グループに対して再出題するという操作により，同じ問題を用いずに異なる実施回の学力を比較可能とする仕組みについて触れました。この場合，規準集団に一度出題したテスト版を回収し，その内容を口外しないように受験者へ依頼するという方法により，次に同じテスト版を用いる受験者が「完全に初出の問題」を用いてテストするという状況を作り出しているのです。しかしながら，第 2 部 7 章 10 節で述べたように，時としてテスト版を回収する手続きが不徹底であれば，テスト実施者が意図しない形で問題が「流出」してしまう可能性が捨てきれません。

　その一方で，調査目的のテストということであればハイ・ステークスではないため，受験者からみれば過去の問題を収集するという行為に大きなメリットがあるわけではありません。よって，調査目的のテストにおいては，問題の使い回しについて厳格に禁止する必要はないといえます。

　複数回共通入試のようなハイ・ステークスなテストの場合，受験者に一度出題された問題については，たとえ受験者から問題冊子を回収して，その内容を秘匿しようと努めたとしても，その問題を用いて「受験対策」を行っている受験者にしてみれば，過去の問題を収集すればいずれは同じ問題が出るかもしれず，禁を犯して問題を収集することにこだわるでしょう。公平性を考えると，問題の使い回しはしないほうが無難といえるでしょう。

【第 11 章のまとめ】
● 現在の日本における大学入試制度は，ほとんどの大学において，一般選抜，学校推薦型選抜，総合型選抜が組み合わされて実施されている。また，それぞれの入試において，多くの形式のテストが用いられており，それらの組み合わせを含めると複雑な制度となっている。
● 受験者が受験しやすいテスト制度としては，年複数回行われる共通テストのスコアを，複数の大学の入試で使えるようにすることや，受験者の学習の達成度を測るためのテストが挙げられる。これらを実現するためには，標準化テストの考え方が重要である。

●年に複数回行う共通テストは，公平性を確保するために，出題される問題が実施回によって完全に異なることが必要である。また，各実施回のテストが同一の構成概念を測定していることや，高いテストの質であることが必要である。そして，これらのテストが同じ手続きに基づき，継続して実施できるような体制づくりが求められる。

第12章

IRTを複数回共通入試に導入する（1）：テスト制度の構築

　前章では，複数回共通入試の実施にあたり，必要な前提を示しました。これらの前提に沿って，公平な複数回のテストを実現するためには，テスト制度を具体的に示し，あわせてテスト計画（テストデザイン）を考えることが必要です。

　本章と次章にわたって，新しい複数回共通入試を共通尺度化するための具体的な仕組みについて触れていきます。本章ではまず，入試制度のなかに複数回共通入試がどのように位置づけられるのかを述べ，具体的なテスト制度の設計について解説します。

12-1　継続的に行う大規模な標準化テスト

12-1-1　複数回共通入試を入試制度に組み込む

　社会的に影響力が大きなテスト制度を構築するためには，社会的に正当性をもって認められるような制度として設計しなければなりません。そのためには，テストが高い妥当性や信頼性を有するだけではなく，実用的であり，社会的に有用であることが認知されなければならないでしょう。

　実用的な複数回共通入試を実現するためには，テスト制度を構築する段階で，スコアを利用できる範囲について，最大限の可能性を検討する必要があります。なるべく「利用される」ようなテストである必要があるということです。また，現状のテスト制度よりも大きく異なるテスト制度は，教育の現場で受け入れられないことが明らかです。そこで，従来の共通テストを利用した入試制度をベースにして，その機能を拡張するアプローチをとることにします。

　従来の大まかな大学入試の流れについては，表12-1左の通りです。まず一般選抜についてみると，受験者は12月に大学入学共通テストへ出願し，1月に行われる大学入学共通テストを受験します。大学入学共通テストは5教科からなり，それぞれにいくつかの科目が設定されていますが，受験者は志願先の大学で求められている教科・科目を選んで受験します（アラカルト方式）。

　ほとんどの受験者は答案をマークシートに書き込みながら，持ち帰り可能な問題冊子にも自分の書いた解答をメモします。このメモと公表される正答表とを照合し，自分が何点取ったかを「自己採点」します。その後，自己採点の結果を参考にして，個別の大学に出願します。大学入学共通テストのスコアと個別大学が課す二次試験のスコアを総合して，合否が決定されるという仕組みです。ただしこれまで述べたのは国公立大学の場合で，私立大学の入試では大学入学共通テストと個別入試の結果の一方だけが用いられる場合も多く存在します。また希望する受験者にはすべての受験が終わった後，スコアの一覧が郵送されます。

　また学校推薦型選抜や総合型選抜の場合は，7月から10月までに志願者が大学に出願し，11月に書類選考や面接，学力テストなどが行われ，それらをふまえて12月までに合格者が決定されることが多いですが，総合型選抜を中心に，12月より後に二次募集，三次募集を重ねる大学も，私立大学を中心に多く存在します。また選考の段階で学力テストなどの形で一般選抜と同等のテストを課すこともあります。

表12-1　入試制度の流れ

従来の一般的な入試の流れと，複数回共通入試を導入した場合の入試の流れについて示した。

複数回共通入試の流れで「個別入試」とあるのは，一般・学校推薦型・総合型選抜のいずれかの形式での個別入試を示す。

	従来の入試制度			複数回共通入試を用いた入試制度		
	一般選抜	学校推薦型	総合型選抜	一般／学校推薦型／総合型選抜		
5月				5月		
6月				6月	第1回複数回共通入試に出願	
7月			出願	7月	第1回共通入試→結果を返却	
8月		出願	選考	8月	第2回複数回共通入試に出願	
9月		選考	出願	9月	第2回共通入試→結果を返却	個別入試
10月		出願	選考	10月	第3回複数回共通入試に出願	個別入試
11月		選考	出願	11月	第3回共通入試→結果を返却	個別入試
12月	大学入学共通テストに出願	出願	選考	12月	第4回複数回共通入試に出願	個別入試
1月	大学入学共通テスト	選考	出願		第4回共通入試→結果を返却	
	(直後、受験者が自己採点)	出願	選考	1月	受験者が受験してきた複数回共通入試のスコアについて、科目ごとの結果を総合し、随時個別入試に利用	
2月	個別入試　…　個別入試	選考	出願	2月	個別入試　個別入試　…　個別入試	
	個別入試　…　個別入試	出願	選考			
3月	個別入試　…　個別入試	選考		3月	個別入試　個別入試　…　個別入試	
4月	大学への入学			4月	大学への入学	

（吹き出し：一般選抜の箇所）出願から選考まで2週間から1か月　7月下旬から翌3月末まで　大学によっては数回繰り返し　選考は調査書，志願理由の書類審査の他，<u>学力テスト</u>を含む場合も

　これに対して，これからの複数回共通入試の考え方では，一般・学校推薦型・総合型選抜の枠組みは変えずに，高校までの達成度を測る目的の複数回共通入試と，大学が個別に問いたい学力を問う個別入試とをそれぞれ課す，とします。学校推薦型選抜や総合型選抜を行う大学であっても学力テストを課す場合があるわけですから，これらのテストも一般選抜と同様の枠組みで考えるということです。そのうえで表12-1右に示すように学校推薦型選抜や総合型選抜で大学が要求する学力レベルを有するかを確認するため，あるいは一般選抜で競争的な入試の判定材料に用いるために，複数回共通入試を年4回行います。そしてその結果を，出願先の大学の個別入試で用いるのです。

　この入試制度のメリットとしては，受験者が教科・科目ごとにもっとも良いスコアを入試に使える，という点が挙げられます。年に複数回行われる共通テストの場合，必ずしも同じ回でとったスコアを個別入試に用いる必要はありません。第1回テストで数学がよくできて，第2回テストでは国語，第3回テストでは英語の出来が良かったとしたら，これらのスコアを使って入試に臨めばよいのです。そのように考えると，受験者はおそらく4回のテストすべてを受験するように努めるでしょう。したがって，4回のテストの受験料は「受験回数が1回でも4回でも，受験回数にかかわらず同額とする」または「無料で何度でも受験できる」という制度設計が望まれます。

12-1-2　テストの公平性からみた複数回共通入試の要件

　このようなテストの条件として，まず最初に述べなければならないことは，「年複数回行われるテストのうち一つを選んで受験するのではなく，複数回のテスト受験を許容する」という大原則です。必要に応じて何度でも受験できるテスト制度としなければ，受験者にとって「テストを年1度しか受験できない」ということは変わらず，心理的プレッシャーの解消につながりません。

　日本の大学が統一的に用いる複数回共通入試の設計については，前章で述べたテスト実施の要

件や公平なテストとする観点から，最低限，以下のような要件が満たされる必要があるでしょう。

> 1. テストのスコアは，実施回をまたいで同じ意味をもつようにすること（標準化テスト）。
> 2. ある回で受験者に提示した問題は，二度と同じ受験者に提示しないこと。
> 3. 実施者が意図しない形で問題が外部に漏洩した場合でも，その後に行われるテストの公平性に影響が及ばないこと。

　ここで要件 1. については，標準化テストとすること以外に，どのテストも高い妥当性を保つということが含まれます。ただし，妥当性が高いテストを作るうえで，統一された基準により標準的な手法を用いればよいというような，決まった方法があるわけではありません。妥当性が高いかどうかについては，テストで何を測るかという点を固めなければならず，測りたい構成概念がもともと一次元性が低い尺度である場合は，測り方自体を改めなければならない可能性もあります。それぞれの教科・科目間で測っている概念が重複しないように注意しながら，それぞれの教科・科目が測定すべき構成概念を的確に測定するような問題を作る作業は，多くの経験とノウハウの積み重ねが求められます。

　標準化テストを実現するための方法は，IRT によらない，素点による方法も提案されてきました（詳細については前川（1999）や村上ほか（1999）を参照してください）。しかしながら，IRT による方法はノウハウの蓄積が欧米を中心にかなり存在し，日本においても IRT を活用したテストが多く行われるようになってきています。またテスト問題の質を識別力の値やテスト情報量曲線を用いて検討することができるという点は他の方法にはないメリットであるといえます。IRT を用いた方法について理解することは，素点による手法を理解するうえでも必要です。したがって，本書では IRT を用いた標準化の方法を主に取り上げることにします。

　表 12-1 では，複数回共通入試を年 4 回実施する例を示しましたが，説明を簡単にするため，ここからは複数回共通入試として年 2 回の同一仕様のテストを行う場合を取り上げます。

12-1-3　標準化テスト化によるメリットとは何か

　IRT を用いた標準化テストは，具体的に以下のようなメリットをもたらします。

> 1. 受験者が解いた問題が異なっても，統一された意味をもつスコアが返せること。
> 2. 問題の識別力や困難度を，受験した者の能力分布によらない形で表示できること。

　これらのメリットは，入試制度としての複数回共通入試を公平に実施するうえで，どのように生かされるのでしょうか。

　1. については，複数回共通入試のどの回を受験しても受験者間の有利不利がない形でスコアの意味を解釈できるということで，単純に異なる問題からなる 2 回のテストを行うのに比べてより公平なテスト制度とすることができます。

　同一形式のテストを年複数回にわたって標準化テストとして行う場合の教育的意義として，スコアの「伸び」を測ることが可能という点が挙げられます。実施年をまたいで共通の尺度上でスコアを表示できれば，年をまたいでのスコアの伸びを検討することも可能でしょう。入試で達成度を測るという場合だけではなく，普段の高校における勉強においても，受験者＝学習者の学習の達成状況を示すためのツールとなりうるということで，より教育的であるといえるでしょう。

　また 2. については，先にも述べたように，問題ごとの識別力指標やテスト版のテスト情報量

曲線を用いたテストの質の検討を行うメリットにつながります。テストの実践的観点からすると，フィールドテストによりこれらの質の検討を済ませた問題を用いて選抜を行うことができれば，これまでの多くのテストのように「問題を作って，データに基づく検証をしないまま」出題するよりも，測定の質がより高まることが期待できます[1]。

12-1-4　スコアの推定が実施回ごとに独立しているテストの必要性

　読者のなかには，IRT を用いずに，大学入学共通テストで行われているような素点に基づくスコアを用いても，複数の尺度を共通尺度上に乗せられるのではないかと考える方がいるかもしれません。すなわち第 2 部 6 章 2 節で示した，素点によるリンキングを行うことで，複数回行われるテストの結果を換算すればよいのかもしれません。具体的には，たとえば 1 年あたり 2 回テストを行うとして，第 1 回テストと第 2 回テストをそれぞれ別の問題を出題して実施し，等パーセンタイル法を用いて，平均点の低かった回のスコアを高かった回のスコアに変換するのです。

　しかし，このテストの仕組みを導入した場合，第 1 回テストと第 2 回テストの両方のテストを実施してみなければ，どちらの平均点が高かったのかがわかりません。したがって，第 2 回テストの採点結果が出なければ，第 1 回テストのスコアが確定しないのです。したがってこの仕組みは，表 12-1（☞ p.168）で示すような，複数回共通入試を実施するたびにそのスコアが直後の入試の合否を決めるような入試制度には不適当であるということになります。

　ある回で実施したテストの結果により，以前に実施したテストのスコアを修正しなければならないといったことは避けなければなりません。項目バンクを用いた IRT による標準化テストを導入する一つの理由は，これまでに蓄積された項目パラメタの値を手掛かりに受験者の能力値を推定するというアプローチにより，それぞれのテストの採点・等化の結果が，他の回のスコア算出に影響しないという点にあります。

12-1-5　規準集団を本試験の外におく必要性

　前の例で，第 1 回テストと第 2 回テストのうち「平均点の高いほう」に尺度をそろえるのではなく，平均点の大小にかかわらず常に第 1 回テストの尺度に第 2 回テストの尺度を合わせる，という仕組みとした場合はどうでしょうか。この場合，第 2 回テストの平均点が第 1 回テストよりも著しく高かった場合，第 2 回テストで高い素点を取った多数の受験者にとって，第 1 回テストの尺度に変換する過程でスコアが大幅に引き下げられることになります。スコアを引き下げる形での換算を行うことが許されれば，この方式でもよいのかもしれません。しかし，受験者の心理を考えれば，一度とったテストのスコアが第 2 回テストの結果により「減点」されるというのは，受け入れがたいでしょう。

　ところで，大学受験の制度上，受験者がベストを尽くせるのは，年度末に近いテストであるでしょう。そこで，年度末に近い第 2 回テストの受験者集団を規準集団と定め，スコアを変換するのは第 1 回テストとする，というのがより合理的ではないでしょうか。しかしこの場合も，第 2 回テストの結果次第で，第 1 回テストの結果が変動することになります。前述の「減点の可能性」を考えると，この方式もうまくいきません。

　また，毎年行われるテストでどの年度においても「第 1 回テストの受験者の尺度に合わせる」というルールでは，実施年をまたいで統一的な規準集団ではなく，毎年，比較の基準となる集

---

1) ただし，本質的には良質の問題を作るための問題作成体制が確保できるかが重要なことはいうまでもありません。あくまで質の良い問題かどうかを検証することが，本試験実施前に可能であることが大事である，ということです。

団が異なるということになります。すなわち，毎年の第 1 回テストの受験者集団が規準集団として固定された場合，年度をまたいで統一された尺度上でスコアを表示できなくなります。

　第 1 回テストと第 2 回テストのいずれの受験者を規準集団と考えるのか，ではなく，これら 2 回のテストの外に規準集団を設け，テストを行うたびに，年度をまたいですべてこの規準集団上の尺度上でスコアを表示することにすれば，ここで述べた規準集団の問題は根本的に解決します。第 1 回テストの結果を，テストの外に設けた規準集団の尺度で表示し，第 2 回テストの結果を，第 1 回テストと独立した操作により同じような形で規準集団の尺度で表示するのです。

　規準集団を 2 回のテスト以外におかなければならないということは，規準集団における学力尺度を構成する必要があることを意味します。すなわち，モニター受験者を用いたフィールドテストにより規準集団上の能力値尺度を定義する必要があるのです。

12-2　規準集団をどのように定義するか，スコアの意味をどうするか

　複数回共通入試の制度を考えるとき，競争的なテストとするのか，高校までの学習の達成度を確認するのかという点については，これまで大学入試制度に関する議論のなかで主要な論点の一つとして扱われてきました（詳細については第 1 部 2 章 4 節を参照）。いずれの機能をもたせる場合であっても，標準化テストとして成立させるためには多くの点に配慮が必要です。

12-2-1　複数回共通入試を競争的入試とする場合

　複数回共通入試を競争的試験として設計する場合，スコアのもつ意味は，受験者の間で科目ごとに学力が高いか低いかを判断する目的で用いられます。この場合は，複数回行われるテストのスコアの尺度が，ある時点で実施した高校生もしくは大学 1 年生における学力分布を基準として比較可能になるように，テスト制度を考えればよいということになります。すなわち，ある時点での高校生・大学 1 年生を規準集団とすればよいということです。

　規準集団の尺度上で，実際に得られた能力値の分布が正規分布をするというのであれば，「能力値×10＋50」のような計算をすることで，偏差値「風」に解釈できるスコアを得ることができます。このことは，これまで日本で行われてきた大学受験にマッチした結果の表示方法だということができます。しかしながら，このような偏差値「風」の解釈ができるのは，規準集団での能力値が正規分布をしている場合に限られます。実際のテストでは，必ずしも正規分布をしているというわけではないため，能力値から尺度得点への変換の方法を工夫しなければなりません。その方法の概要については第 2 部 7 章 9 節を参照してください。

12-2-2　複数回共通入試を達成度テストとする場合

　一方，大学入試を達成度テストとする場合は，尺度得点を具体的なカリキュラムの内容と対応させ，達成度指標としてのスコアを返すことになります。この場合，大学ごとに「本学△△学部の入試に出願するためには国語で○○レベル，数学で○○レベル，英語で○○レベルの達成度スコアが必要」などというように，出願要件としてスコアを用いることもできるでしょう。そのうえで，出願要件を満たした全受験者について競争的な個別入試で選抜する，という入試とするのです。志願者数が定員に満たない場合は，個別入試をせず，全員を入学させます。

　この考え方は，大学・学部ごとに設けた「アドミッション・ポリシー」にマッチした入試を実施するという意味で，受験者や高校の先生，社会に対してより明確な合格基準を与えるものとして，これまでにない形態の入試につながる可能性があります[2]。また，テスト制度の設計

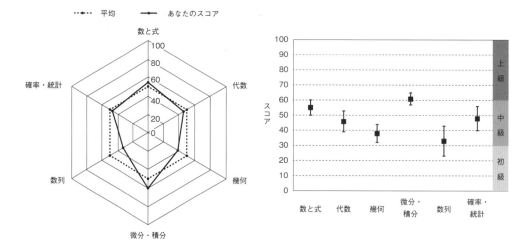

図12-1　達成度テストのスコアを表示するイメージ（いずれも架空例）
左はレーダーチャート，右は信頼区間を加えた表示方法を示す。いずれも100点満点のテストの場合を示す。

にもよりますが，高校の卒業要件を満たしているかを確認するテスト（高等学校卒業程度認定試験）の代用とすることもできるでしょう。

　スコアは，それぞれの教科・科目ごとに，カリキュラム上でどの程度の達成度であったのかを，カリキュラムの細目上での達成段階で示す形になるでしょう。たとえば，数学のカリキュラムにおいて「代数」「幾何」は5段階あるうちの4段階目までであるが，「確率・統計」は5段階中の2段階目である，というような表示法です。また語学関連の科目の場合は，CEFRのように，それぞれの技能別に何ができるかを表すcan-doリストによる方法もあり得ます。これらのスコアは従来のテストで返されるような単なる数字ではなく，学習者にとって意味が理解できる形で文章化された内容であることに注意が必要です。

12-2-3　受験者に対するスコアの表示方法：達成度テストの場合

　達成度テストを標準化テストとして行う場合には，スコアをどのように表示するかについて，テストの教育的意義を加味した方法を考えなければなりません。単純に「国語：50点，数学：40点，英語：60点」のように，教科とスコアの数値だけを列挙するのではなく，受験者がどの程度の達成度であるかについて，イメージがわくような形態とする必要があります。

　実際のテストで用いられているスコアの表示方法としては，図12-1のようなものがあります。IRTによる標準化テストでは，能力値について，推定値の精度を反映した信頼区間を推定することができます（第2部7章9節を参照）。また，第2部7章9節で述べた方法により能力値と信頼区間を尺度得点へ変換し，尺度得点の信頼区間を図12-1右のように帯状に表示することも行われます。たとえば「数列」の分野のスコアは中級レベルに入ってはいるものの，測定の誤差を考えると初級レベルの域である可能性が依然として残っている，というように解釈できるのです。

　さらに「上級」「中級」「初級」というレベル分けは，ルーブリックの基準や，規準集団上での

2）大学が自分たちですべての入学者選抜方法を決定するべきだ，という立場に立てば，大学ごとの個別入試のみで選抜を行うこととなり，入試のための共通テストは不要であるといえるかもしれません。しかし，特に小規模の一大学組織だけでは，高校の範囲全般におけるカリキュラムの達成度を，すべての教科で測るテストを独自に開発することは困難といえるでしょう。したがって，達成度を測るための共通テストを設けることは合理的であるといえます。

学力分布を反映した値として設定することで，複数回共通入試のどの回を受験してもその範囲が変わらないようにすることができます。この場合，規準集団上の受験者の分布に連動して級の違いが表示されます。よってこのスコアの表示法は，規準集団準拠型であるといえます。たとえば規準集団が中学生全般であったなら，中学生の尺度上で「上級」「中級」「初級」という違いが表示されることになります。

　標準化テストではなく，素点でスコアを表示することにした場合は，出題した問題の難しさが毎回のテストにおける受験者の学力分布に依存して変わるため，問題の標準化された困難度が見出せず，このような形でレベルを表示することが困難になります。

　また図 12-1 左に示したようなレーダーチャートを用いると，平均的な受験者に比べてどの分野に弱点があるかといった形で結果をわかりやすく表示できます。レーダーチャートは多くのテストで用いられていますが，一方で信頼区間の要素をわかりやすく示すには困難があります。

　テストスコアを表示する方法は，ここに示した以外に多数の実践例があります。詳細についてはライアン（2008）を参考にしてください。

12-3　問題の使い回しとテストの設計思想

12-3-1　公平性に及ぼす影響と対処

　公平な入試を実施するためには，出題前の問題を受験者に対して秘密にすることが重要です。出題前の問題が外部に流出し，一部の受験者の目に触れてしまうと，その入試は公平とはいえなくなってしまいます。

　一方，これまで述べたように，複数回共通入試の制度設計においては，問題の使い回しが必要となる場合があります（第 2 部 7 章 10 節の例を参照）。標準化テストの形で入試を実施するうえで問題の内容をテスト終了後も秘密にするというルールを定めた場合，入試の実施前か後かにかかわらず，問題が実施者の意図しない形で流出した場合に公平テスト実施が不可能になってしまうおそれすらあります。一方，受験者からすれば，従来の大学入学共通テストでは持ち帰ることができたテスト版の冊子を，複数回共通入試では持ち帰れず，解答用紙とともに回収されるのは，なんとなく違和感があるに違いありません。

　そのため，どの受験者に対しても初出の問題を用いる（すなわち，過去にだれかに出題された問題を一切含まない）とともに，問題冊子は持ち帰り可能とし，問題を使いきりにすれば，受験者からすればもっとも違和感なく受け入れられるでしょう。ただし，受験者に何の告知もすることなくテスト実施者が問題を使い回し，何らかの要因でその事実が公になった場合，公平性に疑念がもたれることは必至で，場合によってはテスト制度の存続が危ぶまれる事態になり得ます。

　複数回共通入試の受験者に対して問題を使い回すことは，テストの公平性に疑問を生じさせることにつながります。正誤データが受験者の能力の違い「のみ」を反映してばらつく，という前提を侵すことになりかねないためです。

　図 12-2 上に示すように，複数回共通入試を年 2 回（6 月と 12 月）実施し，それぞれのテスト版に 10 問，同じ問題（共通項目）が出題されていた場合を考えます。テスト実施者は，6 月のテスト実施の際，テスト終了後に直ちに受験者からテスト版を全冊回収し，テスト版を秘密にします。しかしここで，6 月のテスト版を 1 冊だけ回収し忘れ，それが外部に流出したとしましょう。その流出したテスト版を受験対策として利用した受験者が，6 月と 12 月の両方のテストを受験した場合，12 月のテスト版から得られた正誤データのうち共通項目の部分については，その受験者の真の学力ではなく，他の受験者は見ることのできないはずの 6 月のテスト版

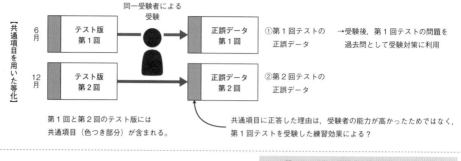

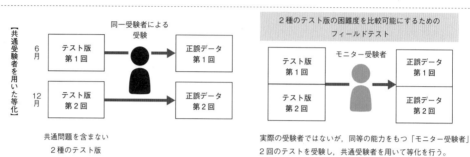

図 12-2　複数回共通入試に部分的な共通項目を含む場合（上）と含まない場合（下）
下の場合はモニター受験者集団が必要な点に注意。

を使って勉強した練習効果によって，正解が増えたと解釈できます。すなわち，受験者の学力
以外の要素で，正解・不正解が分かれたことになります。

　テストを行っている側からみれば，6 月のテスト版は秘匿されているという前提で採点・尺
度化を行いますから，この受験者は不当にスコアが高く推定されることになります。したがっ
て，公平なテスト制度とする場合は，受験のためにスコアを使う受験者に対して，同じ問題を
提示しないことが必要です。

　問題の使い回しをせずに等化するには，モニター受験者を用いて共通受験者による等化を行
う方法があります。図 12-2 下に詳細を示しました。この場合は 6 月に出題したテスト版と 12
月のテスト版の間には共通の問題がありません。それらを等化するためには，これら 2 種のテ
スト版を解答する受験者を「モニター受験者」として本試験とは別に用意し，12 月にフィール
ドテストを実施し，共通受験者デザインによる等化を行えばよいのです。同一受験者が 6 月と
12 月の両方のテスト版を目にしても同じ問題は一問も含まれていませんから，共通項目を用い
た場合に生じるような公平性の問題は生じません。

　複数年度にわたって継続的にテストを実施する場合，規準集団を定め，規準集団の尺度上
に問題ごとの項目パラメタ（困難度など）を等化する必要がありますが，公平性の高いテスト
デザインとするためには共通受験者（モニター）を用いた等化計画を理解する必要があります。
複数年にわたってテストを継続的に等化するための具体的な方法については第 13 章 3 節を参
照してください。

　もしどうしても問題を使い回すテストデザインとする必要がある場合は，公平なテストとす
るために問題の流出を防ぐ必要があります。そのため，コンピュータを用いたテスト（CBT）
の手法を用いて，紙と鉛筆を使うテストから脱却するなどの抜本的工夫により，なるべく受験
者に問題の記録をとらせない（問題を受験後に持ち帰らせない）対策が必要でしょう[3]。また，
受験者に問題の流出をしない旨を書面にて誓約させるテストもあります。

12-3-2　モニター受験者にふさわしい人とはだれか

　共通受験者を用いた等化を行うテストデザインは，モニター受験者の参加が必須です。その際に課題となるのが，どのようなモニター受験者が望ましいか，ということです。

　まず，本試験（先の例では第 1 回・第 2 回受験者）の受験者と同等の学力をもつと想定される者がモニターとなることが理想的であるといえます。より詳しくいうと，本試験受験者の能力値と，モニター受験者の能力値が同じように分布しているなら，テスト版の困難度を算出する根拠の背景が一致するため，等化結果も理論通りのものが得られやすくなるといえるでしょう。

　しかし，現実にはそのような理想が常に達成されるわけではありません。たとえば大学入試の目的で年複数回テストを行うなら，受験者は高校 3 年生や過年度卒生（いわゆる浪人生）であることが想定されますが，モニター受験者として，大学入試に関わることがない高校 3 年生に依頼するわけにはいかないでしょう。もし大学入試に関わらない高校 3 年生がいたとしたら，その多くは卒業後に就職を希望する者のはずで，就職希望者層の学力水準と比較すると，受験目的でテストを課される者のほうが高い学力水準であることが予想されます。そのため，モニター受験者には大学に在籍する 1 年次の学生といったように，学力の背景が実受験者と似通った者を選ぶことになるでしょう。

　また，モニター受験者は本試験受験者とは異なり，受験した結果が一生を左右するようなことはありません。すなわち，ハイ・ステークスなテストとなりません。そのため立場上は，極端にいえば，1 問も正解がなくても一向にかまわないのです。しかしそれでは，フィールドテストを行う意味がなくなります。そのため，モニター受験者に対しては「最後まで全力でテストに取り組む義務」を課すことにします。問題をまじめに解く意思をもたないモニター受験者が大量に現れた場合の影響については，第 13 章 4 節でも述べます。

12-3-3　複数回共通入試と問題の使い回し：セキュリティ保持

　1 点を争う競争的性質をもち，結果に一生がかかっているようなハイ・ステークスなテストで問題を使い回すことは，たとえ入試の合否を決める要素の「ほんの一部」でしかない場合であっても，受験者の親や高校の先生にとって，釈然としない部分があるかもしれません。そのため，共通受験者を用いるなどして等化計画を工夫しなければなりません。理想としては，複数回共通入試で用いられるすべての受験者向けテスト版は，すべて異なる種類の問題からなり，かつ，すべて初出の問題であることが求められます。

　もし公平なテストを行いたい場合で，一度に用意できる問題数が少ないなどの理由により，複数回共通入試で問題を使い回して用いるとすれば，毎回実施されるテストの時間帯だけに問題を受験者に提示し，それ以外のいかなるときにも受験者は複数回共通入試の問題を目にすることがないようにしなければなりません（ただし，受験者の参考に供するために公開される問題が一定数存在することがありますが，これは以降の使い回しの対象から外されます）。このように厳格なテスト問題の提示・暴露管理をしなければ，使い回した問題を事前に目にしたことのある受験者がいる可能性を否定できず，テストの公平性に疑問符がつくことになります。このような問題を，「テストの秘密保持などのセキュリティが保たれているか」と表現することにします。

　テストの秘密保持には多くの労力がかかりますが，複数回共通入試が問題の使い回しを伴う

3）ただし CBT を用いてもなお，受験画面を動画撮影されるなどして，本来受験者に対して秘密にすべき問題を受験者により記録・収集されてしまうおそれが残ります。CBT とすることだけではなく，指定した会場で管理された手続きによりコンピュータでテストを受験させるといった受験環境の整備まで含めて，流出対策を考えることは必須です。

形で行われるとすれば，そのコストを複数回共通入試の制度が続く限り払い続ける必要があります。それが難しいのであれば，ある程度テストの正当性を度外視し，公平性に目をつぶるということを考えなければなりません。

12-3-4　達成度検証テストと競争型入試のためのテスト

これまでの議論を通じて，共通テストを年複数回化するアプローチとして，以下の二つの方向性があることがわかりました。

（ア）実受験者（大学受験生）に出題する問題を使い回し，問題の統計的性質（識別力や困難度などの項目パラメタ）を十分検証するものの，テスト問題の秘密保持などのセキュリティを保つことが難しいテスト。

（イ）実施のための手間が多くかかるものの，問題を使い回さず，テストのセキュリティに十分配慮されたテスト。

上記二つのアプローチは，それぞれ，公平性を確保しやすいかどうかに応じて，（ア）については達成度を検証する目的のテスト，（イ）については公平性が求められる競争的性格を含むテスト，というように，異なる用途のために用いることが現実的であるといえるでしょう。（イ）の，テストを実施するたびにモニター受験者を要する等化を，達成度検証のために行うとなると，達成度検証の機会を提供するごとにモニター受験者が必要となります。しかし，競争的入試ほどハイ・ステークスではないテストで，公平性に対する厳密さが求められないテストであるなら，モニター受験者を用意するための労力を費やすのは非効率的です。そこで次章以降では，（ア）の方向性により「達成度検証テスト」を，（イ）の方向性により「競争型入試のためのテスト」を実現する具体的方法について述べていきます。

いずれの方法を用いる場合であっても，等化計画の検討に当たっては，十分に実現可能性が検証されている手続きを用いるべきでしょう[4]。等化計画は，公平なテスト制度の根幹をなす基礎的部分です。

【第 12 章のまとめ】
- 日本の大学入試では，毎年 7 月以降に多くの大学で入試選抜が始まり，学力を測るために共通テストのスコアが用いられる機会が出てくる。共通テストのスコアは標準化されていることが望ましい。
- 標準化された入試のための共通テストを継続的に実施するには，多くの経験と実践例があることや，問題の「質」に関する議論を定量的指標で行えることを考えると，IRT に基づく等化による方法が適切である。
- ハイ・ステークスな入試の目的で標準化テストを行う場合，問題の使い回しをすることは，テストの公平性を損なうおそれがある。しかし，学力調査目的に近い達成度検証テストの場合で，ハイ・ステークスなテストでない場合は，その限りではない。

4）項目パラメタの推定方法や等化の方法などといった，標準化テストに関する技術的課題については，それらがある程度の実現可能性をもって克服できる見通しが求められます。現実には，すでに多くの語学テストや日本留学試験，IT パスポート試験などで IRT を応用した標準化テストが実現されていますから，これらの技術的検証は（研究成果として公表されているわけではないものの）行われているものといえます。

第13章

IRT を複数回共通入試に導入する（2）：テストデザイン

　前章では複数回共通入試におけるテスト制度の基本設計について述べましたが，ここからは，前章3節で述べた（ア）・（イ）の二つのアプローチ，すなわち達成度検証テストと競争的入試のためのテストについて，具体的な複数回共通入試の実施方法を述べていきます。本章で述べた手法を用いることで，どの受験者に対しても常に異なる種類の新作問題を用いてテストができ，かつ共通の意味をもつスコアを返すことができるようになります。

13-1　テストデザイン・等化計画を図示するためのアイコン

13-1-1　等化計画の具体的手順を視覚化するために

　複数回共通入試の共通尺度化にあたっては，第2部で述べた標準化テスト実現のための諸手法が多く用いられていますが，これらの手続きは「ある処理を行った結果に対して，別の処理を施す」という流れ作業に沿って行われます。たとえば，項目バンクから問題を選抜してテスト版を作成する→受験者に対して問題を提示し，解答を収集する→正誤データを得る→IRTにより項目パラメタを推定する，といった具合です。そのため，図 13-1（☞ p.179）に示すアイコンにより，流れ作業の過程のなかで何を行っているか，視覚的にわかりやすく記述することにします。以降，アイコンを用いた流れ図を「ブロックダイヤグラム」として，標準化テストのテストデザイン及び等化計画を示していきます。

　標準化テストを実施するための等化計画を文章で記述しようとすると，「フィールドテストを実施したのち，項目パラメタを推定しておいたうえで，それらの値を用いて本試験受験者の能力値を計算する」というように，直観的にわかりにくい表現が頻出することにならざるを得ません。たくさんの種類のテスト版を用意し，多くの受験者グループを用いてテストを実施するため，標準化テストの等化手続きは具体的なイメージをもつのがとりわけ難しくなります。本書ではそのような複雑な手続きをよりわかりやすく図示するため，アイコンで作業の内容やデータの種類（正誤データ，項目パラメタの数値一覧など）を示し，それらを結ぶ矢印で情報の流れを表現することにします。

13-1-2　ブロックダイヤグラムに用いるアイコン

テスト版の提示と受験　図 13-1 の（1）は，ある受験者グループがあるテスト版を受験することを示しています。テスト版を示すアイコンには，テスト版の特徴をわかりやすく表す文言や記号（この例では「F2020」）が描かれ，必要に応じて補足説明が書かれます。そこから受験者のアイコンを経て，正誤データのアイコンへ矢印が引かれていますが，これはテスト版「F2020」を受験者グループが受験し，その結果を正誤データとして記録する一連の手続きの流れを示しています。受験者グループにもテスト版と同じように必要に応じて補足説明が付記されることがあります（たとえば「モニター受験者」など）。

　受験者のアイコンが黒色で示されている場合は，規準集団であることを表します。また規準集団が受験した結果得られた正誤データのアイコンも，同様に色をつけて表記します。のち

に行われるテストはすべて，これらの規準集団上の尺度に等化されることになります。そのため，フォーム間で共通な問題を含んだり，グループ間で共通な受験者を含んだりしていることを，テスト版のアイコンに注記しておきます。

項目パラメタの推定　(2) は，正誤データから項目パラメタを推定する手続きを示しています。項目パラメタを推定する操作は丸に「IE」(Item Parameter Estimation の意) のアイコンによって示されています。入力が正誤データ，出力は項目パラメタのリストです。このアイコンも左から右に処理の流れが描かれていますが，実は正誤データが「どの受験者グループがどのテスト版を解いた際に得られたものなのか」によって処理内容の意味が変わってきます。したがって，アイコン間のつながりに注意してブロックダイヤグラムを読む必要があります。同じ (2) の操作が描かれていたとしても，その入力に当たる正誤データがどのような状況で生成されたかによって，得られた項目パラメタの意味付けが変わるということです。そこで，項目パラメタのアイコンの下には，必要に応じて補足説明が付記されます。

能力値の推定　(3) は，正誤データと項目パラメタの情報から能力値を推定する手続きを示すアイコンです。これも (2) と同じく，この処理の前提となる項目パラメタと正誤データがどのように生成されたのかに注意して読む必要があります。能力値の推定にあたっては，入力が二つ（正誤データ及び出題した項目のパラメタ）に対して，出力は一つ（能力値のリスト）ですが，推定される能力値の個数は「正誤データ」の件数に一致することに注意が必要です。

能力値の標準化スコアへの変換　(4) は能力値の情報をもとに，変換表などを用いて標準化スコア（尺度得点）に変換する操作を表します。厳密にいうと，尺度得点を求めるためには能力値の他に変換表が必要ですが，変換表は通常，テスト制度の開始時点で規準集団を定義した際に決められたものを使い続けるため，アイコンによる図示を省略しています。

等化（等化係数の算出）　(5) は，フォームごとに個別に推定した項目パラメタの値を用いて「等化」の操作を表すアイコンです（個別推定）。等化処理のためには，規準集団上での項目パラメタのリスト（等化先）と，規準集団上の尺度にこれから等化される 1 個以上の項目パラメタのリスト（等化元）の二つを設定します。これら 2 種類の項目パラメタのリストを入力として，等化元の全問題について，規準集団上での項目パラメタに等化した項目パラメタリストを出力します。また規準集団におけるパラメタのリストには共通尺度（Common scale）を構成するという意味で「C」と表記しますが，特定の基準集団を設けない場合もあります（図 13-5（☞ p.184）を参照）。通常，規準集団上の尺度に等化された項目パラメタのリストは，問題文とともに項目バンクに記録されることがほとんどです。

項目バンクから問題項目を選抜　(6) は，項目バンクに入っている問題文のなかから何問かを選んで出題することを表します。このアイコンは，項目バンクで定義された規準集団上の尺度に等化するために，過去に出題された問題を出題する場合などに用いられます。たとえば，項目バンク（2021_IB，2021 年時点での Item Bank の意）から抽出された問題（この例では「F2021ANCHOR」と示されている）を「アンカー項目」（規準集団との手掛かりにするための項目群）とすることを示しています。

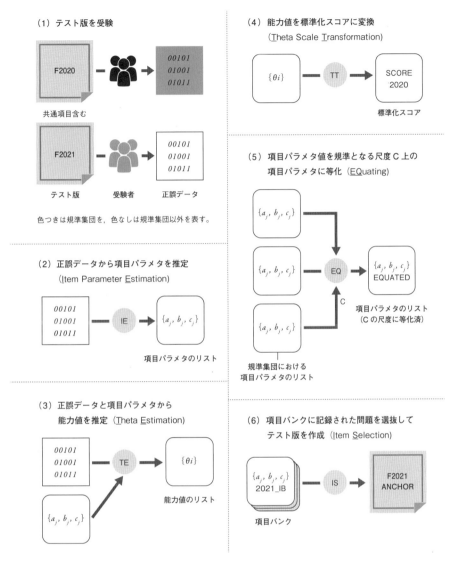

図 13-1　標準化テスト実施方法を記述するためのアイコン一覧

ブロックダイヤグラムの記述方法　ブロックダイヤグラムは，時系列に沿って，矢印が左から右，上から下に向くように記述します。また，一連の処理の内容が，テスト実施回ごとに同じ行に並ぶようにします。こうすることにより，テスト実施やパラメタ推定，等化処理といった手続きの流れが時系列順に明確となり，一度のテストが終わった段階でどのような処理が必要なのかがわかりやすくなります。

図 13-1 に示す以外に，ブロックダイヤグラムを描く際，以下の約束を決めておきます。

●項目バンクから問題を抽出する（6）のアイコンにより，項目バンクからテスト版に矢印が向かっている場合，項目バンクから問題文を引き写して，アンカー項目群からなるテスト版を作成することを表す。それに対して，項目バンクから（3）や（5）のように能力値推定や等化に矢印が伸びている場合，引き写されるデータは問題文の内容ではなく，項目パラメタの値である。矢印の先に来るアイコンの種類に応じて，引用される情報は適宜判断する。

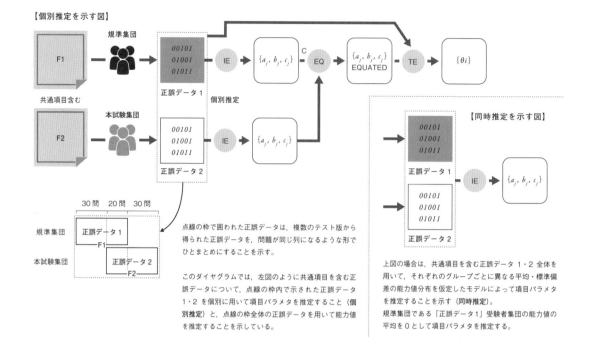

図13-2 グルーピングのための点線の意味

- 正誤データや項目パラメタのアイコンに含まれる問題数などの情報は，アイコンの外枠に必要に応じて付記する。また，受験者，能力値や標準化スコアの人数についても同様とする。
- （2）の項目パラメタ推定のアイコンについて，複数の正誤データを多母集団IRTモデルにより推定する場合は，図13-2右下に示すように複数の正誤データのアイコンを点線でグルーピングし，点線から直接（2）のアイコンへ矢印を引く。使用例については図7-12（☞ p.110）も参照のこと。また複数の集団の正誤データを用いて，一度の操作で複数の集団についてまとめて能力値を推定する場合は，図13-2のようにグルーピングの点線を用いて示す。

13-1-3 項目パラメタの推定と能力値の算出

　多くのテストでは，項目パラメタの推定と，能力値の算出はそれぞれ独立した作業として行われます。項目パラメタの推定（「IE」アイコン）では，受験者の正誤反応を入力として，問題ごとの困難度や識別力を算出し，これらが出力にあたります。一方，能力値の推定（「TE」アイコン）では，受験者の正誤データと出題された問題の項目パラメタを入力として，受験者ごとのスコアのもとになる能力値を算出します。これらを組み合わせ，複数の回の受験者間で同じ尺度の意味となるようなテストの設計について，以下説明していきます。

　第12章1節で紹介した，年2回の複数回共通入試を実現するために，以下のようなテスト制度を構築する場合を考えます。

1. 規準集団を第1回テストと第2回テストの外に定義するため，モニター受験者に問題を提示し，規準集団上での項目パラメタを推定する（フィールドテスト）。推定された項目パラメタを項目バンクに記録しておく。

2. 項目バンクから問題を出題し，第1回テストを実施する。→規準集団上での項目パラメタ
   と第1回テスト受験者の正誤データから，第1回テストの能力値を算出する。

3. 項目バンクから2. で出題した以外の問題を抽出して，第2回テストとして出題する。→
   第1回テストと同様の手続きで能力値を算出する。

このテスト制度に基づき，もう少し詳細な手続きについて，述べていきます。

たとえば，100項目からなるテストをある受験者集団に提示して，100項目に対して項目パラ
メタを推定したとします。この項目パラメタは，受験した集団を規準集団とみなすと考えれば，
規準集団上で得られた値と解釈することができます。ここでの受験者は，規準集団を定義する
ための「モニター受験者」であると考えます。

この100項目から20項目を選抜し，第1回本試験として別の集団に受験させたとします。こ
の集団上で得られた正誤データと，規準集団上で求めた項目パラメタから，能力値を推定する
ことができますが，これは規準集団上の尺度に乗った能力値と解釈することができます。

同様に，第2回本試験として第1回本試験で出題しなかった80項目から20項目を抽出し，
さらにまた別の集団に受験させ，同様に能力値を求めた場合，第2回本試験の受験者の能力値
もまた，規準集団の尺度上で表されることになります。よって，第1回本試験と第2回本試験
の受験者の能力値が，相互に比較可能になると解釈できます。

以上の手続きをまとめたのが図13-3です。ここでは規準集団を定義し，100項目について規
準集団上の項目パラメタを推定する手続きを「フィールドテスト」と表現しています。

この例から，IRT を用いた標準化テストの原則として，次のことがわかります。

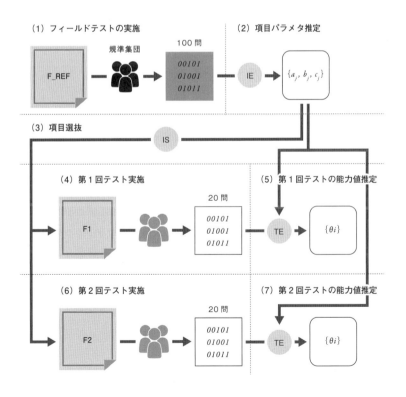

図 13-3　2回のテストについて，能力値を相互に比較可能となるように設計されたテストデザインの例

- 規準集団上で求められた項目パラメタは，値が固定されるのが原則であり，後に行われたテストによって値が修正されることはない（ただし，同時推定の場合は推定法の都合により，値がわずかに変わる可能性がある）。
- 規準集団上で求められた項目パラメタと，出題した問題を流用することで，任意の複数の集団に対して規準集団上の尺度で能力値を求めることができる。これらの集団から求められた能力値は，規準集団を介して相互に比較可能な形で表される。

　しかしながら，この例で示したような形で，相互に比較可能なスコア（能力値）が得られるテストを長期にわたって行い続けるためには，一度だれかに出題した問題を再出題しなければなりません。最初に100項目しか項目パラメタを推定していないのですから，このやり方で常に重複なく問題を出題し続ける（受験者からみれば，常に初出の問題によってテストが行われる）ことは不可能です。

　そこで，最初に用意する100項目を，たとえば1000項目などというように増やそうという解決策が提案されることでしょう。1000項目あれば，1回のテストで20問出題するとしても，50回までなら重複なく出題できます。しかし，1000項目を規準集団に一度に提示して解答を求めるというやり方は非現実的ですし，1000問もの問題を一度に用意するのは難しい相談かもしれません。受験者にかける負担の大きさを考えると，少なくとも前者の問題は致命的であるといえます。

　以上の問題点を解決するためには，どのようにすればよいのでしょうか。その方法を，次節以降で述べていきます。

13-2　テストデザイン案（1）：緩いセキュリティのテストのデザイン

　本節以降，大学入試を標準化テストとして実現するためのテストデザインについて，述べていきます[1]。紙幅の都合上，以降の説明では個別推定の場合について説明していますが，すべてのデザインについて同時推定を行うことも可能です。

　本節ではまず，問題の使い回しをするにあたり，セキュリティについて完全性を求めないテストを取り上げます。これは第12章3節の（ア）（☞ p.176）に相当するテストで，ここでは「緩いセキュリティのテスト」と表現することにします。

13-2-1　大量の問題に項目パラメタを推定する

　緩いセキュリティのテストは，多くが学力調査や児童生徒の到達度評価といったような，達成度の検証を目的とするテストであることが想定されます。そこで，カリキュラムの進行に配慮し，一問一問の問題がカリキュラムで教えられる内容においてどのような側面を測っているのかを明確にしたうえで，テストが設計されます。そのため，測りたいことがらを的確に測っているかを，本試験の実施前にフィールドテストを行い，検証しておく必要があります。何を測っているのかが不明確であり，識別力が低い問題については，本試験での出題を保留することもあるでしょう。

　本試験の実施に先立ち，大規模なフィールドテストを行い，項目バンクに比較的多数の問題を蓄えていきます。第12章1節で示した表12-1（☞ p.168）右の計画にならって，年に4回のテストを行うとして，それぞれの科目で50問ずつを提示するものとすれば，たとえば5年間に

おいて 4 回 × 5 年 × 50 問 = 1000 問を用意する必要があります。この 1000 問を，5 年間にわたって毎年 4 回ずつ行われる複数回共通入試において，50 問ずつ出題していくのです。

　1000 問という問題を，一度に用意するのは大変な作業です。しかも，カリキュラム（学習指導要領）とリンクさせながら，その多岐にわたる学習内容をまんべんなく網羅する必要があります。そのため，教科教育の専門家による綿密な検討と，テストの専門家がもつ「的確に問いたいことがらを問う」ための，問題形式や問題文の工夫が必要です。これらの作業は，複数回共通入試が行われるまでの間に，教科書を執筆する者や高校教員，大学教員などの専門知を動員しながら，効率よく行われなければなりません。

　たとえば，2025 年度から新しいテストを実施したいのであれば，2022 年度から 2023 年度までで問題の一次素案を作成し，数度のフィールドテストを経て，問題の質を吟味したうえで，2025 年度の実施前に，規準集団を用いた大規模フィールドテストを行い，規準集団上での項目パラメタを推定します。そのくらいのタイムスパンで考えなければ，これだけ大規模なフィールドテストを行うことは難しいでしょう。

13-2-2　重複テスト分冊法を用いたフィールドテストの実施

　大規模フィールドテストの実施については，さらに乗り越えなければならない課題があります。1000 問に対して項目パラメタを推定するためには，1000 問からなるテスト版を作成し，モニター受験者グループに提示すればよさそうです。しかし前述の通り，一度のテストで 1000 問に解答するようモニター受験者に求めるのは非現実的です。50 問を解くのでも一苦労なはずでしょうから，その 20 倍のテスト問題を一度に解くのは現実的ではありません。

　そこで，重複テスト分冊法（詳細は光永（2017：157-159）を参照）を用います。具体的には，1000 問のテスト問題について，図 13-4 のように部分的に重複を含む 130 問からなる 10 個のテスト版に分割し，それぞれのテスト版をさらに 2 分割した 65 項目からなる冊子を 2 日に分けて受験者に提示します[2]。この例の場合，1000 問ではなく 1100 問についてパラメタが推定されることになりますが，100 問は予備問題として確保しておきます。

　受験者からの正誤データがそろったら，図 13-5 のブロックダイヤグラムを用いて，1100 問の問題について規準集団における項目パラメタを定めます。図 13-5 は個別推定を用いた項目パラメタの推定方法を示しています。

　受験者グループについては，10 のグループに大量のモニター受験者（たとえば 1 グループあたり 1000 人で，計 10000 人）をランダムに割り付け，ランダム等価グループとなるようにします。問題については，問題を作った段階で難易度が等しくなるように，10 のテスト版を作ります。すべてのテスト版において，他のテスト版と共通の問題（共通項目）を含むようにします。

13-2-3　項目パラメタの推定

　仮にグループ分けがランダム等価グループ（第 2 部 7 章 6 節を参照）となっていれば，それぞれのグループだけで求めた項目パラメタをテスト版ごとに比較すると，共通項目についてみれば同じ値になっているはずです。しかし，ランダムになるように意図してグループ分けしたとして

2）ここで記した分冊の方法はあくまで一例です。モニター受験者を十分に確保できない場合にはグループ数を半分に減らし，一人当たりに解く問題数を倍にしたうえでフィールドテストを 2 日ではなく 4 日間にわたって行うようにする，というようにします。逆にモニター受験者が多く確保できそうであれば，グループの数を 20 に増やして一グループあたりに提示する問題数を減らし，実施期日も 1 日に抑える，というように，状況に応じた形で計画することができます。

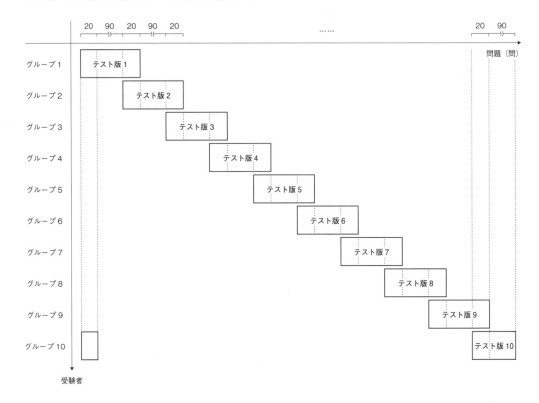

図13-4　重複テスト分冊法によるモニター受験者の負担軽減

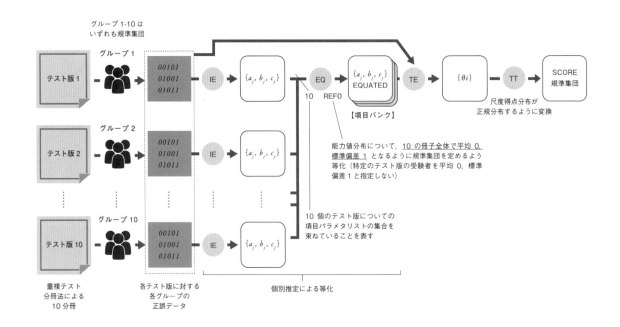

図13-5　重複テスト分冊法によるモニター受験者のデータを用いた規準集団における
項目パラメタ推定ブロックダイヤグラム（個別推定）

も，共通項目のパラメタが異なる可能性もあります。そのため，以下に示す手続きにより共通項目デザインによる共通尺度化（等化）を行います。以下には個別推定の場合について示します。

　個別推定に当たっては，等化のプロセスにおいて，特定の受験者グループの能力分布を平均 0，標準偏差 1 と定める，というような制約をすると，グループ 1 ～グループ 10 のグループ全体を規準集団とする，という方針に反します。そこで，10 個の受験者グループ全体で能力値平均 0，標準偏差 1 となるように等化係数を求めます（図 13-5 で「REF0」と表記していますが，これは全体の平均が 0 になるような推定をすることを示します）。個別推定を用いてこれを実現するためには複数のテスト版を一度に等化できる calr 法や，他の複数テスト版を一度に等化する手法（Battauz（2017）を参照）を用いることになりますが，calr 法による等化に関する詳細については Arai & Mayekawa（2011）を，計算例については光永（2017：218-223）を参照してください。

　共通尺度化にあたっては，個別推定だけではなく，同時推定を用いても行うことができます。そのためのブロックダイヤグラムを図 13-6 に示しました。個別推定と同時推定のいずれの手法をとるかについては，手続きの簡便性や等化結果の精度の高さといった要素により決定しますが，テストを実施する前であれば疑似的な正誤データを生成してシミュレーションを行う手法も適用できるでしょう。また状況が複雑な場合は，正誤データを得た後に，事後的に個別推定と同時推定の両方を行い，より理論的に納得がいく等化済み項目パラメタとなる手法を採用するといった方法もあります。両手法の比較検討については本章第 4 節も参照してください。

　あくまで個別の状況にもよりますが，この例のように，10 個のテスト版をまとめて一つの尺度上に等化する場合においては，同時推定のほうが楽に推定できるでしょう。個別推定の場合，10 個のテスト版それぞれに対して項目パラメタを推定するという煩雑な操作が必要になってきます。「IE」や「EQ」のアイコンの数が多くなればなるほど，共通尺度化の手続きは複雑化し，操作ミスの可能性がそれだけ増大します。もし，10 個の正誤データが同時期にそろうな

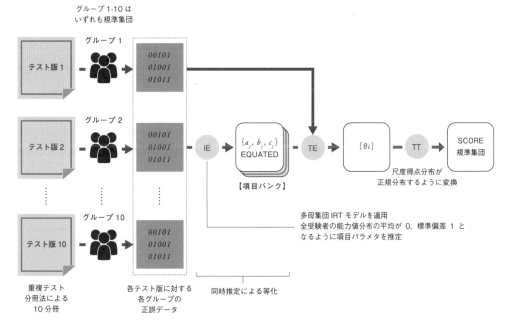

図 13-6　重複テスト分冊法によるモニター受験者のデータを用いた規準集団における項目パラメタ推定ブロックダイヤグラム（同時推定）

らば，図13-6 に示す同時推定の方法をお勧めします。

　規準集団を定めるプロセスは，多数の問題について項目パラメタを推定しなければならないため，大掛かりになりがちです。先の例で，たとえば各テスト版に1000人ずつのモニター受験者を割り当てた場合，10000人のモニター受験者が参加することになります。しかもこれらのモニター受験者には，

- 出題された問題を口外しないよう約束する。
- すべての問題に対して全力で取り組む。
- 本試験の受験者にならない。

といったような制限があります。2点目を満たすために成績上位者に褒賞を与えることや，3点目を満たすために，大学入試目的のテストの場合は大学1年生をモニター受験者とする，といった工夫が必要となります。

　モニター受験者にはまったくの無報酬で問題を解いてもらうわけにはいきませんから，たとえば一人当たり1日拘束して1万円を支払うこととすれば，1億円の謝金が必要になります。金銭的コストの問題によりモニター受験者数を減らすということも可能ですが，それについては後述します。

13-2-4　達成度を判断するための指標：問題ごとのタグ付け

　達成度を測る目的のテストを考えるうえで必要なのは，テストの問題がどの程度の学力レベルを識別するかに関する情報です。すなわち，ある問題は高校1年生レベルの学力があれば正答できるが，別の問題は高校3年レベルが必要，という情報です。これを明らかにするには二つの方法があります。

- 問題文の内容を学習指導要領に照らして，正答するのに必要な学年レベルを明らかにする。
- モニター受験者の受験者グループについて，高校1年生・高校2年生・高校3年生といった形で学年別に募集し，それぞれがどの程度正答したかを根拠に学年レベルを定義する。

　前者の方法を実現するには，学習指導要領で定められた学習内容を問題が的確に問うているといえるかどうかを検証する必要があります。すなわち，妥当性の検証が欠かせないということです。また，前者の方法によって問題ごとの学年レベルを見出しておき，後者の方法によって正誤データに基づく議論を行う，という二段構えの方法もあります。これらの手法により問題ごとに必要な学年レベルを与えることで，受験者に対し，学習の大まかな進度を提示するテストとすることができます[3]。

　前述の通り，テストはカリキュラムと一体となって開発されるべきものです。学習指導要領が変われば，これらのタグ付けも変わります。したがって，このテストの有効期限は，学習指導要領が改訂されるまで，ということができるでしょう。

---

3) 後者の手法を実現するためには，等化手法で「垂直尺度化」（垂直等化）とよばれる考え方を導入する必要があります。これは異なる学年の間で一つの学力尺度を構成する等化の手続きを指します。一方で，複数のグループの間に学力差を仮定しない等化を「水平等化」とよびます。垂直尺度化については光永（2017：153-156）を参考にしてください。

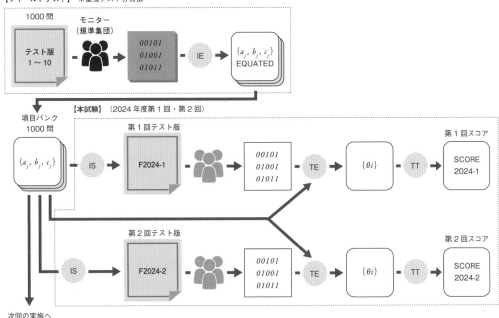

図 13-7　年複数回実施のためのスコア推定ブロックダイヤグラム（1）

13-2-5　大規模モニター受験者集団による大量の項目パラメタ既知項目を用いた方法

　モニター受験者を用いたフィールドテストにより，1000 問の問題に規準集団上の項目パラメタが推定されたら，これらの項目パラメタを問題の本文などの情報とともに項目バンクに入れて，厳重に保管しておきます。そして，項目バンク中の問題を用いて，本試験を実施していきます。

　図 13-7 に，本試験 2 回分についてのスコア推定ブロックダイヤグラムを示します。ここではフィールドテストとして 1 回分のテストを示していますが，実際には重複テスト分冊法を用いて図 13-5（☞ p.184）で示した方法により項目バンクを作成します。すなわち図 13-5 の中にある「【項目バンク】」が毎回のテストで参照される項目バンクに相当します。このテストデザインは，図 7-14（☞ p.115）で示した学年初・学年末テストを年 4 回に拡張したというイメージであり，本質的には図 13-3（☞ p.181）のデザインと同じ考え方で設計されています。

　項目バンク内にある問題を毎回の本試験でどのように出題していくかについては，事前に明確な方針を決めておきます。公平性に最大限の考慮をするなら，一度受験者に出題した問題は二度と再出題しないという方針にするしかありません。しかしながら，この方針を貫くことができるのは 5 年間だけです。5 年たてば，項目バンク内にある出題候補が尽きてしまいます。したがって，5 年間のうちに，図 13-4（☞ p.184）に示すような大規模なフィールドテストをもう一度行い，項目バンクの問題を増やす必要があります。したがって，再度モニター受験者を大量に募る必要や，一度に大量の新作問題を用意する必要があるということで，これらを定期的に行い続けるのはある程度の困難を伴うことが予想されます。

13-2-6　小規模フィールドテストにより問題を使い回すデザイン

　図 13-5（☞ p.184）で示したテストデザインは，10000 人ものモニター受験者を一度に動員する大規模フィールドテストであり，その実施には多くの労力が伴います。また，このフィール

ドテストのために問題を一度に 1000 問も用意する過程では，膨大な苦労を伴うでしょう。しかし，1 教科当たりでみたとき，問題を一度に 1000 問用意できなくとも，1 年に 100 〜 200 問といったように，五月雨式に用意することなら可能という場合が多いかもしれません。なにより，毎年これまで大学の個別入試ではそのようなやり方で問題を作成してきたのです。そこで，次のようなテスト制度を計画します。

> 1. 実施規模を 100 問程度としたフィールドテストを実施し，項目パラメタを推定して結果を項目バンクに入れる。
> 2. 毎回の本試験向けに新作問題を作成し，項目バンク内の問題とともに出題する。
> 3. 新作問題の項目パラメタを毎回の本試験受験者グループから推定し，規準集団の尺度に等化したうえで，項目バンクに追加する。
> 4. 以降，本試験実施のたびに 2. と 3. を繰り返す。

　この計画の場合，毎回の本試験で出題されるのは，2. で項目バンクから選択した 20 問（規準集団上の尺度に係留するための問題ということで「アンカー項目」とよばれるのはすでに述べた通り）と，新作問題 50 問とします。これら 70 問の情報を用いて，受験者のスコアを求めると同時に，新作問題 50 問について規準集団に等化済みの項目パラメタを推定していくのです。こうすることにより，規準集団上の尺度に乗った項目パラメタが推定される問題が，テスト実施のたびに増え続けることになり，先ほどのテストデザインで懸念された項目バンクの枯渇は起こらないことになります。いわばこのデザインでは，フィールドテストのモニター受験者の役割を，毎回の本試験受験者が担っているということができます。

　以上の等化計画において，フィールドテストから本試験 1 回分までのブロックダイヤグラムを図 13-8 に示しました[4]。ここで定義された規準集団上の項目パラメタを項目バンクに記録しておきます。本試験では項目バンクからアンカー問題（アンカー項目）として 20 問を抽出し，新作問題 50 問とともに実受験者に提示します。そのうえで，規準集団の尺度に新作問題の項目パラメタを等化し，項目バンクに追加します。本試験を実施するたびに新作問題を作成する体制が維持できれば，この方法で項目バンクの中身を増殖させながら，複数回共通入試を実施し続けることができます。

　ただし，このテストデザインを用いた場合，新作問題を将来，アンカー問題として再出題する前提で項目バンクに記録することになります。したがって，毎回の本試験において実受験者から問題冊子を確実に回収し，新作問題・アンカー問題を問わず，すべての問題を秘密にしなければなりません。また，フィールドテストに参加したモニター受験者が本試験受験者となることもできません。フィールドテストで解いた問題が，本試験で再出題される可能性があるためです。

13-2-7　問題の使い回しを解消するデザインの必要性：問題漏洩への対処

　しかしながら，図 13-8 で示したテストデザインでは，一つの大きな問題があります。このままでは実受験者がテスト実施中にアンカー問題を何らかの方法で記録し，過去問題として公開

4）この図ではフィールドテストとして，モニター受験者集団に 100 問解答させるようになっていますが，モニターの負担を考慮した場合，50 問ずつ 2 日に分けて実施したり，重複テスト分冊法を採用したりといった対応を取る必要があるでしょう。

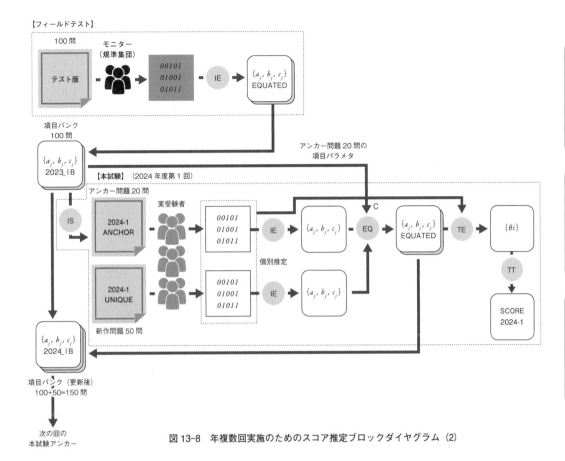

図 13-8　年複数回実施のためのスコア推定ブロックダイヤグラム（2）

してしまった場合，その問題を将来の本試験でアンカー問題として再出題することができなく
なってしまいます。ほとんどの場合，過去問題を不正な手段で入手した場合，万人に公開する
のではなく，限られた受験者のみに見せることでしょう[5]。そのため，問題が公になっていな
いからといって，セキュリティが万全であるという保証はどこにもありません。テスト実施者
はこのような問題の漏洩にナーバスにならざるを得ないのです[6]。

　実務上の対策として，受験者に「絶対に内容を外に漏らさない」などの誓約を書面でさせる
とともに，万一，問題の内容を第三者にむやみに公表した場合，テストの結果が無効になるだ
けではなく，向こう一定期間にわたりテストへの参加が禁止されるといったペナルティを設け
ることが必要でしょう。

　それだけではなく，コンピュータを用いたテスト（CBT）を導入し，紙と鉛筆を用いたテス
トよりもセキュリティを厳しくした受験環境で受験させるといった対策が必要になるかもしれ
ません。電子的に問題が提示された場合，紙と鉛筆のテストとは異なり，受験者が問題の内容
を記録することがより困難になり，また問題冊子を持ち帰るといったことが起こらなくなりま
す。さらに，一問一問に解答するための時間制限を設けたり，問題の提示順をコントロールし
たりといった細かい制御ができます。

　しかし，これらの対策を施したとしても，ハイ・ステークスな大学入試の前にはなかなか有

5）大学入試に問題を使い回す形で共通テストが行われた場合，予備校や受験対策を指南する者が，過去問題を不正な
　手段で入手し，それをある予備校の生徒だけに独占的に見せるといったことが想定されます。
6）問題の使い回しが公平性に与える影響については第 12 章 3 節を参考にしてください。

効であるとはいいがたいのが現実ではないでしょうか。根本的にセキュリティが保たれたテストとするためには，さらに別の工夫が必要になります。

13-2-8　項目バンクの内容を全公開するテストの可能性

　ハイ・ステークスな大学入試において，使い回された問題を本試験受験者に提示することが知られると，不正に問題を漏洩する動機を与えることにつながってしまいます。フィールドテストの問題が，将来実施される共通テストに出題されるということが受験者の間に知られてしまえば，問題を盗む目的でモニター受験者になろうとする者が出てきてもおかしくありません。そのため，問題を外に漏洩させないことを徹底する必要があります。しかし，漏洩対策をいくら徹底したとしても，ハイ・ステークスなテストになればなるほど問題を盗み見たいと思う欲求は高まるに違いありません。

　そこで，この例よりもずっと多い問題数，たとえば 5000 問の問題を用意して，大規模なフィールドテストによりすべての問題に項目パラメタを推定することとし，さらに暗記のみで解答を試みようとすることに意味がないような出題手法をとる[7]こととします。この手法をとれば，仮にすべての問題の内容を公開したとしても，5000 問の問題を用いて勉強の達成度を測るという，共通テストの目的は達成できるという考え方もあるでしょう。5000 問の問題の内容をすべて公開し，「このようなことを共通テストで問うから，この内容についてまんべんなく勉強しておくように」というメッセージを受験者に提示することで，テストの教育的目標が達成されるということです。

　しかし，このようなテスト制度には批判が出ることが予想されます。問題のバリエーションが固定化されているため，受験者がふだん勉強する範囲が，テストに出る 5000 問に限定されることとなり，それ以外の領域の学習に手を付けないことにつながります。また問題が問う本質的内容ではなく，皮相的なキーワードに基づいた解答行動が奨励されるおそれもあるでしょう。運転免許のテストのように，カリキュラムの内容が狭い範囲に限定されている場合は有効かもしれませんが，広い分野を横断して勉強することが求められる学校教育には，この考えに基づくテストはそぐわないのかもしれません。

13-3　テストデザイン案（2）：厳格なセキュリティが求められるテストのデザイン ─────

13-3-1　問題の使い回しをせずに実施する

　前節までで説明した複数回共通入試のためのデザインは，実受験者には常に初出の問題のみを用いてテストを行うという原則に反し，以前に出したことのある問題を本試験受験者に出題していました。すなわち，図 13-8 のデザインでは，本試験受験者に項目バンクからのアンカー問題が提示されてしまっていました。したがってこの方法では，第 12 章 3 節の（イ）（☞ p.176）に相当する，受験者に対して常に初出の問題を用いる，厳格なセキュリティが求められるようなテストの実施ができないということになります。

　これを解決するためには，毎回の本試験でもモニター受験者を募集し，モニター受験者にはアンカー問題を提示する一方で，実受験者には新作問題しか提示しない，という仕組みにすればよいでしょう。本試験を行うたびにモニター受験者を募集し，モニター受験者を介して等化

7）たとえば，正答選択枝の番号を変える，選択枝のバリエーションを増やす，出題形式を工夫する等の手法がありますが，教科ごとに手法が異なり，また多岐にわたるため，ここでは詳述を避けます。

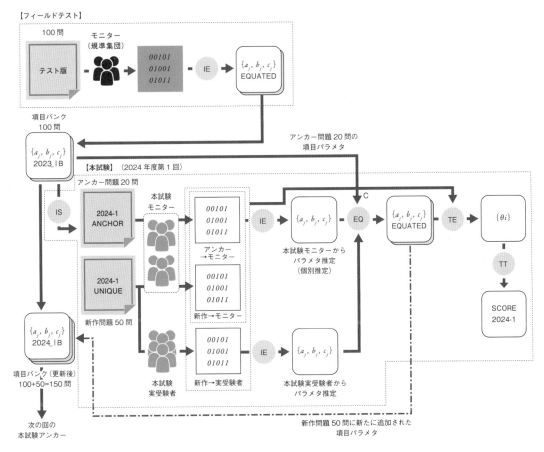

図 13-9　年複数回実施のためのスコア推定ブロックダイヤグラム（3）

を行うデザイン（図 12-2 下，☞ p.174）により，毎回のテストを実施するのです。

　この点をふまえたテストデザインを図 13-9 に示しました。この図を見ればわかるように，フィールドテストだけではなく，毎回の本試験でもモニター受験者がテストを解答しているのが特徴です。本試験モニター受験者は，項目バンクから抽出したアンカー問題 20 問と，新作問題 50 問の，計 70 問を解いています。それに対して実受験者は新作問題（本試験モニター受験者にも出題しているのと同じ問題）50 問のみを解いています。実受験者は項目バンクに入っている問題を一切目にすることなくテストを受験しますから，問題を記録したとしても項目バンクの中身を知ることはできません。もちろん，本試験モニター受験者に対しては，問題の内容を口外しないよう誓約させます。また，どの問題が新作で，どれがアンカー問題かをモニター受験者に対して知られないように出題されます。

　図 13-9 のデザインでは，新作問題について，本試験が終わるたびに規準集団の尺度に等化済みの項目パラメタが推定され，項目バンクに追加されているように描かれています（図の一点鎖線）。しかしテストの実務上，これら 50 問の等化済みパラメタは本試験実受験者のスコアを計算するために必要ということであり，項目バンクに記録されたからといって問題を秘密にすべきというわけでは必ずしもありません。アンカー問題 20 問は最初のフィールドテストで出題された問題から選抜することとし，本試験で新作問題として出題した問題はアンカー問題としないということにすれば，新作問題をテスト実施後直ちに公開しても支障はありません[8]。

　フィールドテストで出題された 100 問から 20 問ずつ選抜された問題を目にするのは，毎回

の本試験のたびに募集された本試験モニター受験者です。よって，過去にモニター受験（フィールドテスト・本試験を問わず）の経験がある者を本試験モニター受験者から除外する必要があります。ただし，本試験の受検経験がある者が本試験モニター受験者となることは，テストの仕組み上支障ありません。

13-3-2　本試験モニターはどの程度必要か，問題数をどうするか

　本試験で出題する問題数にもよりますが，本試験のモニター受験者は，本試験を行うたびに，500から1000名単位で必要となるでしょう。重要なのは人数そのものよりも，能力分布の範囲が広くなるようにサンプルを得ることです（このことは，フィールドテストでも同様です）。モニター受験者を大学1年生を対象に5000人集めたとしても，全員同じ程度の学力であるなら，正誤データには「難しい問題にはほとんど不正解で，やさしい問題にはほとんど正解する」ような受験者のデータしか観測されなくなり，5000人のサンプルから得られる正誤データはほとんどワン・パターンなものになってしまいます。このことは，難しめ・やさしめの問題に対する項目パラメタの推定精度を悪化させる原因になります。たとえモニター受験者が1000人だったとしても，その1000人の能力に幅があるなら，「難しい問題にも正解できる」能力の高い受験者から「難しい問題にも誤答する」能力の低い受験者のデータが観測されることとなり，幅広い難易度の問題に対して項目パラメタの推定値が精度よく推定できるようになります。

　また，本試験に出題する問題数は，十分な数が求められます。競争的要素を含むテストでは，テスト尺度の信頼性が高いことが求められますが，問題数を増やすことで信頼性は高まります（光永，2017：94-96）。しかし，受験者への精神的負担が増加するため，むやみに問題数を増やすわけにもいきません。

13-4　複数回共通入試におけるテストデザインの検討とCBTの導入

13-4-1　テストデザインごとの比較

　前節で述べた三つのテストデザインについて，そのメリットとデメリットを表13-1にまとめました。テストの実施方針やコスト，どの程度の期間にわたってテストを行い続けるかといった観点から，これら三つのテストデザインのどれを用いるのかについて，検討が必要です。

　表13-1には，テストが実施されてから受験者や大学のもとにスコアが届くまでに要する時間の目安を示してあります。これは実践上重要で，大学入学共通テストでは実施後1か月程度でスコアを大学に返す実施体制となっていますが，(1)のデザインでは能力値を推定する過程を追加するだけで済むのに対し，(2)のデザインでは項目パラメタの推定や等化のステップが必要なため，スコアを返却するまでに1週間程度の時間がかかります。また(3)のデザインでは等化のステップに加え，本試験モニター受験者の答案を採点する手間がかかりますが，これらは並行して行えるため(2)と同程度の時間がかかることになります。

　ここではマークシートを用いるテストの場合を示しましたが，マークシートを読み込む過程で，マーク内容が機械で読み取れなかった場合の対処を人間がしなければならず，多くの人手と時間を要する原因となっています。CBTを導入することにより，これらの手間を解消する

8）ただし，新作問題をすべて公開してしまうと，項目バンクの内容が追加されないことになります。一部の問題のみを「サンプル問題」として公開することにすれば，問題をすべて非公開としていることにはならないでしょう。一方で新作問題を将来のアンカー問題の一部に使おうとすると，本試験の受験者に秘密を厳守するように求めることが必要になってきます。

表 13-1　3 種のテストデザインにおけるメリットとデメリット

テストデザイン	結果返却までに要する時間	メリット	デメリット
（1）大規模フィールドテストを用いるデザイン（図 13-7, p.187）	大学入学共通テストと同程度	・実受験者に対する問題の使い回しがないため，テストの秘密保持などのセキュリティを保てる。 ・本試験の等化計画において，項目パラメタを推定しなくてもよい。 ・本試験で出題される問題の質がフィールドテストにより確認できる。	・テスト制度の開始前に多数のモニター受験者を動員した大規模なフィールドテストが必須。 ・項目バンクに含まれる問題数が増えないため，再度のフィールドテストが必要。その際，多数のモニター受験者を再度動員する必要がある。 ・項目バンクの内容が万一漏洩し，実受験者が問題を目にした場合に，セキュリティが保たれなくなる。
（2）小規模フィールドテストにより問題を使い回すデザイン（図 13-8, p.189）	大学入学共通テストよりも 1 週間程度長い	・フィールドテストの規模が小さくて済み，モニター受験者の数も少なくてよい。	・実受験者に対してアンカー問題を使い回すため，問題の提示を管理しなければならない。テストのセキュリティを保つことが困難。 ・新作問題に関して，問題の質を本試験実施前に検証することができない（本試験モニター受験者の正誤データを参考にすれば本試験と同時に検証することは可能）。
（3）本試験モニター受験者グループを用いるデザイン（図 13-9, p.191）	大学入学共通テストよりも 1～2 週間程度長い	・フィールドテストの規模が小さくて済み，モニター受験者の数も少なくてよい。 ・実受験者に対しては常に新作問題のみでテストを実施することができ，テストのセキュリティを保つことが可能。また項目バンクの内容が万一漏洩しても，実受験者はその内容を受験機会で目にすることがないため，セキュリティを保てる。	・本試験モニター受験者を確保する必要がある。 ・新作問題に関して，問題の質を本試験実施前に検証することができない（本試験モニター受験者の正誤データを参考にすれば本試験と同時に検証することは可能）。

ことができ，スコアを返却するまでの時間を大幅に短縮することが期待できます。そしてその効果は，複数回共通入試が大規模になればなるほど，大きなものになるでしょう。

13-4-2　個別推定か，同時推定か：等化方法の比較

　これまで説明したテストデザインのうち，項目バンクの更新が伴うデザイン（（2）小規模フィールドテストにより問題を使い回すデザイン（図 13-8, ☞ p.189）及び（3）本試験モニター受験者グループを用いるデザイン（図 13-9, ☞ p.191））においては，すべて個別推定における手続きについて説明しています。同時推定とする場合，個別の正誤データについて項目パラメタを推定し規準集団に等化する操作が，規準集団と本試験の全正誤データを併合して大きな正誤データセットを作成し多母集団 IRT モデルを適用する操作に置き換わります。さらに，規準集団だけで推定した項目パラメタに等化する操作が加わる場合もあります（個別推定の例（図 7-10, ☞ p.107）と同時推定の例（図 7-12, ☞ p.110）を比較してください）。

　等化手続き上の煩雑さを考えると，同時推定はテストの回数が増えるごとに毎回のデータを併合して作った正誤データセットのサイズが増大していきます。たとえば毎回のテストで2000 人ずつ受験者が増えていくテストを考えると，20 回テストを行えば 40000 人規模のデータセットを扱うことになります。一方，個別推定ではそのような肥大化が起こりません。

　また，同時推定の場合は，テストを行うたびに項目バンクに記録されるすべての問題につい

て，項目パラメタが変わっていくこととなります。項目バンクに記録された問題 A と B の 2 問があったとして，問題 A をアンカー項目として出題し，同時推定によって項目パラメタを推定・更新した場合，問題 A のみならず（アンカー項目として出題されなかった）問題 B についても項目バンク上のパラメタ値が更新されるということです。一方，個別推定については項目バンク上の項目パラメタは変わりません。

　これらから，個別推定のほうがより優れた手法であるかのように思えるかもしれません。しかし，多くのテスト版を一度のテストで出題する場合，個別推定は多くのテスト版について項目パラメタを個別に推定することになります。それに対して同時推定はテスト版の数がいくつであっても，同じ問題に対する解答が 1 列にそろうように並べた正誤データセットを作成すればよいので，事務作業的には不明確なところがありません。また，手続き的な簡便性だけではなく，等化結果の確からしさという観点からも検証する必要があります。したがって，個別推定と同時推定の双方の結果を比較検討することも行われます。

13-4-3　モニター受験者が本来の実力を出さなかった場合に何が起こるのか

　表 13-1 の (1) から (3) のいずれのテストデザインを用いる場合でも，フィールドテストの実施やモニター受験者の確保が必要になってきます。これらのモニター受験者には，最後まで真面目に回答してもらうことが期待されています。しかし，モニター受験者が楽をして報酬を得たいがために，まったくでたらめな解答を記入し，解答を怠けるような事態が頻発した場合はどうなるのでしょうか。

　規準集団を定義するためのフィールドテストにおいて，モニター受験者が実力を十分発揮しなかった場合は，受験者集団の能力値分布が，本来得られる分布に比べて低く抑えられることとなり，それがそのまま規準集団の分布となってしまいます。したがって，そこから得られた項目パラメタは，正規の規準集団から得られた項目パラメタとはいえなくなってしまいます。大学入試の目的で行われるテストの開発にあたって，規準集団のサンプルを大学 1 年生から選んでフィールドテストを実施したとしても，大量の受験者が怠けてしまったならば，高校 1 年生で解けるはずの問題にも多数の不正解が観測されてしまいます。したがって，いかに解答者が大学 1 年生であっても，高校 1 年生に満たない能力値の集団であると解釈され，規準集団としての意味が失われることになります。このような場合は，適切なモニター受験者のデータが得られるように，フィールドテストをやり直すしかありません。

　一方，テストデザイン (3) の場合に用いられる，本試験とともに行われるフィールドテストのモニター受験者が怠けた場合には，モニター受験者が解答したアンカー問題と（本試験受験者にも同じ問題が出題されている）新作問題に対して，当初得られるはずであった値よりも高い困難度が得られることとなります[9]。一方で，実受験者は全力を出し切って解答するはずですから，新作項目は本来の困難度の値が得られることとなります[10]。

　等化の作業においては，これらの項目パラメタの値を手掛かりとして，過去試験（規準集団）の項目パラメタの尺度上に，モニターと実受験者の尺度を乗せるというステップがあります。

---

9) モニター受験者における本来の実力に照らして不正解が多くなるため，モニター受験者を対象とした分析では，アンカー項目の困難度は高めとなります。規準集団グループが，本来のモニター受験者の実力とほぼ同じ程度の学力分布であり，「怠ける」傾向がなかったとするなら，「怠けた」モニター受験者におけるアンカー項目の困難度は，項目バンク上にある規準集団上の値よりも大きくなります。

10)「本来得られるはずであった項目パラメタの値」は，その問題がもっている性質を正確に反映した項目パラメタであるということから，「項目パラメタの真の値」とよばれることがあります。

このとき，モニター受験者にとってもっともやさしいであろうと想定されていた問題が過剰に難しいとされたことから，規準集団上に等化された新作問題の困難度の推定値が，本来の「真」の困難度を反映しない値となるおそれがあります。特にモニター受験者集団が本来の能力を十分に発揮しない度合いが大きいほど，本来の困難度と等化された困難度の値の乖離が大きくなる傾向があります。新作問題を本試験受験者のスコア算出に用いた場合，結果が当初得られるはずであった「本来の受験者の能力値」からかけ離れるおそれもあります。

　ただし，十分に多くの受験者（たとえば 10000 人）が本試験に存在し，かつ本試験モニター受験者数が少ない（500 人程度）場合は，等化の手法を「同時推定」とすることで，項目パラメタの真の値に近い推定値が得られる可能性があります（光永，2022）。「個別推定」により等化した場合，少数の本試験モニター受験者から得られる項目パラメタ値を手掛かりに等化が行われることとなり，あやふやなパラメタ推定値を用いて等化係数を求めることにならざるを得ず，真の値から外れた推定結果となるおそれが残ります。一方，同時推定による等化では，項目パラメタ推定には多数の実受験者の正誤データも用いられることとなります。そのため，同時推定のほうが，等化の枠組みの前提から多少外れるデータに対しても，理論通りに近い結果が得られることとなるでしょう[11]。また同時推定の手法のなかでも，図 7-12（☞ p.110）上に記した，多母集団 IRT モデルのみを適用するよりも，同図下に記した，規準集団のパラメタに再度等化する手法を併用したほうが，より理論的な結果に近くなることが期待されます。ただし，常にそのような結果となるかは，検討の余地があります。

　「全力を尽くすように」と教示されたモニター受験者の多くが一斉に怠けるということは，通常は考えにくいでしょうが，テストデザイン（3）によるテストを行った場合に実際のテスト運用上で懸念されるのは，悪意をもった第三者がテストを混乱させることを目的にモニター受験者集団を買収し，全モニター受験者に「でたらめな解答を記入してきたら報酬を与える」などとそそのかして，故意に不正解を頻発させた場合です。この場合は，モニター受験者の正誤データを分析すれば，通常あり得ない正答率の低さが観測されることとなります。そのようなことを防ぐために，モニター受験者集団がきちんと解答に取り組んでいるかを監督する仕組みが求められます。

13-4-4　自己採点の不可能性と CBT による克服

　競争的なテストの場合，公平性を確保する目的で，実受験者が本試験で目にする問題は，その時点でまだだれの目にも触れたことのない初出の問題が用いられます。その場合，表 13-1（☞ p.193）の（3）のテストデザインを採用するのがもっともセキュリティが保たれているといえます。その場合には，図 13-9（☞ p.191）に示す複雑な手続きを誤りなく行っていく必要があります。

　この手続きを踏んでもなお，これまでの大学入学共通テストの仕組みにはない違いがあります。それは，自己採点ができないということです。

　これまでの入試では，1 月に年 1 回の大学入学共通テストが行われた直後に，問題の内容と正解が大学入試センターより発表され，新聞などでも報道されます。受験者はこの正解一覧を参考に，自分の書いた答案で何点取れたかを「自己採点」することはすでに述べました。（3）のテストデザインを用いた場合，スコアを出すためには能力値を求めなければならず，能力値

11）モデルが仮定している前提から多少外れているデータに対しても，理論通りの結果が得られる性質を「頑健性」とよびます。この例で示したような，怠けるモニター受験者が存在する場合は同時推定のほうが頑健性が高いことが知られていますが，モデルから外れたデータであればどのような場合であっても，常に同時推定のほうが高い頑健性を示すとは限らないことに注意が必要です。

を求めるには受験者が書いた答案（正誤データ）だけではなく，実受験者に出題した問題について，規準集団に等化済みの項目パラメタ一覧が受験者に知らされなければなりません。またスコアを出すために必要な能力値からスコアへの変換表も必要です。

　さらに，テストデザイン（3）は IRT を用いた尺度化を行っていますから，IRT に基づく能力値の計算方法も受験者に告知しなければなりません。詳細は光永（2017：126-130）に示しますが，その計算方法はこれまで大学入学共通テストの自己採点で行われていたように，正解した問題について配点を足していくような，簡単なものではありません。

　IRT を応用した標準化テストは語学テストを中心にこれまで数多く実用化されていますが，前述した変換表や項目パラメタのリストを，自己採点向けに公表しているようなテストはありません。これらの情報は，テストの仕組みを理解するうえでは重要かもしれませんが，仮にこれらの値を公表してしまうと，これらの数値を曲解し，テスト実施者の意図とは異なる見解を流布する受験者や関係者が出てきてしまい，テストの公平性に関わる事態を招くおそれがあるでしょう。これらの内部情報は，通常，秘密にしておくことが多いのです。そのため，自己採点の考え方をテストデザイン（3）に適用することはできないということになります。

　ただし，たとえばテストの実施方法をコンピュータを用いたテスト（CBT）とするなら，テストを受験し終わってから 2 ～ 3 日以内に結果が本人に返る仕組みを作ることが可能でしょう。また，複数回共通入試が小規模で済むのであれば，それだけ事務処理の量が減り，スコアの返却までの時間を短縮することも可能かもしれません。

　CBT は，受験者を一部屋に集め，試験監督者の監視の下で，一人一台のコンピュータ端末やタブレット端末を用いて，問題を受験者に提示し，解答を収集する仕組みから成り立っています（図 13-10 左）。解答に用いる端末には専用のソフトウエアがインストールされており，解答の収集以外の機能，たとえば WEB ブラウザなどの機能は一切ありません。

　CBT のメリットは，問題文を提示してから解答を収集するまでのなかに，紙のやりとりやマークシートの読み取りといった手間のかかるプロセスが含まれない，ということです[12]。特に，マークシートの読み取りをしなくても電子化された正誤データがすぐに入手でき，記述式答案も手書き文字の認識に手間取ることがなくなるというメリットは，年複数回化された標準化テストの普及に大きく役立つでしょう。

　その反面，CBT のシステムを構築するために，データベースシステムや WEB 配信システムのような大掛かりなシステムを用意する必要があります。しかし，図 13-10 右に示すように，受験者には紙によるテスト版を配布するが，受験者各自の保有するスマートフォン端末から解答を入力させるという形式のテストでも，採点の電子化に大きく寄与することでしょう[13]。従来，受験者がマークシートに鉛筆で記入していた解答を，スマートフォンから入力する，というように置き換えるのです（倉元，2018：74）[14]。この方式であれば問題を配信するシステムを構築する必要がなく，解答を収集する部分だけシステム化すればよいため，より簡便に CBT

12）また，時差を考慮した形で国際的なテストを実施するといった場合に，テスト版の紙冊子やマークシートをやりとりする必要がないというメリットがあります。

13）どの問題を解答したかについて厳密に管理したいのであれば，問題番号を QR コード化したものを問題文の脇に印刷しておき，受験者には QR コードをスマートフォンで撮影した直後に解答を入力させるというように，一工夫する必要があります。解答した選択枝の番号と，直前に読み取った QR コードをデコード（解読）した問題番号のペアを，解答データとしてサーバに記録していきます。ただし，QR コードを読み取る機能や，撮影した画像や解答内容をスマートフォン上からテスト終了後に消去する仕組みなど，独自に実装しなければならない部分が多くなります。また受験者による操作ミスにどう対処するのかを，きちんとマニュアル化する必要もあります。

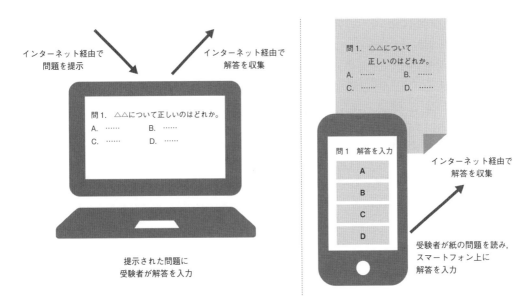

図 13-10　CBT によるテストの実施
問題提示から解答の収集まですべてパソコンで行う場合（左）及び
解答の収集のみスマートフォンで行う場合（右）について示した。

を実施することもできるでしょう[15) 16)]。

　CBT とする他のメリットとして，正誤データからスコアまでを統一されたデータベースで管理し，受験者ごとに記録を整理する仕組みと親和性が高いということが挙げられます。これは受験者の学習履歴を記録するというだけではなく，教員が横断的に正誤データにアクセスできるようにすることで，生徒ごとの学習の現状をよりきめ細かく把握できるというメリットにつながります。しかしながら，このメリットを享受するには，問題の性質をきちんと把握し，学習指導要領で求められている学習内容を的確に問う問題を出していることを確認する手続きが重要になってきます。この点は，問題ごとの性質が本試験実施前にわかっていることを前提とするデザイン，すなわち表 13-1（☞ p.193）のテストデザイン（1）を用いる必要があるでしょう。

　それに対して，CBT を実施するうえでの問題点も挙げなければなりません。CBT はパソコンやタブレット端末など，大掛かりな仕掛けを要します。大学入学共通テストのリスニングで使用される IC プレーヤーよりもはるかに複雑な仕組みが必要です。しかも，途中で不具合が発生した場合には公平性を保った形で再テストの機会が与えられなければなりません。公平な再テストを実施する方法については，CBT の実施中に発生しうるさまざまなトラブルを想定したうえで試行的なフィールドテストを重ね，対処法を検討しておく必要があります。

---

14) 受験者は指定された受験室に集められ，解答は試験監督者が監視しているなかで行われます。また解答の入力は専用のアプリからしか行えず，このアプリを閉じた場合は，受験を途中で放棄したことにする，などのルールを徹底します。

15) この方式ではいうまでもなく，人数分の紙によるテスト版が必要です。問題をパソコンに配信する CBT は複数の受験者グループが混在している場合に問題の提示を機械的に管理することができますが，この方式ではできません。したがって，テスト版の編集・配布作業に注意を要することになります。

16) 解答のみコンピュータなどを用いて収集する CBT の仕組みは，倉元（2018：73–75）で「第 1 段階」として示されているものです。「第 2 段階」として試験問題のデジタル配信技術の導入，第 3 段階は第 2 部 8 章 2 節で触れたような項目バンクを用いた問題の管理まで一貫して扱う CBT を挙げています。

　CBT は受験者にテストの問題を提示して解答を収集するという機能だけではなく，受験者がいつ，どの科目を受験し，その結果がどうであったのかを記録する機能も含むことが前提です。共通テストへの民間英語 4 技能テストの導入においては受験者ごとに複数種類の英語 4 技能テストのスコアを集約するための「成績提供システム」の整備が遅れたことが問題になりましたが，CBT を複数回共通入試の仕組みに取り入れるとしたら，CBT の機能を構築する段階で，受験者ごとの成績管理の機能を盛り込んでおくことが重要でしょう。

　大学入学共通テストに項目バンク構築を前提とした CBT を導入する場合に，どのような問題点があるかについては，大学入試センター自身による子細な検討がなされています（大学入試センター, 2021）。CBT システムが開発できればそれでよいというわけではなく，問題づくりの体制やテスト制度設計など，多くの関連分野にまたがる検討課題があることが，ここからもわかります。

13-4-5　入試の位置づけの見直し：複数回共通入試の役割を再考する必要性

　第 12 章 1 節で示した通り，複数回共通入試は，入試制度のなかでさまざまな形でスコアを使用することを想定しています。それらのなかには，私立大学を中心に，複数回共通入試だけを用いて選抜を行うという方法をとるところもあるでしょう。受験者からすると複数回共通入試で失敗したら合格できないため，複数回共通入試でスコアを高める「対策」をとることに，大きな関心が向くことになります。

　これまで日本の大学入試のみならず，あらゆるテストの「対策」として，過去に出題された問題を繰り返し解く練習をする，というものが一般的でしたし，これからもそのような傾向は一定の割合で残るでしょう。しかしながら，テストは人間の能力や学力を測定するための道具であるという考え方に立つと，過剰なテスト対策は意味がないことになってしまうでしょう。テストを実施する側が期待しているテスト対策は，過去に出題された問題そのものに正解できるかどうかではなく，その背後に仮定されている一次元の「能力」をどのようにして高めるか，に他なりません。

　その一方で，大学が入試に期待する機能を考えると，達成度さえ測れていればよいという考え方は，単純に通用しないのではないでしょうか。学力の大きさを競争的に比較するという視点を弱め，達成度を測るという考え方を前面に押し出すと，複数回共通入試「だけ」による選抜は大学にとって心もとないものにならざるを得ないでしょう。達成度をクリアした受験者全員に対して合格としたのであれば，達成度は十分だが大学で何を学びたいのかわからないままの受験者も合格できてしまうことになります。それが不適切であるというのであれば，達成度以外の要素，たとえば学習の履歴や大学で何をしたいのかといった要素で合否を決めることが必須でしょう。高校生までに受験者がどのようなことを勉強してきたのか，それらが大学の求める学習の達成度にどの程度寄与しているのか，そもそもなぜ大学に入りたいと思ったのか……受験者から多面的に情報を引き出す仕組みを入試として設けることで，競争的要素を弱めた大学入試は実効的に機能することになるでしょう。

　このように，複数回共通入試の役割を達成度の測定というように限定することで，他のテスト，たとえば受験者の学習履歴や志願動機に関する文書などを評価するテストと複数回共通入試を組み合わせ，複数回共通入試を選抜の一部として用いるという発想が生まれます。この目的で複数回共通入試を実施していけば，複数回共通入試のスコアを高めるだけでは合格できず，大学が求める志願動機や適性，場合によっては人物の素養を含む広範囲にわたる「能力」が基準に達していないと大学に入学できないこととなるでしょう。

　入試全体に占める複数回共通入試の重みを軽くしていくことができれば，複数回共通入試以外の要素，たとえば高校までの学び全般に関する要素——高校までの間に何を学び，どんな経験をしてきたか——が重視されることとなり，複数回共通入試「対策」として過去問題に固執する傾向も，緩和されることが期待できます[17]。しかし，このような「あるべき大学入試制度像」を検討するためには，高校と大学との間で学びの連続性をいかに保つかという問題，すなわち「高大接続の問題」が横たわっています。これについては第１部で詳述したとおりです。

13-5　テストの改訂の必要性とその方法

13-5-1　学習指導要領の更新に伴うテストの改訂

　これまで述べた複数回共通入試の仕組みは，テストの前提となる学習指導要領が更新されるタイミングで，新しいテストとしてやり直す必要が出てくるでしょう。これまでのセンター試験においても，学習指導要領が改訂されるタイミングにおいて，古い学習指導要領のカリキュラムで高校時代を過ごしてきた受験生に対して「旧課程」の問題を用意していました。旧課程と新課程の間で著しい問題の難易度の差ができないように問題を作成し，実施してきたのです。

　テストの実践からみたとき，学習指導要領が更新されたタイミングで，具体的に何を改めなければならないのでしょうか。指導要領がどの程度の規模で改訂されるかにもよりますが，主な点としては「問題が測っている構成概念」でしょう。問題が測る内容が，新旧のカリキュラム間で著しく変わるということであれば，その前後の尺度は「等化」できずに「リンキング」せざるを得ない，ということになるかもしれません。

13-5-2　規準集団の見直しに伴うテストの改訂

　もう一つ，更新されなければならないポイントとしては，規準集団が挙げられます。学習指導要領で測定される学力の構成概念が変わったとしたら，更新前の規準集団上の尺度と更新後の尺度はその意味的連続性を失う可能性があります。そのため，規準集団上の学力尺度を定義し直さなければなりません。

　いずれにしても，更新後の新しいテストを準備するためには，学習指導要領が施行されてから速やかに新テストが提供されている必要があるでしょう。したがって，新しい学習指導要領が施行されることを待たずに問題を作成し，フィールドテストを実施する必要があります。通常，学習指導要領の改訂にあたっては，移行措置がとられる期間が設けられますから，この期間に問題作成及びフィールドテストの実施をし，項目バンクを作成しておきます。

　新テストが実施され始めても，旧テストを実施し続け，過年度卒生に配慮する必要があることは，これまでのセンター試験と同様です。しかし，たとえば科目の名前が同じではあるものの，学習すべき範囲が著しく異なるような場合もあるでしょう。新旧二つの共通テストの間で構成概念がかけ離れているとしたら，その間は等化ではなく，前述のようにリンキングすることになるでしょう。等パーセンタイル法を用いて旧テストのスコアを新テストのスコアに変換する変換表を教科・科目ごとに作成しておき，旧テストを受験した受験者のスコアを新テスト実施後の個別入試に用いる際には，この変換表を用いてスコアを換算します。

---

17) ただし，達成度や高校での学びを総合的に考慮して合格者を決めるべきだという入試制度全般における議論は，テスト制度の個別事項の議論よりも先に行われるべきです。共通テストの競争的性格を薄めるという状況を作ることで，特定の入試制度に誘導していくべき，ということではありません。この点は第16章で述べる，英語4技能入試の民間テストの導入とも関連します。

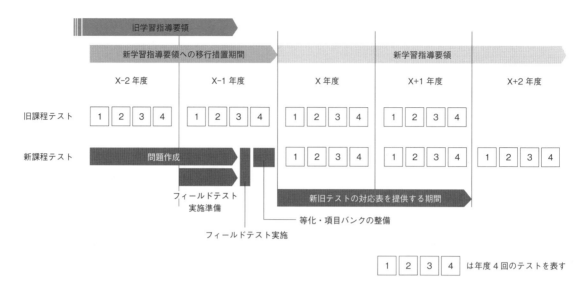

図 13-11　新旧二つのテストの移行経過
X年度に新学習指導要領が完全施行される場合を示した。

13-5-3　新旧のテストをつなぐ移行期間

　以上の更新手続きを時系列順に示したのが図 13-11 です。この例では年4回の複数回共通入試を実施する場面において，X年度に学習指導要領が完全施行される場合に，学習指導要領の移行期間を2年間，過年度卒者向けの旧テストの有効期間を2年間としたときのX年度の前後2年度で何が行われるのかを示しました。もし移行期間や有効期間がこの例と異なる場合，問題作成からフィールドテスト実施を経て項目バンクを作成するまでの期間や新旧テストの対応表を提供する期間も変わることになります。

　テストの制度が変わるとき，新しいテスト実施に向けての準備期間は長くかかります。その点を盛り込んだうえで，新しいテスト制度へ移行することの告知や制度変更に伴う予算措置，人員配置などを検討しなければなりません。

> 【第13章のまとめ】
> ● IRTによる標準化テストのためのテストデザイン及び等化計画は，達成度検証型テストと競争的入試テストの場合で異なる。それに加えて，重複テスト分冊法や本試験実施時のモニター受験者を用いるなど，テスト実践上の工夫が求められる。あわせて，実受験者への問題の使い回し方針などについて，テストの目的に沿った実施計画を立てる必要がある。
> ● CBTを実施する場合は，その仕組みがすべての受験者できちんと動作するかを綿密に検証する必要がある。もしそのような検証ができない場合は，解答を収集する仕組みのみをオンライン化するといった方法を検討する。
> ● 年複数回実施の入試制度をIRTにより計画した場合，大学入学共通テストで一般的であったような，受験者による自己採点ができないため，速やかにスコアを報告できる仕組みを用意する必要がある。また学習指導要領が変わった場合に備え，移行措置を検討する必要がある。

第14章

IRT による標準化共通テストにパフォーマンステストを含める

　IRT は，受験者が問題に解答した結果を「正解・不正解」で表す形式のものだけではなく，記述式テストの評価結果にも適用することが可能です。記述式テストをパフォーマンステストの一種ととらえることで，記述式テストのスコアを IRT によるテストと組み合わせて行うことができます。

　ただし，現実のテストでは一つのテスト版で客観式の多枝選択式テストと記述式テストの両方を含む場合がほとんどです。これらを統一的に扱うためには，工夫が必要です。本章では，そのような方法について解説します。

14-1　パフォーマンステストとしての記述式テスト

14-1-1　記述式・論述式テストの採点と尺度化

　前章までは，大学入学共通テストに代表されるマークシート式の客観式テストを標準化テストとし，年複数回受験を可能にする方法について述べてきました。本節では，記述式や論述式テストを複数の評価者が評価する形式のパフォーマンステストについて，どのようにすれば標準化テストの枠組みに乗るかについて，述べていきます。

　記述式テストを大学入試の枠組みに乗せる場合，テストのスコアをどのように表示するのかが問題になります。記述式テストの実施にあたっては，記述式の答案を複数の評価者により評価し，その結果を用いてスコアを表示する方法が検討されてきました。しかしこの方法では，評価者がルーブリックに沿った採点をどの受験者の答案に対しても適切に行っているか否かがスコアに影響することとなり，この点を定量的指標により検討する必要がでてきます。

　第2部9章3節で説明した多相ラッシュモデルによる標準化スコアの表示方法を用いることで，問題の難易度や評価者の評価の厳しさによらない受験者の能力値を推定することが可能になります。同時に，評価者の評価の厳しさについても，問題の難易度や受験者の能力分布によらない値を推定できます。このことにより，評価者の評価の厳しさについて，評価者間で全体的にどの程度厳しいのかを比較検討する材料を提供できます。ただしその前提として，テストで定められたルーブリックに沿って評価者が採点するよう，評価者を訓練する仕組みが必要です。

　この訓練は，評価者に「ルーブリック中の各評価段階に沿った模範的・典型的な答案」を提示しながら，評価のポイントを評価者自ら指摘できるようになるまで，数多くの答案について検討させていく過程から成り立っています。必ずしも一方的に評価基準を守らせるわけではなく，どうしてそのような評価に至るのかをテスト実施者が丁寧に解説し，テストで測りたい内容について評価者間で合意形成を重ねていくのです[1]。

　具体的手続きとしては，まず評価者には問題とルーブリックが与えられ，ルーブリックに記

---

[1]　合意形成の過程がテスト実施の流れのなかでどのように位置づけられるかは図8-6（☞ p.131，特に下の「評価者」の部分）を参照してください。

載されている評価段階のそれぞれについてサンプルとなる模擬答案が，段階一つにつき複数種類提示されます。これらがなぜその評価段階に位置づけられるのかについて，ルーブリックや問題を作成した者（作題委員）が評価者に説明します。評価者は，個別の模擬答案に対して評価すべきポイントを自分の言葉で述べていき，ルーブリックや問題の背景にある評価のための枠組みを把握していきます。次に評価段階を伏せた模擬答案を評価者に複数種類提示し，評価者に採点させます。それらの評価が作題委員の定めたものと一致するか，評価のポイントを外していないかについて検討していきます。これをさまざまな問題について繰り返し，評価者が評価のポイントを的確にとらえられるようになるまで訓練していきます。

　テストが実施され，受験者から解答が収集された後，評価者の訓練を経た評価者は，実際の答案に対して評価を下します。一つの答案に対して，最低2名の評価者が独立に評価し，その結果，大きく評価段階が異なる結果になった場合，第三の評価者が評価結果を調整します。第三の評価者は先に評価した結果を参考にしながら，自らの判断で最終的な評価を下します。評価段階が一致した答案に対しては，その評価をそのままスコア算出の根拠とします。

　論述式テストや小論文，英語発話能力テストのように，それ自体が一つの選抜要件を構成しているようなテストの場合は，評価者が下した評価段階をそのままスコアとする場合もあります。また評価データに対して多相ラッシュモデルを適用し，能力値の推定結果を尺度得点に変換して，スコアとする場合もあります。

14-1-2　複数のテストスコアを統合する

　これまでの日本においてはパフォーマンステストだけを用いて合否を決める入試はあまり例がなく，多くの場合客観式テストのスコアと組み合わせて合否を決めることが多いです。その際，複数のテストの間にどの程度の相関がみられるかを検討する必要があります。

　多くのテストの実践で，複数の形式によるテストを行った場合，それらのスコアの間には高い相関がみられることが知られています。このことは，入試で測られる構成概念の間に，正の相関が仮定されることからもわかるでしょう。小論文の評価が高い受験者は客観式テストによるスコアも高いことが予想されます。

　複数のテストのスコア，たとえば記述式，多枝選択式，面接の3種のスコアを統合して「総合スコア」を計算し，その値を用いて合否を決定する場合，総合スコアのばらつきがなるべく大きくなるように，それぞれのテストスコアを重み付けしてから足し合わせる，という方法をとることができます。合否を決定する根拠となる総合スコアを計算するうえで，そのまま三種のスコアを足し合わせるのではなく，総合スコアのばらつき（分散）がもっとも大きくなるような「重み」を求め，以下の式を用いて総合スコアを計算する，ということです。

総合スコア＝[記述式重み]×記述式スコア＋[多枝選択式重み]×多枝選択式スコア＋
[面接重み]×面接スコア

　重みをつける手法については，それぞれのスコアの重要性を考慮し，ルーブリックなどの質的根拠に基づき決定する方法や，実受験者のデータから主成分分析等の多変量解析を用いて決める方法，あるいは一律にすべての要素を等しく重み付けする方法など，さまざまなものがあります。これらは，テスト制度設計の議論のなかで，熟議を重ねながら決定されます。

14-1-3　客観式テストのなかに記述式テストを含む場合

　入試においては，マークシートによる客観式テストのなかに記述式テストを含む形式のテストが実施されることがあります。マークシートの部分についてはこれまで説明してきた手法により標準化スコアを求めることができますが，評価者による評価段階のデータは，段階反応モデルや部分採点モデルといった IRT モデルを使うことで，能力値を求める根拠とすることができます。

　たとえば，20 問からなるマークシート式の問題と，評価者 1 名から（または複数の評価者が合議のうえで）5 段階評価される 5 問の記述式問題からなる共通入試があったとします。マークシート問題の 20 問については，正解・不正解からなる 2 段階のデータが得られたと考えれば，5 段階評価の 5 問を含め，これら 25 問はいずれも IRT の段階反応モデルの考え方で統一的に分析できることになります。すなわち，20 問の 2 段階からなる段階反応データ（二値データ）と，5 問の 5 段階からなる段階反応データ（多値データ）を一度に分析する，ということです。多値データと二値データの分析を行うにあたっては，光永（2017：213）で記した，プログラミング言語 R 上で動く lazy.irtx パッケージにある「uIRT 関数」を使えば，評価の段階数（カテゴリ数）が複数種類あるテストのデータを，一度に分析することができます。また R 上で動く他の項目パラメタ推定パッケージにある関数，たとえば mirt パッケージにある「mirt 関数」などでも同様です。

　正誤データについては二値型モデル（2 パラメタ・ロジスティックモデルなど）を適用し，段階評価のデータについては段階反応モデルや部分採点モデルを用いて尺度化することによって，正誤データと記述式の評定値を同時に用いて能力値が推定できます。この方法により尺度化すれば，記述式テストと多枝選択式テストを混在させたテストにおいても，標準化テストとすることが可能です。ただし両者が同一の一次元能力尺度を測定していることを，因子分析等により確認しておく必要があります。また，複数の評価者の評価結果をまとめて分析し，評価者の評価の厳しさを加味したスコアとするためには，次節に示す多相ラッシュモデルを適用する必要があります。

14-2　多相ラッシュモデルによるスコアの標準化

14-2-1　具体例（第 1 段階）フィールドテスト

　多相ラッシュモデルは，受験者の能力分布によらない問題の困難度や評価者の評価の厳しさを見出すことができるテスト理論です。これを応用することにより，複数のテスト版を用いて共通の尺度上で受験者の能力値を比較可能にすることができるようになります。

　図 14-1 にデータ分析の流れの一例を示しました。ここでは，以下の三つの点について明らかにすることを目的にしたフィールドテストの例を示します。

- 問題ごとの標準化された困難度を明らかにすること。
- 評価者ごとの評価の厳しさを明らかにすること。
- 実際の本試験で，問題が期待通りに機能するか確かめること。

　まず，図 14-1 左下の「問題作成会議」は，問題作成者がルーブリックに基づいて問題と評価基準を作成します。ここで作成された問題を編集者が検討し，テスト版の形でまとめ，フィールドテストにおいてモニター受験者へ提示します。次に，図 14-1 左上の「フィールドテス

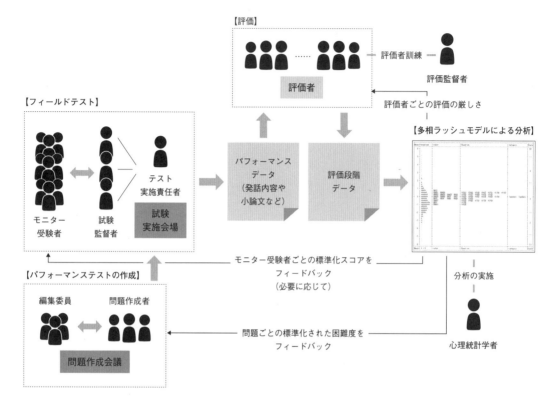

図14-1　パフォーマンステストにおける多相ラッシュモデルの応用
評価者の評価の厳しさと，問題の困難度に関する検討を行う場合を示す。

ト」において，モニター受験者へ問題を提示します。これは，実際にパフォーマンステストを
実施してみるという試行テスト的性格をもっています。パフォーマンステストの種類によって
は，英語スピーキングテストのように実施するためのノウハウが複雑なものもあります。その
場合は，フィールドテストの段階でテスト実施上の課題を洗い出す必要があります。

　フィールドテストで得られた解答は，記述式テストであれば受験者の書いた解答，スピーキ
ングテストであれば発話内容を録音した音声ファイルのようにまとめられます。あらかじめど
の評価者がどのパフォーマンスデータを評価するかを「評価デザイン」として決めておき，そ
のルールに従ってパフォーマンスデータが評価者によって評価されていきます。先の例では，
全評価者は全受験者のパフォーマンスデータについて評価するというルールですが，必ずしも
全評価者が全受験者を評価する必要がないことは，第2部9章3節で述べた通りです。

　たとえば，先の例で5段階評価される記述式問題が10問あったとします。これらを多くの
モニター受験者（たとえば200名）にフィールドテストで受験させ，200×10＝2000通の答案を
収集します。この2000通の答案を，独立に10名の評価者が採点します。これにより，20000
個の評価段階データが得られることになります。

　この20000個の評価段階データは，問題10問×受験者200名×評価者10名という，3相か
らなるデータです。これを図9-2（☞ p.139）に示す構造だと考え，多相ラッシュモデルによ
り分析します。これにより，問題の困難度と評価者の評価の厳しさについて，受験者の能力分
布によらない形で表示します。この結果，他よりも評価が厳しいとされた評価者や，他の問題
よりも困難度が高い問題を検出できます。ただし図9-2で示したように，10人の評価者が全員
200人×10問の答案を採点する必要はなく，適切に評価数を減らすことで，採点のコストを下

げることもできます。

　この手続きにより，モニター受験者ごとの能力値（パフォーマンスのルーブリック上での到達度）も推定されます。モニター受験者に対して能力値をスコア化したものをフィードバックすることは，モニター受験者の募集の際，「あなたの〇〇力を測るためのテストを行います」（〇〇には評価される内容に関する文言が入る。たとえば「英語発話能力」など」）とアナウンスすることで，モニター受験者への教育上のメリットとなることをアピールし，あわせて実受験者のテストに対する関心を深化させるという効果があります。また問題ごとの困難度と評価者ごとの評価の厳しさについては，それぞれ問題作成者・編集者と評価者に対してフィードバックされ，それぞれの組織において検討されます。

　前述の標準化された困難度及び評価者ごとの評価の厳しさ指標は，問題文とともに秘匿され，項目バンクに登録されます。また，評価者がだれなのかの情報，ルーブリックや評価基準の具体的なトレーニング方法といった情報も登録されます。詳細は図 8-1（☞ p.122）を参照してください。

14-2-2　具体例（第 2 段階）本試験で異なる種類のテスト版を提示する

　本試験の実施に際しては，フィールドテストと同じ手続きにより行われますが，異なる問題から構成される複数種類のテスト版を用いて相互に比較可能となるようなテストとすることが可能です。

　複数種類のテスト版の作成にあたっては，互いに困難度が似たような値となる問題構成とします。すなわち，2 種類のテスト版を作るものとして，項目バンクに登録された問題の中から，困難度が似たような数値となるテスト版を 2 種類選抜すればよいのです。2 種類のテスト版の困難度が同じような値となれば，2 種類のどちらを受験しても同じような項目特性の問題からなるテスト版が提示されることとなり，問題の難しさによる不公平がなくなることが期待されます。

　ただし，評価者の評価の厳しさをフィールドテストと同様に統制しなければならないことは，注意しなければなりません。ルーブリックや評価者トレーニングの手続きを保存するのは，本試験の評価においてもフィールドテストと同様の手続きで評価が行われる必要があるためです。評価者の評価の厳しさが統制されていれば，多相ラッシュモデルによる分析結果のうち問題の困難度や評価者の評価の厳しさについてはフィールドテストとほぼ同様の結果が得られるはずで，受験者の能力値については本試験受験者のパフォーマンスに応じたスコアの分布が推定されます。

14-2-3　標準化されたパフォーマンステストの応用例

　多相ラッシュモデルの分析においては，受験者の能力値を標準化スコアの形で求めることが可能です。すなわち，評価者による素点（もとの評価段階データ）に基づく評価以外に，多相ラッシュモデルに基づく標準化スコアとしての能力値を用いて成績を表示することも可能だということです。能力値がもとの評価値の段階とどのように対応しているかを算出することも可能です（表 10-1（☞ p.145）の例を参照してください）。

　また，問題の困難度についても，標準化した形で表すことができます。この問題の困難度指標は，受験者の能力分布や評価者の評価の厳しさによらない困難度として解釈され，問題作成者にフィードバックし，今後の問題づくりの参考にされます（図 14-1 参照）。

　英語スピーキングテストを学校内で行う事例としては，京都工芸繊維大学英語スピーキングテスト（KIT Speaking Test）があります（神澤・羽藤, 2021）。表 10-1 はこのテストで用

いられたルーブリックで，これに基づき問題を作成し，大学1年生の学期末に出題します。解答はすべて録音され，評価者によって評定がなされ，複数の評価者による評価段階データが得られます。このデータを多相ラッシュモデルにより分析し，結果を受験者にフィードバックします。ただしこのテストにおいてはフィールドテストを行わず，毎回のテストのなかで複数種類のテスト版を用意し，共通受験者デザインを適用して複数種類のテスト版を受験した者のスコアを比較可能にしています。テストデザインの詳細は光永・神澤（2021）を参照してください。

14-3　実現可能性を考慮したパフォーマンステストのあり方

14-3-1　評価件数が増大する問題

　これまで述べた記述式テストの採点手法については，どうしてもクリアしなければならない問題点があります。複数回共通入試の実施規模が大きくなり，受験者が増えると，採点の負担が激増するという問題です。

　仮に，複数回共通入試の「国語」の問題で，記述式問題が3問出題されるとしましょう。これら3問を50万人が受験するとなると，150万通の答案を採点する必要が生じます。評価者一人が1分間に1通の答案を採点できるとして，一日6時間，1週間にわたって採点だけをしたところで，こなせる答案は60通／分×6時間×7日＝2520通にすぎません。独立した2名の評価者による採点を行うとすると，150万通×2＝300万件の採点が行われなければなりませんから，1週間で採点を完了するために必要な評価者は300万件／2520通＝約1191名と計算されます。しかもこれは，第三の評価者の評価を加味しない試算です。評価者には，1日6時間，1週間にわたって集中力を保ったまま採点だけを行うことが求められますが，このような大きな負担を了承する評価者を1000人以上集めるだけでも一苦労でしょう。さらに，年に複数回，採点のための評価者を確保する必要が生じる可能性もあります。

　IRTを利用した場合であっても，採点の苦労を軽減できるわけではありません。募集する評価者の人数を減らしたければ，1人が担当する1日あたりの採点数を増やすか，採点期間を長くするか，問題数を減らすかしかありません。この点を根本的に解決するためには，光永（2017：173-176）で述べた，小論文テストの自動採点の方法を利用することが不可欠でしょう。

　イギリス（イングランド・ウェールズ・北アイルランド）で行われている，義務教育修了段階（16歳）で受験するGCSE（General Certificate of Secondary Education）というテストがあります。志水（2009：55）には，このテストで2008年に起きたトラブルの事例が紹介されています。GCSEを実施していた会社[2]は，毎年数百万枚の記述式答案をオンラインで採点していました。ところが，その会社との契約が2008年に切れたため，別の会社が採点を請け負うこととなりましたが，新しい会社が評価者への訓練を十分に行わず，また受験者や学校からの問い合わせに返答しないといったトラブルが頻発したのです。数百万枚の記述式採点を行う大規模テストにおいて，短期間に大量の採点をこなす体制を組めるのは，大手のテスト実施会社に限られますが，複数の大手の会社が，今後は採点業務の請負に参加しない可能性に言及し，教育現場に混乱が及んだのです。

　複数回共通入試のような大規模テストで，50万人規模の記述式問題に対する答案を短期間のうちに採点することは，きわめて困難であるといえるのではないでしょうか。GCSEは年1回限

2）イギリスでは，民間会社などの政府の外にある機関によりテストが行われます。

り行うテストでありながら，請負業者が変わっただけでこれだけの混乱がみられたのですから，「採点はどうにかなるだろう」という甘い考えでテスト制度を構築しようとするのは危うい態度といえるでしょう。受験者を集め，問題に解答させるだけではなく，大量の評価者を統括する組織をつくり，公平な採点を実現するために評価者の訓練を行うことを含め，どれだけの金銭的コストや人的リソースが必要なのか，制度設計の段階で十分考えなければなりません。そのためには，大規模テストを運営したことのある事業者のもつノウハウを活かす必要があるでしょう。

　一方で，中国における共通テストである「全国統一入試」（通称「高考」）は，800 字以上の作文問題が出題されますが，900 万人以上に及ぶ受験者の答案を，10 日程度で採点する仕組みを，すでに 50 年以上にわたって維持しています。2011 年からは，手書き答案をスキャンして電子化したうえで，コンピュータ画面上で評価者が採点する仕組みとなっています。評価者は大学や高校の教員で，テストを行う教育部試験センターの指導のもと，豊富な採点経験をもつ者が評価をしていきます。また科目ごと，試験問題ごとに標準答案を作成しています。2015 年に 6 万人の受験者がいた北京市の場合，4 教科の採点に 1145 名の評価者を確保し，うち半数が高校の教員であったとのことです。たとえば「言語・文学」の問題を評価する教員は 305 名で，56000 枚の答案を採点したとのことです（石井，2017）。

　この事例では，すでに 50 年以上にわたる経験に基づく作問・採点のノウハウが蓄積されていることや，大学・高校教員を大量に確保する仕組みを構築していることが特徴です。日本において大学や高校の教員が入試の時期に大量に拘束され，集中的に作業を行うことに対しては，多くの批判を覚悟しなければならないでしょう。

14-3-2　多相ラッシュモデルの等化可能性

　多相ラッシュモデルを適用するテストは，等化計画を立てることが難しいということが指摘できます。正誤データによる複数のテストを IRT で分析し等化するためには，共通の問題または共通の受験者を含む方法で複数のテストを実施するよう計画すればよいのですが，多相ラッシュモデルの場合は，共通の問題，共通の受験者，共通の評価者のうち 2 つの要素がリンクしている必要があります。詳細については Uto（2020）も参照してください。

　テスト実践上では，複数のテストにおいて共通の問題を出題することや，共通受験者を用いてテストを行うことは簡単に計画することができるでしょう。しかし，共通の評価者を用意するということは，たとえば複数のテストの実施が 1 年間に 5 回行われるとすれば，5 回のすべてのテストで同じ評価者に評価をするよう依頼するということとなり，かなりの手間となることが予想されます。

　くわえて，多相ラッシュモデルにおける等化については，パフォーマンステストの実施において評価者による採点のプロセスが必要となることから，その事例及びノウハウの蓄積が客観式テストに比べて遅いという特徴があります。多相ラッシュモデルを用いた大規模テストを適切に実施するためには，これまで以上にテストの事例が紹介されることが望まれます。

14-3-3　パフォーマンステストは小規模テストで

　記述式テストは客観式テストとくらべて，採点に必要な労力が多くかかります。この点を考慮すると，50 万人のような大きな受験者集団に対して大規模に行われる複数回共通入試にパフォーマンステストを導入するのではなく，比較的小規模の個別入試で導入することが現実的でしょう。

　KIT Speaking Test の実施にあたっては，18 人の評価者がおよそ 2 週間かけて，9 問の問題

に対して約 600 名の受験者の評価を行っていました。一つの解答音声に対して 2 名が独立に評価するため，実際の評価段階データは 2 × 9 × 約 600 ＝およそ 10800 件となります[3]。評価者 1 名あたり約 600 名の受験者に評価段階を与える必要がありますが，評価のための答案は 45 秒から 1 分程度の音声であり，これをすべて聞いたうえで評価する必要があるため，評価者が 1 回の評価のためにかける時間は先の例よりも長くなります[4]。採点に要する精神的疲労を考慮すると，2 週間という採点期間では受験者 1000 名程度が限界ではないでしょうか。

　複数回共通入試に記述式を導入したいのであれば，受験者数が限られている教科・科目に絞って導入するということも検討すべきでしょう。しかし，受験者数が限られている教科・科目は，教員の絶対数も少ない可能性があるため，採点体制を構築するのが厳しいことに変わりはないのかもしれません。

【第 14 章のまとめ】

◉評価者が評価する形式のパフォーマンステストを用いたテストとしては，マークシート式テストとは別に小論文テストを行うように，パフォーマンステストの部分を単独で用いる方法だけではなく，客観式テスト（マークシート式）のなかにパフォーマンステスト（記述式）を組み込み，同じ IRT のモデルの枠内で分析する手法もある。

◉パフォーマンステストにおいては，複数の評価者による評価の違いを加味し，多相ラッシュモデルの手法を用いることによって，標準化することが可能である。ただしこの場合も，ルーブリックに従った採点ができるように評価者を訓練する機会を設ける必要がある。

◉パフォーマンステストの採点作業は，受験者が増えるほど，大きな負担を伴うようになる。パフォーマンステストの標準化については，評価者の精神的な疲労やテスト制度の実現可能性を考慮すると，共通テストのような大規模テストではなく，個別試験のような少ない受験者の場合に用いることが現実的である。

3）正確には，9 問からなるテスト版を 3 種類用意し，受験者を 3 群にランダムに割り付けています。しかしこのままだと 3 群間でスコアが比較できなくなるため，それら 3 種類のテストをすべて解く共通受験者（モニター受験者）を設け，多相ラッシュモデルの分析（共通受験者デザインによる等化）を行っています（光永・神澤, 2021）。そのため，実際の評価の件数はこれよりも 3000 件ほど多くなります。

4）実際には評価観点が二つあるため，評価者は解答の音声を一つ聴くたびに，二つの評価観点について評定していきます。したがって，評価者 1 名あたりに必要な評価の件数は倍の 1200 件となります。

第15章

日本の入試に関する常識を疑う

　前章までで述べたように，テスト制度を構築し，等化計画を検討することで，標準化テスト
による公平性の確保を考慮した複数回共通入試の実施は可能です。またその応用として，政策
を決定するための調査目的のテストを行ったり，高校生までのカリキュラムの達成度を測るテ
ストを実施したりすることもできます。しかし，これらのテスト制度が社会に受け入れられる
かどうかは別問題です。

　大学入試のあり方が，これまで多くの人によって論じられてきました。しかしそれらのなか
にはしばしば，論者自らが大学入試に取り組んだ経験をもとに「あるべき入試の方向性」を述
べたがる傾向がみられます。それらの意見だけを参考にして入試制度を構築することは，危う
いことです。なぜなら，大学入試に対する個人的な経験や印象に基づく議論は，十分な根拠に
基づくものではないためです。

　大学入試のあり方を検討するうえでは，入試とは何か，何であるべきかといった議論が不可
避です。それらの議論で大事なのは，批判的にものごとをとらえ，論じる姿勢です。本章では，
日本におけるこれまでの入試ですんなりと受け入れられてきた「常識」にメスを入れ，より本
質的な議論のための論点を提示します。

15-1　テストを変えれば教育が変わるのか

15-1-1　教育活動の一環としてのテストとは

　これまで述べた標準化テストの考え方によって，入試の仕組みに新しい方法が取り入れられ
たとき，これまでの日本の入試ではなかった考え方に基づくテストが導入され，世間に対して，
何か新しいことが起きるという期待が先行することになるでしょう。一部の教育関係者が，新
テストの導入で日本の教育界に何らかの画期的新機軸が取り入れられるかのような印象を周囲
に与え，これが起点となってこれからの教育が大きく変わるのだと主張したくなるのも，無理
はないのかもしれません。

　しかし一方で，多くの受験者やその親，高校の教員などが，入試制度の改変でこれまでの受
験対策のやり方が大きく変わりうることに戸惑うことは間違いありません。実際，2019 年から
2020 年度にかけて日本で大きな議論となった，英語4技能テストを入試に導入する制度変更に
は，多くの高校生や高校・大学教員，予備校講師が反対の声を上げ，結局，大きな制度変更が
できずに，今に至っています。このとき，新しい入試制度の導入に賛成した人の一部には，テ
ストを変えることで英語教育の全体像が革新され，いままで中学校・高校の6年間にわたって
英語を勉強したのにまったくしゃべれなかったのが，新しい英語教育では英語がしゃべれるよ
うになる，と主張していた人もいました。しかし荒井（2018）は英語4技能テストを含めた高
大接続改革全般について，以下のように述べています。

　　　記述式も英語4技能テストも，教育を変えるためのカンフル剤だという説明は，もはや
　　　聞き飽きた。国民が納得できる説明をできないのであれば，それは公正ではない事情に

よっていることになる。試験は教育の成果の，それも一部を測る道具に過ぎない。試験
で教育を変えることはできない。試験を恫喝の道具に使ってはいけないのである。（荒井,
2018：105）

　確かにテストは教育において，学力を測るという役割以上の機能を期待されがちです。しか
しながら，テストはあくまで「教育の成果の一部を測る道具」として位置づけられるべきであ
り，その役割を大きく超える使われ方をされるのは，教育上，大きな問題を生む原因となるで
しょう。

15-1-2　テスト実施における波及効果

　一般に，テストを行うことが生徒の学習を促したり，成績を向上させたりするような効果を
もたらす場合があります。このような効果はテストの「波及効果（washback effect）」とよば
れています。中間テストや期末テストがあるから勉強をがんばる，という生徒の行動に代表さ
れるように，テストには受験する人を勉強に向かわせる力がありますが，それも波及効果の一
つです。

　しかし，大学入試が高校生の学習にどの程度影響力を及ぼすかについては，大学入試に参加
する生徒の多い進学中堅校においても，大きな影響力がみられないという指摘があります（山
村, 2019）。テストが高校生の学習行動を決める範囲が限定的ということであれば，共通テスト
の内容を変えるよりも，教育で教える内容そのものを変えたほうが，効果もはっきりしている
はずです。

　テストを設計する側の立場からすると，テストを変えることで教育が変わるという考え方は，
テストが何をするものなのかについて誤解している人の意見であるといえるでしょう。学習に
より伸ばしたいことがら（たとえば英語で会話する能力）を伸ばすためには，テストを実施す
ることでの波及効果だけでは不十分であり，本書でも指摘したように，伸ばすためのカリキュ
ラムと教授法が用意されていなければなりません。

15-1-3　テスト主導型か，教育実践主導型か

　英語 4 技能テストが導入され，英語会話能力が入試科目として取り入れられた場合を考えて
みましょう。この「入試改革」により，日本の大学生の英語会話能力が高まるという主張がな
される一方，これからの入試では英語会話能力を測るテストをやります，だから勉強しましょ
う，テストでいい点が取れないと大学に入れませんよ，というように，高校生にメッセージを
投げかけることになります。しかし，英語会話能力をいつまでにどのレベルまで学習するのか
の目安となるカリキュラムや，どのようにすれば身につけられるかを示す教授法が，日本の高
校生にほとんど普及していないままでは，このようなメッセージが投げかけられた側としては，
対処のしようがなく，途方に暮れてしまうことでしょう。

　このような事態を招いた教育関係者は，無責任のそしりを免れません。ちょうど図 15-1 左
のような順序で教育のなかにテストを導入しようとしたのですから，確かに「心許ない」入試
制度にならざるを得なくなります。同図で示された「幅」は力の入れ方の度合いを表していま
すが，本来力を入れるべきだったのは，テストの仕組みの検討ではなかったはずです。

　テストの波及効果を期待するのであれば，日本の教育制度のうえでテストがどのように位置
づけられ，何を目的として行われるのかが，明確になっていなければなりません。テストが受
験者の学習にどんな影響を及ぼすのか，慎重に検討しなければならないでしょう。そのために

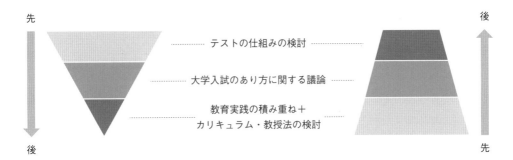

図 15-1　入試制度を導入する順序
左は英語4技能入試の共通テストへの導入場面における順序を，右は新テストの導入に際してあるべき順序を示す。

は，テストの制度設計に詳しい専門家だけではなく，カリキュラムや教授法の研究者を巻き込んだ形で，入試制度が慎重に設計されなければなりません。

　慎重なテスト制度の設計が行われた場合，受験者の立場からみれば，新しいテスト制度はある日突然やってくるというわけではなくなることでしょう。新しいテストによって測られる能力が，たとえば英語会話能力であったとしたら，まず英語会話能力を重視したカリキュラムのもと，初学者に優しい教授法に基づき，ある程度の教育実践が行われます。受験者はこれらの教育実践に触れるなかで，次第に英語会話能力を身に着けていきます。そして，ある程度カリキュラムが定着したと考えられたら，そのカリキュラムのうえで英語会話能力を測るテストを開発します。さらに英語会話能力を大学入試の科目として統一的に組み込むべきかどうかの議論を経て，複数回共通入試の科目として採用されたとき，受験者はすでに多くの教育実践に触れ，カリキュラムにもなじんでいるはずですので，仮に複数回共通入試に採用されたとしても，テストに違和感を覚えることは少ないでしょう（図15-1 右）。ただし「幅広く」測れないのではないかという議論もなされるでしょうから，力の入れようは限定されたものにならざるを得ないでしょう。実際，テストでわかることは限られているのです。

　複数回共通入試に新科目を取り入れるうえでは，これまで述べたように，カリキュラム，教授法，教育実践，大学入試のあり方に関する議論という前提がそろっている必要があるでしょう。いきなり新しく測りたいものを天下り的に提示し，これをもって新しい大学入試とするというやり方は，乱暴といわざるを得ません。図15-1 では，三角形の幅が広ければ広いほど，多くの労力をかけることを表していますが，テストの仕組みを検討するのと教育実践の積み重ねやカリキュラムの検討のいずれが手広く行われるかを比較すると，後者のほうが幅広く行われたほうが，より安定した教育制度になるのではないでしょうか。

15-1-4　能力値の推定には「誤差」がある：測定の道具としての限界を考慮する

　複数回共通入試の仕組みを洗練化し，公平なテストを作る努力を重ねたとしても，テストで推定される能力値の推定結果は，一定の誤差を含むものにならざるを得ません。能力値の推定精度については第2部7章9節で述べた通りですが，いくらテスト理論を精緻化しても，あるいは質の高いテストを実施できたとしても，能力値の標準誤差を0にすることはできません。

　誤差を含むであろうスコアの値をテストで用いることが許容されるかどうかは，テストの専門家だけが最終的な判断を行うべきことがらではありません。ある大学入試の合否判定において，合格最低点を250点と定めたとします。ある受験者のスコアが250点で，別の受験者が249点であったという結果から，前者を合格，後者を不合格とするという判断をするのは，大学入試に関わるすべての立場の人です[1]。テストの専門家が，250点をとった受験者でも，標

準誤差を考慮すると真のスコアは250点よりも下の可能性も捨てきれないから，確実に真のスコアが250点以上になっているといえる人だけを合格させたらどうか，などと言い出したらきりがありません。

　スコアに誤差を含むということは，そのテストにおいて，受験者の能力の違いを低い解像度でしか検出することができないということです。特に極端な能力値の受験者に対しては，標準誤差が大きく推定される（第2部7章9節を参照）ことに注意が必要です。たとえば大学入試の競争倍率が数十倍にもなるような場合，上位数パーセントの争いにおいてスコアの推定精度が高くなるようなテストが求められます。そのようなテストを作るためには，問題を極端に難しくする必要が生じますが，このことにより，ルーブリック（学習指導要領）の範囲を超えた難問を多数出題することになってしまい，公平なテストといえなくなってくる可能性があります。かつて批判された「難問奇問だらけの大学入試」の再来となってしまう，ということです。

　極端に能力の高い集団の中から，さらにその上澄みだけを選抜するような競争的なテストを作ることがきわめて難しいのであれば，テスト以外の方法で公平な選抜を図ることを考えるべきかもしれません。面接試験を導入しても，受験者がそれに「対策」をするようになり，ほとんど差がつかなくなることが予測されます。かといって，テストで測れる構成概念を逸脱するようなスコアの拡大解釈をすれば，メリトクラシーの再帰性のわなにはまってしまいます。

　テストの性能に限界があることをテスト制度設計上の最大の制約として考えると，少なくともエリート型選抜においては，日本に存在する高等教育機関の教育の質を一様に高めたうえで，一定水準の学力があるかどうかを検出するためのテストを共通テストとして実施し，これに合格した受験者をランダムに複数の高等教育機関へ割り振るという発想が，現実味をもって語られるときがやってくるのかもしれません。そしてそれは，格差社会に一石を投じるきっかけになるのかもしれません。

　日本には，700以上の大学が存在します。それらを一律の「偏差値」という尺度ではなく，学部や学科の違いで分散化させます。たとえば「医学群」「工学群」などという形で細分化したいくつかの学問単位ごとに一括して入試を行い，合格した人は居住する地域の近くにある大学に入学します。それぞれの学問単位を専門とする大学が，地域に必ず一つになるように再配置しておけばよいのです。そしてこのテストの実現に必要なのは，達成度をルーブリックの形である程度の具体性をもって測ることができる，IRTを応用した「標準化テスト」なのです。

　第1部4章2節で紹介した「水平的画一化」に対置する概念として，本田（2020）は「水平的多様化」を挙げています。多様な背景をもつ多くの学問分野が並立し，各々がお互いに影響しあいながら更新されていくような教育環境の下で，単一の「能力」観だけが重視されるのではなく，多様な「能力」観が等しく重視される教育制度が社会に浸透すれば，この制度もあながち荒唐無稽にはみえないのでしょう。

---

1) 出題した問題数の違いから標準誤差が受験者ごとに異なる場合を考えると，249点よりも248点の受験者のほうが合格しやすくなるという，直感的には受け入れがたい事態もありえます。たとえば249点の受験者の標準誤差がきわめて小さく，かなりの確率でその受験者の真のスコアが249点に近いという一方で，248点の受験者においては標準誤差が大きく，真のスコアが248点である確率が低いという場合を考えます。248点の受験者が大きな信頼区間であり，249点の受験者は小さな信頼区間であるなら，「実は真のスコアが250点以上であった」確率は，「真のスコアが確実に249点に近い」とされる249点の受験者よりも，「真のスコアが248点よりもずれている可能性が大きな」248点の受験者の方において大きくなるのです。真のスコアが250点以上である確率が高い受験者を優先して合格させるとしたら，248点の受験者を合格させることになってしまいます。もっとも，現実にはどの受験者においても標準誤差の値は一定であることが多いため，ここで示した例は極端な場合であるといえますが，受験者が任意の科目を選択できる入試で，選んだ科目により標準誤差が大きく出やすい科目があった場合に問題となるおそれがあります。

　もちろん，大学卒業者を採用する企業からみれば「大学名というブランド」がなくなることで，従来の採用の慣行が通用しなくなり，採用候補者をこれまでとは違った目で見極める必要が出てくるでしょう。過去との連続性を無視したドラスティックな変革を一度に進めることは，教育に大きな混乱をもたらすという意味でマイナスとなる面も大きいといえます。この計画が実現するとしたら，私たちが人間の「能力」とよばれるものの実態と向き合い，何が測れ，あるいは何が測れそうにないのかに関する長い合意形成の過程を根気よく進めた末に，ということになるでしょう。

15-2　日本的テスト文化とその逆：標準化テストが解決できること

15-2-1　日本的テスト文化とは

　今回の入試改革においては，テスト制度を検討した当事者から「1 点刻みの入試からの脱却」といったフレーズが多く聞かれる一方で，そもそも 1 点刻みの入試とは何を指すのか，なぜ 1 点刻みではいけないのかといった，よりメタな視点からの議論が乏しかったといえます。同じことは「英語 4 技能」や「記述式の導入」といった観点からも散見され，テスト理論の裏付けがほとんどない議論が「有識者会議」で展開されてきました。

　日本においてテストのあり方を議論する際，多くの場面で，論者にとって自分がテスト対策でどれだけ苦労してきたかといった，自らの体験だけに依拠した主張を展開することが横行しています。その主張の内容も，テストが何かを測るというスタンスではなく，テストは一種の「関門」であり，乗り越えなければならない壁であるというイメージに基づいています。

　しかし，鈴木（2014）の高校生を対象にした研究にみられるように，実際の受験生は必ずしもそのような一面的な見方で入試をとらえていないことが示唆されています。高校生からみた入試のとらえ方に幅があるにもかかわらず，これら「有識者」の主張が似たり寄ったりであることは，日本社会でテストがどのようにとらえられているかについて，一種の「文化的共通理解」があることをうかがわせます。

　そのような共通理解として，「日本的テスト文化」の存在が指摘されてきました（詳しい背景については柴山（2008），前川（2015）を参考にしてください）。具体的な特徴としては，前川（2015）による表 15-1 のような指摘があります[2]。また標準化テストとの関連については荒井・前川（2005）で詳述されています。

　ここで指摘された日本的テスト文化の「逆」の考え方は，本書で触れた，標準化テストの考え方を導入することで，その多くが実現されることがわかります[3]。表 15-1 には，本書で触れているトピックについて，関連する事項を追記してありますが，IRT による標準化テストのもつ特徴と密接に関連することがわかります。

---

2) 前川（2015）で挙げられている日本的テスト文化では「自己採点」に言及されていませんが，日本の大学入学のための共通テストにおいて試験問題を公開している理由として，受験者が自己採点に用いるというものがあるため，ここでは「自己採点」についても触れています。

3) 表 15-1 では「大問形式の利用」について触れられています。大問形式は本書 p.98 で示した問題例のように，問題のなかにいくつかの設問を含む形式のことです。一方，1 問で問う内容がこれ以上分解できない要素である場合は「小問形式」とよばれます。小問を集合させたテスト版を用いることで，学習課程の範囲からまんべんなく出題できるというメリットがありますが，一方で大問形式には一つの文脈を受験者に追わせるような，小問集合のテスト版では測れない要素があるとの指摘があります（村上，2011）。

表 15-1 日本的テスト文化とその「逆」（前川, 2015：58 を一部改変）及び標準化テストとの関連

日本的テスト文化	日本的テスト文化の「逆」	標準化テストと関連するトピック
年に 1 度，同一問題での試験の斉一実施	年に複数回，異なる問題で分散的に実施，IRT（項目反応理論）／ CBT	IRT の導入
新作問題のみでの試験の実施	統計的性質（難易度など）のわかっている問題のみ	フィールドテストの活用
試験問題の公開と自己採点	試験問題の非公開・再利用，個人への成績通知	項目バンクを用いた出題状況のコントロール
大問形式の利用	細かいスペック・広い分野を測定，独立項目の多用	局所独立の仮定を満たした問題の使用，テストの妥当性の検証，多値型 IRT モデルの利用
問題作成とテスト編集の融合	テスト理論を用いた難易度のコントロール	IRT に基づく項目パラメタ（テスト情報量曲線）を活用したテスト版の編集
素点・配点の利用（0 点と満点）	テスト理論を用いた比較可能な尺度得点の利用	IRT に基づく等化の利用

15-2-2 日本的テスト文化の「逆」と標準化テスト

　大学入試に触れてきた読者からすると，大学入学共通テストや個別試験がいずれも表 15-1 の日本的テスト文化にマッチした形で行われていることが理解できるでしょう。しかしながら，共通テストを年複数回化するとなると，最低限，「素点・配点の利用（0 点と満点）」という日本的テスト文化が，公平なテスト実施の障害となることは，否定できないでしょう。第 11 章 3 節で述べたように，公平なテストを実現するためには，どのテストを受験しても同じ意味をもつスコア，すなわち標準化テストによる尺度得点の導入が必須なのです。それゆえ，本書では第 13 章で，IRT を用いた標準化テストの方法を詳述したのです。

　標準化テストを導入することは，これまでとは違った観点から複数回共通入試を実施できるということで，いわば「測定のための道具を一つ増やす」ことに相当します。しかし同時に，これまで多くの入試関係者になじみ深いものであった「自己採点」などの文化を否定する側面があるため，大学入試だけが標準化テスト導入の議論から外されがちであったことは否めないでしょう。

　国による有識者会議などにおいて，大学受験のために複数回共通入試を導入しようと検討が重ねられても，日本的テスト文化を前提とした既存の共通テストと整合性が取れず，導入が断念されるということが繰り返されてきました（石井, 2018）[4]。しかし，より質の高い測定や有用性の高いテストを実現するために，「道具を増やす」努力は今後も重ねられるべきではないでしょうか。

15-2-3 日本的テスト文化を織り込んだ標準化テストの導入は可能か

　テストに文化的背景があることで，その文化圏で受け入れられやすいテストと，そうではないテストが存在するという指摘は，テストの有用性の議論において重要な位置を占めるでしょう。どんなに役に立つテストであると主張がなされようが，ある文化を共有する者にとってなじみがないテストであるということであれば，導入されるのが難しいということになるでしょう。

---

4) 具体的には，中央教育審議会第二次答申（1997 年 6 月 1 日）や大学審議会答申（2000 年 11 月 22 日）などにおいて，実施の際の負担増大や受験準備の長期化，受験期間の長期化，早期にテスト結果を通知することが困難であることといった理由が挙げられています。

　その一方で，標準化テストの導入により教育に役立つという事例が増え，多くの教育現場で
IRT によるスコアが一般的に用いられることになれば，今以上に標準化テストの役割も重要視
されることになるでしょう。しかしその場合であっても，今までの日本的テスト文化が変わる
事態は想定されにくいといえます。

　文化的背景が変わるということは，その社会に属する人の価値観や物事のとらえ方が変わる
ことを意味します。日本で行われてきた大きなテストが廃止され，新しいものに置き換わると
いった事態が起これば，日本的テスト文化がやがて「改まる」のでしょうが，テストの廃止と置
き換えが乱暴に行われれば教育の現場に大混乱をきたすであろうことは，大学入試改革の「失
敗」をみれば明らかです。

　必要なことは日本的テスト文化の「更新」ではなく，既存の日本的テスト文化に加えて，も
う一つの「標準化テスト」の枠組みを付け加えるという考え方ではないでしょうか。新しいテ
スト制度の根幹をなす考え方が少しでも日本的テスト文化の「逆」の要素を取り入れているな
ら，日本的テスト文化とは別の形のテストを提案していくことで，テストや教育の文化的背景
を付け加え，テスト制度の選択肢を増やす試みをしていくことが重要であるといえます。

　具体的な試みとしては，たとえば素点を用いて年に 1 回行われている新作問題のみでのテス
トに対して，IRT を用いた分析を行い，事後的に標準化テストの枠組みに乗せることができる
か検証する，といったことが挙げられるでしょう。これにより，このテストが IRT を用いた標
準化テストとして実施できるかを検討することになるでしょう。あるいは問題ごとの識別力指
標を用いて，どの問題が実質的に受験者の能力値の識別に寄与しているかを見出すといった分
析が，今後の問題作成において有用かもしれません。ただし IRT で推定した能力値は受験者
に返さず，素点をスコアとして返すことは変更しません。このことは，受験者に対して大きな
テスト制度の変更を伴わずに，テストを実施し続けるうえで重要なポイントです。

15-2-4　日本的テスト文化になじんだ標準化テストの方法を探る

　第 13 章で述べたように，毎回のテストでモニター受験者を募って解答させることで，常に新
作問題を出題しながら，標準化されたスコアを返せるテストデザインが可能です。また同じ方
法をとることで，複数年にわたる能力値の経年変化を探ることもできます。これらは日本的テ
スト文化における「新作問題のみでの試験の実施」にマッチしたテストデザインでありながら，
標準化テストを実現しているという点が特長です。しかしその分，毎回のテスト実施の際にモ
ニター受験者が必要であるという実施上のデメリットもあります。

　また，大問形式の多用という日本的テスト文化も指摘されています。これについては，第 2
部 7 章 4 節で述べたとおり，多値型モデルを仮定することで，IRT による分析が可能となり，
標準化テストの枠組みにのせることができます。部分的にではありますが，日本的テスト文化
を受け入れつつ，標準化テストを実施することも可能です。

　とはいえ，満点や 0 点の取り扱いや素点・配点の利用など，IRT の考え方とは親和性が低い
部分もあります。これらについては，たとえば素点を利用してスコアを返すが，出題する問題
のコントロールには IRT を用いるといった案があります。この方法であれば，受験者が目に
するスコアは素点に基づくものとなり，従来のテストと大きく変わらない一方で，出題する問
題の質を IRT による項目パラメタで検討し，どの程度の困難度・識別力の問題を出題するか
を把握することで，テストの質を保つことも期待できるでしょう。

　日本的テスト文化のうえでテストを実施する可能性を探ることは，テストを実践する過程で
多くのノウハウを積み重ねることが不可欠です。

15-3　診断的な学力調査：競争的な入試との相違点

　　IRT による標準化テストを複数回共通入試に導入するという過程は，決して先に出てくるべきものではなく，先に「あるべき教育の姿」について議論したうえで，その延長線上で標準化テストを導入するという手順をふむべきです。複数回共通入試のあり方を議論し，それを反映した形で教育の形を変えていこうとすることは，慎まなければならないでしょう。

　　そもそもテストが制度としてどのような機能を果たすのかをきちんと認識していなければ，議論の過程でテストに過大な機能を期待することにつながります。本節では診断目的の学力調査の設計を例にとり，あるべき教育の姿を議論する過程で標準化テストが果たす役割について述べていきます。

　　学力調査の制度を設計する過程においては，これまで「教育施策のあり方を検討する」という目的と，「児童生徒に対して指導するためにテストを行う」という目的が混同されてきたため，有益な学力調査ができなかったという指摘があります（川口, 2020）。前者の「政策のためのテスト」と，後者の「指導のためのテスト」のそれぞれについて，標準化テストの考え方がどのように役立つのかを説明します。

15-3-1　「政策のためのテスト」を実施する

　　学力調査に標準化テストの考え方を導入するうえでは，児童生徒の「学力の伸び」を検討し，教育の施策を決定する根拠資料に用いるというアプローチがあることは，第 1 部 4 章 1 節のなかで紹介した「政策のためのテスト」の説明で述べたところです。「政策のためのテスト」を実施するためには，同一児童生徒の年度当初の学力と，学期末の学力をそれぞれ観測し，両者を比較することで「学力差＝学力の伸び」を見出すという手法がとられます。

　　標準化テストは，第 13 章 2 節で述べたテストデザイン案のうち，表 13-1（☞ p.193）の「テストデザイン案（1）」を応用することで実現します。すなわち，

- テストデザイン案（1）における手続きにより，多数の問題に項目パラメタを推定しておき，項目バンクを構築する。
- 年度はじめに出題する問題を項目バンクから選定し「年度はじめテスト版」として，児童生徒に解答させ，得られた正誤データと出題した項目の等化済み項目パラメタから能力値を推定する。具体的には図 13-7（☞ p.187）で「第 1 回テスト版」となっているのを「年度はじめテスト版」と読み替えて推定する。
- 年度末に出題する問題を項目バンクから選定し「年度末テスト版」として，年度はじめと同様に児童生徒に解答させ，能力値を推定する。具体的には図 13-7 で「第 2 回テスト版」となっているのを「年度末テスト版」と読み替えて推定する。
- 年度はじめの能力値と年度末の能力値を比較し，「学力の伸び」とする。

という手順をふみます。

　　このデザインは，学力調査の実施に先立ち，大量の問題を用意し，しかもそれに対して項目パラメタを推定しておく必要があります。この手続きには多くの時間と手間がかかるため，テスト実施を発案してから実際にテストが実施できるようになるために時間がかかることが欠点として挙げられます。

　　代案として，毎年一定数の問題を作る体制を確立し，本試験で出題する問題を作り続けるこ

とができるなら，図 13-8（☞ p.189）で示した「小規模フィールドテストにより問題を使い回す
デザイン」を用いることもできるでしょう。このデザインは，図 13-9（☞ p.191）に示す，毎
回のテストで本試験モニター受験者を用いるデザインとは異なり，本試験モニター受験者を用
いる手間がかかりません。また調査の目的はあくまで政策決定の参考にするための学力の全体
像の把握であり，調査の実施は学校の教室内で，教員の監督のもとに行われますから，ハイ・
ステークスなテストで求められるような，高度なセキュリティを保つ必要性はさほどでもない
でしょう[5]。したがって，テスト版を秘密にすることは，競争的な性格をもつような複数回共
通入試よりも現実的な範囲で実施可能であるといえます。ただし学力調査の結果の確からしさ
を高めるためには，日本の学校全体の縮図となるようなサンプルを収集することが求められま
す。調査の設計にあたっては，調査目的にあったサンプリングが重要です。

　標準化された学力調査の結果，生徒の学力の伸びが観測されるかどうかは，生徒が受けた教
育実践がどのような意味をもつのかについて，一つの根拠を与えることになるでしょう。しか
しながら，学力調査のスコアの値はあくまで根拠の一つであるにすぎないこともまた，強調し
なければなりません。学力調査のスコアを高めることだけが，教育の目的である，ということ
はありえません。第 13 章 4 節で，達成度テストを志向する複数回共通入試について述べまし
たが，達成度テストのスコアのみで合否を判定することはせず，他の指標を加味して総合的に
判断する必要性を指摘しました。それと同じで，教育成果の評価は多面的に行われる必要があ
ります。

15-3-2　「指導のためのテスト」を実施する

　学力調査の目的としては，学力の推移を観測する以外に，日々の指導に役立てるため，とい
うものがあります。この「指導のためのテスト」を標準化テストの枠組みで実施するためには，
指導内容のルーブリック化と，スコアとルーブリックを対応させる手順が必要になってきます。
すなわち，第 2 部 10 章 1 節で述べた手続きにより達成度を表現する段階を設定し，段階ごとの
到達ができているか否かを判断するための問題を作成し，標準化テストを実施する，という手
順です。

　他方で，従来行われてきた「指導のためのテスト」では，受験した児童生徒がどのような問
題で「つまずいているか」を検討するために，出題した問題を公開し，児童生徒の解答状況から，
どの問題に間違えたのかを児童生徒本人に自覚させ，間違えた問題を「対策」するというアプ
ローチが長年行われてきました。この手法は一見すると児童生徒の学力向上に有効であるよう
にみえますが，出題した問題「だけ」の対策しかとることをしていないため，他の問題に対応
できるかどうかまではわからない，という欠点があります。学力の向上のためには，出題した
問題だけではなく，類似問題にも正解できるようになるような「応用力」が大切である，とい
う主張がなされることがありますが，テスト問題を用いた対策を通じて応用力を向上させるに
は限界があるということです。

　カリキュラムのなかでの到達度を検証するためのテストは「マスタリーテスト」（mastery
test）とよばれることがありますが，学力の構造を考慮に入れ，より精緻に児童生徒ごとの学
習のつまずきを見出したいのであれば，認知診断モデル（第 2 部 10 章 3 節）を用いることが必

5）ただし，教員の評価の一環として学力調査の結果を用いることが万一行われた場合，教員が自ら担当するクラスの
　生徒のスコアを不当に高めたくなる動機を与えることにつながります。学力調査のスコアは，あくまで教育制度や
　教授方法，カリキュラムの改善のために用いられるべきです。教員や学校組織に対する評価指標として用いること
　は，テストスコアの拡大解釈を伴う目的外の使用にあたり，絶対にあってはならないことです。

要かもしれません。しかし，適切なモデル構築のためには教科教育の専門家と教育測定の専門家が協働する必要があるため，導入へのハードルは高いといえます。

15-3-3　テストで何がわからないのかを示す

　学力調査の結果を外部に公表する際，生徒の学力の伸びのような調査結果とは別に，この調査で「何がわからなかったのか」を同時に示すことになるでしょう。調査で明らかになった点と，そうでない点を区別することで，今後の調査計画や問題の内容を見直す検討材料の一つとするのです。そして同時にこのことは，学力調査のスコアが唯一絶対の教育目標である，というドグマを回避するために，必要なことです。

　これと同じことは，競争的要素を含む複数回共通入試でもいえるのではないでしょうか。共通テストは唯一絶対の学力尺度であるべきだ，という前提のもとに入試制度を組み立てるのは，結論はわかりやすいのでしょう。しかし，テストの公平性に疑問があったり，妥当でないスコアの解釈をねじ曲げて「妥当なスコアである」とみなして強引にテスト制度を実施していくことは，受験者に対する受験制度の不信感を生むおそれがあるでしょう。

【第15章のまとめ】
- テスト制度を変えることで，教育制度や教育の社会におけるあり方を変えようとするのではなく，教育制度を変える一環として，テスト制度を変えていくという考え方が重要である。テストはその前提となるカリキュラムや評価基準，学習方法といった要素と連携していることにより，測定の道具としての効果を発揮する。
- 標準化テストを導入するうえでは，これまで日本で行われてきた入試制度のテストを「日本的テスト文化」のなかで行われてきたものと位置づけ，それらを批判的に検証することで，これまでにない視点からテストのあり方をとらえ，新しいテスト制度の制度設計に生かすことができるようになる。
- これまで行われてきたテストが，教育制度のなかでどのように位置づけられるかをとらえなおすことで，学力テストの役割を再考し，教育制度とテスト制度の関係を改善することにつながる。

第16章

英語4技能入試の導入はなぜ頓挫したか

　本書ではこれまで，いくつかの節で英語4技能テストを入試に導入する試みについて触れてきました。この章では，英語4技能テストを入試に導入する試みがなぜ失敗したのか，導入しようとした入試制度のあらましと公平なテストとするうえでの問題点について，述べていきます。今後の入試制度がどう「あるべきでない」かを考えるうえで重要なポイントとなるでしょう[1]。

16-1　英語4技能テストを用いた入試制度の概要 ─────────────

16-1-1　民間英語4技能テストを入試に導入する制度の概要

　2020年度から実施予定だった高大接続改革後の共通テストの計画では，英語4技能テストの導入がその目玉としてうたわれていました。民間で行われているTOEFL iBT, IELTS, GTEC, TEAP, TEAP CBT, 実用英語技能検定（英検），ケンブリッジ英語検定のうち任意のスコアを用いて，それを大学入試の合否判断に用います。受験生からすると，以下のスケジュールで入試に臨む計画でした。

【国公立大学の場合】
- 4月から12月までにいずれかの民間英語4技能テストを受験し，スコアを得る（受験回数2回まで有効）。
- 得られたスコアをCEFR対照表（図16-1）にしたがって6段階のCEFRレベルに変換する。
- 1月中旬に行われる大学入学共通テストを受験する（英語はマーク式のテスト）。
- 2月下旬に行われる個別入試（前期日程試験）に臨む。その際，出願の条件としてCEFRレベルが一定以上であることが求められる（出願要件方式）。あるいは，あるCEFRレベル以上である受験者は合否判断のためのスコアに加点される（加点方式）。出願の受験や加点のルールは大学によって異なる。
- 3月中旬に行われる個別入試（後期日程試験）に臨む（前期日程試験に不合格の場合）。CEFRレベルの扱いについては前期日程試験と同様。

【私立大学の場合】
- 4月から12月までにいずれかの民間英語4技能テストを受験し，スコアを得る（2回まで有効）。
- 得られたスコアをCEFR対照表にしたがって6段階のCEFRレベルに変換する。
- 個別入試に臨む。CEFRレベルの扱いについては国公立大学の前期日程試験と同様。

---

1) 民間英語4技能テストを導入する決定が行われた経緯や意思決定上の問題点については大塚（2020）が参考になります。この論文では共通テストへの記述式の導入についても触れられています。

16-1-2　CEFR 対照表とその問題点

　CEFR については第 2 部 10 章 1 節で触れたので，ここでは詳細を述べませんが，大事な点としては「CEFR は尺度ではなく，参照枠である」という点が挙げられます。能力のあらましを示す「参照枠」ですから，複数のスコアを比較するための統一された尺度として使用することは，本来想定されていないはずです。

　ところが，民間英語 4 技能テストを入試に導入する議論の過程で，CEFR 対照表という考え方が提案され，この対照表を前提として新しい入試制度が設計されようとしたのです。前述の通り，複数種類のテストスコアを同じ尺度に乗せるという目的で導入されたもので，文部科学省によって図 16-1 のように公表され，民間英語 4 技能テストのスコア換算にはこの表を統一的に用いる，とルールが示されたのです。

　この対照表については，英語教育や教育測定などの立場から多くの問題点が指摘されました。羽藤（2019：907–908）には，CEFR 対照表そのものだけではなく，この対照表を用いたテスト制度全般に関する問題点が列挙されていますが，その最初に指摘され，かつ大きなボリュームを占める部分は「異なる民間試験の成績を比べるために用いられる「CEFR との対照表」に科学的な裏付け，特にデータを用いた検討が乏しい」という点であったのです。他にも受験機会の不公平性（地理的要件，受験料負担など）や導入への準備不足といった点について触れられていましたが，最初に指摘されている CEFR 対照表の妥当性の根拠に関する問題点については，本書でも多く触れてきたトピックと関連しています。

　次節では，教育測定学の立場から CEFR 対照表を用いた複数テストのスコアのリンキングについて，その問題点を論じるとともに，どのようにすれば問題を解決できたのかについて述べていきます。

16-2　英語 4 技能入試制度に向けられた疑問：教育測定学の立場から

16-2-1　データに基づくリンキングの必要性

　英語 4 技能入試制度の根幹をなす「CEFR 対照表を介したスコア換算の仕組み」は，複数の民間英語 4 技能テストについて，異なる種類のテスト（テスト A やテスト B）のスコアを，相互に比較可能な尺度を用いて表示する，という考え方に基づいているといえます。すなわち，共通テストの枠組みのなかで A と B のスコアのリンキングを行い，その結果を換算表の形で受験者に提示できればよい，ということになります。

　一般にリンキングの操作は，同一受験者（もしくは学力が等質であるとみなせる複数の集団）をモニター受験者として，テスト A と B を受験させ，そのスコアのペアを用いて，等パーセンタイル法（第 2 部 6 章 2 節を参照）によって換算表を求めることで行われます。リンキングの手法についての技術的詳細は前川（2018）を参照していただきたいのですが，これらのリンキングの手法はいずれも，モニター受験者からのスコアを根拠にして行われます。

　図 16-1 に示す対照表は，CEFR レベルが規準となる尺度になっていて，各民間英語 4 技能テストのスコアが CEFR レベルという尺度を介して比較可能なように描かれています。しかしながら，この対照表は，データに基づく量的指標によるものではありません。モニター受験者によるリンキングを行わず，民間英語 4 技能テストの関係者が，それぞれのスコアと CEFR との対応関係をテストごとに独立して求め，それらを CEFR の各レベルにおける文言を介して一つにまとめたのが図 16-1 なのです。言語教育の専門家が，それぞれの民間英語 4 技能テストの内容をみながら，各テストで何点を取れば CEFR の A2 レベルに相当する英語能力の受験

CEFR	ケンブリッジ英語検定	実用英語技能検定 英検 CBT：準1級-3級 英検2020 1day S-CBT：準1級-3級 英検2020 2days S-Interview：1級-3級	GTEC Advanced Basic Core CBT	IELTS	TEAP	TEAP CBT	TOEFL iBT
C2	230－200			9.0－8.5			
C1	199－180	3299－2600	1400－1350	8.0－7.0	400－375	800	120－95
B2	179－160	2599－2300	1349－1190	6.5－5.5	374－309	795－600	94－72
B1	159－140	2299－1950	1189－960	5.0－4.0	308－225	595－420	71－42
A2	139－120	1949－1700	959－690		224－135	415－235	
A1	119－100	1699－1400	689－270				

ケンブリッジ英語検定（各試験CEFR算出範囲）：C2 Proficiency（230）-（180）、C1 Advanced（210）-（160）、B2 First / for Schools（190）-（140）、B1 Preliminary / for Schools（170）-（120）、A2 Key / for Schools（150）-（100）

実用英語技能検定（各級CEFR算出範囲）：1級（3299）-（2304）、準1級（2599）-（1980）、2級（2299）-（1728）、準2級（1949）-（1400）、3級（1699）-（1400）；各級合格スコア：1級 2630、準1級 2304、2級 1980、準2級 1728、3級 1456

GTEC（各試験CEFR算出範囲）：CBT（1400）-（270）、Advanced（1280）-（270）、Basic（1080）-（270）、Core（840）-（270）

▷は各級合格スコア

※括弧内の数値は、各試験におけるCEFRとの対象関係として測定できる能力の範囲の上限と下限

図 16-1　民間英語 4 技能テストと CEFR の対照表（文部科学省，2019，一部抜粋）

者が多いだろう，というように，それぞれのレベルに達するための閾値を質的に見出していき，それをもって対照表としたのです²⁾。

　この対照表の作成過程においては，大きな問題点があります。それは「データに基づくリンキングではない」という点です。本来，入試のようなハイ・ステークスなテストでスコアを用いる目的で，異なる複数のテスト結果を比較可能にしたいというのであれば，大まかな 6 段階に分けるというのではなく，テスト間で共通の「共通テスト用尺度」を設け，その尺度上で 1 点刻みの換算表を用意しなければなりません。詳細は後述しますが，競争的な入試でスコアが 6 段階にしか分かれないとなると，受験者のスコアがばらつかなくなり，差がつきにくくなります。1 点刻みの換算表を作成するためには，モニター受験者のデータが必要不可欠であるといえます。

16-2-2　構成概念の対応可能性

　問題になるのは，リンキングだけではありません。それぞれのテストで測定される構成概念の間に，どの程度共通性があるのかについて，十分な検討が行われたか，疑問が残ります。

　TOEFL iBT はアメリカで作られたテストであり，英語圏（おもにアメリカ）に留学する人が受験するテストで，大学で学ぶうえで必要な英語（アカデミック・イングリッシュ）を測定する目的のテストです。一方，英検や GTEC は日本で作られたテストで，小学校から大学における幅広い範囲の英語能力を測定しようとするテストです。

　TOEFL iBT で 90 点をとった受験者 A と，GTEC で 1360 点だった受験者 B が同じ大学に出願した場合，図 16-1 によれば，A は CEFR レベル B2 であり，B は C1 と判断されます。しかし，TOEFL iBT と GTEC で測られる「英語力」は，完全に同一といえるのでしょうか？TOEFL iBT で測定される英語能力の尺度上で得られた 90 というスコアと，GTEC で測定される英語能力の尺度上で得られた 1360 というスコアが，同じ尺度上で表現できるのか，という疑問は残ります。両者のテストはそれぞれ幅広い範囲を含む「英語能力」という構成概念の，別々の側面に「強い」人に高いスコアを出すようになっているのかもしれません（しかし，それを私たちに調べる術はありませんが）。TOEFL iBT で測れる英語能力の構成概念の範囲が，受験者 A の「英語力の強み」にあたる部分をカバーしていないが，GTEC ではその「強み」を考慮したスコアを返すようなテストの場合，受験者 A が GTEC を受験していれば，もしかしたら CEFR C1 レベルのスコアをとれていたかもしれません。

　A と B が同じテストを受験した場合は，A と B の両方が同じ尺度上でスコアを表示できているので，比較可能な数値であることは明らかです。しかし，テストが異なる場合にリンキングを行って得られた換算スコアは，測定される構成概念の違いを吸収するものではなく，単に機械的な操作によって得られたにすぎません。換算後のスコアの値が何を意味しているのかについては，あくまで参考程度，という域を出ないでしょう。

16-2-3　CEFR 対照表を用いた公平なテスト制度の実現可能性

　受験者からみれば，大学受験にあたって複数種類のテストのうちどれかを受験し，その最高点を CEFR 対照表で換算した結果を大学に提出すればよいのですから，もっとも「簡単に CEFR 対照表上位になることが期待されるテスト」を探索するという戦略をたてることになるでしょう。一部のテストが「簡単に CEFR ○レベルをとることができるテスト」などとされ，

---

2) テストごとの対照関係を求める手続きの詳細については文部科学省（2019）を参照してください。

SNS 等で噂になる可能性が高いでしょう。そのテストは受験者が増加し，テスト業者からみれば多くの利益が上がることになるのかもしれません。しかしこのような受験動向の変化は，公平なテスト制度の維持のためには大きな障害になるに違いありません。

　また，CEFR の 6 レベルの考え方が固定的であるということはなく，より実態に即した新しい参照枠に置き換わる可能性もあります。実は，CEFR については Companion Volume とよばれる補遺編が公表されており，そこでは Pre-A1 や A2+，B1+，B2+，Above C2 といったレベルが追加されているのです（Council of Europe, 2020：40）。この枠組みで対照表を作成していたならば，民間英語 4 技能テストのスコアも 6 レベルではなく，11 レベルの尺度上で表示されていたことでしょうが，どちらが正当性のある対照表なのかについては，多くの議論が巻き起こるに違いありません。そのたびに対照表への疑義が示されるというのでは，しっかりしたテスト制度とはいえないでしょう。

　以上のように，CEFR 対照表を用いて公平な大学入試に応用することは，公平性に疑義がぬぐえないといえるでしょう。それでも，共通テストとして大学入学を希望する者全員が受験することを強制するのではなく，大学ごとの個別入試において，複数の英語 4 技能テストのスコアを統一された尺度上で表現したいという要求はあるでしょう。受験者にとっても，どのテストを受験するかを選択する余地が生まれ，年複数回行われている複数種類のどの民間英語 4 技能テストを受験してもスコアが有効に扱われるのですから，メリットは大きいといえます。次節ではそのような統一された尺度に複数のテストスコアの尺度をリンキングする方法を述べます。

16-3　どのような方法であれば「まだまし」だったのか

16-3-1　統一された尺度を用意する

　CEFR レベルが尺度ではないという点と，データに基づくリンキングではないという点を克服するためには，「参照枠」である CEFR を尺度の意味付けに転用することをやめ，モニター受験者を用いたリンキングによる共通尺度化を行い，民間英語 4 技能テストの対応表を精緻化することが必要です。あらかじめモニター受験者によるリンキングを行い，その結果を反映した共通テスト用尺度への（1 点刻みの）[3] 対照表を公表します。受験者は任意の民間英語 4 技能テストを受験したスコアをこの対照表により共通テスト用尺度のスコアに換算し，これを用いて入試に臨む，という方法を取ります。CEFR 対照表は 6 段階のみでしたが，これを 100 から 200 段階程度に拡張した変換表を作成するということです。

　共通テスト用尺度のカバーする範囲について，CEFR のすべての段階をカバーする必要があるのであれば，すべての段階を測定できるテストを基準とすることで，新たに定義せずに済み，受験者に対しても混乱なく共通尺度を提供できます。図 16-1（☞ p.221）の CEFR 対照表から，そのようなテストは 1 種類だけなので，そのテスト X のスコアを基準として，他のテストのスコアを換算するというアプローチがもっとも実現可能性が高いといえます。

3）2020 年に予定されていた大学入試改革には，入試の「1 点刻みからの脱却」が謳われていました。この点を意識したのか，CEFR 対照表によるスコアの表示は「段階別」です。しかし，1 点刻みのスコアに比べて，段階別のスコア表示では同じスコア段階に入った受験者に対して全員が同じスコア段階となります。最上位のスコア段階に入った受験者が 100 人いたとすると，1 点刻みであれば 100 人のなかでさらに能力の違いに応じたスコアの差異が生じるのに対し，段階表示ではその差異がつぶれてしまいます。したがって，段階別のスコア表示は，受験者の能力の実態を反映するために不十分な情報しかもたらさず，競争的な選抜試験には不向きであることが指摘されています（南風原, 2015）。

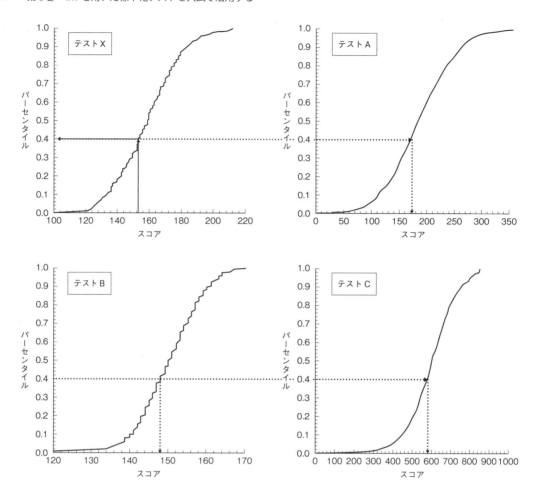

図16-2 4種のテストにおける等パーセンタイル法によるリンキング（架空例）
テストX（基準となるテスト），テストA，テストB，テストCの，スコアとパーセンタイルとの対応を表す。

　基準となるテストXを決め，この尺度上に他のテストA，B，Cの尺度を比較可能な形で対応づけるような換算表を求めることを考えます。4種類のテストを受験した結果を用いて，各テストに対するスコアとパーセンタイルの対応関係を描き，その関係性を関数として表し，換算表を作成するのです。等パーセンタイル法による比較のイメージを図16-2に示しました。左上が基準となるテストX，それ以外の3種のテストがテストA～Cに相当します。テストXの任意のスコア（たとえば152点）に対応するテストA～Cのスコアを求めたければ，任意のスコアに対応するパーセンタイル（40パーセンタイル）を見出し，他のテストにおける同じパーセンタイルに対応するスコアを読み取ればよいのです。

　しかしながら，2020年度から予定されていた入試で用いられる対照表をここで述べた手続きによって作ろうとすれば，モニター受験者を数千から数万名規模で用意する必要があります。これを7群に分け，学力層がまんべんなく散らばっており，かつ均質であるようなランダム等価グループとし，各グループに1種類ずつのテストを受験させ，等パーセンタイル法によるリンキングを行うことになるでしょうが，数千から数万名に民間英語4技能テストを受験させる費用を考えると，現実的ではありません。

　各テストで測定される構成概念の問題（前述）を含めて考えると，より大学入試にふさわしい民間英語テストだけを対象とするように，比較可能とするテストの数を絞らなければならな

いかもしれません。また，モニター受験者による対照表の決定は，一度行っただけでは不十分であり，民間英語 4 技能テストの実施要領や測定される能力の範囲などが変わった場合，改めて対照表を作り直す必要があります。作り直す前と作り直した後の受験者の間で，不公平が起きないようにするためです。そして，対照表を作り直した場合，以前の対照表によるスコアの扱いをどうするかも決めておかなければなりません。

16-3-2　モニター受験者のサンプリングと構成概念間の関係性

　モニター受験者のサンプリングをどうするかについてもまた，慎重に考えなければなりません。GTEC を受験対策として継続して課している高校生がモニター受験者となり，英検との対照表を作るために同時に受験したとしたら，GTEC の受験に慣れているため，GTEC のスコアは高めに出るでしょう。一方，英検のスコアは GTEC よりも低めに出ることになり，GTEC の高スコアが英検の低いスコアと対応することになります。これを他の受験者に当てはめたとき，英検が得意な受験者は，GTEC ではさらに高いスコアとなってしまいます。このような偏りがないサンプルを得るように努めなければなりません。

　仮に対照表によるスコアの表示ができたとしても，構成概念が異なるテストの間でリンキングが許容されるのかについては，別の議論です。たとえば，TOEFL iBT を受験し，そのスコアを換算表で換算した結果 1400 点だった A と，GTEC で 1360 点をとった B では，A のほうがスコアが上ですが，大学入学後に複数の英語教員が二人の英語能力の印象について，全員一致で明らかに B のほうが英語能力があると判断するのであれば，それは換算表が誤りを含むものであったか，その大学の英語教員が GTEC で測られる英語能力を重視しがちであったかのいずれかであるといえましょう。そのどちらなのかを厳密に検証することは，きわめて難しいことです。

16-3-3　対照表の段階的な導入

　共通テストにおいて換算表を導入すれば，民間英語 4 技能テストを大学入試に導入できたのではないかと考えるのは，いささか早計であったようです。実際には乗り越えなければならない技術的ハードルが多いことは，本節で示した通りです。

　もしどうしても複数の民間英語 4 技能テストの結果をリンキングし，大学入試制度に応用したいのであれば，いきなり完成版を目指すべきではありません。数度のモニター調査を経て試行的に換算表を作り，小規模な入試，たとえば個別入試の一部に試行してみて，その大学での結果が良好であると判断された時点で次第に規模を拡大していく，というように，段階を踏んで導入することが求められていたのではないでしょうか。そうすれば，導入の過程で問題点が摘出でき，実践上の限界も知られるようになるため，何とかテスト制度として成立していたかもしれません。

　まして，これまでリンキングや等化といった事項になじみがなく，実際にリンキングの操作により共通尺度を作ったことがない人が，リンキングの操作を行っても，理論通りの結果がいきなり得られるとは考えられません。また，リンキングの結果がどうなるかを十分検討せずにスコアを入試制度に用いようとすれば，公平性に疑義が生じたときに十分な説明ができず，テスト制度としても成立しなくなるでしょう。本当に機能するテスト制度を構築するためには，入念な計画と準備，それに制度導入までの綿密な工程管理が必要であるといえます。

16-3-4　スピーキング・ライティングテストの作成を大学入試センターが担う

とはいえ，リンキングや等化という概念になじみがない受験者に対して，複数のテスト間で統一された尺度を用いて共通テストを行うことは，受験者や保護者，高校の先生にとっても，受け入れられる可能性が少ないに違いありません。また，テストごとに測られる概念が異なる可能性があることや，リンキングを行うために多額の費用と多くの労力を要することを考えると，複数のテスト結果を統合的に用いることをやめ，新たに大学入試のためのスピーキング・ライティングテストを立ち上げたほうがよかったのかもしれません。

大学入試センター試験にリスニングが導入された際に，リスニングのテストの実施方法の詳細を検討し，実際にテストを実施してきたのは大学入試センターでした。大学入試センターは，これまで大学入学のための共通テストの実施手法を研究し続けてきた経験を資産として保有しています。これらのノウハウを活用し，スピーキングやライティングテストの開発においても大学入試センターが主体となって取り組んでいれば，もしかしたら英語スピーキングテストの入試への導入は（全受験者対象ではなくても）可能だったかもしれません。

この場合はもちろん，大学入学共通テストの実施の枠組みのなかでスピーキング・ライティングテストを行うこととなり，制度設計の検討は困難を極めたことでしょう。もしどうしても大学入試センターが自力で開発できなかったとしたら，その場合は民間企業を含む外部の組織と連携して開発に取り組む道もあったのかもしれません。この場合であっても，大学入試センターが詳細な仕様を決めることで，これまでの大学入学共通テストの枠組みと親和性の高い形で新たなテストを立ち上げることが期待できます。

【第16章のまとめ】

● 2020年度から民間英語4技能テストを入試に活用する計画は，中止を余儀なくされた。この計画は，複数の民間英語テストのスコアをCEFRレベル上で表示し，CEFRレベルを入試に活用する予定であった。中止に至った一因として，CEFR対照表に疑義が指摘されたことが挙げられる。

● CEFR対照表に疑義を生じさせた原因の一つとして，CEFR対照表がフィールドテストなどのデータに基づく根拠ではなく，can-doリストの文言のみを根拠にCEFRレベルと民間英語テストのスコア範囲を対応させたことが挙げられる。

● 複数の民間英語テストのスコアを対照させるためには，多数のモニター受験者を募り，共通の尺度上で複数の民間英語テストのスコアを表示するようリンキングし，換算表をつくったうえで，それを維持管理することが必要である。

おわりに

実効性のあるテスト制度構築に向けて

第1部では，そもそもなぜ大学入試が行われるのかについて，メリトクラシーというキーワードを中心に述べ，標準化テストの実施によって社会の役に立つ大学入試への可能性が広がることを指摘しました。第1章の議論から，メリトクラシー体制下では大学入学者をテストによって選抜する仕組み自体を否定することが困難であるといえます。一方で，テストでわかることがらはごく狭い範囲であり，その限界をわきまえたうえで，適切にテストの仕組みを教育制度に導入することが必要であるといえます。

そのうえで必要不可欠なのは，「学力」「能力」とよばれるものがはたして何なのか，という議論です。本来，「学力」や「能力」の意味を限定的にとらえ，確かに測定可能，比較可能であるという合意がなければ，テストで測ることの意味も限定的にならざるを得ません。しかし，私たちの多くは，そのような合意をおろそかにし，実際には測れていないかもしれないことを「測れている」と考え，その序列化の結果を入試で使ってしまっています。まずはその現状を認識し，人間の「能力」に関する議論を進めることが必要不可欠といえます。

第2部と第3部では，しばしば「新しいテスト理論」と称されるIRTが，新しい大学入試のあり方にどのような貢献をすることができるのか，テストを実践する立場から述べてきました。その内容は，次の4点に集約されます。

- テストは質の良し悪しが問われる。質の良いテストとは，測りたいことを的確に測ることができ，スコアの解釈がしやすく，公平で，受験者が受験しやすいテストであり，その実施のためには項目反応理論の考え方を理解することが必要である。
- 公平なテストは，テストに対する多くの批判を受け止めながら，テストの仕組みや測定しようとしている内容を吟味し，改良を重ねてきたうえで構築される。社会のなかで役に立つテストのためには，データに基づく批判的思考を通じた検討が必要である。
- テストは，受験者を勉強に向かわせるべく叱咤激励するための道具とは限らない。受験者の何らかの能力を，ある側面から測定するための道具でもある。教育のためのテストは，必ず教えられる内容や教育方法とセットになって用意される。
- メリトクラシー体制となっている現在の日本においては，選抜的要素を含むテストが不可欠である。しかし，実際の選抜がその教育効果を考慮したうえで制度化され，質の良いテストによって行われているとは限らない。新しいテスト制度を考えるうえで，テストだけではなく，その前提となる教育制度をセットで見直すことが必要である。

テストのあり方を考えるための議論の流れをたどると，その源流は教育制度全体に及ぶ幅広い流れであることがわかると思います。本書で取り上げた部分はそのほんの一部ですが，私たちが源流をたどっていく過程を進めていけばいくほど，テストとは何か，なぜ行うのか，といったテストに関連する問題の枠を超え，教育全体の問題を一括して議論の土俵に乗せなければならないことに気づくでしょう。テストで教育を変えるのではなく，教育のあり方を変えることの一環として，テストを変える，あるいはテストが自然に変わっていくのです。

*

　テストのあり方のようなマクロな話だけではなく，個別に行われるテストの質といったミクロな視点でも，考えを深めていく必要があるでしょう。その際に大事なのは，「安易に二分法でものを語らない」という姿勢です。

　これから日本で新しいテスト制度が導入されようとして，そのテスト制度にテストの「測定の質」を検証する仕組みがないとしたら，それはよくないことです。測定の質が良いか悪いかがわからないままテストが行われることが，受験者やテストスコアを使う者に対して不誠実な態度であることは明らかでしょう。また，測定の質が「良い」テストと「悪い」テストしかないというように，二分法で語られるものでもありません。テストの質にはグラデーションがあり，そのなかで「よりまし」なテストを目指すという考え方に立てば，どのようにすれば測定の質を高めることができるか，という観点からテストを改良することにつながります。

　私たちは何気なく，テストが「合格」「不合格」という二つの結果しかないように思うことがあるかもしれません。しかし本書で触れたように，よりきめ細かい意味をもったスコアを表示させることも可能であり，今後の勉強の指針を与えてくれるという意味で，テストはさまざまに役立たせることができます。しかし，そのためには多くの工夫が必要で，立ち止まって考え直さなければならない要素もたくさんあるでしょう。その際に重要なのは，一歩引いて考える，という姿勢です。

一歩引いて，俯瞰してみることの大切さ：編者の体験から

　編者は北海道にある人口2万人ほどの町で高校生時代を過ごしました。冬，英検の二次試験（面接試験）を受験するために父の運転する車で雪道の中を2時間ほどかけて近隣の地方都市にある会場まで行き，受験した記憶があります。民間英語4技能テストが大学入試に必須となったら，それは人口希薄地帯の高校生やその親にとって，このような苦労をしてまで受験することを必須化するということです。いや，車で2時間というのはまだよいほうかもしれません。離島に住む受験者は，離島に試験会場が設置されない限り，泊まりがけで受験する必要があるのです。

　本書でも紹介した通り，CBTの仕組みを導入することで，大学入試においても離島にも会場を設けることが容易になり，遠隔地における大学受験へのハードルが下がることが期待できます。とはいえ，編者がかつて通った高校に民間英語テストの会場が設置されたとしても，自宅からその会場まで車で1時間以上かかる地域がまだまだ残ります。民間英語4技能テストが，離島や中山間地域をすべて含んだ全国津々浦々で行われ，標準化テストとしてきちんと機能し，スコアが理論的・科学的により厳密に受験者の能力を反映したものとして認められたのであれば，今回の英語4技能入試改革は何とかうまくいっていたのかもしれませんが，その実現のためにはCBT実施上の問題のみならず，へき地教育の現実や小規模会場でテストを行うということの実態を把握するという過程が必要不可欠でした。しかし，それらは制度設計の過程で，ほとんどといっていいほど行われていませんでした。

　入試制度に限らず，教育のための制度を設計するうえでは，「一歩引いて，俯瞰して考える」ことが大切でしょう。大学入試が社会全体でそのあり方が語られる際，注目されるのはいわゆる「難関校」に対するものになりがちです。週刊誌で組まれる「大学ランキング」のような特集記事が真っ先に取り上げるのは，難関校に対する高校別の進学実績です。入試のあり方を検討する会議に出席した有識者は，いわば「メリトクラシーにおける勝者＝支配者層」から構成

されています。そのため，どうしても難関校向けの入試制度を中心に語られ，その声が難関校向けの入試制度に精緻に反映される一方で，その他大勢の受験者が受験する大学受験制度が雑に設計されがちであるのかもしれません。

　しかし，難関校向けの入試制度に限ってみても，現行の入試制度は改善を要するといえるでしょう。編者が卒業した高校には，難関大学の進学対策に特化した授業がありませんでした。難関校対策のための過去問題集や参考書は，車で2時間かかる街まで行かないと手に入りませんでした。近隣の町村には大学・短期大学がありませんし，中高一貫校も「進学校」とされる高校も，スーパーサイエンスハイスクールなどの指定を国から受けている高校（学校推薦型選抜や総合型選抜では有利になりやすい）も，難関校進学向けの塾すらありません。高校時代を通じて受験のための勉強法に容易にアクセスできない地域が，日本に多く存在するのです。その意味で現在の日本の大学入試制度は，残念ながら公平とはいえないでしょう。

教育制度の改善にも一歩引いた視点が大切

　本当に必要なのは，日本の隅々にわたる教育の現場に対して十分な説得力をもつ説明が可能な，きめ細かな入試制度設計です。日本の高校がすべて，都市に所在する普通科高校であるわけではありません。へき地に所在する高校，定時制や職業科，通信課程の高校もあります。専門学校を中途退学して学びなおすために大学入学を志望する者もいます。これらを包括的に取り扱う入試制度が必要なのです。もし，このようなさまざまな学校現場のすべてにふさわしい共通テストの枠組みで実現できないとなれば，共通テストの旗を降ろし，いくつかのテストに分割する必要があるのかもしれません。

　また，高校を卒業する人のなかで，大学に入学する人がすべてではありません。これから多くの手間と時間をかけ，共通テストの仕組みを検討するというのに，大学入試はその一部の人だけのものであるというのは，あまりにもったいないことであるでしょう。大規模テストを設計することも，維持管理することも，本書で述べたようにきわめて大掛かりな仕掛けが必要なのです。一方で，高校における学習の進度を判断し，高卒資格を認定する仕組みとリンクさせればいい，というアイディアも語られています。それならば，高校における学びの過程を浮き彫りにする機能を大学入試のための共通テストに組み込む，という発想も自然に受け入れられるでしょう。大学入試という狭い範囲だけの話に限定せず，一歩引いた視点で，テストにどのような機能が求められているのかをベースにした考え方が，これからの大学入試のあり方を検討するうえで必要でしょう。

　入試制度だけではなく，問い直されるべきなのは大学のあり方なのかもしれません。一部の大学が人気化し，その入試制度の動向が注目され，難関校などの形で取り上げられる構造は，編者のような地方出身者からみれば奇妙なものでした。なぜ人気が集まる大学は都市にあるのか，どうして大都市から離れた小さな町にはないのか，中学から高校時代にかけて大きな疑問を抱いていましたし，現在でもその疑問は解消されていません。日本の大学がこれからどのような役割を社会から期待されるかによっては，大学がこれまでにない変化を受け入れなければならなくなる可能性もあります。日本における教育の枠組み全体をどうするかについて，慎重な検討が求められているといえるでしょう。

改革を急ぐなかれ，全体の構造を見極めて慎重に

　しかし，どのような変革が試みられようが，現状の構造を性急に大きく変えようとすると，そのひずみが多方面に及び，変革は受け入れられることなく失敗に終わるでしょう。このこと

は大学入試や大学のあり方に限らず，教育制度一般にいえることです。

　現在の受験制度を決めた彼ら彼女らが受験エリートである，私たちは受験に失敗した「その他大勢」である，だから受験エリートを生む仕組みを改革し，テストを変えよう，などと主張するのはたやすいことです。しかし，乱暴にエリート教育を排除し，いわゆる難関校をなくせばいいというような短絡的な議論の末に導入される入試制度は，民間英語4技能テストの導入を強行することと同様，失敗に終わるでしょう。悪いのはエリート教育でも，受験制度そのものでもありません。改良すべきは教育制度全体であるはずです。あるべき教育の姿を考えることにおいても，同様に，一歩引いて俯瞰して考えることが大切でしょう。

　あわせて，目指すべき教育のあり方がどのようなものであれ，異論があれば，合意点が見出されるまで丁寧に議論する姿勢は重要でしょう。地道に丁寧な議論を重ねることによってのみ，ゆるやかにではあるものの，全体として教育の方針を変えていくことができるのでしょう。その際には，児童・生徒を混乱させないように最大限配慮しなければならないでしょう。このようなプロセスのなかでは，「新しい能力」を測ることが必要だ，という意見も出てくるでしょうが，そのたびに「1回のテストがもつ測定能力の限界」を意識しなければならないでしょう。さもなくば，メリトクラシーの再帰性のわなにはまり，本質的な議論から遠ざかることになってしまいます。

　「教育格差」の存在が社会において可視化され，公教育の充実が叫ばれるなか，このような熟議のプロセスは大切になってくるでしょう。もちろんその前に，現状を把握することも大事なプロセスです。これらの過程においても，一歩引いて，俯瞰して全体を見渡すという姿勢が重要な意味をもちます。とかく私たちは自らの経験だけに基づいて物事の全体を推測しがちです。しかしそれでは，教育格差の問題に対処することは難しいのです。ここに，この問題を乗り越えることが難しい理由があるのでしょう。

地に足の着いた大学入試の議論のために：テストに関する学問的知見の蓄積を

　教育制度の見直しの過程でテスト制度を新しく立ち上げようとしたとき，その実現可能性を考えるうえで，私たちにテストの仕組みや技術的な要件に関する知識・経験が不足していたことは，教育改革論者の立場からみれば，思いもよらない障害であったといえましょう。何となくできそうだと思っていた民間英語4技能テストや記述式問題の導入が，実は難しかったのです。その理由の多くは，テストを課そうとする側にテストの「本質」に対する無理解や誤解があることだけではなく，テストに関する研究・実践事例をほとんど参考にせず，理念だけを先行させて制度設計しようとしたことにあるといえるでしょう。テストに関するトピックについての研究体制や知見の積み重ね，経験がほとんどないなかでは，制度を実現する難易度の見極めは大変難しいのです。

　本書で取り上げたトピックは，心理学，統計学，教育社会学からコンピュータサイエンスに至るまで，幅広い領域に及んでいます。人間の能力を測りたいという目的だけでこれだけの専門性が必要なのです。昨今，日本では大学における研究や教育の質が低下しているという指摘がありますが，これらの質が低下したままであれば，メリトクラシーの再帰性のわなにはまり続け，いつまでたっても質の良い測定はできないでしょう。そのことが，大学入試の実質的意味を失わせ，大学制度のさらなる頽廃をもたらすのではないのでしょうか。入試のあり方を考えるために，一刻も早い専門知の結集と，継続的な調査研究が望まれます。

　それらの調査研究の前に立ちはだかるのは，テスト理論に対する知識の欠如や，テスト実践の経験不足という壁ではないでしょうか。本書の第2部・第3部で述べた通り，テストのス

コアに意味付けするためには，難しい理論的過程の理解を避けることはできません。テストの
スコアに学習の達成度という意味が見出せるようになり，受験者＝学習者の努力を反映したス
コアとしても実質的な意味をもち，教育の充実に資するテスト制度を生み出していくためには，
まず難しい理論的過程を「難しい」と認め，同時に，これまで行われてきた入試方法の社会的
位置づけをとらえなおす試みが必須でしょう。そして，必要に応じて，標準化テスト，IRT に
よるテストの開発の経験を積み，新しい形式のテストに関する知識・技能・経験を地道に蓄積
していくことが必要でしょう。

　一方で，今後の日本における教育のあるべき姿を考え，あるべき教育像のなかでテストを位
置づけることもまた，難しい道のりを覚悟しなければなりません。それでも，教育界全体にお
ける包括的で抜本的な構造変容を，一定の方向性をもって続けていく不断の取り組みが必要な
のでしょう。本書がそのためのヒントを提供でき，より望ましい公教育の実現にすこしでも貢
献できれば，著者にとってうれしく思います。

＊

　本書は大学入試制度改革が頓挫し，新しい大学入試のあり方を探り始めるという，絶好のタ
イミングで出版することになりました。教育社会学を専門とする筆者（西田）と教育測定学を
専門とする筆者（光永）がディスカッションしながら著した本書は，2 人の著者にとってお互
いが未知の領域に踏み込むこととなり，新しい視点から大学入試をとらえなおすというまたと
ない機会になったように思います。またテスト理論の部分について前川眞一先生（大学入試セ
ンター），教育社会学的観点から川口俊明先生（福岡教育大学）に，それぞれ多くのご示唆をい
ただきました。またナカニシヤ出版編集部の米谷龍幸氏からは，本書の複雑な全体像をわかり
やすく提示するためのヒントを数多く与えていただきました。他にもここに記すことは叶いま
せんが，多くの方との交流を通じて，内容について多くの示唆をいただきました。この場を借
りて御礼申し上げます。

＊

　本書は，2021 年度「名古屋大学学術図書出版助成金」を得て刊行されました。

＊

　本書の内容については正確を期し，わかりやすい表現をするように努めましたが，至らない
箇所が多々あるかもしれません。その場合の責任は筆者 2 名にあります。

　大学入試やテストを，あるいは日本の教育のあり方をより魅力的なものにしようと思ってい
る，すべての人に本書を捧げます。最後までお付き合いしていただきまして，ありがとうござ
いました。

2022 年 8 月 30 日　著者を代表して　光永　悠彦

参考文献

第1部

荒井克弘 (1998).「高校と大学の接続——ユニバーサル化の課題」『高等教育研究』*1*: 179–197.

荒井克弘 (2020a).「高大接続改革の矛盾」『科学』*90*(4): 310–313.

荒井克弘 (2020b).「大学入学共通テストの現在」『現代思想』*48*(6): 30–38.

荒井克弘 (2020c).「高大接続改革の現在」中村高康［編］『大学入試がわかる本——改革を議論するための基礎知識』岩波書店, pp.249–272.

荒牧草平 (2019).『教育格差のかくれた背景——親のパーソナルネットワークと学歴志向』勁草書房

石井光夫 (2017).「中国の全国統一入試——総合試験と記述式問題を焦点にして」東北大学高度教養教育・学生支援機構［編］『大学入試における共通試験』東北大学出版会, pp.185–216.

石井光夫 (2019).「台湾の 2022 年入試改革——学習ポートフォリオを活用する「個人申請入学」を主流に」東北大学高度教養教育・学生支援機構［編］『大学入試における「主体性」の評価——その理念と現実』東北大学出版会, pp.171–190.

伊藤実歩子 (2020).「一発勝負の国からみたヨーロッパの入試改革」伊藤実歩子［編著］『変動する大学入試——資格か選抜か　ヨーロッパと日本』大修館書店, pp.1–20.

ウェーバー, M.／阿閉吉男・脇　圭平［訳］(1958).『官僚制』角川書店

植野真臣・荘島宏二郎 (2010).『学習評価の新潮流』朝倉書店

宇佐美慧 (2016).「測定・評価・研究法に関する研究の動向と展望——教育測定・心理統計の専門家の不足および心理統計教育の問題の再考と「専門家による専門家の育成」の必要性」『教育心理学年報』*55*: 83–100.

内田照久・大津起夫 (2013).「大学入試センター試験への英語リスニングテストの導入に至る歴史的経緯とその評価」『日本テスト学会誌』*9*(1): 77–84.

大塚雄作 (2017).「大学入試センター試験の現状と課題——共通試験のあり方をめぐって」東北大学高度教養教育・学生支援機構［編］『大学入試における共通試験』東北大学出版会, pp.7–46.

大塚雄作 (2020).「教育で育てるべき力・試験で測るべき力——「学力の三要素」をどう捉えるか」『科学』*90*(4): 334–341.

奥村好美 (2016).『〈教育の自由〉と学校評価——現代オランダの模索』京都大学学術出版会

奥村好美 (2020).「見直され続けるオランダの中等教育修了資格試験——教育の論理に根ざす試験とは」伊藤実歩子［編著］『変動する大学入試——資格か選抜か　ヨーロッパと日本』大修館書店, pp.21–42.

樫田豪利・田中光晴・宮本友弘 (2018).「米国の大学入学者選抜とHolistic Review——日本の多面的・総合的な評価への示唆」東北大学高度教養教育・学生支援機構［編］『個別大学の入試改革』東北大学出版会, pp.279–296.

苅谷剛彦 (1995).『大衆教育社会のゆくえ——学歴主義と平等神話の戦後史』中央公論社

苅谷剛彦 (1998).「学校の社会的機能」天野郁夫・藤田英典・苅谷剛彦『教育社会学（改訂版）』放送大学教育振興会, pp.133–141.

苅谷剛彦 (2001).『階層化日本と教育危機——不平等再生産から意欲格差社会へ』有信堂高文社

川口俊明 (2020).『全国学力テストはなぜ失敗したのか——学力調査を科学する』岩波書店

川口俊明［編］(2022).『教育格差の診断書——データからわかる実態と処方箋』岩波書店

川嶋太津夫 (2012).「大学入試のパラダイム転換を目指して」東北大学高等教育開発推進センター［編］『高等学校学習指導要領 vs 大学入試』東北大学出版会, pp.173–191.

喜多村和之 (2010).「高等教育体制の段階移行論——〈トロウ・モデル〉の再検討」中村高康［編］『大学への進学——選抜と接続　リーディングス日本の高等教育1』玉川大学出版部, pp.18–35.

吉川　徹 (2018).『日本の分断——切り離される非大卒若者たち』光文社

吉川　徹・中村高康 (2012).『学歴・競争・人生——10 代のいま知っておくべきこと』日本図書センター

木村拓也 (2006).「戦後日本において「テストの専門家」とは一体誰であったのか？——戦後日本における学力調査一覧と「大規模学力テスト」の関係者一覧」『教育情報学研究』*4*: 67–99.

木村拓也 (2010).「共通第1次試験・センター試験の制度的妥当性の問題」中村高康［編］『大学への進学——選抜と接続　リーディングス日本の高等教育1』玉川大学出版部, pp.244–264.

木村拓也 (2012).「共通第1次学力試験の導入の経緯——「日本型大学入学者選抜の三原則」の帰結として」東北大学高等教育開発推進センター［編］『高等学校学習指導要領vs 大学入試』東北大学出版会, pp.125–155.

木村　裕 (2020).「揺れる日本の大学入試改革——その実態と挑戦」伊藤実歩子［編著］『変動する大学入試——資格か選抜か　ヨーロッパと日本』大修館書店, pp.235–264.

倉元直樹［編］(2020a).『「大学入試学」の誕生　東北大学大学入試研究シリーズⅠ』金子書房

倉元直樹［編］(2020b).『大学入試センター試験から大学入学共通テストへ　東北大学大学入試研究シリーズⅡ』金子書房

腰越　滋 (1993).「進学適性検査の廃止と日本人の階層組織化の規範——適性か努力か」『教育社会学研

究』52: 178–207.

小林哲夫 (2009).『東大合格高校盛衰史──60年間のランキングを分析する』光文社

小針 誠 (2018).『アクティブラーニング──学校教育の理想と現実』講談社

コリンズ, R./潮木守一［訳］(1980).「教育における機能理論と葛藤理論」カラベル, J.・ハルゼー, A. H.［編］/潮木守一・天野郁夫・藤田英典［編訳］『教育と社会変動──教育社会学のパラダイム展開（上）』東京大学出版会, pp.97–125.

近藤武夫 (2020).「障害のある人々の受験」中村高康［編］『大学入試がわかる本──改革を議論するための基礎知識』岩波書店, pp.287–306.

近藤博之 (2010).「学校化社会へのアプローチ」岩井八郎・近藤博之［編］『現代教育社会学』有斐閣, pp.1–20.

佐々木享 (1989).「大学入試の歴史第24回 能研テスト──新たな共通試験」『大学進学研究』11(3): 54–57.

佐々木隆生 (2012).『大学入試の終焉──高大接続テストによる再生』北海道大学出版会

杉澤武俊・椎名久美子・内田照久 (2008).「国公立大学の個別試験における英語リスニングテストの動向調査」『大学入試研究ジャーナル』18: 155–162.

杉並区教育委員会 (2019).「平成31年度 杉並区特定の課題に対する調査，意識・実態調査 報告書」〈https://www.city.suginami.tokyo.jp/_res/projects/default_project/_page_/001/056/233/h31-0allreportrr.pdf（最終確認日：2022年5月16日）〉

鈴木規夫 (2020).「センター試験志願者の受験行動と学力特性」大学入試センター［編］『「センター試験」をふり返る』pp.129–161.〈https://www.dnc.ac.jp/albums/abm00040328.pdf（最終確認日：2022年7月27日）〉

鈴木 誠 (2018).「コンピテンス基盤型教育とフィンランドの大学入学資格試験──試験問題「生物」は何を測っているのか」東北大学高度教養教育・学生支援機構［編］『個別大学の入試改革』東北大学出版会, pp.185–225.

大学入試センター (2019).「平成31年度大学入試センター試験実施結果の概要」〈https://www.dnc.ac.jp/albums/abm00035843.pdf（最終確認日：2022年5月16日）〉

大学入試センター (2021).「大規模入学者選抜におけるCBT活用の可能性について（報告）」〈https://www.dnc.ac.jp/albums/abm00040361.pdf（最終確認日：2022年5月16日）〉

多喜弘文 (2020).『学校教育と不平等の比較社会学』ミネルヴァ書房

竹内 洋 (1992).「教育と選抜」柴野昌山・菊池城司・竹内 洋［編著］『教育社会学』有斐閣, pp.24–49.

立脇洋介 (2014).「大学入試と発達障害」繁桝算男［編著］『新しい時代の大学入試』金子書房, pp.111–129.

田中光晴 (2017).「韓国における大学入試の多様化とその後」東北大学高度教養教育・学生支援機構［編］『大学入試における共通試験』東北大学出版会, pp.165–183.

ドーア, R. P./松居弘道［訳］(2008).『学歴社会──新しい文明病』岩波書店

苫野一徳 (2019).『『学校』をつくり直す』河出書房新社

中野 光 (1990).「解説──進学適性検査（進適）とは何であったか」文部省大学学術局［編］『進学適性検査結果報告第1巻（復刻版）』大空社, pp.2–14.

中村高康 (2010).「推薦入学制度の公認とマス選抜の成立──公平信仰社会における大学入試多様化の位置づけをめぐって」中村高康［編］『大学への進学──選抜と接続 リーディングス日本の高等教育1』玉川大学出版部, pp.265–284.

中村高康 (2018).『暴走する能力主義──教育と現代社会の病理』筑摩書房

南部広孝 (2016).『東アジアの大学・大学院入学者選抜制度の比較──中国・台湾・韓国・日本』東信堂

西郡 大［編］(2021).『大学入試の公平性・公正性──東北大学大学入試研究シリーズIV』金子書房

日本私立学校振興・共済事業団 (2021).「令和3 (2021) 年度私立大学・短期大学等入学志願動向」〈https://www.shigaku.go.jp/files/nyuugakusiganndoukoudaitan0928.pdf（最終確認日：2022年8月29日）〉

バーンステイン, B./佐藤智美［訳］(1980).「階級と教育方法──目に見える教育方法と目に見えない教育方法」カラベル, J.・ハルゼー, A. H.［編］/潮木守一・天野郁夫・藤田英典［編訳］『教育と社会変動（上）──教育社会学のパラダイム展開』東京大学出版会, pp.227–260.

平沢和司 (2018).「世帯所得・親学歴と子どもの大学進学」中村高康・平沢和司・荒牧草平・中澤 渉［編］『教育と社会階層──ESSM全国調査からみた学歴・学校・格差』東京大学出版会, pp.107–128.

ボウルズ, S.・ギンタス, H./宇沢弘文［訳］(1986).『アメリカ資本主義と学校教育──教育改革と経済制度の矛盾（I・II）』岩波書店

本田由紀 (2005).『多元化する「能力」と日本社会──ハイパー・メリトクラシー化のなかで』NTT出版

本田由紀 (2009).『教育の職業的意義──若者, 学校, 社会をつなぐ』筑摩書房

本田由紀 (2020).『教育は何を評価してきたのか』岩波書店

松岡亮二 (2019).『教育格差──階層・地域・学歴』筑摩書房

松下佳代［編著］(2010).『〈新しい能力〉は教育を変えるか──学力・リテラシー・コンピテンシー』ミネルヴァ書房

松下佳代（2011）．「〈新しい能力〉による教育の変容――DeSeCo キー・コンピテンシーとPISA リテラシーの検討」『日本労働研究雑誌』*53*（9）: 39–49.

光永悠彦（2017）．『テストは何を測るのか――項目反応理論の考え方』ナカニシヤ出版

光永悠彦・柳井晴夫・西川浩昭・佐伯圭一郎・亀井智子・松谷美和子・奥　裕美・村木英治（2014）．「複数の分野から構成されるテストにおけるIRT を用いた項目評価法――臨地実習適正化のための看護系大学共用試験の項目バンク構築」『行動計量学』*41*（1）: 17–34.

宮本友弘［編］（2020）．『変革期の大学入試　東北大学大学入試研究シリーズⅢ』金子書房

宮本友弘・久保沙織［編］（2021）．『大学入試を設計する　東北大学大学入試研究シリーズⅤ』金子書房

宮本久也（2018）．「高校から見た英語入試改革の問題点」南風原朝和［編］『検証　迷走する英語入試――スピーキング導入と民間委託』岩波書店, pp.26–40.

ミュラー, J. Z.／松本　裕［訳］（2019）．『測りすぎ――なぜパフォーマンス評価は失敗するのか？』みすず書房

文部科学省（2016a）．「高大接続システム改革会議「最終報告」」〈https://www.mext.go.jp/component/b_menu/shingi/toushin/__icsFiles/afieldfile/2016/06/02/1369232_01_2.pdf（最終確認日：2022 年 5 月 17 日）〉

文部科学省（2016b）．「高大接続システム改革会議「最終報告」【概要】」〈https://www.mext.go.jp/component/b_menu/shingi/toushin/__icsFiles/afieldfile/2016/06/02/1369232_02_2.pdf（最終確認日：2022 年 5 月 17 日）〉

文部科学省（2019）．「高等学校教育の現状について」〈https://www.mext.go.jp/kaigisiryo/2019/08/__icsFiles/afieldfile/2019/08/29/1420221_7.pdf（最終確認日：2022 年 5 月 17 日）〉

文部科学省（2020）．「平成 31 年度国公私立大学入学者選抜実施状況」〈https://www.mext.go.jp/content/20200330-mxt_daigakuc02-000006206_1.pdf（最終確認日：2020 年 6 月 22 日）〉

柳井晴夫［研究代表］（2012）．「臨地実習適正化のための看護系大学共用試験CBT の実用化と教育カリキュラムへの導入」平成 23 ～ 25 年度日本学術振興会科学研究費補助金基盤研究A 研究成果中間報告書

山口一大・敷島千鶴・星野崇宏・繁桝算男・赤林英夫（2019）．「小学 1 年生から中学 3 年生を対象とした学力テストの垂直尺度化」『心理学研究』*90*（4）: 408–418.

山口裕之（2017）．『「大学改革」という病――学問の自由・財政基盤・競争主義から検証する』明石書店

山口裕也（2021）．『教育は変えられる』講談社

山地弘起（2018）．「大学入試共通テストへの移行にかかわる諸課題」東北大学高度教養教育・学生支援機構［編］『個別大学の入試改革』東北大学出版会, pp.5–22.

ヤング, M.／伊藤慎一［訳］（1965）．『メリトクラシーの法則――2033 年の遺稿』至誠堂（Young, M.（1958）. *The rise of the meritocracy, 1870–2033: An essay on education and equality.* London: Thames & Hudson.）

吉本圭一（1996）．「戦後高等教育の大衆化過程――（1）戦後高等教育の拡大過程, 第 1 部 高等教育大衆化のダイナミックス, 学習社会におけるマス高等教育の構造と機能に関する研究」『研究報告（放送教育開発センター）』*91*: 23–36.

読売新聞教育部（2016）．『大学入試改革――海外と日本の現場から』中央公論新社

第 2 部

Arai, S., & Mayekawa, S.（2011）. A comparison of equating methods and linking designs for developing an item pool under item response theory. *Behaviormetrika, 38*（1）: 1–16.

Council of Europe（2001）. Common European framework of reference for languages: Learning, teaching, assessment. 〈https://rm.coe.int/16802fc1bf（最終確認日：2022 年 5 月 17 日）〉

Hato, Y., Kanazawa, K., Mitsunaga, H., & Healy, S.（2018）. Developing a computer-based speaking test of English as a lingua franca: Preliminary results and remaining challenges. *Waseda Working Papers in ELF, 7*: 87–99.

Linacre, M.（2022）. Facets: Many-facets Rasch measurement - MFRM - software for Rasch analysis. ［Computer Program］〈https://www.winsteps.com/facets.htm（最終確認日：2022 年 5 月 17 日）〉

Uto, M.（2020）. Accuracy of performance-test linking based on a many-facet Rasch model. *Behavior Research Methods, 53*: 1440–1454.

Weeks, D. L., & Williams, D. R.（1964）. A note on the determination of connectedness in an N-way cross classification. *Technometrics, 6*（3）: 319–324.

Zwick, R.（2012）. A review of ETS differential item functioning assessment procedures: Flagging rules, minimum sample size requirements, and criterion refinement. *ETS Research Report*, RR-12-08. 〈https://www.ets.org/Media/Research/pdf/RR-12-08.pdf（最終確認日：2021 年 5 月 12 日）〉

石岡恒憲（2014）．「テストの現代化と大学入試」繁桝算男［編著］『新しい時代の大学入試』金子書房, pp.57–78.

ウェルチ, C.／吉村　宰［訳］（2008）．「パフォーマンステストの問題作成」ダウニング, S. M.・ハラディナ, T. M.［編］／池田　央［監訳］『テスト作成ハンドブック――発達した最新技術と考え方による公平妥

当なテスト作成・実施・利用のすべて』教育測定研究所, pp.326–349.

臼田　孝 (2018).『新しい1キログラムの測り方──科学が進めば単位が変わる』講談社

内田照久・橋本貴充 (2019).「センター試験利用による私立大学出願の特徴と年次推移」『日本テスト学会誌』15(1): 79–98.

加藤健太郎 (2014a).「多値型IRTモデル」加藤健太郎・山田剛史・川端一光『Rによる項目反応理論』オーム社, pp.220–242.

加藤健太郎 (2014b).「自動テスト構成」加藤健太郎・山田剛史・川端一光『Rによる項目反応理論』オーム社, pp.344–370.

加藤健太郎・山田剛史・川端一光 (2014).「IRTの仮定」加藤健太郎・山田剛史・川端一光『Rによる項目反応理論』オーム社, pp.138–154.

川端一光 (2014).「等化」加藤健太郎・山田剛史・川端一光『Rによる項目反応理論』オーム社, pp.243–281

熊谷龍一 (2012).「統合的DIF検出方法の提案──"EasyDIF"の開発」『心理学研究』83(1): 35–43.

倉元直樹 (2017).「大学入試制度改革の論理──大学入試センター試験はなぜ廃止の危機に至ったのか」東北大学高度教養教育・学生支援機構［編］『大学入試における共通試験』東北大学出版会, pp.47–82.

坂本佑太朗・酒匂志野・今城志保 (2017).「複数国で実施された性格特性検査におけるIRTを使ったDIFの検出」『日本テスト学会誌』13(1): 33–48.

鈴木雅之・豊田哲也・山口一大・孫媛 (2015).「認知診断モデルによる学習診断の有用性の検討──教研式標準学力検査NRT「中学1年数学」への適用」『日本テスト学会誌』11(1): 81–97.

登藤直弥 (2010).「局所独立性の仮定が満たされない場合の潜在特性推定への影響」『日本テスト学会誌』6: 17–28.

登藤直弥 (2012).「項目反応間の局所依存性が項目母数の推定に与える影響──項目母数の比較可能性を確保した上での検討」『行動計量学』39: 81–91.

日本テスト学会［編］(2007).『テスト・スタンダード──日本のテストの将来に向けて』金子書房

ヌヌカイ・安永和央・石井秀宗 (2013).「ミャンマーの中学生のための空間能力テストのDIF分析──民族及びジェンダーにおける比較検討」『日本テスト学会誌』9(1): 85–106.

野口裕之 (2015).「項目反応理論の概要」野口裕之・渡辺直登［編著］『組織・心理テスティングの科学──項目反応理論による組織行動の探究』白桃書房, pp.23–82.

野口裕之・大隅敦子 (2014).『テスティングの基礎理論』研究社

南風原朝和 (2017).「共通試験に求められるものと新テスト構想」東北大学高度教養教育・学生支援機構［編］『大学入試における共通試験』東北大学出版会, pp.83–99.

ベイル, C. D.／中村洋一［訳］(2008).「コンピュータ化された項目バンキング」ダウニング, S. M. & ハラディナ, T. M.［編］／池田　央［監訳］『テスト作成ハンドブック　　発達した最新技術と考え方による公平妥当なテスト作成・実施・利用のすべて』教育測定研究所, pp.280–308.

光永悠彦 (2017).『テストは何を測るのか──項目反応理論の考え方』ナカニシヤ出版

光永悠彦・羽藤由美・神澤克徳 (2019).「英語スピーキングテストにおけるスコアの共通尺度化法──京都工芸繊維大学における事例から」『日本テスト学会第17回大会発表論文抄録集』, 188–189.

光永悠彦 (2022).「本試験同時モニター受験者デザインにおける項目反応理論を用いた等化方法の比較」『日本テスト学会誌』18(1): 17–38.

柳井晴夫・前川眞一［編］(1999).『大学入試データの解析──理論と応用』現代数学社

山口一大・岡田謙介 (2017).「近年の認知診断モデルの展開」『行動計量学』44(2): 181–198.

第3部

Arai, S., & Mayekawa, S. (2011). A comparison of equating methods and linking designs for developing an item pool under item response theory. *Behaviormetrika, 38*(1): 1–16.

Battauz, M. (2017). Multiple equating of separate IRT calibrations. *Psychometrika, 82*(3): 610–636.

Council of Europe (2020). Common European framework of reference for languages: Learning, teaching, assessment.［Companion volume］〈https://rm.coe.int/common-european-framework-of-reference-for-languages-learning-teaching/16809ea0d4（最終確認日：2021年5月12日）〉

Uto, M. (2020). Accuracy of performance-test linking based on a many-facet Rasch model. *Behavior Research Methods, 53*: 1440–1454.

荒井克弘 (2018).「高大接続改革の迷走」南風原朝和［編］『検証　迷走する英語入試──スピーキング導入と民間委託』岩波書店, pp.89–105.

荒井克弘 (2020).「高大接続改革の現在」中村高康［編］『大学入試がわかる本──改革を議論するための基礎知識』岩波書店, pp.249–274.

荒井清佳・前川眞一 (2005).「日本の公的な大規模試験に見られる特徴──標準化の観点から」『日本テスト学会誌』1(1): 81–92.

石井秀宗 (2018).「大学入試における共通テストの複数回実施は実現可能か──日本のテスト文化やこれまで見送られてきた理由などからの検討」『名古屋高等教育研究』18: 23–38.

石井光夫 (2017).「中国の全国統一入試──総合試験と記述式問題を焦点にして」東北大学高度教養教育・学生支援機構［編］『大学入試における共通試験』東北大学出版会, pp.185–216.

大塚雄作 (2020).「共通試験の課題と今後への期待──英語民間試験導入施策の頓挫を中心に」『名古屋高等教育研究』*20*: 153–194.

川口俊明 (2020).『全国学力テストはなぜ失敗したのか──学力調査を科学する』岩波書店

神澤克徳・羽藤由美 (2021).「CBT スピーキングテストの舞台裏, どこがどう難しいのか？──KIT Speaking Test の実践より」『JACET Kansai Journal』*23*: 96–120.

倉元直樹 (2018).「個別大学の入試設計から見た高大接続改革の展望」東北大学高度教養教育・学生支援機構［編］『個別大学の入試改革』東北大学出版会, pp.43–86.

繁桝算男［編著］(2014).『新しい時代の大学入試』金子書房

柴山　直 (2008).「日本のテスト文化について」『人事試験研究』*208*: 2–13.

志水宏吉 (2009).『全国学力テスト──その功罪を問う』岩波書店

鈴木雅之 (2014).「受験競争観と学習動機, 受験不安, 学習態度の関連」『教育心理学研究』*62*(3): 226–239.

大学入試センター (2021).「大規模入学者選抜におけるCBT 活用の可能性について（報告）」〈https://www.dnc.ac.jp/albums/=abm00040361.pdf（最終確認日：2021 年 7 月 23 日）〉

南風原朝和 (2015).「入試選抜の測定問題」大学入試センター入学者選抜研究に関する調査室［編］『大学入試センターシンポジウム 2014──大学入試の日本的風土は変えられるか』, pp.61–74.

羽藤由美 (2019).「国立大学は若者を犠牲にすることに加担するな──迷走を続ける英語入試改革の現状」『科学』*89*(10): 905–913.

本田由紀 (2020).『教育は何を評価してきたのか』岩波書店

前川眞一 (1999).「得点調整の方法について」柳井晴夫・前川眞一［編］『大学入試データの解析──理論と応用』現代数学社, pp.88–109.

前川眞一 (2015).「試験の日本的風土」大学入試センター入学者選抜研究に関する調査室［編］『大学入試センターシンポジウム 2014──大学入試の日本的風土は変えられるか』, pp.51–60.

前川眞一 (2018).「テスト得点を同じ物差しにのせる──対応付けとQQ プロット」『統計』*69*(8): 8–15.

光永悠彦 (2017).『テストは何を測るのか──項目反応理論の考え方』ナカニシヤ出版

光永悠彦 (2020).「複数回の共通入試は実施できるのか──公平性を確保する項目反応理論とは」中村高康［編］『大学入試がわかる本──改革を議論するための基礎知識』岩波書店, pp.69–88.

光永悠彦・神澤克徳 (2021).「KIT Speaking Test における共通尺度化の方法について」『JACET Kansai Journal』*23*: 121–129.

光永悠彦 (2022).「本試験同時モニター受験者デザインにおける項目反応理論を用いた等化方法の比較」『日本テスト学会誌』*18*(1): 17–38.

村上　隆 (2011).「テストの理論と大学入試の教育機能」東北大学高等教育開発推進センター［編］『高大接続関係のパラダイム転換と再構築』東北大学出版会, pp.143–166.

村上　隆・前川眞一・菊地賢一 (1999).「得点調整における公平性の概念──線型等化法における複数の基準の可能性」柳井晴夫・前川眞一［編］『大学入試データの解析──理論と応用』現代数学社, pp.111–124.

文部科学省 (2019).「大学入試英語成績提供システム参加予定の資格・検定試験とCEFR との対照表」〈https://www.mext.go.jp/a_menu/koutou/koudai/detail/__icsFiles/afieldfile/2019/09/25/1420500_3_2.pdf（最終確認日：2020 年 5 月 24 日）〉

山村　滋 (2019).「大学入試は学習誘因となるか──学習時間の変化とその背景」山村　滋・濱中淳子・立脇洋介『大学入試改革は高校生の学習行動を変えるか──首都圏 10 校パネル調査による実証分析』ミネルヴァ書房, pp.51–76.

ライアン, J. M.／柴山　直［訳］(2008).「生徒のテスト得点を報告する際の実際と課題, 傾向」ダウニング, S. M.・ハラディナ, T. M.［編］／池田　央［監訳］『テスト作成ハンドブック──発達した最新技術と考え方による公平妥当なテスト作成・実施・利用のすべて』教育測定研究所, pp.714–747.

事項索引

人名索引

著者紹介（五十音順，＊は編著者）

西田亜希子（にしだ　あきこ）
担当：第1部1章，2章，3章

光永悠彦＊（みつなが　はるひこ）
担当：第1部3章，4章，第2部，第3部

著者プロフィール

光永悠彦（みつなが　はるひこ）
1979 年北海道生まれ。人事院人材局試験専門官室，島根大学教育・学生支援機構　講師を経て，名古屋大学大学院教育発達科学研究科准教授。東京工業大学大学院社会理工学研究科人間行動システム専攻博士課程修了，博士（学術）。
専門は心理統計学，テスト理論，多変量解析。
主な著書に『テストは何を測るのか──項目反応理論の考え方』（ナカニシヤ出版，2017 年），主な論文に「多群 IRT モデルにおける簡素化の評価──水平等化場面のシミュレーションを通じて」（共著，行動計量学，2014 年），「看護系大学共用試験（CBT）項目バンク構築における潜在ランク理論の適用と評価」（単著，日本テスト学会誌，2015 年）など。

西田亜希子（にしだ　あきこ）
1976 年大阪府生まれ。京都精華大学講師を経て，大阪公立大学人権問題研究センター特別研究員，神戸女学院大学・甲南女子大学非常勤講師。大阪大学大学院人間科学研究科博士後期課程単位取得満期退学。
専門は教育社会学，特に進路選択意識や高大接続教育，新設大学の制度を対象とする。
主な著書に『マンガで読み解くマンガ教育』（分担執筆，阿吽社，2014 年），主な論文に「専門学校は大学進学の代替的進路か？──進路多様校における専門学校希望者の分析による検討」（子ども社会研究，2009 年）など。

テストは何のためにあるのか
項目反応理論から入試制度を考える

2022 年 9 月 30 日　初版第 1 刷発行

編著者　光永悠彦
著　者　西田亜希子
発行者　中西　良
発行所　株式会社ナカニシヤ出版
〒606-8161　京都市左京区一乗寺木ノ本町 15 番地
Telephone　075-723-0111
Facsimile　075-723-0095
Website　http://www.nakanishiya.co.jp/
Email　iihon-ippai@nakanishiya.co.jp
郵便振替　01030-0-13128

装幀＝白沢　正／印刷・製本＝ファインワークス
Copyright © 2022 by H. Mitsunaga & A. Nishida
Printed in Japan.
ISBN978-4-7795-1683-2